España en su literatura

THIRD EDITION

edited by

NICHOLSON B. ADAMS

JOHN E. KELLER

RAFAEL A. AGUIRRE

W. W. NORTON & COMPANY

NEW YORK   LONDON

Acknowledgments

DELIBES: Selection from *El camino* reprinted by permission of Ediciones Destino, S. A.

FERLOSIO: Selection from *El jarama* reprinted by permission of Ediciones Destino, S. A.

GOYTISOLO: Selection from *Señas de identidad* reprinted by permission of Agencia Literaria Carmen Barcells, S. A.

GUELBENZU: Selection from *El río de la luna,* © José María Guelbenzu. Reprinted by permission of Agencia Literaria Mercedes Casanova and the author.

MONTERO: Selection from *Temblor,* © Rosa Montero, 1990. Reprinted by permission.

RIERA: Selection from *Una cuestión de amor propio* reprinted by permission of Agencia Literaria Carmen Barcells, S. A.

SANTOS: Selection from *Tiempo de silencio* reprinted by permission of Editorial Seix Barral, S. A.

SENDER: Selection from *Crónica del alba,* © 1946 F.S. Crofts & Co., Inc. Reprinted by permission Appleton-Century-Crofts, Inc.

Printed in the United States of America.

ISBN 0-393-96060-9

W. W. Norton & Company, Inc., 500 Fifth Avenue, New York, N.Y. 10110
W. W. Norton & Company, Ltd., 10 Coptic Street, London WC1A 1PU

1 2 3 4 5 6 7 8 9 0

Índice

Prefacio a la tercera edición   ix

Mapa de España, 1482   xii–xiii

Dámaso Alonso   1

Tres sonatos sobre la lengua castellana   2
    Una voz de España   4
    Nuestra heredad   5
    Hermanos   7

EDAD MEDIA

Poema de Mío Cid   9

Ramón Menéndez Pidal   19

De la introducción de Menéndez Pidal a su edición del
    Poema de Mío Cid   20

Don Juan Manuel   25

El ejemplo de Don Illán   26

Juan Ruiz, Arcipreste de Hita   33

El libro de buen amor   34
    De las propriedades que las dueñas chicas han   34
    Ejemplo de la propiedad que el dinero ha   35

El Marqués de Santillana   39

Serranilla   40
Soneto XVIII   42

Jorge Manrique   45

Coplas que hizo por la muerte de su padre   47

Los romances   59

Bernardo del Carpio   61
Abenámar   62
La pérdida de Alhama   63
El conde Arnaldos   64
Romance de la infantina   66

Fernando de Rojas   69

La Celestina   70
    Del acto I   70
    Del acto IV   72

RENACIMIENTO Y BARROCO

El Lazarillo de Tormes   77

Miguel de Cervantes Saavedra   93

Don Quijote de la Mancha   96
    Primera parte   96
        Capítulo I   96
        Capítulo VIII   100
    Segunda parte   103
        Capítulo XVII   104
    Rinconete y Cortadillo   114

Américo Castro   161

El ingenioso hidalgo Don Quijote de la Mancha   162

La poesía lírica de los siglos XVI y XVII   167

Garcilaso de la Vega   167

Soneto X   168

Santa Teresa de Jesús   168

Nada te turbe...   169

Anónimo   169

No me mueve, mi Dios   169

Fray Luis de León   170

A Francisco Salinas   171
Vida retirada   173

San Juan de la Cruz   175
Noche oscura del alma   175

Luis de Góngora y Argote   177
Romancillo   178
Letrillas   179

EL TEATRO DEL SIGLO DE ORO

Lope de Vega   181
Peribáñez y el comendador de Ocaña: dos abecés   183
El caballero de Illescas   187
Fuenteovejuna   189

Pedro Calderón de la Barca   207
La vida es sueño   209

SIGLO XVIII

Benito Jerónimo Feijóo y Montenegro
(Padre Feijóo)   217
Teatro crítico universal   219

Félix María Samaniego   223
La lechera   224

SIGLO XIX

Mariano José de Larra   227
La sociedad   228

Algunas voces románticas   239

José de Espronceda   239
Canción del pirata   240

Gustavo Adolfo Bécquer
Rimas   243
Los ojos verdes   248

Rosalía de Castro   259
    Torna, roble,...   260
    En su cárcel...   261

José Zorrilla   265
    Don Juan Tenorio   266

REALISMO

Benito Pérez Galdós   269
    Doña Perfecta   271

Juan Valera   281
    Pepita Jiménez   282

NATURALISMO

Emilia Pardo Bazán   289
    Primer amor   292

GENERACIÓN DEL 98 Y SIGLO XX

Vicente Blasco Ibañez   297
    Golpe doble   299

Miguel de Unamuno   307
    Al correr los años   308

Ramón María del Valle-Inclán   317
    El miedo   318

Juan Ramón Jiménez   325
    Tercera antolojía poética   327
    Platero y yo   329
        I. Platero   329
        V. Escalofrío   329
        XXIX. Idilio de abril   330
        XXXVII. La carretilla   331
        CXXVI. Carnaval   332
        CXXXVI. A Platero, en el cielo de Moguer   333

Pío Baroja 335
El mayorazgo de Labraz 337

José Martínez Ruiz (Azorín) 343
Las nubes 345

José Ortega y Gasset 351
España invertebrada 353
   Imperio de las masas 355

Federico García Lorca 359
Canción de jinete 361
Es verdad 361
Romance sonámbulo 362

Rafael Alberti 364
A Federico García Lorca 365

LA NOVELA DESDE LOS AÑOS 40 HASTA NUESTROS DÍAS

Ramón Sender 375
Crónica del alba 377

Camilo José Cela 387
Marcelo Brito 389

Ana María Matute 399
Los hijos muertos 401

Miguel Delibes 407
El camino 409

Rafael Sánchez Ferlosio 419
El Jarama 421

Luis Martín Santos 431
Tiempo de silencio 433

Juan Goytisolo 439
Señas de identidad 442

José María Guelbenzu   449
     El río de la luna   451

Carmen Riera   459
     Cuestión de amor propio   461

Rosa Montero   465
     Temblor   468

Apéndice 1. Períodos de la historia literaria española   473
Apéndice 2. Términos literarios útiles al estudiante   479
Vocabulario   483

Mapa de España del siglo 20

Prefacio a la tercera edición

España en su literatura, tercera edición, es una introducción al estudio de la literatura española, orientada para ser usada, aunque no exclusivamente, en cursos intermedios universitarios. Teniendo siempre presente esa finalidad, los editores se han esforzado en crear una obra que, con pocas interrupciones, sirva de guía al estudiante que por primera vez se adentre en el estudio del desarrollo de una literatura tan rica y variada como la española.

Hemos seleccionado autores y obras que abarcan desde la Edad Media hasta nuestros días, incluyéndo selecciones de los más importantes géneros y subgéneros literarios: la poesía narrativa, la épica y los romances, el verso lírico, el cuento, la novela y el drama. No habiendo simplificado los textos, hemos incorporado a los mismos abundantes notas. Y cuando los originales pueden representar dificultad al estudiante, hemos añadido sinónimos y expresiones equivalentes para facilitar la comprensión del texto.

Aunque reteniendo los mismos objetivos y estructura de las ediciones anteriores, en esta edición hemos hecho algunos cambios y añadiduras que creemos serán de gran interés para los profesores:

1. Se ha corregido y puesto al día todo el material que existía en las ediciones anteriores, añadiéndose nuevas *preguntas* y *temas*. Se han añadido, un soneto al estilo italiano del

ix

Marqués de Santillana, selecciones de *Fuenteovejuna* de Lope de Vega, del *Teatro crítico universal* del Padre Feijóo y *La lechera* de Samaniego. De estos dos últimos autores, representativos del siglo XVIII, que no aparecían en las ediciones anteriores, se hacen las correspondientes reseñas biográficas. Se ha aumentado considerablemente el número de las ilustraciones y fotos de autores, grabados, estatuas, localidades, fiestas, mapas, etc.

2. Se ha hecho una introducción a la novela española desde la guerra civil hasta nuestros días, citándose autores y obras, señalándose las diferentes tendencias literarias que, tanto en España como en el axilio, fueron surgiendo durante esos críticos años.

3. De los novelistas que escriben desde la guerra civil hasta nuestros días, se han introducido reseñas biográficas de los más representativos de cada tendencia y selecciones de sus obras.

4. Se ha ampliado considerablemente la representación femenina entre los autores.

5. Con el objeto de aumentar en la clase la participación hablada del estudiante, hemos añadidos *Debates y Comparaciones*.

6. Como *España en su literatura* es un libro que ha sido escrito teniendo en cuenta primariamente las necesidades de los estudiantes, se han añadido dos apéndices, uno explicando los distintos períodos en que se divide la literatura española y el otro con definiciones de términos literarios, que esperamos les sean de gran utilidad. Y esto, que sepamos, no ha sido hecho aún en ninguna obra del nivel de la nuestra.

No queremos terminar sin expresar nuestro agradecimiento a los profesores Bruno M. Damiani, Catholic University, Nicolás Hernández, Jr., Georgia Institute of Technology, Patricia A. Longwell-Wera, Mankato State University y Michael McGaha, Pomona College, por sus valiosas sugerencias durante la preparación de esta tercera edición de *España en su literatura*. Agradecemos sinceramente su constante y valiosa ayuda a Monique di Donna y en especial a Julia A. Reidhead, W. W. Norton y Compañia. Y por último, deseamos expresar nuestro más sentido agradecimiento a Dinsmore D. Keller y a Olga R. Aguirre por su constante ayuda y paciencia.

N. B. A. (decd)
J. E. K.
R. A. A.

Lexington, Kentucky
Johnson City, Tennessee

Mapa de España from *Geographia di Francisco Berlinghieri*, 1482

Dámaso Alonso (1898–   )

Pocas veces nos es dado conocer a un hombre que sea a la vez profesor universitario, erudito, historiador de la literatura y poeta. En la figura de don Dámaso Alonso encontramos tal personalidad; pero además es miembro y Director de la Real Academia Española de la Lengua. Diversas universidades famosas de América y de Europa le han conferido títulos honorarios. Don Dámaso ha contribuido por medio de numerosos ensayos y estudios a nuestro conocimiento y apreciación de la poesía española: desde las *jarchas* hasta la poesía actual. Su propia producción poética es extensa y su expresión sincera, vívida, en ocasiones angustiosa; a menudo transforma aspectos triviales de la vida en símbolos universales. Su mejor volumen de versos es *Hijos de la ira.* (1944)

La selección que incluimos muestra el admirable amor de este poeta–erudito–investigador por su propia lengua y cultura. Está tomada de un discurso pronunciado por don Dámaso ante un grupo de publicistas, autores y libreros en un banquete en su honor. Aunque no fue editado para la distribución pública, su autor nos ha cedido el discurso como contribución especial para este grupo de selecciones literarias. Lo hemos incluido como preámbulo a las selecciones siguientes.

TRES SONETOS SOBRE
LA LENGUA CASTELLANA

Lo que constituye la grandeza de la poesía (toda auténtica literatura es poesía) es precisamente la índole[1] de sus materiales. El
escultor trabaja con arcilla,[2] mármol o madera, el pintor sobre
lienzo,[3] con tierras de color y grasas.[4] El escritor trabaja con su
palabra, con su pensamiento-palabra, con la propia forma de su   5
espíritu. El escritor desgaja algo de su alma, y —pelícano que se
abre el pecho[5]—lo entrega como para una comunión. Y no entrega más que eso: su alma, sin nada corporal o material; porque
la escritura no es más que un símbolo, un convenio[6] para evocar
lo que entrega. Y en ello no se puede comparar ni aún al músico   10
—cuyo material es también sutilísimo—; es que el escritor vierte
en la obra su integridad de hombre, todo su corazón y su inteligencia, todo su sentimiento y todo su pensamiento. Se entrega;
entrega su palabra. Y somos hombres por la palabra. Se entrega,
pues, hombre.[7]   15
    Esta grandeza de la palabra humana, que nos hace hombres,
os la quise comprimir[8] en el primer soneto, al que llamo «Una
Voz de España». Habla de una voz española; y claro que podría
haber pensado en un hombre de cualquier pueblo (porque lo
mismo habría que decir de un francés o un inglés). Pero una de   20
las cosas admirables del idioma es que, haciéndonos hombres,
la palabra nos hace hombres de un mundo especial: nos liga en
una determinada cercanía,[9] en una trama[10] de emociones, tradi-

---

1. *nature*
2. *clay*
3. *canvas*
4. **con... grasas**   *with colored pigments
and oil*
5. **desgaja... pecho**   *wrenches something from his soul, and (like a) pelican
which tears its own breast*   Se dice que
el pelícano se desgarra su propio pecho

para alimentar los hijuelos.
6. *covenant*
7. **Se... hombre.**   *He delivers himself
over, then, as a man.*
8. *compress*
9. **nos liga... cercanía**   *binds us within definite surroundings*
10. *woof, fabric*

ciones y pensamientos, es decir, en una actitud vital; y el niño
francés sale hablando francés.   25

Y decidme, libreros, editores, autores, ¿habéis pensado cuán
maravillosa es la pluralidad de las lenguas? ¡Qué hastío[11] el mundo
si tuviera un solo hablar! Adiós, tierno aprendizaje[12] de lo extraño, primeros pinitos[13] por entre la fonética diversa, susto y
chiste de nuestras equivocaciones,[14] sazón y especiería[15] de los   30
viajes; adiós, las traducciones, la transvasación, el flujo y reflujo
de las culturas;[16] adiós, la diversidad del mundo, sus matices,[17]
su cambiante coloración, su historia. En cambio, un aburrido[18]
mundo monótono, un océano tranquilo, igual, sin corrientes, sin
estaciones, sin vaivenes[19] de temperatura. La igualdad absoluta   35
no se da[20] en la vida, y es lo que más se parece a la muerte.

En mi soneto he querido compendiar,[21] pues, la vida mental
de un hombre español. Y pienso en cualquiera: como casos de
españoles más intensos, podrían servir, en un sentido, un Lope,
en otro, un Góngora o un Juan Ramón Jiménez,[22] pero cualquier   40
hombre que pasa por la calle vive una vida semejante, aunque
en versión vulgar.[23]

El niño recién nacido es un caos, en el que por las voces que
oye a extraños seres (como cariñosos monstruos)[24] se va orde-
nando poco a poco el mundo, reflejado en palabras. De la orde-   45
nación de objetos materiales pasa a la de acciones y relaciones.
Finalmente el hombre está formado cuando ha llegado a pensar
el mundo por medio de la palabra. Y todo hombre piensa el
mundo por medio de la palabra, de un modo más o menos intenso
y extenso. Este pensar gracias a la palabra humana, es una manera   50
de creación: hablando yo creo el mundo en mi mente. Y en eso
consiste que el hombre sea una «imagen y semejanza» de Dios,
porque ese poder creador de la mente es como un reflejo de

11. *satiety, boredom*
12. *apprenticeship, learning*
13. *(little) steps*
14. **susto... equivocaciones** *the alarm and amusement at our mistakes*
15. **sazón y especiería** *seasoning and spices*
16. **traducciones... culturas** *translations, transfers, the ebb and flow of cultures*
17. *nuances, shadings*
18. *boring*
19. *fluctuations*
20. *does not occur*
21. *summarize*
22. En este volumen ofrecemos selecciones de Lope de Vega, Góngora y Juan Ramón Jiménez.
23. *commonplace*
24. **extraños... monstruos** *from strange beings (like affectionate monsters)*

divinidad. En ese cosmos, en ese océano de nuestra vida interior, las palabras están siempre fluctuando, formándose como olas, para deshacerse en nuevas oleadas.[25] Y con la palabra llegamos al mismo término[26] de nuestra vida mortal, y allí la abandonamos. Morir es dejar nuestra voz humana y aun su forma mental, y dejar nuestra vinculación[27] a una lengua determinada. He aquí ahora el soneto:

55

60

UNA VOZ DE ESPAÑA

Desde el caos inicial, una mañana
desperté. Los colores rebullían.[28]
Mas tiernos monstruos ruidos me decían:
«mamá», «tata», «guauguau», «Carlitos», «Ana».

Todo —«vivir», «amar»— frente a mi gana,
como un orden que vínculos prendían.[30]
Y hombre fui. ¿Dios? Las cosas me servían;
yo hice el mundo en mi lengua castellana.

Crear, hablar, pensar, todo es un mismo
mundo anhelado,[31] en el que, una a una,
fluctúan las palabras como olas.

Cae la tarde, y vislumbro ya el abismo.[32]
Adiós, mundo, palabras de mi cuna;
adiós, mis dulces voces españolas.

65

70

Nuestra lengua castellana nos es sólo nuestra comprensión, nuestra recreación del mundo, como en ese primer soneto quise resumir. Somos nosotros un punto en el que las coordenadas espaciales[33] se cruzan con otra temporal. Y así también nuestra expresión de hombres, nuestro pensar por medio de nuestro

75

25. **para... oleadas** *(only) to dissolve into new surges*
26. *the very end*
27. *connection*
28. *swirled around*
29. **«mamá... Ana»** *"Mamma," "little sister," "bow-wow," "Charlie," "Anna"* palabras familiares que oyen los niños
30. **frente a... prendían** *facing my desires like an arrangement which chains were binding*
31. *which we long for*
32. **Cae... abismo** *It is late afternoon, and I begin to glimpse the abyss (the end)*
33. **coordenadas espaciales** *coordinates of space*

idioma, vive en esa jaula[34] del tiempo–espacio. Y he aquí que,   80
como españoles, surge ante nosotros la maravillosa herencia, el
despliegue fascinador[35] de nuestra lengua en la sucesión de los
tiempos. Esto es lo que he querido comprimir en el soneto segundo. El cual me dio bastante trabajo, porque necesitaba apretar[36] una definición en casi cada uno de los versos. No sé hasta   85
qué punto lo habré conseguido.[37] El soneto se llama «Nuestra
Heredad». Helo aquí:[38]

NUESTRA HEREDAD

Juan de la Cruz[39] prurito[40] de Dios siente,
furia estética a Góngora agiganta,[41]
Lope chorrea[42] vida y vida canta: 90
tres frenesís de nuestra sangre ardiente.

Quevedo prensa pensamiento hirviente;[43]
Calderón en sistema lo atiranta;[44]
León, herido, al cielo se levanta;
Juan Ruiz, ¡qué cráter de hombredad bullente![45]   95

Teresa es pueblo, y habla como un oro;[46]
Garcilaso, un fluir, melancolía,[47]
Cervantes, toda la Naturaleza.

Hermanos en mi lengua, qué tesoro
nuestra heredad —oh amor, oh poesía—,   100
esta lengua que hablamos —oh belleza—.

34. *cage*
35. **despliegue fascinador** *the fasci-
nating unfolding*
36. *squeeze*
37. *I may have achieved it*
38. *Here it is.*
39. Los grandes poetas españoles, además de Cervantes, mencionados en este
soneto son: San Juan de la Cruz, Luis de
Góngora, Lope de Vega, Francisco de
Quevedo, Pedro Calderón, Luis de León,
Juan Ruiz, Santa Teresa de Jesús y Garcilaso de la Vega. De todos ellos incluímos selecciones en este volumen.

40. *longing*
41. *makes a giant of*
42. *spurts forth*
43. **Quevedo... hirviente** *Quevedo
presses out molten thought*
44. **en sistema lo atiranta** *makes it
taut through system*
45. **qué... bullente** *what an ebullient
volcano of manhood*
46. **Teresa... oro** *(St.) Theresa is
(represents) the people, and speaks
golden words*
47. *Garcilaso, fluidity, melancholy*

Nos queda la perspectiva en el espacio. Si grande es la tradición
de la lengua castellana, inmensa es su extensión territorial. En el
tercer soneto quise reflejar mi gozo por esa inmensidad, la ternura
que se siente cuando llegamos a la espalda de nuestro mundo y   105
—en tantos climas, en condiciones de vida tan diferentes— vemos
que nos entienden, que entendemos, que nos hablan en nuestra
lengua natal.

Fue en el año 1929 y era bien dentro de los Estados Unidos,
en el de Nuevo Méjico, a muchos kilómetros de su capital, Santa   110
Fe. Trepé[48] primero por una escalera de mano, vertical; atravesé
una azotea;[49] otra segunda escalera vertical; otra azotea, y al
fondo de la azotea, una creo que cocina. En la cocina, una india
muy vieja, que me dice «Buenos días, señor», en el más puro
castellano. Las lágrimas se me saltaban de los ojos. Y lo mismo   115
me ha ocurrido en 1954, hablando con las gentes en las calles
de San Antonio, en Tejas (también en los Estados Unidos). En San
Antonio tuve que hacer una declaración notarial. Gran asombro
mío: el notario se llamaba Alonso lo mismo que yo, y —nada de
inglés— comenzó el documento en un castellano bastante bueno: 120
«En la ciudad de San Antonio, condado[50] de Béjar, estado de
Tejas....» Y la misma emoción he sentido en las calles de Nueva
York (¿sabéis que hoy Nueva York es una de las mayores ciudades
de lengua castellana, que sus hispanohablantes van creciendo
hacia el millón?) Y también en muchos sitios de Europa y América, 125
al entrar en una tiendecilla,[51] me ha emocionado la voz española
—que parece venir de un fondo enmohecido de siglos[52]— de un
sefardi.[53] Aún habría que añadir tantos miles y miles de gentes
de nuestra lengua diseminadas por el norte de África desde Argelia
a Marruecos.[54]   130

He querido mencionar ahora especialmente estos hispano-
hablantes que son quizá los que están más cerca de mi corazón,

---

48. *I climbed* Don Dámaso evidentemente se refiere aquí a la pintoresca
aldea de Taos, en Nuevo México.
49. *flat roof*
50. *county*
51. *little shop*
52. **un fondo... siglos** *a moldy background of centuries*
53. *Sephardic Jew* Sus antepasados

fueron expulsados de España en 1492.
Existen colonias sefarditas en el África
del Nore, Grecia, Turquía y los Estados
Unidos.
54. *from Algeria to Morocco*
55. *standard*
56. *self-interest*
57. *they would not fit*

porque viviendo entre lenguas oficiales muy distintas, conservan
nuestro idioma sin norma[55] y sin escuela alguna, y sin el menor
interés,[56] sin esperar nada, sin protección nuestra y aún casi sin   135
que los españoles se hayan enterado de que existen esos seres de
su propia habla. Los he querido mencionar porque, aunque he
hecho algunos intentos, no me han cabido[57] en el tercero de mis
sonetos. Catorce endecasílabos no son más que 154 sílabas, y no
hay bromas posibles con la matemática. En mi soneto pude hablar   140
sólo de América y aludir a los ecos, ya disminuídos, de la lengua
castellana que aún resuenan en Filipinas. Lengua nuestra común,
para el comercio, para la poesía, el amor, la amistad, para hablar
con Dios. He aquí el tercer soneto:

HERMANOS

Hermanos, los que estáis en lejanía[58]   145
tras las aguas inmensas, los cercanos[59]
de mi España natal, todos hermanos
porque habláis esta lengua que es la mía:
yo digo «amor», yo digo «madre mía»,
y atravesando mares, sierras, llanos,   150
—oh gozo— con sonidos castellanos,
os llega un dulce efluvio de poesía.
Yo exclamo «amigo», y en el Nuevo Mundo,
«amigo» dice el eco, desde donde
cruza todo el Pacífico, y aún suena.   155
Y digo «Dios», y hay un clamor profundo:
y «Dios», en español, todo responde,
y «Dios», sólo «Dios», «Dios», el mundo llena.

Desde que Dámaso Alonso pronunció el discurso citado,
la población de habla hispana en los Estados Unidos ha
aumentado considerablemente. En el este con los exiliados
cubanos y centroamericanos y en el oeste con la constante
entrada de mexicanos y centroamericanos a los Estados
Unidos, en busca de mejores condiciones de vida.

58. *far off*   59. *you who are near*

Preguntas

1. ¿Qué constituye la grandeza de la poesía?
2. ¿Con qué trabaja el escritor?
3. ¿Alaba o desaprueba el Sr. Alonso la pluralidad de las lenguas?
4. ¿Qué quiere comprimir en el primer soneto?
5. ¿Cuántos versos hay en un soneto?
6. ¿En qué lengua hizo el autor su mundo?
7. ¿Qué quiere comprimir el autor en su segundo soneto?
8. ¿Dónde estaba el autor en el año 1929?
9. ¿En qué lengua le habló la india vieja?
10. ¿Dónde estaba el autor en el año 1954?
11. ¿Cómo se llamaba el notario de San Antonio?
12. ¿Qué es un sefardi?
13. ¿Cuántas sílabas hay en un soneto?
14. ¿Para qué sirve la lengua española que hablan tantas personas en común?
15. ¿Por qué son hermanos los amigos lejanos y los cercanos del autor?
16. ¿Cuál es la lengua oficial de las Islas Filipinas?
17. Explique la razón por la que hay tantos hispano-hablantes en el sureste y en el suroeste de los Estados Unidos, especialmente en La Florida, California y Texas.

Temas

1. Las actividades de D. Dámaso Alonso.
2. Ventajas y desventajas de una lengua universal. (El esperanto, por ejemplo).
3. La extensión territorial de la lengua castellana.
4. Las dificultades que se encuentran al estudiar una lengua extranjera.
5. Por qué hay tantos hispano-hablantes en el suroeste de los Estados Unidos.
6. Ídem, en la ciudad de Nueva York.
7. La importancia de la lengua española para este hemisferio.

EDAD MEDIA

Poema de Mío Cid

De acuerdo con las versiones más autorizadas, un juglar desconocido escribió el *Poema de Mío Cid* hacia el año de 1140. De todas las obras épicas medioevales, ninguna es tan realista, tan reveladora de la vida de la época, ninguna tan sugestiva por sus cualidades humanas como ésta. Hay una razón para ello: su autor probablemente conoció al Cid histórico, muerto en 1099, o al menos tuvo conocimiento directo a través de un contemporáneo suyo. Caracteriza al Cid, así llamado por los árabes de la palabra *sidi, señor*, como el héroe de todos los españoles, pero más particularmente del hombre corriente. El Cid del poema es una figura democrática, un héroe que trata a sus soldados como a iguales, que desafía las injusticias de los nobles. No es un semidiós, ni un héroe perfecto; por el contrario, su figura es intensamente humana y por lo tanto más atractiva. Sus seguidores le respetaban y querían; sus enemigos le temían pero le respetaban también y su familia le amaba tiernamente. Fue, pues, el cuidadano y capitán, esposo y padre ideal y el vasallo (al menos en el poema) ideal también.

El poema consta de unos 3.700 versos de, en promedio, dieciseis sílabas con cesura al medio, forma típica de los poemas escritos en el *Mester de Juglaría*. En vez de la rima consonante que usa el inglés, se usa la rima asonante. Consta el poema de tres partes o cantos: en la primera se narra el

destierro del Cid; en la segunda, el casamiento de las hijas
del Cid con los cobardes Infantes de Carrión; la tercera narra
la cruel afrenta a las hijas del Cid por sus esposos, la venganza
del Cid el y castigo de los infantes.

El autor fue seguramente un hombre culto, así como un
hombre de talento. Escribió de acuerdo con las leyes en
uso, de acuerdo, también, con las tradiciones épicas en boga
entonces en Francia y otros países, utilizando las llamadas
fórmulas épicas, especialmente en las lineas que describen
al Cid, a quien llama «el que en buena hora nació» y «el que
en buena hora ciñó espada». El poema se diferencia de los
poemas épicos franceses en que el poeta supo omitir lo fantástico y dio a su obra una atmósfera de profundo realismo.

La versión que aquí presentamos en español moderno, es
la del conocido poeta, erudito e investigador español Pedro
Salinas (*Poema de Mío Cid*, Buenos Aires, 1940).

.

POEMA DE MÍO CID

[El poema se inicia cuando el Cid, quien acaba de ser desterrado por el
rey Alfonso VI (Alfonso reinó en Castilla entre los años 1072 y 1109) se
prepara para dejar el reino. Aparentemente algunos nobles de la corte
han persuadido al rey de que el Cid se ha convertido en un hombre
demasiado poderoso y popular, constituyendo así una amenaza para el
rey. Sin dinero, sin nada, excepto su caballo y su armadura, y ayudado
únicamente por unos pocos de sus caballeros y soldados, después de dejar
a su esposa Jimena y a sus hijas doña Elvira y doña Sol en un monasterio,
el Cid parte para territorio moro en busca de fortuna. Es una situación
llena de peligro; desde las primeras líneas del poema, el lector puede notar
el apuro angustioso del Cid.]

A los que conmigo vengan que Dios les dé muy buen pago;
también a los que se queden contentos quiero dejarlos.
Habló entonces Álvar Fáñez, del Cid era primo hermano:

—Con vos[1] nos iremos, Cid, por yermos[2] y por poblados;
no os hemos de faltar mientras que salud tengamos   5
y gastaremos con vos nuestras mulas y caballos
y todos nuestros dineros y los vestidos de paño,
siempre querremos serviros como leales vasallos.
Aprobación dieron todos a lo que ha dicho Don Álvaro.
Mucho que agradece el Cid aquello que ellos hablaron.   10
El Cid sale de Vivar, a Burgos[3] va encaminando,
allí deja sus palacios yermos y desheredados.[4]
Los ojos de Mío Cid mucho llanto van llorando;
hacia atrás vuelve la vista y se quedaba mirándolos.
Vio cómo estaban las puertas abiertas y sin candados,   15
vacías quedan las perchas[5] ni con pieles ni con mantos,
sin halcones de cazar y sin azores mudados.[6]
Y habló, como siempre hablaba, tan justo y tan mesurado:
—¡Bendito seas, Dios mío, Padre que estás en lo alto!
Contra mí tramaron esto mis enemigos malvados.   20
Ya aguijan a los caballos, ya les soltaron las riendas.
Cuando salen de Vivar ven la corneja a la diestra,
pero al ir a entrar en Burgos la llevaban a su izquierda.[7]
Movió Mío Cid los hombros y sacudió la cabeza:
—¡Ánimo, Álvar Fáñez, ánimo, de nuestra tierra nos echan,   25
pero cargados de honra hemos de volver a ella!
Ya por la ciudad de Burgos el Cid Ruy Días entró.
Sesenta pendones lleva detrás el Campeador.
Todos salían a verle, niño, mujer y varón,
a las ventanas de Burgos mucha gente se asomó.   30
¡Cuántos ojos que lloraban de grande que era el dolor!
Y de los labios de todos sale la misma razón:
—¡Qué buen vasallo sería si tuviese buen señor!

---

1. **vos** era tanto singular como plural de la segunda persona; pronombre subjetivo y objetivo.
2. *wastelands*
3. Vivar, la aldea nativa del Cid, está cerca de Burgos, una de las importantes ciudades de Castilla durante la Edad Media.
4. *disinherited (in the sense that the Cid no longer held title to it and could not bequeath it)*
5. *racks (for either clothes or roosting falcons)*
6. *falcons which have molted* La halconería fue el deporte favorito de la aristocracia medioeval.
7. Una corneja a la derecha era augurio de buena fortuna, a la izquierda lo era de mala.

El Cid en Babieca. Estatua de bronce de Anna Hyatt Huntington
COURTESY OF THE HISPANIC SOCIETY OF AMERICA

De grado le albergarían,[8] pero ninguno lo osaba,
que a Ruy Díaz de Vivar le tiene el rey mucha saña.   35
La noche pasada a Burgos llevaron una real carta
con severas prevenciones y fuertemente sellada,[9]
mandando que a Mío Cid nadie le diese posada,
que si alguno se la da sepa lo que le esperaba:
sus haberes perdería, más los ojos de la cara,   40
y además se perdería salvación de cuerpo y alma.
Gran dolor tienen en Burgos todas las gentes cristianas
de Mío Cid se escondían: no pueden decirle nada.
Se dirige Mío Cid adonde siempre paraba;
cuando a la puerta llegó se la encuentra bien cerrada.   45

8. *they would give him lodging*   9. *bearing the royal seal*

Por miedo del rey Alfonso acordaron los de casa[10]
que como el Cid no la rompa no se la abrirán por nada.
La gente de Mío Cid a grandes voces llamaba,
los de dentro no querían contestar una palabra.
Mío Cid picó el caballo, a la puerta se acercaba,   50
el pie sacó del estribo, y con él gran golpe daba,
pero no se abrió la puerta, que estaba muy bien cerrada.
La niña de nueve años[11] muy cerca del Cid se para.
—Campeador que en bendita hora ceñiste la espada,
el rey lo ha vedado,[12] anoche a Burgos llegó su carta,   55
con severas prevenciones y fuertemente sellada.
No nos atrevemos, Cid, a darte asilo por nada,
porque si no perderíamos los haberes y las casas,
perderíamos también los ojos de nuestras caras.
Cid, en el mal de nosotros vos no vais ganando nada.   60
Seguid y que os proteja Dios con sus virtudes santas.
Esto le dijo la niña y se volvió hacia su casa.
Bien claro ha visto Ruy Díaz que del rey no espere gracia.[13]
De allí se aparta, por Burgos a buen paso atravesaba,
a Santa María[14] llega, del caballo descabalga,   65
las rodillas hinca en tierra y de corazón rogaba.
Cuando acabó su oración el Cid otra vez cabalga,
de las murallas salió, el río Arlanzón[15] cruzaba.
Junto a Burgos, esa villa, en el arenal[16] posaba,
las tiendas mandó plantar y del caballo se baja.   70
Mío Cid el de Vivar que en buen[17] hora ciñó espada
en un arenal posó,[18] que nadie le abre su casa.
Pero en torno suyo[19] hay guerreros que le acompañan.
Así acampó Mío Cid cual si anduviera en montaña.
Prohibido tiene el rey que en Burgos le vendan nada   75
de todas aquellas cosas que le sirvan de vianda.
No se atreven a venderle ni la ración más menguada.[20]

---

10. **Por... casa** *Through fear of King Alfonso those of the house had decided* 11. Los mensajeros portadores de malas noticias eran frecuentemente muertos. Probablemente la niña fue enviada porque así habría compasión para ella. 12. *forbidden* 13. **Bien... gracias** *Clearly Ruy Diaz has seen that he may expect no mercy from the king.* 14. Santa María es una iglesia en Burgos. 15. El río Arlanzón pasa cerca de Burgos. 16. *sandy ground* 17. **buen** en lugar de **buena** 18. *he lodged* 19. **en... suyo** *around him* 20. *scanty*

[El Cid, sabiendo que el exilio puede ser largo, visita a su esposa e hijas, que están en el Monasterio de San Pedro de Cardeña. El Cid ha logrado conseguir dinero de dos prestamistas, haciéndoles creer que los cofres empeñados contienen oro, cuando en realidad contienen arena. Así puede hacer frente al exilio menos difícilmente.]

Don Martín[21] se torna a Burgos, su camino el Cid siguió,
llegar quería a Cardeña,[22] el caballo espoleó[23]
y con él los caballeros que de su compaña son.   80
Aprisa cantan los gallos y quebrar quiere el albor
del día, cuando a San Pedro llega el buen Campeador.
Estaba el abad Don Sancho, muy buen cristiano de Dios,
rezando ya los maitines apenas amaneció.
Y estaba Doña Jimena con cinco damas de pro   85
rogando a San Pedro apóstol y a Cristo Nuestro Señor:
«Tú, que eres guía de todos, guíame al Campeador.»
A la puerta llaman; todos saben que el Cid ha llegado.
¡Dios, qué alegre que se ha puesto ese buen abad Don Sancho!
Con luces y con candelas los monjes salen al patio,   90
—Gracias a Dios, Mío Cid, le dijo el abad Don Sancho,
puesto que os tengo aquí, por mi seréis hospedado.
Esto le contesta entonces Mío Cid el bienhadado.[24]
—Contento de vos estoy y agradecido, Don Sancho,
prepararé la comida mía y la de mis vasallos.   95
Hoy que salgo de esta tierra os daré cincuenta marcos,
si Dios me concede vida os he de dar otro tanto.
No quiero que el monasterio por mí sufra ningún gasto.
Para mi esposa Jimena os entrego aquí cien marcos;
a ella, a sus hijas y damas podréis servir este año.   100
Dos hijas niñas os dejo, tomadlas a vuestro amparo.
A vos las encomiendo en mi ausencia, abad Don Sancho,
en ellas y en mi mujer ponedme todo cuidado.
Si ese dinero se acaba o si os faltare[25] algo
dadles lo que necesiten, abad, así os lo mando.   105
Por un marco que gastéis, al convento daré cuatro.
Así se lo prometió el abad de muy buen grado.

21. Martín Antolínez es un caballero del
Cid.
22. El Monasterio de San Pedro de Cardeña está cerca de Burgos.

23. *spurred*
24. *fortunate*
25. **Faltare** es futuro de subjuntivo y se
traduce *is lacking*.

Ved aquí Doña Jimena,[26] con sus hijas va llegando,
a cada una de las niñas la lleva una dama en brazos.
Doña Jimena ante el Cid las dos rodillas ha hincado.   110
Llanto tenía en los ojos, quísole[27] besar las manos.
Le dice: —Gracias os pido, Mío Cid el bienhadado.
Por calumnias de malsines[28] del reino vais desterrado.
¡Merced os pido, buen Cid, noble barba tan crecida![29]
Aquí ante vos me tenéis, Mío Cid, y a vuestras hijas,   115
de muy poca edad las dos y todavía tan niñas.
Conmigo vienen también las damas que nos servían.
Bien veo, Campeador, que preparáis vuestra ida;
tenemos que separarnos estando los dos en vida.
¡Decidme lo que hay que hacer, oh Cid, por Santa María!   120
Las dos manos inclinó el de la barba crecida,
a sus dos niñitas coge, en sus brazos las subía,
al corazón se las llega, de tanto que las quería.
Llanto le asoma a los ojos y muy fuerte que suspira.
—Es verdad, Doña Jimena, esposa honrada y bendita,   125
tanto cariño os tengo como tengo al alma mía.
Tenemos que separarnos, ya lo veis, los dos en vida;
a vos os toca quedaros, a mí me toca la ida.
¡Quiera Dios y con Él quiera la Santa Virgen María
que con estas manos pueda aún casar a nuestras hijas   130
y que me quede ventura y algunos días de vida
para poderos servir, mujer honrada y bendita!

[Después de varias batallas el Cid ha logrado conquistar la ciudad de
Valencia de los moros. Este episodio es totalmente histórico y la toma
de la ciudad tuvo lugar en el año de 1096. Esta conquista incrementó
gradamente el prestigio del Cid, pudiendo lograr pronto el favor del rey
Alfonso, a quien había enviado un gran botín. El Cid se enorgullece de
mostrar la ciudad a su familia, que ha traído con la anuencia del rey.]

Con Mío Cid al alcázar su esposa y sus hijas van,
cuando llegaron las sube hasta el más alto lugar.
Viérais allí ojos tan bellos a todas partes mirar: 135

26. Aquí el poeta se dirige al oyente o
lector, diciendo estas palabras.
27. le quiso
28. *backbiters*

29. **noble... crecida** *noble beard so
luxuriant* Es una de los epítetos en alabanza del Cid.

a sus pies ven a Valencia, cómo yace la ciudad,
y allá por el otro lado tienen a la vista el mar.
Miran la huerta, tan grande y tan frondosa[30] que está,
y todas las otras cosas placenteras de mirar.
Alzan entonces las manos, que a Dios querían rezar,   140
por lo bueno y por lo grande de aquella hermosa heredad.[31]
Mío Cid y sus mesnadas[32] todos contentos están.
El invierno ya se ha ido y marzo quería entrar.
Noticias os daré ahora del otro lado del mar
y del rey moro Yúsuf que allí en Marruecos[33] está.   145
Pésale al rey de Marruecos el triunfo de Don Rodrigo:
—En mis tierras y heredades muy firme que se ha metido[34]
y se lo agradece todo a su Señor Jesucristo.
Entonces el de Marruecos llamar a sus fuerzas hizo
y cincuenta veces mil guerreros ha reunido.   150
Ya se entraron por el mar, en las barcas van metidos,
se encaminan a Valencia en busca de Don Rodrigo.
Arribaron ya las naves, ellos a tierra han salido.
Ya llegaron a Valencia, del Cid tan buena conquista,
Allí plantaron sus tiendas esas gentes descreídas.[35]   155
Por fin al Campeador le llegan estas noticias.

[El Cid se prepara para la batalla, y se alegra de que su mujer y sus hijas
puedan presenciar su victoria. El orgullo en su vigor físico, sus proezas
y su estrategia son muy característicos de los caballeros medioevales.]

—¡Loado sea el Creador y Padre Espiritual!
Los bienes que yo poseo todos ahí delante están,
con afán[36] gané a Valencia, la tengo por heredad,
como no sea por muerte no la puedo yo dejar.   160
A Dios y a Santa María gracias les tengo que dar
porque a mi mujer e hijas conmigo las tengo acá.
La suerte viene a buscarme del otro lado del mar,
tendré que vestir las armas, que no lo puedo dejar,

30. *leafy*
31. *inheritance*   porque Valencia, ganada por el Cid podía ser dejada como
herencia a sus hijas
32. *troops*
33. *Morocco*
34. **En... metido**   *He has placed him-*
self in my lands and inheritance   El
rey de Marruecos quiere decir que el Cid
se ha establecido firmemente en las po-
sesiones españoles de Jusuf.
35. *infidels*
36. *zeal*

y mi mujer y mis hijas ahora me verán luchar.   165
Verán en tierras extrañas lo difícil que es estar.
Harto verán por sus ojos cómo hay que ganar el pan.[37]
A su mujer y a sus hijas al alcázar súbelas.
—Por Dios, Mío Cid, ¿qué es ese campamento que allí está?
—Jimena, mujer honrada, que eso no os dé pesar,   170
para nosotros riqueza maravillosa será.
Apenas llegada y ya regalos os quieren dar,
para casar a las hijas aquí os traen el ajuar.[38]
—Gracias os doy, Mío Cid, y al Padre Espiritual.
—Mujer, en este palacio y en esta torre quedad: 175
no sintáis ningún pavor porque me veáis luchar,
que Dios y Santa María favorecerme querrán.
y el corazón se me crece, porque estáis aquí detrás.
Con la ayuda del Señor la batalla he de ganar.

[Por supuesto es de esperar que el Cid gane la batalla que su familia le
ve pelear. Más tarde, a solicitud del rey Alfonso, las hijas del Cid se
desposan con dos nobles, los Infantes de Carrión, quienes resultan ser
cobardes e indignos yernos del Cid. Ansiosos de venganza, no tanto porque el Cid les hubiese llamado cobardes, sino porque en el fondo sabían
que lo eran, piden permiso para regresar con sus esposas a Carrión y el
Cid consiente en ello. Sin embargo, poco después de la partida, envía
a uno de sus caballeros a que les sigan. El Cid actuó sabiamente porque
poco después, en el Robledal de Corpes, los Infantes ultrajan a sus esposas,
azotándolas cruelmente, hasta dejarlas por muertas. Allí los caballeros del
Cid las encuentran y las cuidan.

El Cid demanda justicia del rey. Primero el Cid exige, y el rey le concede, que los Infantes le devuelvan la dote y las dos espadas que les había
dado; luego el Cid pide que el matrimonio sea disuelto y el rey accede.
Finalmente, el Cid exige un combate entre dos de sus caballeros y los
dos Infantes, quienes son derrotados. Así, satifecho el honor del Cid, sus
hijas se desposan nuevamente, con los príncipes de Navarra y Aragón.]
El poema concluye con las siguientes líneas:

Ved cómo crece en honores el que en buen hora nació,   180
que son sus hijas señoras de Navarra y Aragón.[39]
Esos dos reyes de España ya parientes suyos son,
y a todos les toca honra por el Cid Campeador.

37. **Harto... pan** *They will see well
enough how it is to earn one's living*
38. *dowry*

39. Navarra y Aragón son dos reinos
antiguos en el norte de España.

Pasó de este mundo el Cid, el que a Valencia ganó:
en días de Pascua ha muerto, Cristo le dé su perdón.   185
También perdone a nosotros, al justo y al pecador.
Éstas fueron las hazañas de Mío Cid Campeador:
en llegando a este lugar, se ha acabado esta canción.

Preguntas

1. ¿Qué dijo al Cid Álvar Fáñez?
2. ¿Por qué va el Cid con el llanto en los ojos?
3. ¿Por qué quedan las perchas vacías?
4. ¿A qué lado ven volar la corneja cuando salen de Vivar?
5. ¿Qué significan las cornejas en el poema?
6. ¿Cuántos pendones lleva el Cid detrás de sí?
7. En su opinión ¿qué significan los pendones?
8. ¿Por qué no podían albergar al Cid los de Burgos?
9. ¿Cómo era la carta del rey Alfonso?
10. ¿Qué perdería el que ayudara al Cid?
11. ¿Cómo se encuentran las puertas de Burgos?
12. ¿Qué le dijo al Cid la niña de nueve años?
13. En vez de mandarle al Cid a una niña ¿por qué no le mandaron a un hombre?
14. ¿Dónde mandó plantar las tiendas el Cid?
15. ¿Por qué cabalgó el Cid a San Pedro de Cardeña?
16. Cuando llegó el Cid, ¿qué hacía el abad Don Sancho?
17. ¿Por qué lloraba tanto Doña Jimena?
18. ¿Por qué subió el Cid a su esposa y sus hijas a la torre?
19. ¿Qué podrían ver ellas desde lo alto del alcázar?
20. ¿Por qué vino de Marruecos el rey Yúsuf?
21. ¿Qué ganarán el Cid y su familia en la batalla?
22. ¿Por qué se le creció el corazón al Cid?
23. ¿Quiénes llegaron a ser señoras de Navarra y de Aragón?
24. ¿De quién fueron parientes los reyes de Navarra y de Aragón?
25. ¿Cuándo murió el Cid?

Temas

1. Los sentimientos del Cid al salir de Burgos.
2. El carácter del Cid.
3. Doña Jimena como esposa fiel y cariñosa.
4. Los sentimientos del Cid antes de entrar en la batalla con el rey Yúsuf.
5. Comparación del *Cid* con cualquier otro poema épico que Vd. conozca.

Ramón Menéndez Pidal (1869–1969)

El venerable don Ramón, quien murió a los noventa y nueve años, fue el gran erudito de los estudios hispánicos: uno de los más grandes investigadores de su lengua y su literatura; fue el gran iniciador y moderno representante de la erudición española. En su haber se cuentan numerosas publicaciones, libros y artículos, sobre cada una de las fases más importantes de la historia y la literatura de España. Su estudio sobre la evolución de la lengua española, *Manual de gramática histórica española* (primera edición 1904) es una obra clásica en su género, y muchas de sus obras son consideradas básicas para el estudioso de la literatura y la lengua españolas. Pero de todas sus contribuciones ninguna es tan famosa ni tan importante como su edición en tres volúmenes del *Poema de Mío Cid* (1898–1912). Su esmerado y profundo trabajo y su densa pero a la vez detallada introducción, en donde trata la historia y el fondo del período medioeval, señala esta edición como una obra maestra de la investigación. Aunque no es literatura en el sentido de la creación, la siguiente selección de la Introducción es un magnífico ejemplo del excelente estilo de don Ramón, que, a pesar de su gran profundidad, es sin embargo claro y preciso y capaz de mantener despierto el interés aun en el caso de los principiantes.

De LA INTRODUCCIÓN
DE MENÉNDEZ PIDAL A SU EDICIÓN
DEL *POEMA DE MÍO CID*

...el naciente[1] romanticismo, con su simpatía general por la Edad
Media, traía en el extranjero un cambio favorable de juicio.[2] En
1808 el poeta escocés Robert Southey,[3] que tanto trabajó en la
rehabilitación de la antigua poesía peninsular, conceptuaba el
Poema del Cid «como decididamente y sobre toda comparación   5
el más hermoso poema escrito en lengua española,» y en 1813
añadía, excitando a la revolución literaria: «los españoles no conocen aún el alto valor que como poema tiene la historia métrica
del *Cid*, y mientras no desechen[4] el falso gusto que les impide
percibirlo, jamás producirán nada grande en las más elevadas   10
esferas del arte; bien puede decirse sin temor que de todos los
poemas que se han compuesto después de la *Ilíada*,[5] el del *Cid*
es el más homérico en su espíritu, si bien el lenguaje de la Península era en aquella época rústico e informe.» Abundando en las
ideas de Southey, otro escocés, Hallam,[6] en su *View of the State* 15
of Europe during the Middle Ages, 1818, afirma que el *Poema*
del Cid «aventaja[7] a todo lo que se escribió en Europa antes del
aparecimiento de Dante»; y esta apreciación fue, sin duda, tenida
en cuenta por el angloamericano Ticknor,[8] cuando al examinar
el Poema en su *History of Spanish Literature* (1849) dice: «puede 20
asegurarse que en los diez siglos transcurridos desde la ruina de
la civilización griega y romana hasta la aparición de la *Divina*

1. *nascent, rising*
2. *judgment*
3. Robert Southey (1774–1843), poeta
y hombre de letras inglés, autor de obras
tales como *Roderick, the last of the*
Goths y de una traducción del *Amadís*.
4. *until they lay aside*
5. *The Iliad* el poema épico de Homero

sobre la caída de Troya
6. Henry Hallam (1777–1859), historiador inglés
7. *surpasses*
8. George Ticknor (1791–1871), profesor y erudito americano, cuya notable
Historia de la Literatura Española (primera edición, 1849) es aún muy estimada

Ramón Menéndez Pidal. Retrato del gran erudito español
por Joaquín Sorolla
COURTESY OF THE HISPANIC SOCIETY OF AMERICA

Comedia, ningún país ha producido un trozo[9] de poesía más
original en sus formas y más lleno de naturalidad, energía y
colorido.»...

Se ha advertido[10] muchas veces que la producción literaria de
la Edad Media se resiente[11] por falta de variedad y de estilo personal; que las diversas naciones europeas poetizan los mismos

25

9. *piece*   10. *It has been noted*

asuntos y lo hacen casi en el mismo tono unas que otras. Pero
muchas veces esta uniformidad que notamos depende sólo de la   30
observación escasa.[12] Naturalmente, dentro de las razas con que
convivimos distinguimos las varias fisonomías mucho mejor que
tratándose de una raza extraña de que sólo rara vez vemos algunos
individuos. Hoy, que conocemos la epopeya[13] medioeval mejor
que antes, podemos decir que el *Poema del Cid* es obra de una   35
acentuada originalidad...

La epopeya y la realidad ofrecían a porfía[14] episodios de violencia, atropello[15] y sangre, fácilmente conmovedores;[16] pero
nuestro juglar,[17] apartándose de las fórmulas corrientes del género
que cultiva, idealiza a su modo la realidad que contempla. Con-   40
cibió al desterrado héroe siempre magnánimo y fiel a su rey, y
presentó a éste, airado,[18] sí, pero no hasta el punto de aprisionar
a las hijas del Cid ni desagradecido[19] a los servicios que el héroe
le presta, ni poseído de los indignos[20] celos que sintió hacia su
vasallo, según la historia. Otro ejemplo: el poeta pasó muy por   45
alto[21] el hambre y la crueldad que sufrieron los moros de Valencia durante el asedio,[22] y realzó,[23] en cambio, las lágrimas y las
bendiciones con que los moros de Alcocer despiden a su bondadoso vencedor. Nuestro poeta da una nota excepcional en la epopeya: la de la moderación. Se ha notado con extrañeza[24] que el   50
Cid del Cantar muestra las virtudes de un santo, y si se considera
la dificultad de desenvolver[25] dentro de esta altura moral una
epopeya de guerra, enemistades y venganza, se admirará bien el
poder artístico de nuestro juglar, que, fiel a una grave concepción
de la vida, acierta a poetizar hondamente en su héroe el decoro   55
absoluto, la mesura constante, el respeto a aquellas instituciones
sociales y políticas que pudieran coartar[26] la energía heroica...

No hay en el *Poema del Cid* una idea patriótica tan precisamente concebida como en la *Chanson de Roland*.[27] El autor de

11. *becomes weakened*
12. *insufficient*
13. *epic*
14. *vie with other in offering*
15. *abuse*
16. *moving*
17. *minstrel*
18. *angry*
19. *unappreciative*
20. *unworthy*
21. *passed very lightly over*

22. *siege*
23. *emphasized*
24. *surprise*
25. *unfold*
26. *limit*
27. El gran poema épico francés que
relata los hechos de los caballeros de
Carlomagno, Oliveros y Roldán, y la
derrota de los franceses en el paso de
Roncesvalles en los Pirineos.

ésta supo asociar el deber de vasallaje a Carlomagno y el amor a la   60
nación entera, elevándose, en una época de división feudal, a un
sentimiento claro de la unidad de esa Francia cuyo cielo se en-
tristece por la muerte del héroe y cuyos soldados se conmueven de
cariño intenso hacia la patria por la cual combaten. En la *Chanson*
alienta un patriotismo exaltado, aunque puramente militar, que   65
se apoya[28] en el irrazonado[29] entusiasmo para afirmar el propio
valer[30] y despreciar al enemigo...

Cierto que en el *Mío Cid* la añoranza[31] que sienten los deste-
rrados de Castilla la gentil y la veneración del héroe hacia el rey,
que personifica la patria, tienen ternura y magnanimidad, aunque   70
no lleguen a la grandeza trágica del *Roland*. Pero de todos modos
el *Poema del Cid* no es nacional por el patriotismo que en él se
manifieste, sino más bien como retrato[32] del pueblo donde se
escribió...

Este género de nacionalismo, menos enérgico, pero más amplio   75
que el patriotismo militar del *Roland*, puede ser sentido más general y permanentemente y podrán repetirse siempre las palabras
de Federico Schlegel.[33] «España, con el histórico poema de su
Cid, tiene una ventaja peculiar sobre otras muchas naciones; es
éste el género de poesía que influye más inmediata y eficazmente   80
en el sentimiento nacional y en el carácter de un pueblo. Un solo
recuerdo como el del *Cid* es de más valor para una nación que
toda una biblioteca llena de obras literarias hijas únicamente del
ingenio[34] y sin un contenido nacional.»

Preguntas

1. ¿Qué conceptuaba en 1808 el inglés Robert Southey?
2. Según Southey, ¿qué conocen los españoles tocante al valor del *Poema del Cid*?
3. ¿Cuándo producirán los españoles algún ejemplo del arte en las más elevadas esferas?
4. Después de la *Ilíada*, ¿cuál es el poema más homérico, según Southey?

---

28. *rests upon*
29. *unreasonable*
30. **para... valer** *for proving one's own worth*
31. *grief*

32. *portrait*
33. Friedrich von Schlegel (1772–1829), poeta crítico y erudito alemán
34. *talent*

5. ¿Cómo era la lengua de la Península Ibérica en tiempos del Cid?
6. ¿Qué escribió Hallam sobre el *Poema de Mío Cid*?
7. ¿Qué opinó Ticknor al examinar este poema?
8. ¿Cómo poetizan las diversas naciones europeas sus asuntos?
9. ¿Qué clase de episodios ofrece el *Poema de Mío Cid*?
10. ¿Cómo se aparta el juglar que escribió el *Poema* de las fórmulas usuales de la epopeya?
11. ¿Cómo concibió al desterrado héroe el autor del poema?
12. ¿Y cómo concibió al rey que desterró al Cid?
13. Según el *Poema*, ¿cómo despidieron al Cid los moros de Alcocer?
14. Pero en la historia misma, ¿qué sufrieron los moros de Valencia en el asedio?
15. ¿Qué nota da el autor del poema en su obra?
16. ¿Se parecen las ideas patrióticas del *Cid* a las de la *Chanson de Roland*?
17. ¿En qué se apoya el patriotismo de la *Chanson de Roland*?
18. ¿Es nacional por el patriotismo el *Poema de Mío Cid*? ¿Cómo es nacional?
19. ¿Qué ventaja, según Schlegel, tiene España con el histórico poema?
20. Según él, ¿qué género de poesía es el del *Poema de Mío Cid*?

Temas

1. La opinión que tenían varios escritores sobre el *Poema de Mío Cid*.
2. El aspecto artístico del *Poema*.
3. El aspecto patriótico del *Poema*.
4. El rey y el Cid en el poema y en la historia.
5. Hable de otros poemas épicos que Vd. conozca.

Don Juan Manuel (1282–¿1349?)

Durante el período de actividad literaria y cultural iniciado por Alfonso X se originó la prosa española. Consciente de la importancia de la cultura árabe en España, el rey Sabio, patrón de todas las artes y ciencias, ordenó en 1251 la traducción de un libro de cuentos titulado *Calila y Digna*, version árabe del famosísimo libro *Panchatantra* (*Los Cinco Libros*). El sobrino del rey Alfonso, Don Juan Manuel, continuó la tradición del uso de cuentos orientales, pero él avanzó más allá de la simple traducción y por este motivo debe considerársele como el primer español que escribió obras originales de ficción en prosa. Don Juan Manuel tenía gran habilidad para contar cuentos y en su libro del *Conde Lucanor o Libro de Patronio* incluye más de cincuenta. Más aún: escribió en un estilo que acusa la intención de agradar, aunque sus cuentos son todos de tipo didáctico y pertenecen a la tradición medioeval del *exemplum* o cuento moralizador. Don Juan Manuel logró darnos algunos de los cuentos más interesantes y universales de la literatura. Sus argumentos no son completamente originales; pero cuando se propuso relatar un cuento como el de «La fierecilla», fue capaz de imprimirle su personalidad de hombre universal, aunque el cuento en sí esté basado en un fondo oriental. Su estilo ha sido criticado como «subdesarrollado», pero era característico de la época y superior al de otros escritos del mísmo período y aún de épocas siguientes. La variedad de habilidades de don Juan Manuel le permitió escribir obras de historia, política, guerra y poesía, aunque su fama se funda especialmente en su *Libro de Patronio*.

La versión de don Juan Manuel del tema de «la fierecilla», más tarde inmortalizado por Shakespeare en *The Taming of the Shrew*, es acaso su cuento más famoso. Algunos señalan como mejor su tratamiento de «las nuevas ropas del emperador», recordando acaso que Cervantes y Hans Christian Andersen utilizaron este mismo tema. Ninguno de los dos tiene el valor literario que posee el que incluímos a continuación, el cuento de don Illán, el mago de Toledo. Este tema fue tratado más tarde en el Siglo de Oro por Juan Ruiz de Alarcón en su obra *La prueba de las promesas*.

En la versión que damos a continuación se ha modernizado el español un poco.

EL EJEMPLO DE DON ILLÁN

[Cada uno de los cincuenta ejemplos es referido al joven Conde Lucanor por su viejo consejero Patronio. La organización general del libro es como sigue: el Conde pide consejo a Lucanor, quien se lo da, ilustrándolo con un cuento. Al final se incluye una corta moraleja. En este ejemplo, el Número XI, Patronio ilustra a Lucanor sobre el tema de la ingratitud.]

EJEMPLO XI

Otro día hablaba el Conde Lucanor con Patronio, su consejero, y le contó su problema de esta manera: —Patronio, un hombre vino a rogarme que le ayudase en un negocio, y me prometió que él haría por mí muchas cosas que serían a mi provecho y honra. Yo comencé a ayudarle cuanto pude, y después de mucho tiempo entendió él que no le hacía falta más mi ayuda.

Más tarde acaeció[1] una cosa en que debía él darme su ayuda y le rogué que me ayudase; pero él se excusó, y cuando le pido ayuda, este hombre siempre se excusa de dármela. Ahora, por la confianza que tengo en vos[2] y en vuestro entendimiento, vos ruego que me aconsejéis lo que haga.

---

1. *happened*

2. **vos** es aquí singular, objeto de preposición

El puente de San Martín sobre el Tajo en Toledo
GUSTAVE DORÉ ET LE BARON DAVALIER

—Señor Conde Lucanor —dijo Patronio— para que hagáis en
esto lo que debéis, mucho querría que supiéseis lo que aconteció[3]
a un Deán de Santiago con don Illán de Toledo que era gran sabio.

Y el Conde Lucanor le preguntó cómo fue aquello.   15

3. *happened*

Dijo Patronio: —Había en Santiago de Compostela[4] un Deán que se había empeñado[5] en aprender el arte de la nigromancia. Este Deán oyó decir que don Illán de Toledo sabía más de esta ciencia que nadie, y se fue a Toledo para hacerse su discípulo.

Al llegar a Toledo, halló al ilustre don Illán que le recibió muy bien en una cámara muy apartada. El Deán en seguida le explicó por qué había venido, rogándole a cada momento que le enseñase aquella ciencia que él conocía tan bien.

Don Illán, después de pensar un rato, le habló de esta manera: «Sois vos ya Deán y con tiempo vais a ocupar un puesto muy alto en el mundo. Muchas veces, por desgracia, los hombres que se ven muy altos, pronto olvidan lo que los otros han hecho por ellos, o no cumplen lo que han prometido. Yo temo que después de haber aprendido lo que queréis saber, me olvidéis.»

Pero el Deán le prometió y le aseguró que siempre haría por él cuanto pidiera. Hablando así, pasaron largo rato hasta que era hora de la cena. Al fin le dijo don Illán que le enseñaría, pero le explicó que aquella ciencia no se podía aprender sino en lugar muy apartado. Y tomó al Deán por la mano y lo llevó consigo; pero antes de salir, apartándose un poco, don Illán llamó a una criada y le dijo: «Quiero perdices[6] para la cena, pero no empieces a asarlas hasta que yo te lo mande.»

Entonces entraron por una escalera de piedra, y descendieron tanto tiempo que el Deán comenzó a creer que ya pasaba el río Tajo por encima de ellos. Llegados abajo, se hallaron en un cuarto donde estaban los libros que habían de estudiar.

Después de sentarse, los dos escogieron los libros con que iban a comenzar. En seguida el Deán vio entrar por la puerta a dos hombres que le traían una carta de su tío, el obispo de Santiago. Dio noticias de que el obispo estaba muy enfermo y le advertía que si quería verle vivo, se volviese inmediatamente a Santiago. Con estas nuevas, el Deán se puso muy triste no sólo por la enfermedad de su tío, sino también porque no quería dejar el estudio que había comenzado. Decidió no dejar sus estudios y escribió una carta de respuesta a su tío, pidiéndole perdón por no acudir a su lado.

---

4. **Santiago de Compostela** Esta ciudad de los tiempos primitivos del cristianismo, contenía la tumba del apóstol Santiago, patrón de España. Para Europa representaba tanto o más que Canterbury para Inglaterra.

5. *insisted*

6. *partridges*

Tres o cuatro días después llegaron otros mensajeros que traían otras cartas al Deán en que leyó que el obispo había muerto, y que pronto todos los de la iglesia harían una elección y que probablemente sería él el elegido. Y al cabo de siete u ocho días 55 vinieron dos escuderos muy bien vestidos y muy aparejados.[7] Llegaron al Deán y le besaron la mano y le mostraron las cartas que decían que le habían elegido obispo para suceder a su tío.

Cuando don Illán oyó esto, se acercó al nuevo obispo y le pidió el puesto de deán, ahora vacante, para su hijo. Pero el Deán, que 60 ya se veía obispo, le respondió: «Lo siento mucho, pero ya he prometido aquel puesto a un hermano mío. Sin embargo, si vos y vuestro hijo me acompañáis a Santiago, podré hacer por él grandes cosas.»

Y se marcharon a Santiago donde fueron muy bien recibidos. 65 Más tarde le llegaron al obispo mensajeros del Papa con una carta en que éste le nombraba arzobispo de Tolosa,[8] permitiéndole también dar su puesto de obispo a quien quisiera.

Cuando don Illán supo esto, le pidió por segunda vez que lo diese a su hijo, pero el Deán, que ya se veía arzobispo, le res- 70 pondió: «Ya he prometido este puesto a un tío mío, hermano de mi padre; pero no le olvido a su hijo y haré grandes cosas por él si vos y él me acompañáis a Tolosa.»

Dos años vivieron en Tolosa. Entretanto don Illán nunca perdía la esperanza de lograr algo para el hijo. Al fin llegaron mensajeros 75 del Papa con una carta en que le decían al arzobispo que le habían hecho cardenal, dándole autoridad de dar su viejo puesto a quien quisiera. Don Illán pidió el puesto para su hijo, diciendo que esta vez no debía poner excusa ninguna. Pero el Deán, ya Cardenal, le contestó: 80

«Este puesto, lo he prometido ya a otro tío mío, hermano de mi madre, pero si vos y vuestro hijo venís conmigo a Roma, haré grandes cosas por él.»

Una vez en Roma fueron muy bien recibidos, y pasó mucho tiempo pero don Illán no lograba que el Cardenal le diera a su 85 hijo nada de lo prometido.

---

7. *fitted out*
8. **Tolosa**   la ciudad francesa de Toulouse, famosa por haber sido la capital de los visigodos en el siglo V y, más tarde, de los condes de Toulouse, patrones de los trovadores.

Mientras vivían en Roma, murió el Papa, y todos los cardenales eligieron por Papa a aquel Cardenal. En seguida fue a él don Illán, y le dijo que no podía ponerle más excusa y que debía cumplir su palabra. El Papa le dijo que esperase, pero don Illán siguió 90 quejándose mucho. Entonces se enojó el nuevo Papa y dijo: «Me canso de oír siempre la misma cosa. Si no me dejáis tranquilo, os haré echar en una cárcel. Sois vos hereje y encantador. Vuestro único oficio en Toledo era el de nigromante.»

Con esto don Illán se despidió del Papa, rogándole que le diera 95 comida para el camino. Por supuesto éste se la negó, y don Illán dijo:

«Pues bien. Si no me dais comida, tendré que comer las perdices que hice asar esta tarde.»

Y llamó don Illán a la criada y le mandó que las asara. Y cuando 100 dijo esto, el Papa se halló en Toledo, ya otra vez Deán de Santiago como era cuando vino allí. Comprendió ahora que don Illán le había encantado para probar cuanto podía esperar de su promesas. Tan grande fue la vergüenza que tenía que no supo qué decir. Y don Illán le dijo que así había probado qué clase de hombre 105 era y que no debía esperar ni siquiera una comida en su casa.

—Y vos, Conde Lucanor, pues veis que tanto hacéis por aquel hombre que pide ayuda y nunca quiere darla, no debéis molestaros por él.

Y al Conde le gustó mucho el consejo de Patronio, y porque 110 entendió que era muy buen cuento, hízolo escribir en este libro e hizo escribir estos versos que dicen:

Al que mucho ayudares y no te lo agradeciere,
Menos ayuda tendrás después que a gran honra subiere.[9]

Preguntas

1. ¿Cuántos cuentos hay en el Conde Lucanor?
2. ¿Qué quería aprender el Deán de Santiago?
3. ¿Quién era el maestro más famoso de la magia?
4. ¿Adónde fueron don Illán y el Deán para sus estudios?

---

9. **ayudares, agradeciere** y **subiere**   se traduce como presente o futuro de
son formas del futuro de subjuntivo;   indicativo

5. ¿Por qué habían elegido obispo al Deán de Santiago?
6. ¿Qué le pidió don Illán al obispo?
7. ¿Y qué le prometió el obispo?
8. ¿Qué haría él si le acompañasen a Santiago don Illán y su hijo?
9. ¿Por qué salió de Santiago para Tolosa el obispo?
10. Cuando don Illán le pidió por segunda vez que diese el puesto a su hijo, ¿qué le dijo el arzobispo?
11. ¿Cuánto tiempo vivieron en Tolosa don Illán y su hijo?
12. ¿Qué cartas le trajeron al arzobispo los mensajeros del Papa?
13. Al fin cuando estaban en Roma, ¿qué le dijo el Déan, ya Papa, a don Illán?
14. ¿Qué hizo don Illán después que el Papa le dijo «os meteré en una cárcel»?
15. ¿Por qué había encantado don Illán al Deán?
16. Según don Illán, ¿qué clase de hombres era el Deán?
17. ¿Qué consejo dio Patronio al Conde Lucanor?
18. ¿Le gustó al Conde Lucanor este cuento? ¿Por qué?
19. ¿Qué hizo escribir en su libro el Conde Lucanor?
20. ¿Cuál es la moraleja de este cuento?
21. En su opinión, ¿tuvo razón don Illán en lo que hizo? ¿Por qué?

Temas

1. El carácter del Deán de Santiago.
2. El carácter de don Illán.
3. Las promesas del Deán.
4. La magia de don Illán.
5. La ingratitud como vicio humano.
6. Lo que haría Vd. si fuera elegido Papa.
7. Los cuentos con moraleja, ¿le gustan a Vd. en general? ¿Por qué?
8. ¿Vd. ha leído cuentos de Esopo o de Hans Christian Andersen? ¿Qué impresión le hicieron?

Juan Ruiz, Arcipreste de Hita
(¿1283?–¿1351?)

Juan Ruiz, Arcipreste de Hita, nacido probablemente hacia finales del siglo trece, vivió hasta mediados del siglo XIV. Las fechas precisas nos son desconocidas. Su *Libro de buen amor*, que contiene algo más de 7.000 versos, es su única obra que le ha valido, sin embargo, un lugar prominente entre los grandes de la literatura española. Es de tal calidad que ha sido considerada como la obra maestra de la literatura medioeval española. El libro cuenta la vida y los amores de don Melón de la Huerta, probablemente el autor mismo en su juventud. Casi todos los aspectos del arte literario medioeval están incluidos en esta obra: versos líricos y musicales, *cuaderna vía* —composición en tetrástofos monorrimos, forma en la cual se halla escrita la mayor parte del libro—, proverbios, fábulas esópicas y orientales, *exemplum, fabliau* —cuento picante de origen francés—, sátiras sobre las leyes y la caballería y, aún, una parte de una comedia latina medioeval.

Se divide el libro en tres partes no definidas claramente. En la primera, el joven Melón, ansioso de amar y de ser amado, fracasa en sus aspiraciones amorosas a causa de su falta de experiencia; más tarde, instruido por expertos, nada menos que Venus y Cupido en persona, aprende el arte de amar. También es instruido sobre la selección de una alcahueta y su elegida es la eficaz Trotaconventos, excelentemente caracterizada. Es sin duda la más famosa de todas las antecesoras de la más notable de tales tipos: la Celestina de la *Tragicomedia de Calisto y Melibea*, obra del bachiller Fernando de Rojas, escrita al final del siglo XV. La parte final o última secuencia del *Libro de buen amor* relata los posteriores intentos amatorios de don Melón. Tal es el plan general del libro.

Existe un elemento en los diversos pasajes del libro que le da su unidad: la personalidad de Juan Ruiz. Sin lugar a dudas esta obra maestra es una de las más alegres y agradables de toda la Edad Media. Cuando se compara la enjundia y viveza de Juan Ruiz con la seriedad de su contemporáneo don Juan Manuel, la personalidad del autor del *Libro de buen amor* es sin duda más atractiva para el lector moderno.

Las sátiras que sobre varios temas introduce el Arcipreste en su obra, contribuyen a dar una visión más completa de la vida medioeval. No sin razón el Arcipreste ha sido comparado con Chaucer, al menos en lo que se refiere a la intención y al tono general de su obra.

El poema que ofrecemos a continuación sobre las *dueñas chicas*, es una sátira picante y popular sobre el mundillo femenino, familiar a muchos lectores ingleses a través de la feliz versión de Longfellow. Aunque la condenación que hace el autor del dinero es acerba y aún amarga, el verso está cargado de humor.

EL LIBRO DE BUEN AMOR

DE LAS PROPIEDADES QUE LAS DUEÑAS CHICAS HAN[1]

Quiero abreviaros, señores, la mi predicación,
Ca[2] siempre me pagué de[3] pequeño sermón
Y de dueña pequeña y de breve razón:
Ca lo poco y bien dicho hinca[4] en el corazón;

---

1. El español medioeval usaba **haber** y **tener** para indicar posesión.
2. *because* (forma arcaica)
3. **pagarse de** *to be pleased with*
4. *penetrates*

Del que mucho habla ríen, quien mucho ríe es loco,   5
Tiene la dueña chica amor grande y no de poco:[5]
Dueñas di grandes por chicas, por grandes chicas no troco;[6]
Mas las chicas por las grandes no se arrepiente del troco.[7]

* * *

En pequeña gironza[8] yace[9] gran resplandor,
En azúcar muy poco mucho dulzor,   10
En la dueña pequeña yace muy gran amor:
Pocas palabras cumplen al buen entendedor.[10]

Siempre quis'[11] mujer chica más que grande ni mayor:
No es desaguisado[12] de gran mal ser huidor;
«Del mal, tomar lo menos.» dícelo el sabedor.[13]   15
Por ende[14] de las mujeres la menor es la mejor.

EJEMPLO DE LA PROPIEDAD QUE EL DINERO HA[1]

Mucho hace el dinero y mucho es de amar;
Al torpe hace bueno y hombre de prestar,[2]
Hace correr al cojo y al mudo hablar;
El que no tiene manos, dineros quiere tomar.

Sea un hombre necio y rudo labrador,   5
Los dineros le hacen hidalgo y sabedor,
Cuanto más algo[3] tiene, tanto es de más valor;
El que no ha dineros, no es de sí señor.

* * *

5. **de poco** *small*
6. *I do not exchange*
7. *One is not sorry for the exchange of little women for large ones.*
8. **jacinth** piedra semipreciosa de color rojizo; es una variedad del circón
9. *lies, is contained in*
10. Se puede traducir con el equivalente inglés de *"A word to the wise is sufficient."*

11. **quis'** forma abreviada de **quise**, para mantener el verso de catorce sílabas
12. *unjust*
13. *wise man*
14. *therefore* (forma arcaica)

1. tiene
2. *worth, value*
3. *property* (forma arcaica)

    Yo vi allá en Roma, do es la santidad,[4]
que todos al dinero hacíanle humildad,   10
Gran honra le hacían con gran solemnidad:
Todos a él se humillan como a la majestad.

    Hacía muchos priores, obispos y abades,
Arzobispos, doctores, patriarcas,[5] potestades;[6]
A muchos clérigos necios dábales dignidades;[7]   15
Hacía verdad mentiras y mentiras verdades.

    El dinero quebranta las cadenas dañosas,
Tira cepos[8] y grillos,[9] prisiones peligrosas;
Al que no da dineros, échanle las esposas:[10]
Por todo el mundo[11] hace cosas maravillosas.   20

    Vi hacer maravillas a do él mucho usaba:[12]
Muchos merecían muerte, que la vida les daba,
Otros eran sin culpa y luego los mataba:
Muchas almas perdía, muchas almas salvaba.

    Hace perder al pobre su casa y su viña;   25
Sus muebles y raíces[13] todo lo desaliña,[14]
Por todo el mundo anda su sarna y su tiña,[15]
Do el dinero juega, allí el ojo guiña.[16]

    Él hace caballeros de necios aldeanos,
Condes y ricos-hombres de algunos villanos.   30
Con el dinero andan todos hombres lozanos,[17]
Cuantos son en el mundo le besan hoy las manos.

    Vi tener al dinero las mayores moradas,
Altas y muy costosas, hermosas y pintadas,[18]

---

4. *holiness* significa aquí el Papado o el Papa.

5. *patriarchs* son los obispos en la jerarquía de la Iglesia Católica, inferiores apenas al Papa y a los Cardenales

6. *great authorities*

7. *high offices, bishoprics*

8. *stocks* tableros con huecos para meter los pies de los prisioneros

9. *fetters*

10. *handcuffs*

11. *everywhere*

12. **vi... usaba** *I saw it do wonders where it often frequented*

13. *His goods and his possessions*

14. *it upsets*

15. **su sarna y su tiña** *its (contagious) itch and its pollution (lit., ringworm)*

16. *winks*

17. *spirited*

18. *bright*

Castillos, heredades, villas entorreadas:[19]   35
Al dinero servían y suyas eran compradas.[20]

Comía[21] muchos manjares de diversas naturas,
Vestía nobles paños, dorados vestiduras,
Traía joyas preciosas en vicios y holguras,[22]
Guarnimientos[23] extraños, nobles cabalgaduras.   40

Yo vi a muchos monjes en sus predicaciones
Denostar al dinero y sus tentaciones;
Al cabo, por dineros otorgan[24] los perdones,
Absuelven los ayunos y hacen oraciones.

*   *   *

En suma te lo digo, tómalo tú mejor: 45
El dinero del mundo es gran revolvedor,
Señor hace del siervo, de señor servidor,
Toda cosa del mundo se hace por su amor.

Preguntas

1. ¿Por qué es famoso el Arcipreste de Hita?
2. ¿Cuándo vivió? ¿Cuándo nació? ¿Cuándo murió?
3. ¿Quién es don Melón de la Huerta?
4. ¿En cuántas partes se divide *El libro de buen amor*?
5. ¿Qué clase de enseñanza recibió don Melón?
6. ¿Por qué le gusta al autor lo poco y lo bien dicho?
7. ¿Qué yace en un poco de azúcar?
8. ¿Qué hay en la mujer pequeña?
9. ¿Qué se toma del mal?
10. ¿Cuál de las mujeres es la mejor?
11. ¿Qué hace el dinero?
12. ¿Qué hace el dinero al pobre?
13. ¿De cuántas maneras viste el dinero?

19. *towered*
20. **Al dinero... compradas.** *They served money and their own possessions were bought.*
21. El sujeto de **comía, vestía** y **traía** es **dinero.**
22. **vicios y holguras** *vices and joyous ease*
23. *trappings*
24. *grant*

14. En su opinión, ¿es justo o injusto lo que dice el arcipreste tocante
    al dinero? ¿A las mujeres?
15. ¿Qué le parece el tono general de estos poemas?

Temas

1. Describa la forma en que el arcipreste dramatiza la importancia de las
   cosas pequeñas.
2. Enumere Vd. las cosas que prefiere en pequeñas cantidades.
3. Compare la actitud del arcipreste hacia el dinero con la que tenemos
   nosotros.
4. Describa la forma en que el arcipreste dramatiza la importancia del
   dinero en del mundo.
5. Además del dinero, ¿qué satirizá el arcipreste en su poema?

El Marqués de Santillana
(1398–1458)

El Marqués de Santillana, fue el mejor poeta español del siglo XV. También fue humanista y hombre de muy vasta cultura y conocimientos. No es sorprendente, entonces, que escribiera poemas alegóricos tales como la *Comedieta de Ponza*, cuyo patrón es la obra de Dante, ni que fuese el primer español en escribir sonetos. De estos escribió 42 bajo el titulo *Sonetos fechos al itálico modo*, en los que, como en toda la obra de Santillana, se nota la influencia de los grandes poetas italianos, Dante y Petrarca, imitándose en muchos de ellos el *Canzoniere* de éste último. Estos sonetos, constituyen el primer ensayo en lengua castellana de imitación del soneto italiano, que no se consolidará en España hasta un siglo después por obra de Boscán. Tampoco extraña que fuera el primero en escribir comentarios poéticos en su *Prohemio y Carta al Condestable de Portugal*. Su gran erudición no le impidió ver el gran valor y belleza de las formas poéticas originales españolas, aún, inclusive, los de la poesía folklórica. Algunos de sus más deliciosos poemas son sus canciones, decires, villancicos y serranillas —todos derivados de formas populares que se caracterizan por sus versos cortos— escritos siempre de acuerdo con las formas nativas pero con gusto y cuidado.

La serranilla que incluímos a continuación, como todos los demás ejemplos de esta forma poética, narra el encuentro de un caballero con una serrana, muchacha de la sierra, quien es, como en este caso, una vaquera. Tales serranillas tienen un encanto muy sencillo y particular. El caballero, atraído

El Marques de Santillana por Jorge Ingles (1455)
COLLECCIÓN DEL DUGUE DEL INFANTADO, MADRID

por la belleza de la muchacha, trata de ganarla por medio
de la lisonja, pero la muchacha, que conoce las mañas de
los caballeros, no se deja engañar. Risueña, pero firmemente,
le rechaza. Es éste un tema antiguo que todavía subsiste en
la poesía folklórica de España y Portugal.

SERRANILLA

Moza tan fermosa[1]
no vi en la frontera,[2]

1. El español antiguo escribía **fermosa**
por **hermosa**. Así, se encontrará en el
poema **faciendo, fablando**, etc.
2. **La frontera** se refiere a la línea
divisoria del territorio en poder de los
árabes y de los españoles; fue la división
geográfica más importante durante la
Edad Media.

como una vaquera
de la Finojosa.[3]

   Faciendo la vía   5
del Calatraveño[4]
A Santa María,[5]
vencido del sueño
por tierra fragosa[6]
perdí la carrera,   10
do vi la vaquera
de la Finojosa.

   En un verde prado
de rosas y flores,
guardando ganado   15
con otros pastores,
la vi tan graciosa
que apenas creyera
que fuese vaquera[7]
de la Finojosa.   20

   No creo las rosas
de la primavera
sean tan fermosas
ni de tal manera;
fablando sin glosa,[8]   25
si antes supiera[9]
de aquella vaquera
de la Finojosa,

   No tanto mirara[10]
su mucha beldad,   30
porque[11] me dejara
en mi libertad.

---

3. **La Finojosa** en español moderno **Hinojosa**; es el nombre de por lo menos seis pueblos diferentes.
4. **El Calatraveño**, pueblo en La Mancha, notable en la Edad Media por su famosa fortaleza de los Caballeros de Calatrava.
5. **Santa María** un pueblo.
6. *rough*
7. Una **vaquera** tan linda como ésta bien pudo asombrar al Marqués. Es probable que las vaqueras, expuestas a una vida difícil y al clima rígido, fuesen rústicas.
8. *without elaboration*
9. Este antiguo pretérito debe ser traducido *if I had known*
10. **mirara** *I should not have looked at*
11. *in order that*

Mas dije: «Donosa[12]
(por saber quién era)
¿dónde es[13] la vaquera   35
de la Finojosa?»
    Bien como riendo,
dijo: «Bien vengades;[14]
que ya bien entiendo
lo que demandades: 40
no es deseosa
de amar, ni lo espera,
aquesa[15] vaquera
de la Finojosa.»

SONETO XVIII

Lejos de vos e cerca de cuidado
pobre de gozo e rico de tristeza
fallido de reposo e abastado
de mortal pena, congoja e braveza;
    desnudo de esperanza e abrigado   5
de inmensa culta e visto[1] de aspereza
la mi vida me huye, mal mi grado,[2]
la muerte me persigue sin pereza.
    Nin son bastantes a satisfacer
la sed ardiente de mi gran deseo   10
Tajo[3] al presente, nin me socorrer
    la enferma Guadiana,[4] nin lo creo[5]
sólo Guadalquivir tiene poder
de mi guarir e solo aquél deseo.

12. *Lovely one*
13. En español antiguo, **ser** podía indicar lugar.
14. *welcome* **vengades** y **demandades** corresponden a vengáis y demandéis en español moderno
15. **aquesa** en español antiguo correspondía a **esa**

1. **visto**   vestido
2. **mal mi grado**   *against my will*
3. **Tajo**   *the River Tajo or Tagus*
4. **Guadiana**   *one of Spain's great rivers. Here it is called* **enferma**, *sickly, because it goes underground as it flows through La Mancha.*
5. **nin lo creo**   *is a mere stuffing of the rhyme*

Preguntas

1. ¿Qué poema alegórico escribió Santillana?
2. ¿Qué modelo usa Santillana como patrón en la *Comedieta*?
3. ¿Cómo fue el Marqués?
4. ¿Qué valor tenían las formas poéticas originales españolas?
5. ¿Cómo son sus villancicos, serranillas, canciones y decires?
6. ¿De qué derivan y cómo están escritos los mismos?
7. ¿Quiénes influyen los sonetos de Santillana?
8. ¿Qué se imita en muchos de esos sonetos?
9. ¿Qué constituyen esos sonetos?
10. ¿Cuándo y por obra de quién se consolidó el soneto italiano en España?
11. ¿Por dónde andaba el Marqués cuando vió a la vaquera?
12. ¿Dónde estaba ella y qué hacía?
13. ¿Quiénes eran sus compañeros?
14. ¿Por qué apenas creyó que fuese vaquera?
15. ¿Con qué compara el poeta la belleza de la vaquera?
16. ¿Por qué no debió mirar tanto su mucha beldad?
17. ¿Por qué le preguntó a ella dónde estaba la vaquera de la Finojosa?
18. ¿Cuál fue la respuesta de ella?
19. ¿Le gustó a ella lo que le dijo el Marqués?
20. ¿Cómo se siente el poeta lejos de la amada en el poema leído?
21. ¿Qué le huye al poeta?
22. ¿Qué persigue al poeta?

Jorge Manrique (¿1440?–1479)

La España del siglo XV produjo muchos soldados–poetas; tres de los más notables vienen de una sola familia: el gran Marqués de Santillana, su sobrino Gómez Manrique (¿1412?–1490) y el sobrino de éste último, Jorge Manrique. Ambos Manriques lucharon vigorosamente para establecer los derechos de la futura reina Isabel la Católica; ambos escribieron poesía festiva, religiosa y amatoria. Jorge Manrique murió en un combate antes de la edad de cuarenta años. En su ropa se encontraron algunas *coplas* «contra el mundo», sobre un tema paralelo al de las que presentamos en seguida.

Pocos poemas han alcanzado tan unánime alabanza como el que Jorge Manrique escribió y tituló *Coplas que hizo por la muerte de su padre*. La forma es sencilla: estrofas rítmicas de cuatro versos de ochos sílabas seguidas de uno de cuatro a las que se les ha dado el nombre de coplas de *pie quebrado*. El poema no expresa sentimientos nuevos. Contiene expresiones tomadas de la *Biblia* y de los autores clásicos; sin embargo, el poeta logró combinar estos elementos para crear la más bella elegía de la literatura española. En este poema conmovedor, Manrique convierte el dolor de la muerte de su padre, el famoso Conde de Paredes, en una expresión del dolor universal del hombre ante la muerte.

El tono de las coplas es sencillo, refinado y noble; acaso sea altivo, pero al mismo tiempo es tan humano, que tiene interés universal. Manrique expresa tristeza, pero nunca desesperación porque extrae consuelo de su profunda fe religiosa en la idea de que este mundo no es sino una preparación para el mundo por venir. Las viejas glorias y el esplendor

45

Grabado en madera del siglo XVI de las *Coplas por
en la muerte de su padre* de Jorge Manrique
COURTESY OF THE HISPANIC SOCIETY OF AMERICA

han pasado a la nada, pero una vida cristiana bien vivida deja
detrás de sí una huella que es en sí misma una forma de inmortalidad. Henry Wadsworth Longfellow, quien además de
ser poeta, fue el segundo catedrático de Literatura Española
en Harvard University, tradujo las *Coplas* admirablemente.

En las estrofas que ofrecemos, la puntuación y la escritura
han sido modernizadas, excepto en los pasajes en donde
alteraría la forma métrica del verso.

COPLAS QUE HIZO
POR LA MUERTE DE SU PADRE[1]

Recuerde el alma dormida,
avive el seso y despierte
   contemplando
cómo se pasa la vida,
cómo se viene la muerte   5
   tan callando;
cuán presto se va el placer,
cómo después de acordado[2]
   da dolor,
cómo a nuestro parecer   10
cualquiera tiempo pasado
   fue mejor.

Pues si vemos lo presente
cómo en un punto se es ido
   y acabado,   15
si juzgamos sabiamente,
daremos lo no venido
   por pasado.[3]
No se engañe nadie, no,
pensando que ha de durar   20
   lo que espera
más que duró lo que vio,
pues que todo ha de pasar
   por tal manera.

Nuestras vidas son los ríos   25
que van a dar en la mar,

1. Hay cuarenta Coplas en total. Hemos seleccionado las que, en nuestro parecer, son más famosas, representativas y hermosas.

2. *when it is remembered*
3. *we will consider the future for the past*

que es el morir;
allí van los señoríos
derechos a se acabar[4]
y consumir;   30
allí los ríos caudales,
allí los otros medianos
y más chicos,
allegados,[5] son iguales
los que viven por sus manos   35
y los ricos.

Dejo las invocaciones
de los famosos poetas
y oradores;
no curo de sus ficciones,   40
que traen hierbas secretas[6]
sus sabores.
A Aquél sólo me encomiendo,
a Aquél sólo invoco yo
de verdad   45
que, en este mundo viviendo,
el mundo no conoció
su deidad.

Este mundo es el camino
para el otro, que es morada   50
sin pesar;
mas cumple tener buen tino
para andar esta jornada
sin errar.
Partimos cuando nacemos,   55
andamos mientras vivimos,
y llegamos
al tiempo que fenecemos;[7]
así que, cuando morimos,
descansamos.   60

---

4. *to be finished*
5. tradúzcase *having arrived*
6. Las hierbas secretas (veneno) a que
se refiere son los escritos de los poetas

clásicos de la antigüedad, que con sus
ideas paganas pueden corromper la
mente del cristiano.
7. *we die*

Este mundo bueno fue[8]
si bien usásemos de él,
    como debemos,
porque, según nuestra fe,
es para ganar aquél   65
    que atendemos.
Y aun aquel Hijo de Dios,
para subirnos al cielo,
    descendió
a nacer acá entre nos,[9]   70
y vivir en este suelo
    do murió.

                    *   *   *

Decidme, la hermosura,
la gentil frescura y tez
    de la cara,   75
la color y la blancura,
cuando viene la vejez
    ¿cuál se para?[10]
Las mañas y ligereza
y la fuerza corporal   80
    de juventud,
todo se torna graveza
cuando llega al arrabal[11]
    de senectud.

                    *   *   *

Esos reyes poderosos   85
que vemos por escrituras
    ya pasadas,
con casos tristes, llorosos,
fueron sus buenas venturas
    trastornadas:[12]   90

8. Tradúzcase **fue** como si fuese **sería**.
9. El pronombre **nos** era tanto personal
como objetivo, antes de la adopción
definitiva de **nosotros**.
10. *in what condition is it?*

11. **arrabal** literalmente, suburbio de
una ciudad. Aquí quiere decir *the near
approach of old age.*
12. *overturned*

así que no hay cosa fuerte,
que a papas y emperadores
    y prelados
así los trata la Muerte
como a los pobres pastores   95
    de ganados.[13]

*   *   *

¿Qué se hizo[14] el rey Don Juan?[15]
Los infantes de Aragón,[16]
    ¿qué se hicieron?
¿Qué fue de[17] tanto galán?   100
¿Qué fue de tanta invención
    como trajeron?
Las justas y los torneos,
paramentos, bordaduras
    y cimeras,[18]   105
¿fueron sino devaneos?
¿Qué fueron sino verdaduras
    de las eras?[19]

¿Qué se hicieron las damas,
sus tocados, sus vestidos,   110
    sus olores?
¿Qué se hicieron las llamas
de los fuegos encendidos
    de amadores?

---

13. La idea de que la muerte iguala tanto arriba como abajo, desde el emperador hasta el pastor, era muy popular en la Edad Media.

14. **¿Qué se hizo?** *What has become of?*

15. El rey Don Juan, aquí mencionado fue Juan II, el padre de la reina Isabel la Católica. Su corte fue famosa por su lujo, esplendor, frivolidad y por la protección que brindó a poetas y escritores.

16. Los infantes de Aragón eran tres príncipes, primos del rey Juan II de Cas-

tilla. Del reino de Aragón era oriundo el rey Fernando, esposo de la reina Isabel.

17. *What has become of?*

18. **Justas… cimeras** *jousts, tournaments, ornaments, embroidery, and crests*

19. Acaso el más famoso ejemplo del uso de esta pregunta sea *Mais où sont les neiges d'antan? (But where are the snows of yesteryear?)* del poeta francés François Villon, que se encuentran en su *Ballade des dames du temps jadis.* Villon era contemporáneo de Manrique.

Fernando e Isabel. Impreso de principios del siglo XVI

¿Qué se hizo aquel trovar,   115
las músicas acordadas
    que tañían?
¿Qué se hizo aquel danzar,
aquellas ropas chapadas[20]
    que traían?   120

                    *   *   *

Las huestes innumerables,
los pendones y estandartes
    y banderas,
los castillos impugnables,
los muros y baluartes   125
    y barreras,[21]
la cava honda[22] chapada[23]
o cualquier otro reparo,
    ¿qué aprovecha?
que si[24] tú vienes airada,   130
todo lo pasas de claro
    con tu flecha.

Aquél de buenos abrigo,
amado por virtuoso
    de la gente,
el maestre[25] Don Rodrigo   135
Manrique, tanto[26] famoso
    y tan valiente,
sus grandes hechos y claros
no cumple que los alabe,   140
    pues los vieron,

---

20. **ropas chapadas** *clothes spangled with gold* **Chapadas** se deriva de **chapa** *(spangle or decoration)*
21. *bulwarks and barriers*
22. **cava honda** *the deep moat surrounding a castle or fortress*
23. **chapada** *lined or veneered with a protective coating* El foso de una fortaleza podía estar demarcado con piedra o con láminas de metal y, aún, con saledizos *(projections)*.
24. **que si** *for if*
25. Don Rodrigo Manrique, el padre del poeta, fue Gran Maestre de la Orden de Santiago, una de las mayores órdenes religioso-militares de España.
26. **tanto** en lugar de **tan** para completar las ocho sílabas del verso

ni los quiero hacer caros,[27]
pues el mundo todo sabe
   cuáles fueron.

¡Qué amigo de sus amigos!   145
¡Qué señor para criados
   y parientes!
¡Qué enemigo de enemigos!
¡Qué maestro de esforzados
   y valientes!   150
¡Qué seso para discretos!
¡Qué gracia para donosos!
   ¡Qué razón!
¡Qué benigno a los sujetos,
y a los bravos y dañosos   155
   un león!

*   *   *

No dejó grandes tesoros,
ni alcanzó muchas riquezas
   ni vajillas,
mas hizo guerra a los moros,   160
ganando sus fortalezas
   y sus villas;
y en las lides que venció,
muchos moros y caballos
   se perdieron,   165
y en este oficio ganó
las rentas y los vasallos
   que le dieron.

*   *   *

Después de puesta la vida
tantas veces por su ley[28]   170
   al tablero;

27. *to praise unduly*
28. **ley** *faith or religion*   La frase bíb-
lica «...la ley y los profetas» es un ejemplo similar.

después de tan bien servida
la corona de su rey
    verdadero;
después de tanta hazaña   175
a que no puede bastar
    cuenta cierta,[29]
en la[30] su villa de Ocaña[31]
vino la Muerte a llamar
    a su puerta,   180

    diciendo: «Buen caballero,
dejad el mundo engañoso
    y su halago:
vuestro corazón de acero
muestre su esfuerzo famoso   185
    en este trago;[32]
y pues de vida y salud
hiciste tan poca cuenta
    por la fama,
esfuércese la virtud   190
para sufrir esta afrenta
    que vos llama.

                *   *   *

    «Y pues vos, claro varón,
tanta sangre derramasteis
    de paganos,   195
esperad el galardón
que en este mundo ganasteis
    por las manos;
y con esta confianza,
y con la fe tan entera   200
    que tenéis,

---

29. *for which a definite account cannot suffice (i.e., be made)*
30. El español medioeval a menudo usaba el artículo con el pronombre o con el adjetivo posesivo. Este uso continuó durante el Renacimiento.
31. **Ocaña** un pueblo en la Provincia de Toledo y no lejos de Madrid, es famoso por su producción de grano. La casa solariega de los Manrique estaba allí.
32. *extremity*

partid con buena esperanza,
que esta otra vida tercera
   ganaréis.»

(RESPONDE DON RODRIGO MANRIQUE)

«No gastemos tiempo ya   205
en esta vida mezquina
   por tal modo,
que mi voluntad está
conforme con la divina
   para todo;   210
y consiento en mi morir
con voluntad placentera,
   clara y pura,
que querer hombre vivir
cuando Dios quiere que muera,   215
   es locura.»

(ORACIÓN)

Tú, que por nuestra maldad
tomaste forma servil
   y bajo nombre;
Tú, que a tu divinidad   220
juntaste cosa tan vil
   como el hombre;
Tú, que tan grandes tormentos
sufriste sin resistencia
   en tu persona,   225
no por mis merecimientos,
mas por tu sola clemencia
   me perdona.[33]

Así con tal entender,
todos sentidos humanos   230
   conservados,

---

33. En la frase **me perdona**, el pronombre aparece precediendo la forma
positiva imperativo. Este uso era frecuente en la Edad Media.

Caballero jurando vasallaje a su rey. De la *Doctrina e Instrucción del
Arte de Cavallería* del Obispo Alfonso de Cartagena, Burgos, 1497

cercado de su mujer,
de sus hijos y hermanos
    y criados,
dio el alma a quien se la dio,   235
el cual la ponga en el cielo
    en su gloria,
y aunque la vida murió,
nos dejó harto consuelo
    su memoria.   240

Preguntas

1. ¿Quién fue Jorge Manrique?
2. ¿Qué profesión seguía él?
3. ¿Hay traducción inglesa de las *Coplas*? ¿Quién la hizo?
4. ¿Cuál es el tema principal del poema?
5. ¿Adónde van los ríos que son nuestras vidas?
6. ¿Qué hacemos cuando nacemos? ¿Y cuando morimos?
7. ¿Adónde lleva el camino que es este mundo?
8. ¿Cuál es nuestro único descanso?
9. ¿Qué sucede a la hermosura y a la juventud con el tiempo?
10. ¿Qué se hicieron las glorias y los tesoros del mundo?
11. ¿Qué cualidades principales de don Rodrigo Manrique menciona el poeta?
12. ¿A quién hizo guerra don Rodrigo? ¿Qué ganó en ella?
13. Según la Muerte, ¿por qué puede esperar don Rodrigo galardón?
14. Llamado por la Muerte, ¿en qué consiente el maestre?
15. ¿Quiénes estaban presentes cuando murió el maestre?
16. ¿A quién dirige la oración y qué pide en ella don Rodrigo?
17. ¿Qué nos dejó la memoria de él?
18. ¿Cómo se llama la tercera línea de cuatro sílabas?
19. ¿Le gusta a Vd. este poema? ¿Por qué?

Temas

1. El tono de las *Coplas*.
2. El tema del tiempo en las *Coplas*.
3. La muerte como factor democratizador.
4. Lo efímero de esta vida.
5. La corte del Rey Juan II.
6. Las tres vidas descritas por la Muerte. Su valor relativo.
7. Las ideas de Jorge Manrique sobre las riquezas y la fama mundial.
8. La actitud de Rodrigo Manrique cuando le llamó la muerte.

Debate

Hágase el contraste entre las *Coplas*, de Jorge Manrique y la Serranilla, del Marqués de Santillana.

Los Romances

España e Inglaterra poseen las colecciones más ricas de *romances* del mundo. Esta forma se originó en España como un corto poema de tipo épico–narrativo, imitado después por los poetas populares o eruditos y que más tarde fue utilizado con gran variedad de temas diferentes. Algunos de los romances españoles datan del siglo XIV y es posible que los orígenes de esta forma poética se remonten hasta varios siglos anteriores. Varios eruditos piensan que los romances originalmente fueron fragmentos sacados de poemas épicos ahora perdidos. Fueron escritos inicialmente en versos de dieciséis sílabas con cesura al medio; sin embargo se publicaron en forma de versos de ocho sílabas, forma favorita del verso español. A partir del siglo XVI se ha publicado un gran número de *romanceros*, es decir colecciones de romances, y su influencia ha sido enorme: tanto la forma como el verso han sido muy populares y el *romance* ha servido a innumerables poetas por muchos siglos. El *Romancero gitano* de García Lorca, por ejemplo, es una de las colecciones más notables del siglo XX. García Lorca, no obstante, no es el único que ha utilizado esta forma. Los temas y la forma del romance fueron utilizados en otros géneros literarios, particularmente en el teatro del Siglo de Oro. Muchas de las obras de Lope de Vega y sus seguidores se basaron en algún romance o en colecciones de ellos. Las dos comedias del *Cid* de Guillén de Castro, que cruzaron la frontera y sirvieron de base a Corneille para *Le Cid*, son dos ejemplos significativos.

Se han intentado complejas y diversas clasificaciones de los romances según la época, el tema, el modo y, particularmente, el asunto. Los ejemplos que incluimos son todos *romances viejos* de varias clases. Este término se aplica generalmente a los romances escritos antes del año 1500. A pesar de su antigüedad, los romances conservan todavía su vitalidad porque aún son cantados por gentes de estirpe española, a veces analfabetas, por todo el mundo hispánico.

Poeta improvisando en la vihuela, instrumento del período
COURTESY OF THE METROPOLITAN MUSEUM OF ART

BERNARDO DEL CARPIO

De los *romances viejos* o *épicos*, probablemente tomados de un poema heroico más largo y antiguo, *Bernardo del Carpio* es uno de los más populares. El auditorio medioeval no necesitaba explicación histórica: sabía que los padres de Bernardo habían sido encarcelados por el rey; que éste había educado a Bernardo sin que supiera quiénes eran sus padres, y que cuando Bernardo creció, descubrió el secreto de su nacimiento y pidió la libertad de su padre al rey. También sabía que cuando el rey le envió su padre, en su caballo y armadura de guerra, ya estaba muerto. En el romance, Bernardo desafía de nuevo la autoridad del rey y le fuerza a admitir que el castillo, del Carpio le pertenece tanto por herencia como por concesión real.

Con cartas y mensajeros   el rey al Carpio envió:
Bernardo, como es discreto,   de traición se receló;[1]
las cartas echó en el suelo   y al mensajero habló:
—Mensajero eres, amigo,   no mereces culpa, no;
mas al rey que acá te envía   dígasle tú esta razón: 5
que no lo estimo a él,   ni aun cuantos con él son;[2]
mas, por ver lo que me quiere,   todavía allá iré yo.
Y mandó juntar los suyos: de esta suerte les habló:
—Cuatrocientos sois, los míos,   los que coméis mi pan:
los ciento irán al Carpio,   para el Carpio guardar;   10
los ciento por los caminos,   que a nadie dejen pasar;
doscientos iréis conmigo   para con el rey hablar;
si mala me la dijere[3]   peor se la he de tornar.
Por sus jornadas contadas   a la corte fue a llegar.
—Manténgavos Dios,[4] buen rey,   y a cuantos con vos están.   15
—Mal vengáis vos, Bernardo,   traidor, hijo de mal padre:
dite yo el Carpio en tenencia,[5]   tú tómaslo de heredad.[6]
—Mentides,[7] el rey, mentides,   que no dices la verdad;
que si yo fuese traidor,   a vos os cabría en parte.
Acordársevos debéis[8]   de aquélla del Encinal.[9]   20
cuando gentes extranjeras   allí os trataron tan mal,
que os mataron el caballo,   y aún a vos querían matar:
Bernardo, como traidor,   de entre ellos os fue a sacar:
allí me diste el Carpio   de juro y de heredad:
prometístesme a mi padre,   no me guardastes verdad.   25
—Prendedlo, mis caballeros,   que igualado se me ha,[10]
—Aquí, aquí, los mis doscientos,   los que coméis mi pan,
que hoy era venido[11] el día   que honra habemos[12] de ganar.
El rey, de que aquesto[13] viera,   de esta suerte fue a hablar:
—¿Qué ha sido aquesto, Bernardo,   que así enojado te has?   30

1. *feared*
2. El español moderno requiere **están**.
3. Futuro de subjuntivo; tradúzcase como presente de indicativo. **La** es pronombre indefinido.
4. *God keep you*
5. *grant*
6. *inheritance*
7. La forma arcaica **mentides** es **mentís** hoy día.
8. *You should remember*

9. Léase **de aquella batalla del Encinal**. No se sabe cuándo o dónde tuvo lugar tal batalla.
10. *for he has made himself my equal,* i.e., se ha igualado conmigo. El rey se siente insultado porque Bernardo se haya atrevido a hablarle.
11. tradúzcase *has come*
12. *Old Spanish for* **hemos**
13. forma arcaica de **aquello**

¿Lo que hombre dice de burla   de veras vas a tomar?
Yo te doy El Carpio, Bernardo,   de juro y de heredad.
—Aquesas burlas, el rey,   no son burlas de burlar;
llamásteisme de traidor,   traidor hijo de mal padre:
El Carpio yo no lo quiero,   bien lo podéis vos guardar;   35
que cuando yo lo quisiere,   muy bien lo sabré ganar.

ABENÁMAR

El romance de Abenámar es uno de los *romances fronterizos* y relata
uno de los acontecimientos de la larga y sangrienta guerra entre los moros
y los cristianos por la posesión de España. En este romance, el rey Juan II,
padre de Isabel la Católica, interroga al moro Abenámar, quien le muestra
los edificios importantes de la ciudad de Granada, entonces sitiada por
los españoles. El rey iguala la ciudad a una doncella cortejada por él, y
la ciudad le responde rechazando su mano, es decir su dominio.

¡Abenámar, Abenámar,   moro de la morería,
el día que tú naciste   grandes señales había!
Estaba la mar en calma,   la luna estaba crecida:
moro que en tal signo nace,   no debe decir mentira.
Allí respondiera[1] el moro,   bien oiréis lo que decía: 5
—Yo te la[2] diré, señor,   aunque me cueste la vida,
porque soy hijo de un moro   y una cristiana cautiva;
siendo yo niño y muchacho   mi madre me lo decía:
que mentira no dijese,   que era grande villanía:
por tanto, pregunta, rey   que la verdad te diría.   10
—Yo te agradezco, Abenámar,   aquesa[3] tu cortesía.
¿Qué castillos son aquellos?   ¡Altos son y relucían![4]
—El Alhambra era, señor,   y la otra la Mezquita;[5]
los otros los Alixares,[6]   labrados a maravilla.
El moro que los labraba   cien doblas[7] ganaba al día,   15
y el día que no los labra   otras tantas se perdía.

1. Tradúzcase el antiguo pluscuamper-
fecto **respondiera** como **respondió**.
2. **La** se refiere a la verdad que el moro
debe decir
3. forma arcaica de **esa**
4. *sparkled*
5. **La Alhambra**, el gran palacio moro
en Granada, es la más famosa construc-
ción árabe en España que queda hoy
día. La Mezquita mencionada es la de
Córdoba.
6. **Los Alixares** era el nombre de un
palacio de verano en Granada que ya no
existe.
7. *doubloons*

El otro es Generalife,[8]   huerta que par no tenía;
el otro Torres Bermejas,[9]   castillo de gran valía.
Allí habló el rey don Juan,   bien oiréis lo que decía:
—Si tú quisieres, Granada,   contigo me casaría;   20
daréte en arras y dote   a Córdoba y a Sevilla.
—Casada soy, rey don Juan,   casada soy, que no víuda;[10]
el moro que a mí me tiene,   muy grande bien me quería.

LA PÉRDIDA DE ALHAMA

Este *romance fronterizo*, probablemente de origen moro, cuenta la toma
de Alhama (no debe confundírsele con la Alhambra), una fortaleza no lejos
de Granada, por las tropas de los Reyes Católicos. En el romance se ve
la ira y desesperación del rey moro Muley Hacén al saber la pérdida de
Alhama.

Paseábase el rey moro   por la ciudad de Granada,
desde la puerta de Elvira   hasta la de Vivarambla.[1]
                    ¡Ay de mi Alhama!
Cartas le fueron venidas   que Alhama era ganada:
las cartas echó en el fuego,   y al mensajero matara.[2]   5
                    ¡Ay de mi Alhama!
Descabalga de una mula,   y en un caballo cabalga;
por el Zacatín[3] arriba   subido se había al Alhambra.
                    ¡Ay de mi Alhama!
Como en el Alhambra estuvo,   al mismo punto mandaba   10
que se toquen sus trompetas,   sus añafiles[4] de plata.
                    ¡Ay de mi Alhama!
Y que las cajas de guerra[5]   aprisa toquen al arma,
por que lo oigan sus moros,   los de la Vega de Granada.[6]
                    ¡Ay de mi Alhama!   15

8. El **Generalife**, un bello palacio de
verano con grandes y hermosos jardines,
está cerca de la Alhambra.

9. Las **Torres Bermejas** *(Red Towers)*
están a alguna distancia de la Alhambra.

10. **víuda** tenía tilde (acento). En este
caso se necesita para conservar el asonante.

1. **La puerta de Elvira** estaba en la
parte norte de Granada; la de Vivarambla, cerca del centro.

2. **matara** es forma del antiguo plus-
cuamperfecto; tradúzcase como **mató**.

3. **El Zacatín** es una calle angosta que
conduce a la Alhambra.

4. *Moorish pipes*

5. *war drums*

6. La **Vega de Granada** es la fértil explanada que se extiende a lo largo del
río Genil.

Los moros que el son oyeron   que al sangriento Marte llama,
uno a uno y dos a dos   juntado se ha gran batalla.
                    ¡Ay de mi Alhama!
Allí habló un moro viejo,   de esta manera hablara:[7]
—¿Para qué nos llamas, rey,   para qué es esta llamada?   20
                    ¡Ay de mi Alhama!
—Habéis de saber, amigos,   una nueva desdichada:
que cristianos de braveza   ya nos han ganado Alhama.
                    ¡Ay de mi Alhama!
Allí habló un alfaquí   de barba cruda y cana:[8]   25
—¡Bien se te emplea, buen rey,   buen rey, bien se te empleara![9]
                    ¡Ay de mi Alhama!
Mataste los Bencerrajes,[10]   que eran la flor de Granada;
cogiste los tornadizos[11]   de Córdoba la nombrada.
                    ¡Ay de mi Alhama!   30
Por eso mereces, rey,   una pena muy doblada:
que te pierdas tú y el reino,   y aquí se pierda Granada.
                    ¡Ay de mi Alhama!

EL CONDE ARNALDOS

En éste, uno de los más extraños y sugestivos de los romances, existe una
vaga sugerencia sobre la identidad del *marinero* que enseñará su cantar
sólo a quien navegue con él. ¿Quién es este marinero que encanta los elementos, los peces y las aves? ¿Es la muerte o algún músico sobrenatural?

    ¡Quien hubiera[1] tal ventura   sobre las aguas del mar
como hubo el conde Arnaldos   la mañana de San Juan![2]
Con un falcon[3] en la mano   la caza iba cazar,
vio venir una galera   que a tierra quiere llegar.
Las velas traía de seda,   la ejarcia de un cendal;[4]   5

---

7. *spoke*
8. *wild and white*
9. *it serves you right*
10. Los **Bencerrajes** o **Abencerrajes**
eran miembros de la más noble familia
de Granada. Fueron asesinados por el
rey de Granada.
11. Los seguidores del renegado Pedro
Venegas, un cordobés que luchó por los
moros.

1. *tuviera*
2. El día de San Juan es el 24 de junio,
y está asociado con ciertas prácticas de
magia.
3. forma arcaica de **halcón**
4. *rigging of gauze*   **ejarcia** es forma
arcaica de **jarcia**

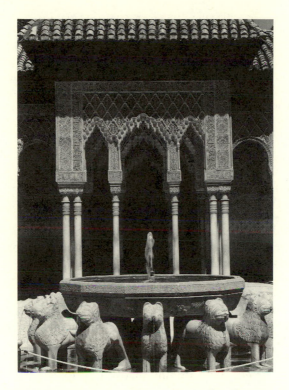

El Patio de los Leones de el Alhambra
COURTESY OF TOURIST OFFICE OF SPAIN

marinero que la manda   diciendo viene un cantar
que la mar hacía en calma,   los vientos hace amainar,[5]
los peces que andan 'nel hondo[6]   arriba los hace andar,
las aves que andan volando   en el mástel[7] las hace posar.
Allí habló el conde Arnaldos,   bien oiréis lo que dirá: 10
—¡por Dios te ruego, marinero,   dígasme ora ese cantar!
Respondió el marinero,   tal respuesta le fue a dar:
—Yo no digo esta canción   sino a quien conmigo va.

5. *subside*   7. forma arcaica de **mástil**   *(mast)*
6. *the fish that move in the depths*

ROMANCE DE LA INFANTINA

El elemento sobrenatural raras veces se encuentra en los romances españoles; acaso pueda ser el recuerdo de elementos célticos o tal vez de la época pagana de España. El romance que incluimos a continuación es una muestra de los de esta clase: la calidad misteriosa, la infantina que ha sido encantada por siete años, la divertida vacilación del caballero y su desesperación al ver perdida a la infantina hacen de este romance uno de los más distintivos de todo el romancero español.

A cazar va el caballero,   a cazar como solía;
los perros lleva cansados,   el halcón perdido había,[1]
arrimárase a un roble,[2]   alto es a maravilla.
En una rama más alta,   viera[3] estar una infantina;
cabellos de su cabeza   todo el roble cubrían.[4]   5
—No te espantes, caballero,   ni tengas tamaña grima.[5]
Hija soy yo del buen rey,   y de la reina de Castilla:
siete hadas[6] me hadaron,   en brazos de una ama mía,
que andase los siete años   sola en esta montiña.
Hoy se cumplían los siete años,   o mañana en aquel día:[7]   10
por Dios te ruego, caballero,   llévesme en tu compañía,
si quisieres por mujer,   si no, sea por amiga.
—Esperéisme vos, señora,   hasta mañana, aquel día,
iré yo tomar consejo   de una madre que tenía.
—¡O mal haya el caballero[8]   que sola deja la niña!   15
Él se va a tomar consejo,   y ella queda en la montiña.
Aconsejóle su madre   que la tomase por amiga.
Cuando volvió el caballero   no la hallara en la montiña:
vióla que la llevaban   con muy gran cabellería.
El caballero desque[9] la vio   en el suelo se caía: 20

1. El tema del caballero solitario y perdido en la selva, bastante popular, proporciona el tono de misterio y fantasía.
2. El **roble**, árbol sagrado de los celtas y dedicado a Júpiter en la tradición pagana, sugiere también lo sobrenatural.
3. *he saw*
4. Lo misteriorso es acentuado por la imagen de la doncella cuyos cabellos son tan largos que cubren todo el árbol.
5. La palabra **grima** *(dismay)* en sí

misma sugiere horror. No es palabra corriente.
6. Las **hadas** *(fairies)* han predicho que la Infantina permanecerá siete años (número místico) en el árbol. **Hada** viene del latín *fata (fate)*.
7. El suspenso se debe a que los siete años están para terminar.
8. **O mal... caballero** *Oh woe betide the knight*
9. *as soon as*

desque en sí hubo tornado   estas palabras decía:
—Caballero que tal pierde,   muy gran pena merecía:
yo mismo seré el alcalde,   yo me seré la justicia:
que le corten pies y manos   y lo arrastren por la villa.[10]

Preguntas

BERNARDO DEL CARPIO

1. ¿Por qué se receló Bernardo de traición?
2. ¿Qué hizo cuando recibió las cartas del rey?
3. ¿Qué dijo al mensajero del rey?
4. ¿Adónde irían los soldados de Bernardo?
5. Cuando llegó Bernardo, ¿cómo le recibió el rey?
6. ¿Por qué insistió Bernardo en que el rey había mentido?
7. ¿Por qué no aceptó Bernardo el castillo del Carpio?

ABENÁMAR

1. ¿Quiénes fueron los padres del moro Abenámar?
2. ¿Qué señales había el día que nació Abenámar?
3. ¿Qué le preguntó el rey a Abenámar?
4. ¿Qué le propone el rey don Juan a la ciudad de Granada?
5. ¿Qué respondió Granada cuando el rey quería casarse con ella?

LA PÉRDIDA DE ALHAMA

1. ¿Qué hizo el rey con las cartas? ¿Con el mensajero?
2. ¿Por qué manda que se toquen sus trompetas?
3. Oídas las trompetas, ¿qué hicieron los moros?
4. Según el alfaquí, ¿por qué había perdido el rey Alhama?
5. ¿Cuál fue la pena doblada que sufriría el rey de Granada?

EL CONDE ARNALDOS

1. ¿Cómo era la galera que vio el conde?
2. ¿Qué hicieron las aves el oír cantar al marinero? ¿Los peces? ¿Los vientos?
3. ¿Qué dijo el conde al marinero?
4. ¿Y qué respondió el marinero?

10. El despecho del caballero por la pérdida de la doncella está vivamente indicado por la idea del castigo que cree merecer.

ROMANCE DE LA INFANTINA

1. ¿Dónde estaba la infantina cuando la vio el caballero?
2. ¿Cómo era ella?
3. ¿Qué le dijo ella al caballero?
4. ¿Por qué tenía que quedarse en el roble?
5. ¿Qué ofreció la infantina al caballero?
6. ¿Quién le dio consejo a él?
7. ¿Qué vio el caballero cuando volvió para ver a la infantina?
8. ¿Qué merece un caballero que sufre tal pérdida?

Temas

1. Comente la actitud de Bernardo ante el rey.
2. La relación entre Abenámar y el rey don Juan.
3. El carácter del rey moro que lamenta la pérdida de su Alhama.
4. Su interpretación del romance del conde Arnaldos.
5. La relación entre el romance de la infantina y algún cuento de hadas favorito de Vd.

Grabado en madera de Fernando de Rojas

Fernando de Rojas (¿1475?–¿1537?)

En el año de 1499 apareció publicada en Burgos una obra que la mayor parte de los críticos ha catalogado como inferior apenas al *Quijote*, como producto del genio literario español. Se trata de un drama en dieciséis actos, todo en diálogo y titulado *Comedia de Calisto y Melibea*. En 1502 apareció otra edición en Sevilla, esta vez en ventidós actos y titulada la *Tragicomedia de Calisto y Melibea*. A causa del vigor de uno de los personajes, el libro ha sido llamado *La Celestina* y con tal nombre se le conoce hoy.

Algunos de los problemas referentes al autor quedan aún por resolver, pero el autor de la mayor parte, si no de toda la obra, es Fernando de Rojas. De familia judía, Rojas fue un abogado que llegó a ser Alcalde Mayor de Talavera, cerca de Toledo. Prácticamente no se sabe más nada acerca de él.

La Celestina gozó de inmensa popularidad en el desarrollo posterior de la literatura española. Contiene el germen del teatro del siglo XVII y de la novela picaresca. Su autor vio el mundo y la sociedad en forma integral, más que en forma parcial. Los caracteres aristocráticos y plebeyos que presenta están integrados a modo de contraste y no presentados aisladamente. Calisto y Melibea están íntimamente mezclados con el mundo truhanesco que les rodea.

El «loco» amor de Calisto y Melibea, que les aturde y les hace perder conciencia de todo, excepto de su mismo amor, está admirablemente presentado. Todavía más poderoso es el carácter de Celestina, la alcahueta, cuyo antecesor, como se recordará, fue la nefaria Trotaconventos del *Libro de Buen*

Amor. Como carácter, Celestina es uno de los más notables
de la literatura española.

La Celestina fue el primer libro español que se tradujo al
inglés, y de él existen varias versiones recientes en inglés.

LA CELESTINA

DEL ACTO I

*El joven Calisto encuentra a Melibea en el jardín de su casa, a
donde él ha ido en busca de su halcón.*

CALISTO. —En esto veo, Melibea, la grandeza de Dios.

MELIBEA. —¿En qué, Calisto?

CALISTO. —En dar poder a natura que de tan perfecta hermosura
te dotase y hacer a mí immérito tanta merced que verte alcanzase[1]
y en tan conveniente lugar, que mi secreto dolor[2] manifestarte   5
pudiese. Sin duda, incomparablemente es mayor tal galardón, que
el servicio, sacrificio, devoción y obras pías, que por este lugar
alcanzar tengo yo a Dios ofrecido, ni otro poder mi voluntad
humana puede cumplir.[3] ¿Quién vio en esta vida cuerpo glorifi-
cado de ningún hombre, como ahora el mío? Por cierto los glorio-   10
sos santos, que se deleitan en la visión divina, no gozan más que
yo ahora en el acatamiento tuyo.[4] Mas ¡o triste! que en esto diferi-
mos: que ellos puramente se glorifican sin temor de caer de tal
bienaventuranza y yo mixto[5] me alegro con recelo del esquivo
tormento,[6] que tu ausencia me ha de causar.   15

MELIBEA. —¿Por gran premio tienes esto, Calisto?

CALISTO. —Téngolo por tanto en verdad que, si Dios me diese
en el cielo la silla sobre sus santos, no lo tendría por tanta felicidad.

---

1. **En... alcanzase** *In giving to nature
the power to endow you with such perfect beauty and (in giving) to me, unworthy, the opportunity* (poder) *of suc-
ceeding in seeing you*

2. el **dolor** *(pain)* es su amor de ella

3. **Sin duda... cumplir.** *Without doubt
the reward is incomparably greater
than I deserve for the service, sacrifice,
devotion, and good works that I have*

*offered to God to bring me to this place,
for no other power could have satisfied
my human (i.e., carnal) longing.*

4. **en el acatamiento tuyo** *in admir-
ingly beholding you*

5. Calisto es **mixto** en cuanto que es
humano y por lo tanto está sujeto a las
exigencias del cuerpo, y en cuanto que
tiene un alma incorpórea.

6. *fierce torment*

Patio o jardín interior español
THE BETTMANN ARCHIVE

MELIBEA. —Pues aun más igual galardón te daré yo, si perseveras.[7]

CALISTO. —¡O bienaventuradas orejas[8] mías, que indignamente   20
tan gran palabra habéis oído!

MELIBEA. —Más desaventuradas de que me acabas de oír. Porque
la paga será tan fiera cual merece tu loco atrevimiento.[9] Y el intento de tus palabras, Calisto, ha sido de ingenio de tal hombre
como tú, haber de salir para se perder en la virtud de tal mujer   25
como yo.[10] ¡Vete! ¡Vete de ahí, torpe! Que no puede mi paciencia
tolerar que haya subido en corazón humano conmigo el ilícito
amor comunicar su deleite.[11]

CALISTO. —Iré como aquel contra quien solamente la adversa
fortuna pone su estudio[12] con odio cruel.   30

---

7. Melibea, obviamente, quiere decir lo
contrario, puesto que su tono es irónico.
8. **¡O... mías!** *O my happy ears!* **oídos**
en lugar de la palabra moderna **orejas**
9. *your daring madness*
10. **Y el intento... yo** *And the purpose of your words, Calisto, which, as
originated in the wit of a man such as*

*you, has emerged to be destroyed by the
virtue of such woman as I.*
11. **Que no puede... deleite** *For my
patience cannot endure that any human heart should have conceived the
idea of sharing with me the pleasures
of illicit love*
12. *concentration*

DEL ACTO IV

[El impulsivo amor de Calisto no correspondido le lleva casi a la desesperación. Por sugerencia de su criado requiere la ayuda de Celestina, una
vieja astuta, medio bruja, alcahueta, sabia, sagaz y ambiciosa. Esta vieja
logra hablar con Melibea y a poco consigue que se enamore perdidamente
de Calisto, que ya rondaba la casa de Melibea; ésta inicialmente reprende
a Celestina pero luego se arrepiente y le da un cinto y una oración para
Calisto.]

MELIBEA. —¡O cuánto me pesa con la falta de mi paciencia![13] Porque siendo él ignorante y tú inocente, habéis padecido las altera-
ciones[14] de mi airada lengua. Pero la mucha razón[15] me releva de
culpa, la cual tu habla sospechosa causó.[16] En pago de tu buen
sufrimiento, quiero cumplir tu demanda y darte luego mi cordón.[17]   35
Y porque para escribir la oración no habrá tiempo sin que venga
mi madre, si esto no bastare,[18] ven mañana por ella muy secretamente.

[Melibea y Celestina continúan su charla y la muchacha pide a la vieja
que no revele sus palabras a Calisto porque éste puede considerarlas
crueles. No hay peligro, dice Celestina, porque el secreto será bien guar-
dado. Luego asegura a Melibea que todo lo que ha hecho está bien, Melibea
continúa:]

MELIBEA. —En todo has tenido buen tiento, así en el poco hablar
en mi enojo, como con el mucho sufrir.   40
CELESTINA. —Señora, sufríte con temor, porque te airaste con
razón. Y por esto pasé tu rigurosa habla hasta que tu almacén
hubiese gastado.[19]
MELIBEA. —En cargo te es ese caballero.
CELESTINA. —Señora, más merece. Y si algo con mi ruego para él   45
he alcanzado, con la tardanza lo he dañado. Yo me parto para él,
si licencia me das.

---

13. **¡O cuánto... paciencia!** *Oh how*
sad I am at my own lack of patience!
14. *changes*
15. *justice, rightness*
16. Melibea quiere decir que en el comienzo tenía razón en no escuchar las
súplicas de Celestina en favor de Calisto

y en haber reñido a la vieja.
17. *belt*
18. *if this is not enough* **bastare** es
futuro de subjuntivo
19. **Y por... gastado.** *And therefore*
I endured your harsh speech until your
store (of it) ran out.

MELIBEA. —Mientras más aína[20] la hubieras pedido, más de grado la hubieras recaudado.[21] Vé con Dios, que ni tu mensaje me ha traído provecho ni de tu ida me puede venir daño.   50

[En los actos intermedios Calisto y Melibea han realizado completamente su amor, Celestina ha sido asesinada por los criados de Calisto porque no repartió con ellos la recompensa que había recibido de su amo. Los criados son rápidamente aprehendidos y ejecutados por la justicia. Cuando al salir del aposento de Melibea, Calisto cae de una escalera y muere, Melibea decide que la vida sin él es imposible. Al subir a la torre de su casa, habla a su anciano padre Pleberio. Sus palabras son una síntesis de la tragedia:]

MELIBEA. —Padre mío, no pugnes ni trabajes por venir adonde yo estoy, que estorbarás la presente habla que te quiero hacer. Lastimado serás brevemente con la muerte de tu única hija. Mi fin es llegado, llegado es mi descanso y tu pasión,[22] llegado es mi alivio y tu pena, llegada es mi acompañada[23] hora y tu tiempo de   55 soledad. No habrás, honrado padre, menester instrumentos[24] para aplacar mi dolor, sino campanas para sepultar mi cuerpo... Muchos días son pasados, padre mío, que penaba por amor un caballero, que se llamaba Calisto, el cual tú bien conociste. Conociste asimismo sus padres y claro linaje: sus virtudes y bondad a todos   60 eran manifiestas. Era tanta su pena de amor y tan poco el lugar para hablarme, que descubrió su pasión a una astuta y sagaz mujer, que llamaban Celestina. La cual, de su parte venida a mí, sacó mi secreto amor de mi pecho. Descubrí a ella lo que a mi querida madre encubría. Tuvo manera cómo ganó mi querer, ordenó cómo   65 su deseo y el mío hubiesen efecto. Si él mucho me amaba, no vivía engañado.[25] Concertó el triste concierto de la dulce y desdichada ejecución de su voluntad. Vencida de su amor, díle entrada en tu casa. Quebrantó con escalas las paredes de tu huerto, quebrantó[26]

20. forma arcaica de **pronto**
21. **más de grado... recaudado** *the more willingly you would have received it*
22. *suffering*
23. La **acompañada hora** de Melibea es el tiempo que ella espera pasar en compañía de Calisto en una especie de paraíso pagano donde su alma encontrará la de Calisto. Melibea sabe que ni él, por haber muerto sin confesión ni ella, puesto que va a suicidarse, pueden entrar al Paraíso.
24. *musical instruments*
25. Melibea indica que si Calisto la amaba mucho, él no se engañaba en su amor puesto que ella la correspondía.
26. **Quebrantó... propósito.** *He scaled (broke through) the walls of your garden, he broke through my defenses.*

mi propósito. Perdi mi virginidad. A la vuelta de su venida, como [70]
de la fortuna mudable estuviese dispuesto y ordenado, según su
desordenada costumbre, como las paredes eran altas, la noche
oscura, la escala delgada, los sirvientes que traía no diestros en
aquel género de servicio, no vio bien los pasos, puso el pie en
vacío y cayó. De la triste caída sus más escondidos sesos que- [75]
daron repartidos por las piedras y paredes. Cortaron las hadas sus
hilos,[27] cortáronle sin confesión su vida, cortaron mi esperanza,
cortaron mi gloria, cortaron mi compañía. Pues ¿qué crueldad
sería, padre mío, muriendo él despeñado, que viviese yo penada?
Su muerte convida a la mía, convídame y fuerza que sea presto, [80]
sin dilación muéstrame que ha de ser despeñada por seguirle en
todo.[28] No digan por mí: «a muertos y a idos...»[29] Y así conten-
tarle he[30] en la muerte, pues no tuve tiempo en la vida. ¡O mi
amor y señor Calisto! Espérame, ya voy; detente, si me esperas;
no me incuses[31] la tardanza que hago, dando esta última cuenta [85]
a mi viejo padre, pues le debo mucho más. ¡O padre mío muy
amado! Ruégote, si amor en esta pasada y penosa vida me has
tenido, que sean juntas nuestras sepulturas: juntas nos hagan
nuestras obsequias.[32] Algunas consolatorias palabras te diría antes de mi agradable fin, colegidas y sacadas de aquellos antiguos [90]
libros que tú, por más aclarar mi ingenio, me mandabas leer; sino
que la ya dañada memoria, con la gran turbación, me las ha perdido
y aun porque veo tus lágrimas mal sufridas decir[33] por tu arrugada
faz. Salúdame a mi cara y amada madre: sepa de ti largamente la
triste razón por que muero. ¡Gran placer llevo de no la ver pre- [95]
sente! Toma, padre viejo, los dones de tu vejez. Que en largos
días largas se sufren tristezas.[34] Recibe las arras[35] de tu senectud
antigua, recibe allá tu amada hija. Gran dolor llevo de mí, mayor
de ti, muy mayor de mi vieja madre. Dios quede contigo y con

27. **Cortaron... hilos** *The fates cut his threads* En la mitología griega, las Parcas cortaban la vida de los mortales, cuando llegaba la hora de su muerte.
28. **muéstrame... todo** *(his death) shows me that I must throw myself down so as to follow him completely*
29. El proverbio español medio citado aquí es: «A muertos y a idos, pocos amigos.» Es decir los muertos y los que se han ido tienen pocos amigos.
30. i.e., **le contentaré**
31. **incusar** es **acusar** hoy día
32. *funeral rites*
33. **decir** es forma arcaica para *to demand*, del latín *dicedere*.
34. **Que... tristezas.** *For in long years (i.e., old age) long griefs are suffered.*
35. *rewards*

ella. A Él ofrezco mi ánima.[36] Pon tú en cobro este cuerpo, que 100
allá baja.[37]

[Melibea entonces se tira de lo alto de la torre y recibe una muerte ins-
tantánea. Poco después Pleberio, agobiado por el dolor, entra en la casa,
e interrogado por Alisa, su esposa, responde:]

PLEBERIO... —¡O amor, amor! ¡Que no pensé que tenías fuerza
ni poder de matar a tus sujetos! Herida fue de ti mi juventud, por
medio de tus brasas pasé.[38] ¿cómo me soltaste, para me dar la
paga de la huída en mi vejez? Bien pensé que de tus lazos me había 105
librado, cuando los cuarenta años toqué, cuando fui contento con
mi conyugal compañera, cuando me vi con el fruto,[39] que me
cortaste el día de hoy . . . Del mundo me quejo, porque en sí me
crió, porque no me dando vida, no engendrara[40] en él a Melibea;
no nacida no amara; no amando, cesara mi quejosa y desconsolada 110
postrimería.[41] ¡O mi hija despedazada! ¿Por qué no quisiste que
estorbase tu muerte? ¿Por qué no hubiste lástima de tu querida
y amada madre? ¿Por qué te mostraste tan cruel con tu viejo padre?
¿Por qué me dejaste, cuando yo te había de dejar? ¿Por qué me
dejaste penado? ¿Por qué me dejaste triste y solo *in hac lachri-* 115
marum valle?[42]

Preguntas

1. ¿Cuándo se publicó la *Comedia de Calisto y Melibea*?
2. ¿Por qué se llamaba *La Celestina*?
3. ¿En cuántos actos apareció la versión de Burgos? ¿La de Sevilla?
4. ¿Cómo se llama el autor?
5. ¿Por qué entró Calisto en la huerta de Melibea?
6. ¿Con qué compara Calisto su deleite de ver a Melibea?
7. ¿Qué respuesta le dio Melibea a Calisto?
8. ¿Qué le dio Melibea a Celestina para Calisto?

36. *soul*
37. **Pon tú... baja** *Put this body (of mine), which falls down there, in a safe place*
38. **Herida... pasé** *My youth was wounded by you* (el amor personificado) *and I passed through your flames*

39. Al usar la palabra **fruto**, Pleberio quiere decir su hija, Melibea.
40. i.e., **habría engendrado**
41. last stages of life
42. Esta expresión latina se traduce: *in this vale of tears (that is, in this world).*

Portada de *La Celestina* o
Comedia de Calisto y Melibea, Burgos, 1499
COURTESY OF GENERAL RESEARCH DIVISION, THE NEW YORK PUBLIC LIBRARY,
ASTOR, LENOX AND TILDEN FOUNDATIONS

9. ¿Cómo murió Calisto?
10. ¿Por qué subió Melibea a la torre?
11. ¿Conocía Pleberio a Calisto?
12. ¿Amaba Melibea a Calisto antes de la intervención de Celestina?
13. ¿Por qué cayó Calisto, según Melibea?
14. ¿Qué crueldad sería, según ella, si viviese ella, Calisto muerto?
15. ¿Qué favor le pide Melibea a su padre?
16. ¿Por qué no dice Melibea a su padre las palabras sacadas de los libros?
17. ¿Por qué se alegra Melibea de que su madre no esté presente?
18. Según Pleberio, ¿podemos escapar del poder del amor?
19. ¿Qué significan las palabras *in hac lachrimarum valle*?
20. ¿Cuál, en su opinión, es la lección de este drama?

Temas

1. El encuentro de Calisto con Melibea en su huerta.
2. Sumario de la conversación de ellos.
3. Sumario de la conversación de Melibea y Celestina.
4. Las razones que da Melibea a su padre para explicar su suicidio.
5. Las ideas de Pleberio sobre el amor.
6. En opinión de Ud. por qué razón Calisto y Melibea en lugar de pedir
   autorización a sus respectivas familias para casarse, deciden mantener
   sus amores secretos.

. . .

RENACIMIENTO Y BARROCO

Lazarillo de Tormes (1554)

Aunque la literatura realista había existido en Grecia y Roma, desde la época clásica y aún durante la Edad Media, la forma específica del realismo que se llama la novela picaresca es considerada como la mayor contribución de la España del siglo XVI a la literatura universal. El héroe, o mejor dicho el antihéroe es un pelafustanillo, un *pícaro*, que relata su autobiografía. Sus puntos de vista y sus actividades estaban en franco contraste con los hechos y proezas y los altos ideales de los héroes aristocráticos de las novelas de caballería. Los autores de estas novelas, a pesar del tema tratado, eran gentes cultas que adoptaron esta forma como la más apropiada para la sátira social.

La primera y mejor de todas las novelas picarescas, *La Vida de Lazarillo de Tormes y de sus fortunas y adversidades*, fue publicada en tres ediciones separados en 1554. Su autor nos es desconocido, aunque la novela hizo fortuna y estableció lo que se ha designado como la «fórmula picaresca». El libro es la supuesta autobiografía de Lázaro, un antihéroe

Grabado en madera del siglo XVII (Barcelona, 1621)
de la *Vida de Lazarillo de Tormes*
COURTESY OF THE HISPANIC SOCIETY OF AMERICA

de origen humilde, quien sirve a varios amos, cada uno de
los cuales provee el marco para un episodio. A través de este
personaje pícaro y sus aventuras se satirizan ciertas costumbres de la época. En el *Lazarillo de Tormes* encontramos
el apogeo del realismo, así como también la vida de España
vista esta vez desde abajo y no desde arriba, lo que constituye
un elemento muy interesante de la técnica picaresca. La principal fuerza que mueve a Lázaro es el hambre, motivo central
de la mayor parte de las novelas de este género. Primero sirve
a un ciego; luego a un sacristán avaro y después a un escudero; después de estos episodios, que constituyen los pasajes
más artísticos e interesantes de la obra, Lázaro sirve a otros
amos, hasta que se convierte en pregonero mayor de Toledo.

   En el *tratado* del ciego aparecen los elementos característicos de la picaresca: realismo, aceptación estoica de una vida
amarga y pobre, y aún una forma de tierna simpatía por otros

todavía peor colocados que él. El ciego, un viejo cruel, recibe la que merece, como también el sacristán avaro; pero el escudero del tercer episodio, un patético aristócrata arruinado, obtiene lo mejor de Lazarillo. El muchacho comparte con su amo el pan que pide de limosna y siente una íntima compasión por el hombre que padece hambre, lejos de su hogar, donde su orgullo noble no le permitía vivir entre vecinos más nobles y ricos que él.

La fortuna de las novelas picarescas, que empezaron con el *Lazarillo* en España y se extendieron por otros países europeos y del Nuevo Mundo, no se ha perdido, pues tales novelas se siguieron escribiendo en los siglos siguientes. Nadie se puede olvidar de obras como *Tom Jones* y *Huckleberry Finn*, descendientes directos del *Lazarillo*.

Del LAZARILLO DE TORMES

Pues sepa vuestra merced[1] ante todas cosas que a mí me llaman Lázaro de Tormes, hijo de Tomé González y de Antoña Pérez, naturales de Tejares, aldea de Salamanca. Mi nacimiento fue dentro del río Tormes, por la cual causa tomé el sobrenombre, y fue de esta manera. Mi padre (que Dios perdone)[2] tenía cargo de proveer una molienda de una aceña,[3] que está ribera de aquel río, en la cual fué molinero[4] más de quince años; y estando mi madre una noche en la aceña, preñada de mí, tomóla el parto y parióme allí;[5] de manera que con verdad me puedo decir nacido en el río.   10

Pues siendo yo niño de ocho años, achacaron[6] a mi padre ciertas sangrías[7] mal hechas en los costales[8] de los que allí a

5

---

1. **vuestra merced** evolucionó más tarde en **Usted**. Tradúzcase *Let Your Grace know*. Se supone que la novela está dirigida a algún noble.
2. *may God pardon him*
3. **tenía... aceña** *he was in charge of grinding grain in a water mill*
4. *miller*
5. **tomóla... allí** *childbirth came upon her and she gave birth to me there*
6. *accused*
7. *thefts*
8. *sacks*

moler venían, por lo cual fue preso, y confesó, y no negó,[9] y
padeció persecución por justicia.[10] Espero en Dios, que está en
la gloria; pues el Evangelio los llama bienaventurados. En este   15
tiempo se hizo cierta armada contra moros, entre los cuales fue
mi padre que a la sazón[11] estaba desterrado por el desastre ya
dicho, con cargo de acemilero[12] de un caballero que allá fue; y
con su señor, como leal criado, feneció[13] su vida...

Mi viuda madre, como sin marido y sin abrigo se viese, deter-   20
minó arrimarse a los buenos,[14] por ser uno de ellos, y vínose a
vivir a la ciudad, y alquiló una casilla, y metióse a guisar de comer
a ciertos estudiantes y lavaba la ropa a ciertos mozos de caballos
del comendador de la Magdalena.

En este tiempo vino a posar al mesón un ciego, el cual, pare-   25
ciéndole que yo servía para adestrarle,[15] me pidió a mi madre,
ella me encomendó a él, diciéndole como era hijo de un buen
hombre y ella confiaba en Dios que no saldría peor que mi padre,
y que le rogaba me tratase bien, y mirase por mí, pues era huérfano. El respondió que así lo haría, y que me recibía no por mozo 30
sino por hijo. Y así le comencé a servir y adestrar a mi nuevo
y viejo amo.

Como estuvimos en Salamanca algunos días, pareciéndole a mi
amo que no era la ganancia a su contento, determinó irse de allí;
y cuando nos hubimos de partir yo fui a ver a mi madre, y ambos 35
llorando, me dio su bendición, y dijo: —Hijo, ya sé que no te
veré más; procura ser bueno, y Dios te guíe; criado te he[16] y con
buen amo te he puesto, válete para ti—; y así me fui para mi amo,
que esperándome estaba. Salimos de Salamanca, y llegando a la
puente, está a la entrada de ella un animal de piedra, que casi tiene 40
forma de toro, y el ciego mandóme que llegase cerca del animal,
y allí puesto, me dijo: —Lázaro, llega el oído a este toro, y oirás
gran ruido dentro de él—. Yo simplemente llegué, creyendo ser

---

9. La frase **y confesó y no negó** está
tomada del Evangelio de San Juan, 1, 20.
10. La frase **padeció... justicia** significa *suffered persecution at law*, pero
justicia también quiere decir *justice* o
righteousness. Es un juego de palabras
sobre la beatitud. (San Mateo, 5, 10):
«Benditos los que padecen persecución
por justicia.» Muchas de las referencias

bíblicas son altamente irónicas.
11. *at the time*
12. *muledriver*
13. *he ended*
14. **arrimarse a los buenos**   *to depend upon good people*
15. *to guide him*   se usa la forma **adiestrar** en español moderno
16. **te he criado**   *I have reared you*

Un picaro español por Gustave Doré

así; y como sintió que tenía la cabeza par de la piedra, afirmó recio
la mano[17] y dióme una gran calabazada[18] en el diablo del toro,   45
que más de tres días me duró el dolor de la cornada y díjome:
—Necio, aprende que el mozo del ciego un punto ha de saber
más que el diablo[19]—; y rio mucho la burla. Parecióme que en
aquel instante desperté de la simpleza en que como niño dormido
estaba, y dije entre mi: «Verdad dice éste, que me cumple avivar   50
el ojo y avisar,[20] pues soy solo, y pensar como me sepa valer.»[21]

Comenzamos nuestro camino, y en muy pocos días me mostró jerigonza,[22] y como me viese de buen ingenio,[23] holgábase
mucho,[24] y decía: —Yo oro ni plata no te lo puedo dar, mas
avisos para vivir, muchos te mostraré—. Y fue así, que después   55
de Dios éste me dio la vida; y siendo ciego me alumbró[25] y
adestró[26] en la carrera de vivir. Huelgo de contar a vuestra mer-

---

17. **afirmó... mano** *he pressed his
hand firmly*
18. *blow on the head*
19. **ha... diablo** *must know a jot
more than the devil*
20. **avivar... avisar** *to sharpen my
eye and be on the alert*
21. **pensar... valer** *to think how I*
may take care of myself
22. *thieves' cant, the speech of rogues*
23. **y... ingenio** *and since he saw me
to be of good intelligence*
24. *he was very glad*
25. *enlightened*
26. *he guided*

ced estas niñerías, para mostrar cuánta virtud sea saber los hombres subir siendo bajos, y dejarse bajar siendo altos, cuánto vicio.[27]

Pues tornando al bueno de mi ciego[28] y contando sus cosas, vuestra merced sepa, que desde Dios creó el mundo, ninguno formó más astuto ni sagaz;[29] en su oficio era un águila;[30] ciento y tantas oraciones sabía de coro;[31] un tono bajo, reposado y muy sonable, que hacía resonar la iglesia donde rezaba; un rostro humilde y devoto que con muy buen continente ponía cuando rezaba, sin hacer gestos, ni visajes con la boca ni ojos, como otros suelen hacer. Allende de esto,[32] tenía otras mil formas y maneras para sacar dinero: decía saber oraciones para muchos y diversos efectos. Finalmente, nadie le decía padecer alguna pasión[33] que luego no le decía: —haced esto, haréis este otro, coged tal yerba, tomad tal raíz. Con esto andábase todo el mundo tras él, especialmente mujeres, que cuanto les decía creían; de éstas sacaba él grandes provechos con las artes que digo, y ganaba más en un mes que cien ciegos en un año.

Mas también quiero que sepa vuestra merced, que con todo lo que adquiría y tenía, jamás tan avariento, ni mezquino[34] hombre no vi, tanto que me mataba a mí de hambre, y así no me remediaba[35] de lo necesario. Digo verdad: si con mi sutileza y buenas mañas[36] no me supiera remediar, muchas veces me finara de hambre;[37] mas con todo su saber y aviso le contraminaba[38] de tal suerte, que siempre, o las más veces, me cabía lo más y mejor.[39]

Para esto le hacía burlas endiabladas, de las cuales contaré algunas, aunque no todas a mi salvo.[40] Él traía el pan y todas las otras cosas en un fardel de lienzo[41] que por la boca se cerraba con una argolla[42] de hierro y su candado[43] y llave, y al meter de

27. **para... vicio** *to show how valuable it is for men to rise, being low, and how base in allowing themselves to go down, being high.*
28. **al... ciego** *to my good blind man*
29. **ninguno... sagaz** *He formed no one more astute or sagacious*
30. *eagle (i.e., superior)*
31. *by heart*
32. *besides this*
33. *pain*
34. *stingy*
35. *he did not give me half*
36. *tricks*
37. **no... hambre** *had I not known how to help myself, many times I would have died of hunger*
38. *I countermined him (i.e., I outdid him in trickery)*
39. **me... mejor** *the best fell to my lot*
40. *without harm to myself*
41. **fardel de lienzo** *bag of heavy linen*
42. *ring*
43. *padlock*

las cosas y sacarlas era con tanta vigilancia y tan por contadero
que no bastara todo el mundo hacerle menos una migaja;[44] mas
yo tomaba aquella laceria[45] que él me daba, la cual en menos de
dos bocados era despachada.[46] Después que cerraba el candado
y se descuidaba,[47] pensando que yo estaba entendiendo en otras
cosas, por un poco de costura,[48] que muchas veces de un lado
del fardel descosía y tornaba a coser, sangraba el avariento fardel
sacando, no por tasa, pan, mas buenos pedazos, torreznos y
longaniza.[49]

Usaba poner cabe sí[50] un jarrillo de vino cuando comíamos;
yo muy de presto le asía, y daba un par de besos callados, y tor-
nábale a su lugar. Mas duróme poco, que en los tragos conocía
la falta, y por reservar su vino a salvo, nunca después desamparaba
el jarro, antes lo tenía por el asa asido;[51] mas no había piedra
imán[52] que trajese a sí el hierro, como yo el vino, con una paja
larga de centeno,[53] que para aquel menester tenía hecha, la cual,
metiéndola en la boca del jarro, chupando el vino, lo dejaba a
buenas noches.[54] Mas como fuese el traidor tan astuto, pienso
que me sintió, y dende en adelante mudó propósito,[55] y asentaba
su jarro entre las piernas, y atapábale[56] con la mano y así bebía
seguro. Yo, como estaba hecho al vino, moría por él, y viendo
que aquel remedio de la paja no me aprovechaba ni valía, acordé
en el suelo del jarro[57] hacerle una fuentecilla,[58] y agujero[59] sutil,
y delicadamente con una muy delgada tortilla de cera taparlo,[60]
y al tiempo de comer, fingiendo haber frío, entrábame entre las
piernas del triste ciego a calentarme en la pobrecilla lumbre que
teníamos, y al calor de ella luego era derretida la cera, por ser

44. **tan... migaja** *and with such a narrow opening that the whole world would not have been enough to get one crumb out of it*
45. *pittance*
46. *dispatched (i.e., eaten)*
47. *failed to pay attention*
48. *seam*
49. **Sacando... longaniza** *taking out bread, bacon and sausage, not in limited quantities, but in large pieces*
50. forma arcaica de **junto a sí** *close to himself*
51. **nunca... asido** *never did he leave*
the pitcher unprotected, but held it grasped by the handle
52. *touchstone, magnet*
53. *rye*
54. *I did not leave a drop of it*
55. **y dende... propósito** *and from then on he changed his plan*
56. *he covered it*
57. *bottom of the pitcher*
58. *a little aperture*
59. *hole*
60. **con... taparlo** *to plug it with a thin cake of wax*

muy poca, comenzaba la fuentecilla a destilarme en la boca,[61] la
cual yo de tal manera ponía, que maldita la gota se perdía.[62]   115
Cuando el pobre iba a beber, no hallaba nada; espantábase, mal-
decíase, daba al diablo el jarro y el vino, no sabiendo qué podía
ser. —No diréis, tío, que os lo bebo yo— decía —pues no lo quitáis
de la mano—. Tantas vueltas y tientos dio al jarro, que halló la
fuente y cayó en la burla,[63] mas así lo disimuló como si no lo   120
hubiera sentido, y luego otro día, teniendo yo rezumando mi
jarro[64] como solía, no pensando en el daño que me estaba aparejado,[65] ni que el mal ciego me sentía, sentéme como solía, estando
recibiendo aquellos dulces tragos, mi cara puesta hacia el cielo,
un poco cerrados los ojos, por mejor gustar el sabroso licor,   125
sintió el desesperado ciego que ahora tenía tiempo de tomar de
mí venganza, y con toda su fuerza, alzando con dos manos aquel
dulce y amargo jarro,[66] le dejó caer sobre mi boca, ayudándose
con todo su poder, de manera que el pobre Lázaro, que de nada
de esto se guardaba, antes, como otras veces, estaba descuidado   130
y gozoso, verdaderamente me pareció que el cielo, con todo lo
que en él hay, me había caído encima. Fue tal el golpecillo, que
me desatinó y sacó de sentido, y el jarrazo[67] tan grande, que los
pedazos de él se me metieron por la cara, rompiéndomela por
muchas partes, y me quebró los dientes, sin los cuales hasta hoy   135
día me quedé.

Desde aquella hora quise mal al mal ciego,[68] y aunque me
quería y regalaba[69] y me curaba, bien ví que se había holgado del
cruel castigo. Lavóme con vino las roturas[70] que con los pedazos
del jarro me había hecho, y sonriéndose decía: —¿Qué te parece,   140
Lázaro? Lo que te enfermó te sana y da salud—, y otros donaires[71]
que a mi gusto no lo eran. Y si alguno le decía por qué me trataba
tan mal, luego contaba el cuento del jarro, diciendo: —¿Pensáis
que este mi mozo es algún inocente? Pues oíd si el demonio en-

---

61. **destilarme... boca**   *to trickle into
my mouth*
62. **maldita... perdía**   *not a single
drop was lost*
63. *he caught on to the joke*
64. **teniendo... jarro**   *having my
pitcher dripping*
65. **que... aparejado**   *what was prepared for me (i.e., in store for me)*

66. *sweet and bitter* (*sweet* debido al
gusto del vino, *bitter* por el castigo que
le siguió)
67. *blow from the pitcher*
68. *I hated the blind man*
69. *petted me*
70. *cuts*
71. *witticisms*

Un mendigo ciego por Gustave Doré

sayara otra tal hazaña—. Santiguándose[72] los que le oían, decían: 145
—¡Mirad quién pensara de un muchacho tan pequeño tal ruindad![73]—; y reían mucho el artificio, y decíanle: —Castigadle,
castigadle, que de Dios lo habréis[74]—, y él con aquello nunca
otra cosa hacía.

Y en esto yo siempre le llevaba por los peores caminos, y 150
adrede, por le hacer mal y daño, si había piedras por ellas, si lodo
por lo más alto, que aunque yo no iba por lo más enjuto, hol-
gábame a mí de quebrar un ojo por quebrar dos al que ninguno
tenía.[75]

Y porque vea vuestra merced a cuanto se extendía el ingenio 155
de este astuto ciego, contaré un caso de muchos que con él me
acaecieron, en el cual me parece dio bien a entender su gran
astucia. Cuando salimos de Salamanca, su motivo fue venir a tierra
de Toledo, porque decía ser la gente más rica, aunque no muy

limosnera.[76] Arrimábase a este refrán: «Más da el duro que el   160
desnudo»;[77] y venimos a este camino por los mejores lugares; do
hallaba buena acogida y ganancia, nos deteníamos. Acaeció que
en llegando a un lugar que llaman Almorox, al tiempo que cogían
las uvas, un vendimiador[78] le dio un racimo de ellas en limosna;
y como suelen ir los cestos maltratados, y también porque la uva   165
en aquel tiempo está muy madura desgranábasele el racimo en
la mano.[79] Acordó de hacer un banquete,[80] así por no poderlo
llevar como contentarme,[81] que aquel día me había dado muchos rodillazos[82] y golpes; sentámonos en un valladar,[83] y dijo:
—Ahora quiero yo usar contigo de una liberalidad, y es, que am- 170
bos comamos este racimo de uvas, y que hayas de él tanta parte
como yo; partirlo hemos de esta manera: tú picarás una vez y
yo otra, con tal que me prometas no tomar cada vez más de una
uva; yo haré lo mismo hasta que lo acabemos, y de esta suerte
no habrá engaño—. Hecho así el concierto, comenzamos; mas   175
luego al segundo lance el traidor mudó propósito y comenzó
a tomar de dos en dos, considerando que yo debería hacer lo
mismo. Como vi que él quebraba la postura,[84] no me contenté
ir a la par con él; mas aun pasaba adelante: dos a dos, y tres a tres,
y como podía las comía. Acabado el racimo, estuvo un poco con   180
el escobajo[85] en la mano, y meneando la cabeza, dijo: —Lázaro,
engañado me has:[86] juraré yo que has tú comido las uvas tres
a tres.
    —No comí—, dije yo, —mas ¿por qué sospecháis eso?
    Respondió el graciosísimo ciego: —¿Sabes en qué veo que las 185
comiste tres a tres? En que comía yo dos a dos y callabas.
    Reíme entre mí, y aunque muchacho noté mucho la discreta
consideración del ciego; mas por no ser prolijo, dejo de contar
muchas cosas, así graciosas como de notar,[87] que con este mi
primer amo me acaecieron y quiero decir el despidiente, y con   190

---

76. *charitable*
77. **Más... desnudo**   *the hard (-hearted*
man) gives more than the naked (man)
78. *grape harvester*
79. **desgranábasele... mano**   *the bunch*
was coming apart in his hands
80. **Acordó... banquete**   *he decided to*
have a banquet
81. **por... contentarme**   *as much be-*

cause he could not carry it (the bunch
of grapes) as to make me happy
82. *blows with the knees*
83. *fence*
84. *pact*
85. *stem*
86. forma arcaica de **me has engañado**
87. *pleasant as well as notable*

él acabar.[88] Estábamos en Escalona,[89] villa del duque de ella, en un mesón, y dióme un pedazo de longaniza que le asase. Y ya que la longaniza había pringado,[90] y comídose las pringadas,[91] sacó un maravedí[92] de la bolsa, y mandóme que fuese por él de vino a la taberna. Púsome el demonio el aparejo[93] delante los ojos, el cual, como suelen decir, hace el ladrón,[94] y fue que había cabe el fuego un nabo pequeño, larguillo y ruinoso, y tal, que por no ser para la olla, debió ser echado allí; y como al presente nadie estuviese sino él y yo solos, como me vi con apetito goloso,[95] habiéndome puesto dentro el sabroso olor de la longaniza, del cual solamente sabía que había de gozar, no mirando qué me podría suceder, pospuesto todo temor,[96] por cumplir con el deseo, en tanto que el ciego sacaba de la bolsa el dinero, saqué la longaniza, y muy presto metí el sobredicho nabo en el asador; el cual mi amo, dándome el dinero para el vino, tomó y comenzó a dar vueltas al fuego, queriendo asar al que de ser cocido, por sus deméritos había escapado.[97] Yo fui por el vino, con el cual no tardé en despachar la longaniza, y cuando vine hallé al pecador del ciego que tenía entre dos rebanadas[98] apretado el nabo, al cual aún no había conocido por no lo haber tentado con la mano. Como tomase las rebanadas y mordiese en ellas, pensando también llevar parte de la longaniza, hallóse en frío con el frío nabo,[99] alteróse, y dijo: —¿Qué es esto, Lazarillo?

—Lacerado de mí,[1] —dije yo, si queréis achacarme[2] algo. ¿Yo no vengo de traer el vino? Alguno estaba ahí, y por burla haría eso.

—No, no— dijo él, —que yo no he dejado el asador de la mano, no es posible.

Yo torné a jurar y perjurar que estaba libre de aquel trueco[3] y cambio; mas poco me aprovechó, pues a las astucias del mal-

---

88. **quiero... acabar** *I wish to tell about my leave-taking and with that to finish (the story)*
89. aldea cerca de Toledo
90. *had dripped grease*
91. **comídose las pringadas** *and having fed himself the drippings* En español moderno el participio pasado no se usa después del verbo.
92. **maravedí** una moneda pequeña
93. *means*
94. como el proverbio inglés: *"Oppor-*

tunity makes the thief."
95. *gluttonous*
96. *all fear laid aside*
97. **queriendo... escapado** *wishing to broil that which, because of its unworthiness, had escaped being cooked*
98. *slices of bread*
99. **hallóse... nabo** *he found himself with nothing but the cold turnip*
1. *wretched me*
2. *impute to me*
3. *substitution*

dito ciego nada se le escondía. Levantóse y asióme por la cabeza, 220
y llegóse a olerme, y como debió sentir el huelgo,[4] a uso de buen
podenco,[5] por mejor satisfacerse de la verdad, y con la gran
agonía que llevaba, asiéndome con las manos, abrióme la boca
más de su derecho, y desatentadamente[6] metía la nariz, la cual
tenía larga y afilada, y aquella sazón con el enojo, se había aumen- 225
tado un palmo, con el pico de la cual me llegó a la gulilla.[7] Con
esto y con el gran miedo que tenía, y con la brevedad del tiempo,
que la negra longaniza aún no había hecho asiento en el estómago,
y lo más principal, con el destiento de la cumplidísima nariz,
medio casi ahogándome,[8] todas estas cosas se juntaron, y fueron 230
causa que lo suyo fuese vuelto a su dueño, de manera que antes
que el mal ciego sacase de mi boca su trompa,[9] tal alteración sintió mi estómago, que le dio con el hurto en ella, de suerte que
su nariz y la negra malmascada[10] longaniza a un tiempo salieron
de mi boca. ¡O gran Dios! ¡Quién estuviera a aquella hora ya 235
sepultado![11] que muerto ya lo estaba. Fue tal el coraje del perverso ciego, que si al ruido no acudieran, pienso no me dejara
con vida.

Sacáronme de entre sus manos, dejándoselas llenas de aquellos
pocos cabellos que tenía, arañada la cara y rasguñado el pescuezo 240
y la garganta; y esto bien lo merecía, pues por su maldad me
venían tantas persecuciones. Contaba el mal ciego a todos cuantos
allí se llegaban mis desastres, y dábales cuenta una y otra vez, así
de la del jarro como de la[12] del racimo, y ahora de lo presente;
era la risa de todos tan grande, que toda la gente que por la calle 245
pasaba, entraba a ver la fiesta; mas con tanta gracia y donaire
contaba el ciego mis hazañas,[13] que aunque yo estaba tan maltratado y llorando, me parecía que le hacía injusticia en no las reír.

Visto eso y las malas burlas que el ciego burlaba de mí, deter-
miné de todo en todo dejarle y como lo tenía pensado y lo tenía 250
en voluntad, con este postrer juego que me hizo, afirmélo más;

---

4. *breath*
5. *hound*
6. *inconsiderably*
7. *gullet*
8. **que la negra... ahogándome** *because the black (unlucky) sausage had
not yet settled in my stomach, and especially, with the probing of the very long*

nose almost choked me
9. *trunk* (lenguaje figurado)
10. *badly chewed*
11. **¡Quién... sepultado!** *Would that
I might have been buried at that time!*
12. **la** se refiere a **vez** *(time)*
13. *deeds*

y fue así, que luego otro día salimos por la villa a pedir limosna,
y había llovido mucho la noche antes; y porque el día también
llovía andaba rezando debajo de unos portales, que en aquel
pueblo había, donde no nos mojábamos,[14] mas como la noche   255
se venía, y el llover no cesaba, dijome el ciego; —Lázaro, esta
agua es muy porfiada,[15] y cuanto la noche más cierra, más recia;
acojámonos a la posada con tiempo. —Para ir allá habíamos de
pasar un arroyo que con la mucha agua iba grande; yo le dije:
—Tío, el arroyo va muy ancho; mas si queréis, yo veo por donde   260
atravesemos más aína[16] sin nos mojar, porque se estrecha allí
mucho, y saltando pasaremos a pie enjuto.—

Parecióle buen consejo, y dijo: —Discreto eres; por esto te
quiero bien: llévame a ese lugar, donde el arroyo se ensangosta,[17]
que ahora es invierno y sabe mal el agua,[18] y más llevar los pies   265
mojados.

Yo que vi el aparejo a mi deseo, saquéle debajo de los portales,
y llevélo derecho de un pilar o poste de piedra que en la plaza
estaba, sobre el cual, y sobre los otros cargaban saledizos[19] de
aquellas casas, y díjele: —Tío, este es el paso más angosto que   270
en el arroyo hay.

Como llovía recio y el triste se mojaba, y con la prisa que lle-
vábamos de salir del agua que encima nos caía y lo más principal,
porque Dios le cegó aquella hora el entendimiento por darme de
él venganza, creyóse de mi, y dijo: —Ponme bien derecho, y salta   275
tú el arroyo.

Yo le puse bien derecho enfrente del pilar, y doy un salto, y
póngome detrás del poste como quien espera tope de toro,[20] y
díjele: —Sus,[21] saltad todo lo que podáis porque deis de este
cabo del agua.[22]   280

Aún apenas lo había acabado de decir, cuando se abalanza el
pobre ciego como cabrón,[23] y de toda su fuerza arremete,[24] tomando un paso atrás de la corrida para hacer mayor salto, y da

---

14. **donde... mojábamos** *where we
would not get wet*
15. *persistent*
16. forma arcaica de *quickly*
17. *where the stream narrows*
18. *the water feels bad*
19. *projections*
20. *butting of a bull*

21. el grito del matador para desafiar al
toro; también para azuzar a cualquier
otro animal
22. **porque... agua** *so that you may
land on this side of the water*
23. *he-goat*
24. *rushes forward*

con la cabeza en el poste, que sonó tan recio, como si diera con
una gran calabaza,[25] y cayó luego para atrás medio muerto, y   285
hendida la cabeza.

—¿Cómo, y olisteis la longaniza y no el poste? ¡Oie, ole!— le
dije yo, y dejele en poder de mucha gente que lo había ido a
socorrer, y tomé la puerta de la villa en los pies de un trote[26] y
antes que la noche viniese dí conmigo en Torrijos.[27] No supe   290
más lo que Dios hizo de él, ni curé de saberlo.[28]

Preguntas

1. ¿Por qué dijo Lázaro que nació en el río Tormes?
2. ¿Qué cargo u oficio tenía el padre de Lázaro?
3. ¿Por qué se desterró al padre de Lázaro?
4. ¿Qué hizo la madre de Lázaro después de la muerte de su marido?
5. ¿Cómo recibía a Lázaro el ciego, según dijo él?
6. ¿Por qué puso Lazarillo la cabeza cerca del toro de piedra?
7. Según el ciego, ¿qué le podría dar a Lázaro?
8. ¿Qué hacía el ciego para sacarle dinero a la gente?
9. ¿Por qué moría Lázaro de hambre?
10. ¿Cómo podía Lázaro sacar el pan del costal?
11. ¿Y cómo podía beber el vino cuando el ciego tapaba el jarro con la mano?
12. Más tarde, ¿había otra manera de sacar el vino del jarro?
13. ¿Dónde estaba Lázaro cuando el ciego le golpeó con el jarro?
14. ¿Cómo quedó Lázaro después de recibir el golpe?
15. ¿Por qué llevaba Lázaro al ciego por los peores caminos?
16. ¿De qué manera mudó propósito el ciego comiendo uvas?
17. ¿Qué hizo Lázaro entonces?
18. ¿En qué vio el ciego que Lázaro había comido las uvas tres a tres?
19. ¿Por qué metió Lázaro el nabo en el asador del ciego?
20. ¿Por qué no había descubierto el ciego el nabo?
21. ¿Dónde metió la nariz el mal ciego?
22. ¿Por qué no podía el ciego matar a Lázaro?
23. ¿Cómo estaba el arroyo después de tanta lluvia?
24. ¿A dónde llevó Lázaro al ciego?

25. *pumpkin*
26. **tomé... trote** *I got my feet to a trot through the gate of the town*
27. **dí... Torrijos** *I landed in Torri-*
jos (una aldea cerca de Toledo)
28. **ni... saberlo** *nor did I care about finding it out*

25. Después de ponerse detrás del poste, ¿qué le dijo Lázaro al ciego?
26. ¿Cómo quedó el ciego después del salto?
27. ¿Qué le dijo Lázaro antes de despedirse de él?
28. ¿Por qué hizo Lázaro tanto mal al ciego?
29. ¿Adónde fue Lázaro después de despedirse del ciego?

Temas

1. La familia de Lazarillo.
2. El mal ciego y sus lecciones.
3. La burla de sacar pan del fardel.
4. Las burlas de beber vino.
5. La burla de las uvas.
6. La burla del nabo.
7. La burla del arroyo.
8. El carácter de Lázaro.
9. Comente el realismo de la novela *Lazarillo de Tormes*.
10. Hable Vd. de cualquier narración picaresca que haya leído.

Miguel de Cervantes Saavedra
(1547–1616)

Una obra maestra por su estilo, un compendio de humor, una gran historia de aventuras, una fuente de inspiración, un profundo comentario de la vida: ésto y mucho más se puede encontrar en la más famosa novela española. Novela favorita de todos los tiempos. *Don Quijote* está tan fresca y viva hoy día, como cuando fue escrita.

Miguel de Cervantes Saavedra, su autor, hijo de un modesto cirujano, nació en Alcalá de Henares. Poco sabemos de él hasta 1569, fecha de publicación de cuatro poemas cortos suyos. Parece ser que en su juventud fue poco dedicado a las letras porque le vemos ir a Roma al servicio del cardenal Aquaviva, participar en guerras de Italia y, finalmente, tomar parte en la gran batalla de Lepanto. (7 octubre 1571). El sobrenombre «el Manco de Lepanto», del cual Cervantes se enorgullecía, le viene de haber perdido el uso de la mano izquierda de un arcabuzazo en tal batalla.

De regreso a España, fue capturado y hecho esclavo cuando el barco en que venía fue asaltado por el pirata renegado Arnaute Mami. Durante sus cinco años de cautiverio en Argelia organizó varios intentos para escapar que fracasaron; en cada oportunidad Cervantes fue sometido a severos castigos. Finalmente en 1580 fue rescatado y regresó a España. Establecido en Madrid, quiso dedicarse por entero a la creación literaria y escribió versos, comedias y novelas. Su primera novela, *La Galatea*, fue una novela pastoril publicada en 1588. Fue constantemente pobre, aunque su novela *Don*

Quijote de la Mancha fue un éxito immediato, cuando la primera parte se publicó en Madrid en 1605. Sus *Novelas ejemplares*, una colección de doce novelas cortas publicada en 1613, son muy superiores a cualquier otro tipo de narración breve de esa época, pero sus *Ocho comedias y ocho entremeses nuevos, nunca representados* aunque notables y muy bien escritos, no pudieron competir con el genio creador de Lope de Vega, quien para entonces dominaba la escena. La segunda parte de *Don Quijote*, 1615, reclamó igual si no mayor atención, porque un listo abogado de Tarragona, que se firmó Avellaneda, había ya tratado de aprovecharse de la popularidad de la primera parte de *Don Quijote* escribiendo una continuación espúrea. En su segunda parte Cervantes hace que sus propios personajes se expresen vigorosamente en contra de esta falsificación.

Miles de páginas se han escrito y se seguirán escribiendo sobre la novela, que universalmente ha sido acreditada como la mejor del mundo. Adelantándose muchísimo a su época, Cervantes logró crear un personaje de muy compleja psicología: un héroe, a la vez cuerdo y loco, que se lanza por el mundo a enderezar los males. Don Quijote, en fin, encarna los ideales más queridos por la humanidad y representa una síntesis perfectamente coherente, dentro de su locura, de rasgos humanos enteramente definibles. Así, su autor, que había empezado escribiendo una novela que satirizara los libros de caballería, terminó envuelto en profundos problemas filosóficos. A través de todas sus aventuras, aunque algunas pueden ser tontas y grotescas, Don Quijote permanece siempre como un caballero digno y noble y llegamos a pensar que es la realidad la que está falseada y no la mente de Don Quijote. Las conversaciones de Don Quijote con su escudero Sancho, el caballero culto y el campesino inculto pero de natural inteligencia, y la influencia recíproca que ejerce uno sobre el otro presentan una deliciosa confrontación de dos puntos de vista. Desde estas dos posiciones, así como también a través de las acciones y reacciones de los cientos de

Miguel de Cervantes Saavedra
THE BETTMANN ARCHIVE

caracteres que pueblan la novela, el lector evidencia el hecho de que toda verdad es relativa.

Don Quijote no sólo sintetiza todos los géneros literarios que le precedieron —el diálogo lucianesco, las novelas pastoriles, moriscas, bizantinas, y picarescas— sino que introduce por primera vez el tipo del cuento moderno, *El curioso impertinente*. De hecho cada aventura en el *Quijote* es un cuento en sí mismo. Artísticamente mezclado con todo esto encontramos muchos elementos folklóricos y crítica literaria en las conversaciones de muchos de sus personajes. La obra contiene muestras de las preocupaciones culturales y espirituales del Renacimiento, pero las escenas y personajes mantienen su cualidad universal. *El Quijote* es un libro para toda la humanidad y ésta le debe gratitud a España por haberlo producido.

A continuación ofrecemos selecciones de los capítulos I y VIII de la Primera parte y del capítulo XVII de la Segunda parte. En el capítulo I se relata la entrada de Don Quijote en el mundo de la caballería andante; en el capítulo VIII se narra el episodio de los molinos de viento, acaso la aventura más conocida de Don Quijote; y en el capítulo XVII se cuenta la aventura de los leones, en donde el personaje aparece en el momento culminante de su idealismo, valor y confianza en si mismo.

DON QUIJOTE DE LA MANCHA

PRIMERA PARTE

CAPÍTULO I

Que trata de la condición y ejercicio del famoso hidalgo Don Quijote de la Mancha

En un lugar de la Mancha,[1] de cuyo nombre no quiero acordarme, no ha mucho tiempo que vivía un hidalgo de los de lanza en astillero, adarga antigua, rocín flaco y galgo corredor...[2]   5
Tenía en su casa una ama que pasaba de los cuarenta, y una sobrina que no llegaba a los veinte, y un mozo de campo y plaza,[3] que así ensillaba el rocín como tomaba la podadera.[4] Frisaba la edad de nuestro hidalgo con[5] los cincuenta años: era de complexión recia, seco de carnes, enjuto de rostro, gran madrugador y amigo   10
de la caza.[6] Quieren decir que tenía el sobrenombre de Quijada o Quesada, ...aunque por conjeturas verosímiles se deja entender que se llamaba Quejana...

Es, pues, de saber que este sobredicho hidalgo los ratos que estaba ocioso[7] (que eran los más del año), se daba a leer libros   15

1. Un distrito al sur de Castilla la Nueva. Una tradición, sin apoyo alguno, supone que el sitio a que se refiere es Argamasilla de Alba.
2. **un hidalgo... corredor** *one of those gentlemen who keep a lance in the rack, an ancient shield, a skinny nag and a swift greyhound*
3. **de... plaza** *farm and house boy*

4. **así... podadera** *was as likely to saddle the nag as to take up the pruning hook*
5. **frisaba... con** *the age of our gentleman was about*
6. **complexión... caza** *of robust constitution, lean-bodied, thin-faced, an early riser, and fond of hunting*
7. *at leisure, idle*

EL INGENIOSO
HIDALGO DON QVI-
XOTE DE LA MANCHA,

Compuesto por Miguel de Ceruantes
Saauedra.

DIRIGIDO AL DVQVE DE BEIAR,
Marques de Gibraleon, Conde de Benalcaçar, y Baña-
res, Vizconde de la Puebla de Alcozer, Señor de
las villas de Capilla, Curiel, y
Burguilios.

Año,   1605.

CON PRIVILEGIO,
EN MADRID, Por Iuan de la Cuesta.

Véndese en casa de Francisco de Robles, librero del Rey nro señor.

La portada de la primera edición de *Don Quijote*
THE BETTMANN ARCHIVE

de caballerías con tanta afición y gusto, que olvidó casi de todo punto el ejercicio de la caza, y aun la administración de su hacienda; y llegó a tanto su curiosidad y desatino[8] en esto, que vendió muchas hanegas de tierra de sembradura[9] para comprar libros de caballerías en que leer, y así, llevó a su casa todos cuantos 20 pudo haber dellos...

En resolución, él se enfrascó tanto en su lectura,[10] que se le pasaban las noches leyendo de claro en claro y los días de turbio en turbio;[11] y así, del poco dormir y del mucho leer se le secó el cerebro[12] de manera que vino a perder el juicio. Llenósele la 25 fantasía de todo aquello que leía en los libros, así de encantamientos como de pendencias, batallas, desafíos, heridas, requiebros, amores, tormentas y disparates imposibles...[13]

En efecto, rematado[14] ya su juicio, vino a dar en el más extraño pensamiento que jamás dio loco en el mundo, y fue que 30 le pareció convenible y necesario, así para el aumento de su honra como para el servicio de su república,[15] hacerse caballero andante[16] y irse por todo el mundo con sus armas y caballo a buscar las aventuras y a ejercitarse[17] en todo aquello que él había leído que los caballeros andantes se ejercitaban, deshaciendo todo 35 género de agravio[18] y poniéndose en ocasiones y peligros donde acabándolos cobrase[19] eterno nombre y fama...

Y lo primero que hizo fue limpiar unas armas que habían sido de sus bisabuelos... Fue luego a ver su rocín, y aunque tenía más cuartos que un real y más tachas que el caballo de Gonela, ...[20] 40 le pareció que ni el Bucéfalo de Alejandro, ni Babieca[21] el del Cid, con él se igualaban. Cuatro días se le pasaron en imaginar

8. *folly*
9. **hanegas... sembradura** *acres of arable land*
10. **se enfrascó... lectura** *he gave himself up so completely to his reading*
11. **de claro... en turbio** *from dusk to dawn and the days from dawn to dusk*
12. *brain*
13. **encantamientos... imposibles** *enchantments, knightly encounters, battles, challenges, wounds, flirtations, love tales with their torments, and impossible foolish ideas*

14. *hopeless, beyond repair*
15. *nation*
16. *knight errant*
17. *to practice*
18. **deshaciendo... agravio** *redressing all kinds of wrongs*
19. *he should win*
20. **y aunque... Gonela** *and although he had more defects than quarters in a *real* (coin) and more blemishes than Gonela's (a famous court fool) horse*
21. **Bucéfalo... Babieca** *respectivamente los caballos de Alejandro Magno y del Cid*

qué nombre le pondría... al fin le vino a llamar Rocinante, nombre, a su parecer, alto, sonoro y significativo de lo que había sido cuando fue rocín, antes de lo que ahora era, que era antes y primero[22] de todos los rocines del mundo.   45

Puesto nombre, y tan a su gusto a su caballo, quiso ponérselo a sí mismo, y en este pensamiento duró otro ocho días, y al cabo se vino a llamar Don Quijote... Pero, acordándose que el valeroso Amadis[23] no sólo se había contentado con llamarse Amadis a secas[24] sino que añadió el nombre de su reino y patria, por hacerla famosa, y se llamó Amadis de Gaula, así quiso como buen caballero, añadir al suyo el nombre de la suya y llamarse Don Quijote de la Mancha, con que, a su parecer, declaraba muy al vivo su linaje y patria, y la honraba con tomar el sobrenombre della.   55

Limpias, pues, sus armas... puesto nombre a su rocín, y confirmándose a sí mismo,[25] se dio a entender que no le faltaba otra cosa sino buscar una dama de quien enamorarse: porque el caballero andante sin amores era árbol sin hojas y sin fruto, y cuerpo sin alma... En un lugar cerca del suyo había una moza labradora de muy buen parecer, de quien él un tiempo anduvo enamorado, aunque, según se entiende, ella jamás lo supo ni se dio cata de ello.[26] Llamábase Aldonza Lorenzo, y a ésta le pareció ser bien darle título de señora de sus pensamientos; y, buscándole nombre que no desdijese[27] mucho del suyo y que tirase y se encaminase[28] al de princesa y gran señora, vino a llamarla Dulcinea del Toboso, porque era natural del Toboso: nombre, a su parecer, músico y peregrino[29] y significativo, como todos los demás que a él y a sus cosas había puesto.   70

---

22. *first and foremost* (nótese el juego de palabras: **Rocín-antes,** *i.e., formerly a nag.*)
23. **Amadís** fue el primero y más famoso de los caballeros andantes. *Amadis de Gaula* fue publicado en 1508.
24. *simply*

25. **confirmándose a sí mismo** *conforming himself* (i.e., dándose a sí mismo un nombre)
26. **se dio cata de ello** *realized it*
27. *would not suffer*
28. *would tend toward and approach*
29. *rare*

Preguntas

1. ¿En qué región de España vivió el hidalgo de esta novela?
2. ¿Qué otras personas vivían en su casa?
3. ¿Cuántos años tenía nuestro hidalgo?
4. ¿Qué sobrenombre tenía?
5. Descríbale Vd.
6. ¿Qué hacía este hidalgo los ratos que estaba ocioso?
7. ¿Por qué vendió muchas hanegas de tierra de sembradura?
8. ¿Qué le pasó después del poco dormir y del mucho leer?
9. ¿De qué se le llenó la fantasía?
10. ¿Por qué quería hacerse caballero andante?
11. ¿De dónde vinieron sus armas?
12. ¿Qué clase de caballo tenía?
13. ¿Cuánto tiempo llevó en ponerle nombre?
14. ¿Qué quería decir el nombre Rocinante?
15. ¿Cuánto tiempo llevó en decidir cómo llamarse a sí mismo?
16. ¿Quién fue el valeroso Amadís y de dónde vino?
17. A su parecer ¿qué declaraba el nombre «Don Quijote de la Mancha»?
18. Después de arreglar el asunto de las armas y ponerse nombre, ¿qué le faltaba?
19. ¿Qué clase de moza vivía cerca?
20. ¿Cómo se llamaba ella y qué otro nombre decidió darle Don Quijote?

[Después de la primera y poco afortunada salida por el mundo en busca de aventuras caballerescas, Don Quijote regresa a su casa. Alarmadas por su condición, su sobrina y su ama de llaves, junto con algunos amigos, el cura y el barbero del pueblo, confiscan todos sus libros de caballería y emparedan su biblioteca, atribuyendo su desaparición a un encantador de nombre Frestón. Impávido, Don Quijote entretanto se busca un escudero, Sancho Panza, un campesino bastante simple y vecino suyo, a quien convence con la promesa de gloriosas aventuras y el gobierno de una isla. Una tarde salen ambos al campo, don Quijote en Rocinante y Sancho en «el rucio», su asno.]

CAPÍTULO VIII

Del buen suceso[1] que el valeroso Don Quijote tuvo en la espantable y jamás imaginada aventura de los molinos de viento...

En esto, descubrieron treinta o cuarenta molinos de viento que hay en aquel campo, y así como Don Quijote los vio, dijo a su escudero:

5

1. *success*

—La ventura va guiando nuestras cosas mejor de lo que acertáramos a desear;[2] porque ves allí, amigo Sancho Panza, dónde se descubren treinta, o pocos más, desaforados[3] gigantes, con quien pienso hacer batalla y quitarles a todos las vidas, con cuyos despojos[4] comenzaremos a enriquecer, que ésta es buena guerra, y es gran servicio de Dios quitar tan mala simiente[5] de sobre la faz[6] de la tierra.

—¿Qué gigantes? —dijo Sancho Panza.

—Aquéllos que allí ves —respondió su amo— de los brazos largos, que los suelen tener algunos de casi dos leguas.

—Mire vuestra merced —respondió Sancho— que aquéllos que allí se parecen no son gigantes, sino molinos de viento, y lo que en ellos parecen brazos son las aspas,[7] que volteadas[8] del viento, hacen andar la piedra del molino.

—Bien parece —respondió Don Quijote— que no estás cursado en esto de[9] las aventuras: ellos son gigantes; y si tienes miedo, quítate de ahí, y ponte en oración[10] en el espacio que yo voy a entrar con ellos en fiera y desigual batalla.

Y diciendo esto, dio de espuelas a su caballo Rocinante, sin atender a las voces que su escudero Sancho le daba, advirtiéndole que, sin duda alguna, eran molinos de viento y no gigantes aquéllos que iba a acometer.[11] Pero él iba tan puesto en que[12] eran gigantes, que ni oía las voces de su escudero Sancho, ni echaba de ver, aunque estaba ya bien cerca, lo que eran; antes iba diciendo en voces altas:

—Non fuyades,[13] cobardes y viles criaturas; que un solo caballero es el que os acomete.

Levantóse en esto un poco de viento, y las grandes aspas comenzaron a moverse, lo cual visto por Don Quijote, dijo:

—Pues aunque mováis más brazos que los del gigante Briareo,[14] me lo habéis de pagar.

---

2. **mejor... desear** *better than we could have wished*

3. *monstrous*

4. *spoils*

5. *seed*

6. *face, surface*

7. *vanes, wings (of a windmill)*

8. *turned*

9. **no estás... esto de** *you don't know anything about*

10. **y ponte en oración** *and pray*

11. *to attack*

12. **iba... que** *he was so convinced that*

13. forma arcaica de **huyáis** *don't run away*

14. **Briareo,** según la mitología griega, fue un gigante de cien brazos que luchó contra los titanes

Y diciendo esto, y encomendándose de todo corazón[15] a su señora Dulcinea, pidiéndole que en tal trance le socorriese,[16] bien cubierto de su rodela,[17] con la lanza en el ristre,[18] arremetió[19] a todo el galope de Rocinante, y embistió[20] con el primer molino que estaba delante; y dándole una lanzada en el aspa, la volvió el viento con tanta furia, que hizo la lanza pedazos, llevándose tras sí al caballo y al caballero, que fue rodando muy maltrecho[21] por el campo. Acudió[22] Sancho Panza a socorrerle, a todo el correr de su asno, y cuando llegó halló que no se podía menear:[23] tal fue el golpe que dio con él Rocinante.

—¡Válame Dios! —dijo Sancho—. ¿No le dije yo a vuestra merced que mirase bien lo que hacía, que no eran sino molinos de viento, y no lo podía ignorar sino quien llevase otros tales en la cabeza?

—Calla, amigo Sancho —respondió Don Quijote—; que las cosas de la guerra, más que otras, están sujetas a continua mudanza;[24] cuanto más, que yo pienso, y así es verdad, que aquel sabio Frestón[25] que me robó el aposento y los libros, ha vuelto estos gigantes en molinos, por quitarme la gloria de su vencimiento: tal es la enemistad que me tiene; mas al cabo al cabo,[26] han de poder poco sus malas artes contra la bondad de mi espada.

—Dios lo haga como puede[27] —respondió Sancho Panza.

Y, ayudándole a levantar, tornó a subir sobre Rocinante, que medio despaldado estaba.[28] Y, hablando en la pasada aventura, siguieron el camino del Puerto Lápice,[29] porque allí decía Don Quijote que no era posible dejar de hallarse muchas y diversas aventuras...

---

15. **encomendándose... corazón** *commending himself with all his heart*
16. **en... socorriese** *in such a critical situation she should aid him*
17. *shield*
18. **con... ristre** *with his lance at rest*
19. *he charged*
20. *he attacked*
21. *battered*
22. *hastened*
23. *move*
24. *change*

25. **Frestón** fue un mago; se dice que fue el autor del libro de caballerías *Don Belianís de Grecia*
26. **al cabo al cabo** *in the long run*
27. **Dios... puede** *may God's will be done*
28. **que... estaba** *whose back was almost broken*
29. **Puerto Lápice** era un sitio de reunión para los viajeros en el camino que conducía de Sevilla a Madrid.

Preguntas

1. ¿Cómo se llamaba el escudero de Don Quijote?
2. ¿Cuántos molinos de viento descubrieron?
3. ¿Por qué parecían gigantes?
4. ¿Por qué quería Don Quijote matar a los gigantes?
5. ¿De qué tamaño eran las aspas?
6. ¿Qué dijo Sancho de los gigantes que vio su amo?
7. ¿Qué dice Don Quijote que Sancho debe hacer si tiene miedo?
8. ¿Qué gritó Don Quijote a los molinos de viento?
9. ¿Por qué se movieron las grandes aspas?
10. ¿Quién fue Briareo?
11. ¿A quién se encomendó Don Quijote?
12. ¿Qué le ocurrió a Don Quijote al embestir con el primer molino?
13. ¿Qué halló Sancho al acudir a socorrerle?
14. ¿De qué acusó Sancho a Don Quijote?
15. Según Don Quijote, ¿cómo son las cosas de la guerra?
16. ¿Quién es el sabio Frestón? ¿Y qué le robó a Don Quijote?
17. ¿De qué acusa Don Quijote a Frestón ahora?
18. ¿Cómo quedó Rocinante después de su encuentro con el molino de viento?
19. ¿Hacia dónde fueron Don Quijote y Sancho?
20. ¿Qué esperaban hallar allí?

SEGUNDA PARTE

[Después de muchas extrañas e interesantes aventuras Don Quijote y Sancho regresan a su casa una vez más. Su fama se ha extendido y en la segunda parte del libro salen nuevamente en busca de más aventuras. Estilísticamente esta segunda parte muestra más vigor y libertad y el genio de Cervantes llega a la cumbre. De las numerosas aventuras de esta parte, ninguna es tan edificante como la de los leones. Aquí Don Quijote se muestra tan valeroso como cualquier caballero de los tiempos antiguos y, sin embargo, sabe añadir al coraje la discreción. El humor introducido por Sancho en este episodio, cuando entrega a su amo la celada en donde había puesto unos requesones que Don Quijote se pone sin darse cuenta de su contenido, es realmente zumbón. El caballero del Verde Gabán, uno de los innumerables personajes de la novela, es de los más admirables del libro. Este caballero es uno de esos tipos españoles de la aristocracia; sabio y prudente, su actitud de benevolencia hacia Don Quijote es siempre digna.]

CAPÍTULO XVII

*Donde se declara el último punto y extremo adonde llegó y pudo
llegar el inaudito ánimo[1] de Don Quijote, con la felizmente
acabada aventura de los leones.*

Cuenta la historia que cuando Don Quijote daba voces a Sancho
que le trujese el yelmo,[2] estaba él comprando unos requesones[3]　　5
que los pastores le vendían; y acosado de la mucha priesa[4] de su
amo, no supo qué hacer dellos, ni en qué traerlos, y por no perder-
los, que ya los tenía pagados, acordó de echarlos en la celada[5] de
su señor, y con este buen recado[6] volvió a ver lo que le quería;
el cual en llegando le dijo:　　10

—Dame, amigo, esa celada; que yo sé poco de aventuras, o lo
que allí descubro es alguna que me ha de necesitar, y me necesita
a tomar mis armas.

El del Verde Gabán,[7] que esto oyó, tendió la vista por todas
partes, y no descubrió otra cosa que un carro que hacia ellos　　15
venía, con dos o tres banderas pequeñas, que le dieron a entender
que el tal carro debía de traer moneda de su Majestad, y así se
lo dijo a Don Quijote; pero él no le dio crédito, siempre creyendo
y pensando que todo lo que le sucediese habían de ser aventuras
y más aventuras, y así respondió al hidalgo:　　20

—Hombre apercibido, medio combatido;[8] no se pierde nada
en que yo me aperciba; que sé por experiencia que tengo enemigos visibles e invisibles, y no sé cuándo, ni adónde, ni en qué
tiempo, ni en qué figuras me han de acometer.

Y volviéndose a Sancho, le pidió la celada; el cual, como no　　25
tuvo lugar de sacar los requesones, le fue forzoso dársela como
estaba. Tomóla Don Quijote, y sin que echase de ver[9] lo que
dentro venía, con toda priesa se la encaja[10] en la cabeza; y como
los requesones se apretaron y exprimieron,[11] comenzó a correr

1. *unheard-of courage*
2. **trujese... yelmo** *that he should
bring him his helmet*
3. *curds*
4. **acosado... priesa** *harassed by the
great haste*
5. **acordó... celada** *he decided to put
them into the helmet*
6. *precaution*

7. **El... Gabán** *the gentleman in the
Green Coat*
8. **hombre... combatido** *forewarned
is forearmed*
9. **sin... ver** *without noticing*
10. *thrust it on*
11. **se... exprimieron** *were pressed
and squeezed out*

el suero[12] por todo el rostro y barbas de Don Quijote, de lo que recibió tal susto, que dijo a Sancho:

—¿Qué será esto, Sancho, que parece que se me ablandan los cascos, o se me derriten los sesos, o que sudo[13] de los pies a la cabeza? Y si es que sudo, en verdad que no es de miedo; sin duda creo que es terrible la aventura que ahora quiere sucederme. Dame, si tienes, con que me limpie; que el copioso sudor me ciega los ojos.

Calló Sancho y dióle un paño, y dio, con él, gracias a Dios de que su señor no hubiese caído en el caso.[14] Limpióse Don Quijote, y quitóse la celada por ver qué cosa era la que, a su parecer, le enfriaba la cabeza, y viendo aquellas gachas blancas[15] dentro de la celada, las llegó a las narices, y oliéndolas dijo:

—Por vida de mi señora Dulcinea del Toboso, que son requesones los que aquí me has puesto, traidor, bergante[16] y mal mirado escudero.

A lo que con gran flema y disimulación[17] respondió Sancho:

—Si son requesones, démelos vuesa merced; que yo me los comeré... Pero cómalos el diablo,[18] que debió de ser el que ahí los puso. ¿Yo había de tener atrevimiento de ensuciar[19] el yelmo de vuesa merced? ¡Halládole habéis el atrevido![20] A la fe, señor, a lo que Dios me da a entender, también debo yo de tener encantadores que me persiguen como a hechura y miembro de vuesa merced,[21] y habrán puesto ahí esa inmundicia[22] para mover a cólera su paciencia, y hacer que me muela, como suele, las costillas.[23] Pues en verdad que esta vez han dado salto en vago;[24] que yo confío en el buen discurso[25] de mi señor, que habrá considerado que ni yo tengo requesones, ni leche, ni otra cosa que

---

12. *whey*
13. **que parece... sudo** *it seems that my head is getting soft or my brains are melting or I am perspiring*
14. **caído... caso** *caught on to the matter*
15. *white, watery mass*
16. *rascal*
17. **A lo... disimulación** *To which with great calmness and cunning*
18. **pero... diablo** *But let the devil eat them instead*
19. **Yo... ensuciar** *Would I be so*

bold as to soil
20. **¡Halládole... atrevido!** *Do you think I would dare?*
21. **como... merced** *as a companion and part of your lordship*
22. *refuse*
23. **y hacer... costillas** *to make you whack my ribs as you are accustomed to do*
24. **han... vago** *they have proceeded in vain*
25. *good reasoning*

lo valga, y que si la tuviera antes la pusiera en mi estómago que
en la celada.

—Todo puede ser —dijo Don Quijote.   60

Y todo lo miraba el hidalgo, y de todo se admiraba, especialmente cuando, después de haberse limpiado Don Quijote cabeza,
rostro y barbas y celada, se la encajó, y afirmándose bien en los
estribos, requiriendo la espada y asiendo la lanza,[26] dijo:

—Ahora venga lo que viniere,[27] que aquí estoy con ánimo de   65
tomarme con el mismo Satanás en persona.

Llegó en esto el carro de las banderas, en el cual no venía otra
gente que el carretero, en las mulas, y un hombre sentado en la
delantera. Púsose Don Quijote delante, y dijo:

—¿Adónde vais, hermanos? ¿Qué carro es éste, qué lleváis en   70
él y qué banderas son aquéstras?

A lo que respondió el carretero:

—El carro es mío; lo que va en él son dos bravos leones en-
jaulados,[28] que el General de Orán envía a la Corte, presentados
a Su Majestad; las banderas son del Rey nuestro señor, en señal   75
que aquí va cosa suya.

—Y ¿son grandes los leones? —preguntó Don Quijote.

—Tan grandes —respondió el hombre que iba a la puerta del
carro—, que no han pasado mayores, ni tan grandes, de África
a España jamás; y yo soy el leonero, y he pasado otros; pero como   80
éstos ninguno. Son hembra y macho:[29] el macho va en esta jaula
primera, y la hembra en la de atrás, y ahora van hambrientos porque no han comido hoy; y así vuestra merced se desvíe;[30] que
es menester llegar presto donde les demos de comer.

A lo que dijo Don Quijote, sonriéndose un poco: 85

—¿Leoncitos a mí? ¿A mí leoncitos, y a tales horas? Pues, ¡por
Dios que han de ver esos señores que acá los envían si soy yo
hombre que se espanta de leones! Apeaos,[31] buen hombre, y
pues sois[32] el leonero, abrid esas jaulas y echadme esas bestias
fuera; que en mitad desta campaña les daré a conocer quién es   90

26. **afirmándose... lanza** *settling*
himself in his stirrups, adjusting his
sword, and fixing his lance
27. **venga lo que viniere** *come what*
may
28. *in cages*

29. **son... macho** *They are female*
and male
30. **vuestra... desvíe** *stand aside,*
your grace
31. *dismount*
32. *since you are*

Don Quijote de la Mancha, a despecho y pesar de los encantadores que a mí los envían.

—¡Ta!, ¡ta! —dijo a esta sazón entre sí el hidalgo[33]—, Dado ha señal de quién es nuestro buen caballero: los requesones, sin duda, le han ablandado los cascos y madurado los sesos.[34]

Llegóse en esto a él Sancho, y dijole:

—Señor, por quien Dios es que vuesa merced haga de manera que mi señor Don Quijote no se tome con estos leones;[35] que si se toma, aquí nos han de hacer pedazos a todos.

—Pues ¿tan loco es vuestro amo —respondió el hidalgo—, que teméis, y creéis, que se ha de tomar con tan fieros animales?

—No es loco —respondió Sancho—, sino atrevido.

—Yo haré que no lo sea[36] —replicó el hidalgo.

Y llegándose a Don Quijote, que estaba dando priesa al leonero que abriese las jaulas, le dijo:

—Señor caballero, los caballeros andantes han de acometer las aventuras que prometen esperanza de salir bien dellas, y no aquéllas que de todo en todo la quitan;[37] porque la valentía que se entra en la juridición de la temeridad[38] más tiene de locura que de fortaleza. Cuanto más que[39] estos leones no vienen contra vuesa merced, ni lo sueñan; van presentados a Su Majestad, y no será bien detenerlos ni impedirles su viaje.

—Váyase vuesa merced, señor hidalgo —respondió Don Quijote—, a entender con su perdigón manso y con su hurón atrevido,[40] y deje a cada uno hacer su oficio.[41] Este es el mío, y yo sé si vienen a mí, o no, estos señores leones.

Y volviéndose al leonero, le dijo:

—¡Voto a tal, don bellaco,[42] que si no abrís luego luego las jaulas, que con esta lanza os he de coser con el carro![43]

95

100

105

110

115

---

33. **dijo... hidalgo** *said the gentleman to himself at this time*
34. *overripened his brain*
35. **por... leones** *for Heaven's sake, do something, your grace, so my lord Don Quijote does not fight with those lions*
36. **yo... sea** *will put a stop to it*
37. **que... quitan** *which are utterly hopeless*
38. **juridición de la temeridad** - *realm*

of foolhardiness. Nótese la forma antigua de **jurisdicción**.
39. *especially since*
40. **a entender... atrevido** *tend to your tame partridge and your bold ferret*
41. *his own business*
42. **voto... bellaco** *I swear, you rascal*
43. **os he... carro** *I'll nail you to the cart*

El carretero, que vio la determinación de aquella armada fan- 120
tasma, le dijo:

—Señor mío, vuesa merced sea servido, por caridad, de dejarme
desuncir[44] las mulas y ponerme en salvo con ellas antes que se
desenvainen[45] los leones, porque si me las matan, quedaré rematado[46] para toda mi vida; que no tengo otra hacienda[47] sino este 125
carro y estas mulas.

—¡Oh, hombre de poca fe! —respondió Don Quijote—. Apéate,
y desunce, y haz lo que quisieres; que presto verás que trabajaste
en vano y que pudieras ahorrar desta diligencia.[48]

Apeóse el carretero y desunció a gran priesa, y el leonero dijo 130
a grandes voces:

—Séanme testigos cuantos aquí están cómo[49] contra mi voluntad y forzado abro las jaulas y suelto los leones, y de que pro-
testo a este señor que todo el mal y daño que estas bestias hicieren
corra y vaya por su cuenta,[50] con más mis salarios y derechos.[51] 135
Vuestras mercedes, señores, se pongan en cobro[52] antes que abra;
que yo seguro estoy que no me han de hacer daño.

Otra vez le persuadió el hidalgo que no hiciese locura semejante; que era tentar a Dios acometer tal disparate.[53] A lo que
respondió Don Quijote que él sabía lo que hacía. Respondióle el 140
hidalgo que lo mirase bien; que él entendía que se engañaba.

—Ahora, señor —replicó Don Quijote—, si vuesa merced no
quiere ser oyente desta que a su parecer ha de ser tragedia, pique
la tordilla y póngase en salvo.[54]

Oído lo cual por Sancho con lágrimas en los ojos le suplicó 145
desistiese de tal empresa,[55] en cuya comparación habían sido
tortas y pan pintado la de los molinos de viento, y la temerosa
de los batanes,[56] y, finalmente, todas las hazañas que había aco-
metido en todo el discurso de su vida.

---

44. *unhitch*
45. *are turned loose*
46. *I will be utterly ruined*
47. *wealth*
48. **que pudieras... diligencia** *that you could have spared yourself the trouble*
49. **cuantos... cómo** *all those who are here be witnesses to how*
50. **vaya por su cuenta** *be considered his responsibility*
51. **con más... derechos** *plus my wages and fees*
52. **se... cobro** *take cover*
53. **era... disparate** *it was tempting God to undertake such a foolish thing*
54. **pique... salvo** *spur your horse and seek safety*
55. **le suplicó... empresa** *begged him to desist from such an undertaking*
56. **en cuya... batanes** *in comparison to which the adventure of the wind-mills and the frightening one of the fulling mills were but bread and cakes*

—Mire, señor —decía Sancho—, que aquí no hay encanto ni 150
cosa que lo valga,[57] que yo he visto por entre las verjas y res-
quicios[58] de la jaula una uña[59] de león verdadero, y saco por ella
que el tal león cuya debe de ser la tal uña[60] es mayor que una
montaña.

—El miedo, a lo menos —respondió Don Quijote—, te le hará 155
parecer mayor que la mitad del mundo. Retírate, Sancho, y
déjame; si aquí muriere,[61] ya sabes nuestro antiguo concierto:
acudirás a Dulcinea, y no te digo más.

A éstas añadió otras razones, con que quitó las esperanzas de
que no había de dejar de proseguir su desvariado intento.[62] Qui- 160
siera el del Verde Gabán oponérsele; pero vióse desigual en las
armas, y no le pareció cordura tomarse con un loco, que ya se
lo había parecido de todo punto[63] Don Quijote; el cual, volviendo a dar priesa al leonero y a reiterar las amenazas,[64] dio
ocasión al hidalgo a que picase la yegua, y Sancho al rucio, y el 165
carretero a sus mulas, procurando todos apartarse del carro lo
más que pudiesen, antes que los leones se desembanastasen.[65]
Lloraba Sancho la muerte de su señor, que aquella vez sin duda
creía que llegaba en las garras[66] de los leones; maldecía su ventura, y llamaba menguada la hora en que le vino al pensamiento 170
volver a servirle,[67] pero no por llorar y lamentarse dejaba de
aporrear[68] al rucio para que se alejase del carro...

En el espacio que tardó el leonero en abrir la jaula primera
estuvo considerando Don Quijote si sería bien hacer la batalla
antes a pie que a caballo, y en fin se determinó de hacerla a pie, 175
temiendo que Rocinante se espantaría[69] con la vista de los leones.
Por esto saltó del caballo, arrojó la lanza y embrazó el escudo,
y desenvainando la espada,[70] paso ante paso, con maravilloso
denuedo[71] y corazón valiente, se fue a poner delante del carro

57. **ni... valga** *nor anything of the sort*
58. *bars and slits*
59. *claw*
60. **saco... uña** *I gather from it that a lion possessing such a claw*
61. **si... muriere** *if I were to die here*
62. *crazy plan*
63. **de todo punto** *completely*
64. *to repeat his threats*
65. *broke loose*

66. *claws*
67. **y llamaba... servirle** *and he called it an evil hour in which he had decided to serve such a master again*
68. *did he cease to whip*
69. *would be frightened*
70. **arrojó... espada** *he discarded his lance, held his shield, and unsheathing his sword*
71. *daring*

encomendándose a Dios de todo corazón, y luego a su señora 180
Dulcinea...

Que visto el leonero[72] ya puesto en postura a Don Quijote, y
que no podía dejar de soltar al león macho, so pena de caer en
la desgracia del indignado y atrevido caballero,[73] abrió de par en
par[74] la primera jaula, donde estaba, como se ha dicho, el león, 185
el cual pareció de grandeza extraordinaria y de espantable y fea
catadura.[75] Lo primero que hizo fue revolverse en la jaula donde
venía echado, y tender la garra, y desperezarse todo;[76] abrió
luego la boca y bostezó[77] muy despacio, y con casi dos palmos
de lengua que sacó fuera se despolvoreó[78] los ojos y se lavó el 190
rostro; hecho esto, sacó la cabeza fuera de la jaula y miró a todas
partes con los ojos hechos brasas,[79] vista y además para poner
espanto a la misma temeridad.[80] Sólo Don Quijote lo miraba
atentamente, deseando que saltase ya del carro y viniese con él
a las manos, entre las cuales pensaba hacerle pedazos. 195

Hasta aquí llegó el extremo de su jamás vista locura. Pero el
generoso león, más comedido[81] que arrogante, no haciendo caso
de niñerías ni de bravatas,[82] después de haber mirado a una y
otra parte, como se ha dicho, volvió las espaldas y enseño sus
traseras partes[83] a Don Quijote, y con gran flema y remanso, se 200
volvió a echar en la jaula;[84] viendo lo cual Don Quijote mandó
al leonero que le diese de palos y le irritase para echarle fuera.

—Eso no haré yo —respondió el leonero—; porque si yo le
instigo, el primero a quien hará pedazos será a mí mismo. Vuesa
merced, señor caballero, se contente con lo hecho,[85] que es todo 205
lo que puede decirse en género de valentía,[86] y no quiera tentar
segunda fortuna. El león tiene abierta la puerta; en su mano está

---

72. **Que... leonero** *Once the lion keeper saw*
73. **so pena... caballero** *under the threat of incurring the ill graces of the angry and daring knight*
74. *wide*
75. **de espantable... catadura** *terrifying and ugly appearance*
76. *and stretch all over*
77. *yawned*
78. *he licked the dust out*
79. **con... brasas** *with eyes like live coals*
80. **vista... temeridad** *an appear-*

ance and manner enough to frighten boldness itself
81. *courteous*
82. **no haciendo... bravatas** *not paying attention to foolishness or to bravado*
83. *his hind quarters*
84. **y con... jaula** *and quite calmly and peacefully he lay back down in the cage*
85. **se contente... hecho** *be content with what you have already done*
86. **en... valentía** *in the matter of courage*

salir, o no salir; pero pues no ha salido hasta ahora, no saldrá
en todo el día. La grandeza del corazón de vuesa merced ya está
bien declarada; ningún bravo peleante[87] (según a mí se me al-   210
canza) está obligado a más que a desafiar[88] a su enemigo y espe-
rarle en campaña; y si el contrario no acude, en él se queda la
infamia, y el esperante gana la corona del vencimiento.[89]

—Así es verdad —respondió Don Quijote—; cierra, amigo, la
puerta, y dame por testimonio en la mejor forma que pudieres lo   215
que aquí me has visto hacer; conviene a saber; cómo tú abriste
al león, yo le esperé, él no salió, volvíle a esperar, volvió a no
salir, y volvióse a acostar. No debo más, y encantos afuera,[90] y
Dios ayude a la razón y a la verdad, y a la verdadera caballería,
y cierra, como he dicho, en tanto que hago señas a los huidos   220
y ausentes para que sepan de tu boca esta hazaña.

Hízolo así el leonero, y Don Quijote, poniendo en la punta de
la lanza el lienzo[91] con que se había limpiado el rostro de la
lluvia de los requesones, comenzó a llamar a los que no dejaban
de huir ni de volver la cabeza a cada paso, todos en tropa y an- 225
tecogidos del hidalgo,[92] pero alcanzando Sancho a ver la señal
del blanco paño, dijo:

—Que me maten si mi señor no ha vencido a las fieras bestias,
pues nos llama.

Detuviéronse todos, y conocieron que el que hacía las señas   230
era Don Quijote; y perdiendo alguna parte del miedo, poco a poco
se vinieron acercando hasta donde claramente oyeron las voces
de Don Quijote, que los llamaba. Finalmente, volvieron al carro,
y en llegando, dijo Don Quijote al carretero:

—Volved, hermano, a uncir[93] vuestras mulas y a proseguir   235
vuestro viaje; y tú, Sancho, dale dos escudos de oro, para él y
para el leonero, en recompensa de lo que por mí se han detenido.

—Ésos daré yo de muy buena gana —respondió Sancho—; pero
¿qué se han hecho los leones? ¿Son muertos o vivos?

Entonces el leonero, menudamente y por sus pausas,[94] contó   240
el fin de la contienda, exagerando, como él mejor pudo y supo,

---

87. *warrior*
88. *challenge*
89. **y el esperante... vencimiento**
*and the one who awaits wins the crown
of victory*
90. **no debo... afuera** *I must do no*
more, *away with enchantments*
91. *cloth*
92. **todos... hidalgo** *all in a group
gathered about the gentleman (in green)*
93. *hitch up*
94. *leisurely and minutely*

el valor de Don Quijote, de cuya vista[95] el león, acobardado, no
quiso ni osó salir de la jaula, puesto que había tenido un buen
espacio abierta la puerta de la jaula; y que por haber él dicho a
aquel caballero que era tentar a Dios irritar al león para que por   245
fuerza saliese, como él quería que se irritase, mal de su grado[96]
y contra toda su voluntad había permitido que la puerta se cerrase.

—¿Qué te parece desto, Sancho? —dijo Don Quijote—. ¿Hay
encantos que valgan contra la verdadera valentía? Bien podrán los
encantadores quitarme la ventura; pero el esfuerzo y el ánimo,[97]   250
será imposible.

Dio los escudos Sancho, unció el carretero, besó las manos el
leonero a Don Quijote por la merced recibida, y prometióle de
contar aquella valerosa hazaña al mismo Rey, cuando en la Corte
se viese.   255

—Pues si acaso Su Majestad preguntare[98] quién la hizo, diréisle
que «el Caballero de los Leones»; que de aquí adelante quiero que
en éste se trueque, cambie, vuelva y mude el que hasta aquí he
tenido de «el Caballero de la Triste Figura»;[99] y en esto sigo la
antigua usanza de los andantes caballeros, que se mudaban los   260
nombres cuando querían, o cuando las venía a cuento.[100]

Siguió su camino el carro, y Don Quijote, Sancho y el del Verde
Gabán prosiguieron el suyo.

Preguntas

1. ¿Qué quería Don Quijote que Sancho le trajese?
2. ¿Qué acababa de comprar Sancho?
3. ¿Qué descubrió el caballero del Verde Gabán al mirar por el camino?
4. Según Don Quijote, ¿qué clase de enemigos tiene?
5. ¿Qué pensaba Don Quijote al sentir correr los requesones por su
   rostro?
6. Según Sancho, ¿quién puso los requesones en la celada?

95. *at the sight of whom*
96. **mal... grado** *to his displeasure*
97. *strength and courage*
98. El español moderno usa **pregunta**,
presente de indicativo, en lugar de **preguntare**, futuro de subjuntivo.
99. **«que de aquí... Figura»** *for*

*henceforth I want this name changed,
exchanged, altered, and transformed
from the one I have had up to now of the
"Knight of the Woeful Countenance"*
100. **cuando... cuento** *whenever it
was pertinent*

7. ¿Adónde iba el carro y qué llevaba?
8. ¿Cómo eran los leones?
9. ¿Qué quiere Don Quijote que haga el leonero?
10. ¿Qué opinión tiene el caballero del Verde Gabán de Don Quijote?
11. ¿Qué dice el caballero para disuadir a Don Quijote de su intento?
12. ¿Qué favor le pidió el carretero a Don Quijote?
13. ¿Qué le dijo Sancho de todas las otras aventuras?
14. ¿Qué había visto Sancho por entre las verjas de la jaula?
15. ¿Qué debía de hacer Sancho si muriera su amo?
16. ¿Por qué no se le opuso a Don Quijote el caballero del Verde Gabán?
17. ¿Adónde iban Sancho, el caballero y el carretero?
18. ¿Por qué determinó Don Quijote de hacer la batalla a pie?
19. ¿A quiénes se encomendó Don Quijote?
20. ¿Cuál de las jaulas abrió el leonero?
21. Al ver abierta la jaula, ¿qué hizo el león primero?
22. ¿Qué hizo Don Quijote cuando el león sacó la cabeza fuera de la jaula?
23. ¿Qué hizo el león después de haber mirado a una y otra parte?
24. ¿Por qué no quería el leonero irritar al león?
25. Según el leonero, ¿qué está obligado de hacer un bravo peleante?
26. Por fin, ¿qué le pide al leonero Don Quijote?
27. ¿Qué puso Don Quijote en su lanza para llamar a los otros?
28. ¿Qué les dio Don Quijote en recompensa al carretero y al leonero?
29. ¿Qué dice Don Quijote de la verdadera valentía?
30. ¿Por qué se cambió de nombre Don Quijote?

Temas

1. La extraña locura de Don Quijote.
2. Los ideales de los caballeros andantes.
3. El modo de vivir de Don Quijote.
4. La actitud de los caballeros andantes hacia sus damas.
5. Una interpretación simbólica del encuentro de Don Quijote y Sancho con los molinos de viento.
6. El humor en *Don Quijote*.
7. La verdadera valentía de Don Quijote.
8. Compare a Don Quijote con el caballero del Verde Gabán.

RINCONETE Y CORTADILLO

Aun sin el *Quijote*, Cervantes ocuparía un puesto destacadísimo en la literatura española y la universal por sus doce *Novelas ejemplares*, publicadas, como ya se ha dicho, en 1613. En su prólogo Cervantes dice: «Yo he sido el primero que ha novelado en lengua castellana.» Por *novela* Cervantes quiere decir la novela corta, según la práctica de Boccaccio, Bandello, y otros muchos italianos.

No hay tiempo ni espacio para caracterizar cada una de estas doce novelas: baste con decir que algunas podrían considerarse románticas (*El amante liberal*, por ejemplo), y otras mas realistas (no sin modificaciones), como *Rinconete y Cortadillo*. Esta novela se menciona en la Primera Parte del *Quijote*, de modo que fue compuesta antes de 1605. Es la más famosa de las novelas cortas españolas y se puede llamar verdadero artículo, o mejor dicho, cuadro de costumbres. Los protagonistas son pícaros, pero no es una novela picaresca como el *Lazarillo de Tormes* o el *Guzmán de Alfarache* de Mateo Alemán, la primera parte del cual se publicó en 1599 y la segunda en 1605, el mismo año de la Primera Parte del *Quijote*.

El ambiente de *Rinconete y Cortadillo* es realista, pero el luminoso genio del autor vierte una luz serena y regocijada sobre la faz escabrosa de los personajes y su modo de vivir irregular y antisocial. El cuadro que pinta Cervantes de los muchachos y de Monipodio y de los habitantes de su patio es digno del pincel de un Velázquez o de un Goya o de cualquiera de los pintores de la Escuela Flamenca. En fin, versosimilitud, firmeza en las líneas, diseño perfectamente concebido, colores vivos, personajes llenos de vida, efecto total deslumbrante.

Hemos dividido el texto *Rinconete y Cortadillo* en secciones o partes, de modo que se puede estudiar con conveniencia. Dichas secciones no fueron proveidas por Cervantes. Los temas y las preguntas acompañan las divisiones de la novela.

I

En la venta del Molinillo, que está puesta en los fines de los famosos campos de Alcudia, como vamos de Castilla a la Andalucía, un día de los calurosos del verano se hallaron en ella acaso dos muchachos de hasta edad de catorce a quince años; el uno ni el

otro no pasaban de diez y siete; ambos de buena gracia, pero muy 5
descosidos, rotos y maltratados. Capa, no la tenían; los calzones
eran de lienzo, y las medias de carne; bien es verdad que lo en-
mendaban los zapatos, porque los de uno eran *alpargates*, tan
traídos como llevados,[1] y los del otro, picados y sin suelas,[2] de
manera, que más le servían de *cormas*[3] que de zapatos. Traía el 10
uno montera verde de cazador; el otro, un sombrero sin toquilla,
bajo de copa[4] y ancho de falda.[5] A la espalda, y ceñida por los
pechos, traía el uno una camisa de color de samuza,[6] encerada,
y recogida toda en una manga;[7] el otro venía escueto[8] y sin al-
forjas, puesto que en el seno se le parecía un grand bulto, que, a 15
lo que después pareció, era un cuello de los que llaman valones,[9]
almidonado con grasa, y tan deshilado de roto, que todo parecía
hilachas.[10] Venían en él envueltos y guardados unos naipes de figura ovada porque de ejercitarlos se les habían gastado las puntas,
y porque durasen más, se las cercenaron[11] y los dejaron de aquel 20
talle. Estaban los dos quemados del sol, las uñas caireladas,[12] y
las manos no muy limpias; el uno tenía una media espada, y
el otro, un cuchillo de cachas amarillas, que los suelen llamar
vaqueros.

Saliéronse los dos a sestear en un portal o cobertizo que delante 25
de la venta se hace, y sentándose frontero el uno del otro, el que
parecía de más edad dijo al más pequeño:

—¿De qué tierra es vuesa merced, señor gentilhombre, y para
adónde bueno camina?

—Mi tierra, señor caballero —respondió el preguntado—, no 30
la sé, ni para dónde camino tampoco.

—Pues en verdad —dijo el mayor— que no parece vuesa merced del cielo, y que éste no es lugar para hacer su asiento en él;
que por fuerza se ha de pasar adelante.

—Así es —respondió el mediano—; pero yo he dicho verdad 35
en lo que he dicho; porque mi tierra no es mía, pues no tengo

1. **alpargates... llevados** *canvas shoes*
as worn out as they were worn
2. *soles*
3. *ribbon*
4. *crown of hat*
5. *brim of hat*
6. *chamois*
7. *loose sack*
8. *free from encumbrances*
9. *bloomers*
10. *ravelled threads, ravellings*
11. *they were clipped*
12. *jagged*

en ella mas de un padre que no me tiene por hijo y una madrastra
que me trata como alnado;[13] el camino que llevo es a la ventura,
y allí le daría fin donde hallase quien me diese lo necesario para
pasar esta miserable vida.   40

—Y ¿sabe vuesa merced algún oficio? —preguntó el grande.
Y el menor respondió:

—No sé otro sino que corro como una liebre, y salto como un
gamo,[14] y corto de tijera muy delicadamente.

—Todo eso es muy bueno, útil y provechoso —dijo el grande—;   45
porque habrá sacristán que le dé a vuesa merced la ofrenda de
Todos Santos porque para el Jueves Santo[15] le corte florones de
papel para el monumento.

—No es mi corte desa manera —respondió el menor—, sino
que mi padre, por la misericordia del cielo, es sastre y calcetero,   50
y me enseñó a cortar antiparas, que, como vuesa merced bien
sabe, son medias calzas con avampiés,[16] que por su propio nombre se suelen llamar polainas,[17] y córtolas tan bien, que en verdad que me podría examinar de maestro, sino que la corta suerte
me tiene arrinconado.[18]   55

—Todo eso y más acontece por los buenos —respondió el
grande—, y siempre he oído decir que las buenas habilidades son
las más perdidas; pero aún edad tiene vuesa merced para enmedar
su ventura. Mas si yo no me engaño y el ojo no me miente, otras
gracias tiene vuesa merced secretas, y no las quiere manifestar.   60

—Si tengo —respondió el pequeño—; pero no son para en
público, como vuesa merced ha muy bien apuntado.

A lo cual replicó el grande:

—Pues yo le sé decir que soy uno de los más secretos mozos
que en gran parte se puedan hallar; y paga obligar a vuesa merced   65
que descubra su pecho y descanse conmigo, le quiero obligar con
descubrirle el mío primero; porque imagino que no sin misterio
nos ha juntado aquí la suerte, y pienso que habemos de ser, déste
hasta el último día de nuestra vida, verdaderos amigos. Yo, señor

---

13. *stepson*
14. *buck deer*
15. *Maundy Thursday (in Easter Week)*
La ofrenda se daba a los pobres, y el
sacristán debía cortar florones *(rosettes)*
para honrar al santo en su monumento.
16. **es sastre... avampiés**   *is a tailor*

*and hosier, and he taught me to cut out
leggings which as your worship knows
are half hose with fronts (for legs and
feet).*
17. *garters*
18. *in a corner*

hidalgo, soy natural de la Fuenfrida, lugar conocido y famoso por 70
los ilustres pasajeros que por él de contino pasan; mi nombre es
Pedro del Rincón; mi padre es persona de calidad, porque es
ministro de la Santa Cruzada: quiero decir que es bulero,[19] o
buldero, como los llama el vulgo. Algunos días le acompañé en
el oficio, y le aprendi de manera, que no daría ventaja en echar 75
las bulas al que más presumiese en ello; pero habiéndome un día
aficionado más al dinero de las bulas que á las mismas bulas, me
abracé con un talego, y di conmigo y con él en Madrid, donde,
con las comodidades que allí de ordinario se ofrecen, en pocos
días saqué las entrañas al talego, y le dejé con más dobleces que 80
pañizuelo de desposado.[20] Vino el que tenía á cargo el dinero
tras mí; prendiéronme; tuve poco favor; aunque, viendo aquellos
señores mi poca edad, se contentaron con que me arrimasen al
aldabilla[21] y me mosqueasen[22] las espaldas por un rato y con que
saliese desterrado por cuatro años de la Corte. Tuve paciencia, 85
encogí los hombros, sufrí la tanda[23] y mosqueo, y sali á cumplir
mi destierro, con tanta priesa, que no tuve lugar de buscar cabalgaduras. Tomé de mis alhajas las que pude y las que me parecieron
más necesarias, y entre ellas saqué estos naipes —y a este tiempo
descudrió los que se han dicho, que en el cuello traía—, con los 90
cuales he ganado mi vida por los mesones y ventas que hay desde
Madrid aquí, y jugando a la veintiuna; y aunque vuesa merced
los ve tan astrosos y maltratados, usan de una maravillosa virtud
con quien los entiende, que no alzará que no quede un as debajo;
y si vuesa merced es versado en este juego, verá cuánta ventaja 95
lleva el que sabe que tiene cierto un as a la primera carta, que
le puede servir de un punto y de once; que con esta ventaja,
siendo la veintiuna envidada, el dinero se queda en casa. Fuera
desto, aprendí de un cocinero de un cierto embajador ciertas
tretas de quínolas,[24] y del parar,[25] a quien también llaman el 100
andaboba,[26] que así como vuesa merced se puede examinar en
el corte de sus antiparas, así puedo yo ser maestro en la ciencia

---

19. *seller of Papal bulls*
20. **más... desposado** *more wrinkled
than a bridegroom's kerchief*
21. *iron hook* Se les arrimaba en las
cárceles a los delincuentes de menor
edad a la aldabilla para azotarles.
22. *beat lightly*

23. *shift (i.e., his turn at punishment)*
24. *four-of-a-kind (a card game)*
25. *a variety of card game (untranslat-
able)*
26. **andaboba** *another name for the
card game* **parar**

vilhanesca.[27] Con esto voy seguro de no morir de hambre; porque aunque llegue a un cortijo, hay quien quiera pasar tiempo jugando un rato; y desto hemos de hacer luego la experiencia los 105 dos: armemos la red, y veamos si cae algún pájaro destos arrieros que aquí hay: quiero decir que jugaremos los dos a la veintiuna, como si fuese de veras; que si alguno quisiere ser tercero, él será el primero que deje la pecunia.

—Sea en buen hora —dijo el otro—, y en merced muy grande 110 tengo la que vuesa merced me ha hecho en darme cuenta de su vida, con que me ha obligado a que yo no le encubra la mía, que, diciéndola más breve, es ésta: Yo nací en el piadoso lugar puesto entre Salamanca y Medina del Campo: mi padre es sastre, enseñóme su oficio, y de corte de tijera, con mi buen ingenio, salté 115 a cortar bolsas. Enfadóme la vida estrecha del aldea y el desamorado trato de mi madrastra; dejé mi pueblo, vine a Toledo a ejercitar mi oficio, y en él he hecho maravillas; porque no pende relicario de toca, ni hay faldriquera tan escondida, que mis dedos no visiten, ni mis tijeras no corten, aunque le estén guardando 120 con los ojos de Argos. Y en cuatro meses que estuve en aquella ciudad, nunca fui cogido entre puertas, ni sobresaltado ni carrido de corchetes,[28] ni soplado de ningún cañuto, bien es verdad que habrá ocho días que una espía doble dió noticia de mi habilidad al Corregidor,[29] el cual, aficionado a mis buenas partes, quisiera 125 verme; mas yo, que, por ser humilde, no quiero tratar con personas tan graves, procuré de no verme con él, y así salí de la ciudad con tanta priesa, que no tuve lugar de acomodarme de cabalgaduras ni blancas,[30] ni de algún coche de retorno, o por lo menos, de un carro. 130

—Eso se borre —dijo Rincón—; y pues ya nos conocemos, no hay para qué aquesas grandezas ni altiveces; confesemos llanamente que no teníamos blanca, ni aun zapatos.

—Sea así —respondió Diego Cortado, que así dijo el menor que se llamaba—; y pues nuestra amistad, como vuesa merced señor 135 Rincón, ha dicho ha de ser perpetua, comencémosla con santas y loables ceremonias.

---

27. La invención de los naipes se atribuía a cierto Vilhán.
28. *constables*
29. *mayor*
30. *farthing (a small coin)*

Preguntas

1. ¿Cuál es la escena de esta novela?
2. ¿Cuándo tiene lugar el asunto de ella?
3. ¿Cómo eran los dos muchachos?
4. ¿Cómo era la ropa de los dos?
5. ¿Por qué el menor había salido de su país?
6. ¿Qué quiere decir la palabra «bulero»?
7. ¿Adónde viajó Pedro del Rincón cuando salió de la casa de su padre?
8. ¿Por qué dejó su familia?
9. ¿Qué clase de castigo le dieron a Pedro del Rincón?
10. ¿De qué manera se ganaba la vida este Pedro?
11. ¿En dónde nació Diego Cortado?
12. ¿Por qué se enfadó Diego de su vida familiar?
13. ¿Quién le dió noticias de Diego al Corregidor?
14. ¿Cómo siguió Diego su viaje, al salir de Toledo?

Temas

1. La vida de Pedro y de Diego antes de encontrarse el uno con el otro.
2. Los oficios de los dos.
3. La amistad que resultó de su plática.
4. La manera de expresarse de los dos muchachos.

II

Y levantándose Diego Cortado, abrazó a Rincón, y Rincón a él, tierna y estrechamente, y luego se pusieron los dos a jugar a la veintiuna con los ya referidos naipes, limpios de polvo y de paja, mas no de grasa y malicia, y a pocas manos, alzaba también por el as Cortado como Rincón, su maestro. 5

Salió en esto un arriero a refrescarse al portal, y pidió que quería hacer tercio. Acogiéronle de buena gana, y en menos de media hora le ganaron doce reales y veinte y dos maravedís, que fué darle doce lanzadas y veinte y dos mil pesadumbres. Y creyendo el arriero que por ser muchachos no se lo defenderían, quiso 10 quitalles el dinero; mas ellos, poniendo el uno mano a su media espada y el otro al de las cachas amarillas, le dieron tanto que hacer, que a no salir sus compañeros, sin duda lo pasara mal.

A esta sazón pasaron acaso por el camino una tropa de caminantes a caballo, que iban a sestear a la venta del Alcalde que está   15
media legua más adelante; los cuales viendo la pendencia del
arriero con los dos muchachos, los apaciguaron, y les dijeron que
si acaso iban a Sevilla, que se viniesen con ellos.

—Allá vamos —dijo Rincón—, y serviremos a vuesas mercedes
en todo cuanto nos mandaren.   20

Y sin más detenerse, saltaron delante de las mulas y se fueron
con ellos, dejando al arriero agraviado y enojado, y a la ventera
admirada de la buena crianza de los pícaros: que les había estado
oyendo su plática, sin que ellos advirtiesen en ello; y cuando dijo
al arriero que les había oído decir que los naipes que traían eran   25
falsos, se pelaba las barbas, y quisiera ir a la venta tras ellos a
cobrar su hacienda, porque decía que era grandísima afrenta y
caso de menos valer[31] que dos muchachos hubiesen engañado a
un hombrazo tan grande como él. Sus compañeros le detuvieron
y aconsejaron que no fuese, siquiera por no publicar su inhabili-   30
dad y simpleza. En fin, tales razones le dijeron, que aunque no
le consolaron, le obligaron a quedarse.

En esto, Cortado y Rincón se dieron tan buena maña en servir
a los caminantes, que lo más del camino los llevaban a las ancas;
y aunque se les ofrecían algunas ocasiones de tentar las valijas   35
de sus medios amos, no las admitieron, por no perder la ocasión
tan buena del viaje de Sevilla, donde ellos tenían grande deseo
de verse. Con todo esto, a la entrada de la ciudad, que fue a la
oración,[32] y por la puerta de la Aduana, a causa del registro y
almojarifazgo[33] que se paga, no se pudo contener Cortado de no   40
cortar la valija o maleta que a las ancas traía un francés de la
camarada; y así, con el de sus cachas le dio tan larga y profunda
herida, que se parecían patentemente las entrañas, y sutilmente
le sacó dos camisas buenas, un reloj de sol y un librillo de memoria, cosas que cuando las vieron no les dieron mucho gusto, y   45
pensaron que pues el francés llevaba a las ancas aquella maleta,
no la había de haber ocupado con tan poco peso como era el que
tenían aquellas preseas,[34] y quisieran volver a darle otro tiento;
pero no lo hicieron, imaginando que ya lo habrían echado menos,
y puesto en recaudo[35] lo que quedaba.   50

31. **caso... valer** *degrading thing*   34. *valuable articles*
32. *vespers*   35. *safe place*
33. *toll charges for entering a city*

Habíanse despedido antes que el salto[36] hiciesen de los que hasta allí los habían sustentado, y otro día vendieron las camisas en el malbaratillo que se hace fuera de la puerta del Arenal, y dellas hicieron veinte reales. Hecho esto, se fueron a ver la cuidad, y admiróles la grandeza y suntuosidad de su mayor iglesia, el gran concurso de gente del río, porque era en tiempo de cargazón de flota y había en él seis galeras, cuya vista les hizo suspirar, y aun temer el día que sus culpas les habían de traer a morar en ellas de por vida.[37] Echaron de ver los muchos muchachos de la esportilla que por allí andaban; informáronse de uno dellos qué oficio era aquél, y si era de mucho trabajo, y de qué ganancia. Un muchacho asturiano, que fue a quien le hicieron la pregunta, respondió que el oficio era descansado y de que no se pagaba alcabala, y que algunos días salía con cinco y con seis reales de ganancia, con que comía y bebía, y triunfaba como cuerpo de rey, libre de buscar amo a quien dar fianzas y seguro de comer a la hora que quisiese, pues a todas lo hallaba en el más míninimo bodegón de toda la ciudad.

No les pareció mal a los dos amigos la relación del asturianillo, ni les descontentó el oficio, por parecerles que venía como de molde para poder usar el suyo con cubierta y seguridad, por la comodidad que ofrecía de entrar en todas las casas; y luego determinaron de comprar los instrumentos necesarios para usalle, pues lo podían usar sin examen. Y preguntándole al asturiano qué habían de comprar, les respondío que sendos costales pequeños limpios o nuevos, y cada uno tres espuertas de palma, dos grandes y una pequeña, en las cuales se repartía la carne, pescado y fruta, y en el costal, el pan; y él les guió donde lo vendían, y ellos del dinero de la galima[38] del francés, lo compraron todo, y dentro de dos horas pudieran estar graduados en el nuevo oficio, según les ensayaban las esportillas y asentaban los costales. Avisóles su adalid de los puestos donde habían de acudir: por las mañanas, a la Carnicería y a la plaza de San Salvador; los días de pescado, a la Pescadería y a la Costanilla; todas las tardes, al río; los jueves a la Feria.

Toda esta lición tomaron bien de memoria, y otro día bien de mañana se plantaron en la plaza de San Salvador, y apenas hu-

---

36. *theft*
37. Es decir, suspirar por miedo de ser

galeotes *(galley slaves)*.
38. *booty*

bieron llegado, cuando los rodearon otros mozos del oficio, que
por lo flamante de los costales y espuertas vieron ser nuevos en
la plaza; hiciéronles mil preguntas, y a todas respondían con dis-   90
creción y mesura. En esto llegaron un medio estudiante y un
soldado, y convidados de la limpieza de las espuertas de los dos
novatos, el que parecía estudiante llamó a Cortado, y el soldado
a Rincón.

—En nombre sea de Dios —dijeron ambos.   95

—Para bien se comience el oficio —dijo Rincón—; que vuesa
merced me estrena, señor mío.

A lo cual respondió el soldado:

—La estrena no será mala; porque estoy de ganancia, y soy
enamorado, y tengo de hacer hoy banquete a unas amigas de mi   100
señora.

—Pues cargue vuesa merced a su gusto; que ánimo tengo y fuerzas
para llevarme toda esta plaza, y aun si fuere menester que ayude
a guisarlo, lo haré de muy buena voluntad.

Contentóse el soldado de la buena gracia del mozo, y díjole   105
que si quería servir, que él le sacaría de aquel abatido oficio; a
lo cual respondió Rincón que, por ser aquel día el primero que
le usaba, no le quería dejar tan presto, hasta ver, a lo menos, lo
que tenía de malo y bueno; y cuando no le contentase, él daba
su palabra de servirle a él antes que a un canónigo.   110

Rióse el soldado, cargóle muy bien, mostróle la casa de su dama
para que la supiese de allí adelante y él no tuviese necesidad,
cuando otra vez le enviase, de acompañarle. Rincón prometió
fidelidad y buen trato; diole el soldado tres cuartos y en un vuelo
volvió a la plaza, por no perder coyuntura; porque también desta   115
diligencia les advirtío el asturiano, y de que cuando llevasen pescado menudo, conviene a saber, albures,[39] o sardinas, o acedías,[40]
bien podían tomar algunas y hacerles la salva,[41] siquiera para el
gasto de aquel día; pero que esto había de ser con toda sagacidad
y advertimiento, porque no se perdiese el crédito, que era lo que   120
más importaba en aquel ejercicio.

Por presto que volvió Rincón, y halló en el mismo puesto a
Cortado. Llegóse Cortado a Rincón, y preguntóle que cómo le
había ido. Rincón abrió la mano, y mostróle los tres cuartos.

---

39. *dace (a river fish)*

40. *flounder*

41. **hacerles la salva** *take the first bite*

Cortado entró la suya en el seno, y sacó una bolsilla, que mostraba 125
haber sido de ámbar en los pasados tiempos, venía algo hinchada,
y dijo:

—Con ésta me pagó su reverencia del estudiante, y con dos
cuartos; mas tomadla vos, Rincón, por lo que puede suceder.

Preguntas

1. ¿Cómo comenzaron los muchachos su nueva amistad?
2. ¿Qué hizo el arriero después de perder su dinero en el juego?
3. ¿Por qué no pudo quitarles el dinero?
4. ¿De qué manera salieron los dos de Toledo? ¿Con quiénes?
5. ¿Qué hizo el arriero después de oir que los naipes eran falsos?
6. ¿Por qué le aconsejaron sus compañeros que no fuese tras ellos?
7. ¿Por qué llevaban los caminantes a las ancas a Pedro y Diego?
8. ¿Por qué no tocaron Pedro y Diego las valijas de sus amigos caminantes?
9. ¿Qué robó al fin Cortado? ¿A quién?
10. ¿Qué sacó de dicha maleta?
11. ¿Cómo ganaron los veinte reales?
12. ¿Por qué no quería dejar Rincón su nuevo oficio?
13. ¿Por qué se rió el soldado?

Temas

1. El encuentro con el arriero.
2. El viaje de Toledo a Sevilla.
3. El asturiano y su manera de ganarse la vida.
4. La plática con el soldado.

III

Y habiéndosela ya dado secretamente, veis aquí do vuelve el
estudiante trasudando y turbado de muerte, y viendo a Cortado,
le dijo si acaso había visto una bolsa de tales y tales señas, que,
con quince escudos de oro en oro y con tres reales de a dos y
tantos maravedís en cuartos y en octavos, le faltaba, y que le 5
dijese si la había tomado en el entretanto que con él había andado

comprando. A lo cual, con extraño disimulo, sin alterarse ni
mudarse en nada, respondió Cortado:

—Lo que yo sabré decir desa bolsa es que no debe de estar
perdida, si yo no es que vuesa merced la puso a mal recaudo.   10

—¡Eso es ello, pecador de mí —respondió el estudiante—: que
la debí de poner a mal recaudo, pues me la hurtaron!

—Lo mismo digo yo —dijo Cortado—; pero para todo hay
remedio, si no es para la muerte, y el que vuesa merced podrá
tomar es lo primero y principal, tener paciencia; que de menos   15
nos hizo Dios, y un día viene tras otro día, y donde las dan las
toman,[42] y podría ser que, con el tiempo, el que llevó la bolsa se
viniese a arrepentir, y se la volviese a vuesa merced sahumada.[43]

—El sahumerio le perdonaríamos —respondió el estudiante.

Y Cortado prosiguió diciendo: 20

—Cuanto más, que cartas de descomunión hay, paulinas,[44] y
buena diligencia, que es madre de la buena ventura; aunque, a
la verdad, no quisiera yo ser el llevador de tal bolsa, porque si
es que vuesa merced tiene alguna orden sacra, parecermehía[45]
a mí que había cometido algún grande incesto, o sacrilegio.   25

—Y ¡cómo que ha cometido sacrilegio! —dijo a esto el ado-
lorido estudiante—: que puesto que yo no soy sacerdote, sino
sacristán de unas monjas, el dinero de la bolsa era del tercio[46]
de una capellanía, que me dio a cobrar un sacerdote amigo mío,
y es dinero sagrado y bendito.   30

—Con su pan se lo coma —dijo Rincón a este punto—: no le
arriendo la ganancia; día de juicio hay, donde todo saldrá en la
colada, y entonces se verá quién fué Callejas,[47] y el atrevido que
se atrevió a tomar, hurtar y menoscabar el tercio de la capellanía.
Y ¿cuánto renta cada año? Dígame, señor sacristán, por su vida.   35

—¡Renta la puta que me parió![48] Y ¿estoy yo agora para decir
lo que renta? —respondió el sacristán con algún tanto de dema-
siada cólera—. Decidme, hermano, si sabéis algo; si no, quedad
con Dios; que yo la quiero hacer pregonar.

42. **donde... toman**   *tit for tat*
43. *perfumed*   (en señal de buena voluntad)
44. *letters of excommunication*
45. **parecemehía = me parecería**
46. **del tercio** es decir de la tercera
parte que correspondía a la capellanía

47. *"Who Callejas was"* es una pregunta o refrán común que se refiere a una
jactancia.
48. Se pensaría que el sacristán llamaría
hijo de puta al que le robó la bolsa en
vez de (llamarse así) a sí mismo.

—No me parece mal remedio ése —dijo Cortado—; pero advierta vuesa merced no se le olviden las señas de la bolsa, ni la cantidad puntualmente del dinero que va en ella; que si yerra en un ardite, no parecerá en días del mundo, y esto le doy por hado.

—No hay que temer deso —respondió el sacristán—; que lo tengo más en la memoria que el tocar de las compañas: no me erraré en un átomo.

Sacó, en esto, de la faldriquera un pañuelo randado,[49] para limpiarse el sudor, que llovía de su rostro como de alquitara,[50] y apenas le hubo visto Cortado, cuando la marcó por suyo; y habiéndose ido el sacristán, Cortado le siguió y le alcanzó en las Gradas, donde le llamó y le retiró a una parte, y allí le comenzó a decir tantos disparates, al modo de lo que llaman bernardinas,[51] cerca del hurto y hallazgo de su bolsa, dándole buenas esperanzas, sin concluir jamás razón que comenzase, que el pobre sacristán estaba embelesado[52] escuchándole; y como no acababa de entender lo que le decía, hacía que le replicase la razón dos y tres veces. Estábale mirando Cortado a la cara atentamente, y no quitaba los ojos de sus ojos; el sacristán le miraba de la misma manera, estando colgado de sus palabras. Este tan grande embelesamiento dio lugar a Cortado que concluyese su obra, y sutilmente le sacó el pañuelo de la faldriquera, y despidiéndose del, le dijo que a la tarde procurase de verle en aquel mismo lugar, porque él traía entre ojos que un muchacho de mismo oficio y de su mismo tamaño, que era algo ladroncillo, le había tomado la bolsa, y él se obligaba a saberlo, dentro de pocos o de muchos días.

Con esto se consoló algo el sacristán, y se despidió de Cortado, el cual se vino donde estaba Rincón, que todo lo había visto un poco apartado dél; y más abajo estaba otro mozo de la esportilla, que vio todo lo que había pasado y como Cortado daba el pañuelo a Rincón, y llegándose a ellos, les dijo:

—Díganme, señores galanes: ¿voacedes son de mala entrada, o no?

—No entendemos esa razón, señor galán —respondió Rincón.

—¿Qué no entrevan, señores murcios?[53] —respondió el otro.

49. *trimmed with lace*
50. *a still*
51. *hocus-pocus*

52. *fascinated*
53. **¿Qué no... murcios?** *You don't get it, worthy thieves?*

—No somos de Teba ni de Murcia —dijo Cortado—; si otra cosa   75
quiere, dígala; si no, váyase con Dios.

—¿No lo entienden? —dijo el mozo—. Pues yo se lo daré a entender, y a beber, con una cuchara de plata: quiero decir señores,
si son vuesas mercedes ladrones. Mas no sé para qué les pregunto
esto, pues sé ya que lo son. Mas díganme: ¿cómo no han ido a   80
la aduana del señor Monipodio?

—¿Págase en esta tierra almojarifazgo de ladrones, señor galán?
—dijo Rincón.

—Si no se paga —respondió el mozo—, a lo menos, regístranse
ante el señor Monipodio, que es su padre, su maestro y su amparo;   85
y así, les aconsejo que vengan conmigo a darle la obediencia, o
si no, no se atrevan a hurtar sin su señal, que les costará caro.

—Yo pensé —dijo Cortado— que el hurtar era oficio libre,
horro de pecho y alcabala,[54] y que si se paga, es por junto, dando por fiadores a la garganta y a las espaldas; pero pues así es,   90
y en cada tierra hay su uso, guardemos nosotros el désta, que por
ser la más principal del mundo, será el más acertado de todo él;
y así, puede vuesa merced guiarnos donde está ese caballero que
dice; que ya yo tengo barruntos, según lo que he oído decir, que
es muy calificado y generoso, y además hábil en el oficio.   95

—Y ¡cómo que es calificado, hábil y suficiente! —respondió
el mozo—. Eslo tanto, que en cuatro años que ha que tiene el
cargo de ser nuestro mayor y padre, no han padecido sino cuatro
en el *finibusterrae*,[55] y obra de treinta envesados,[56] y de sesenta
y dos en gurapas.[57]   100

—En verdad, señor —dijo Rincón—, que así entendemos, esos
nombres como volar.

—Comencemos a andar; que yo los iré declarando por el camino —respondió el mozo—, con otros algunos, que así les conviene saberlos como el pan de la boca.   105

Y así, les fue diciendo y declarando otros nombres de los que
ellos llaman *germanescos ó de la germanía*,[58] en el discurso de
su plática, que no fue corta, porque el camino era largo. En el
cual dijo Rincón a su guía:

---

54. **horro... alcabala** *free of fees and taxes*
55. *gallows*
56. *whipped*
57. *galleys*
58. *thieves' cant, slang* Existe en los Estados Unidos y en todas partes del mundo.

—¿Es vuesa merced por ventura ladrón?   110

—Sí —respondió él—, para servir a Dios y a las buenas gentes, aunque no de los muy cursados; que todavía estoy en el año del noviciado.

A lo cual respondió Cortado:

—Cosa nueva es para mí que haya ladrones en el mundo para   115 servir a Dios y a la buena gente.

A lo cual respondió el mozo:

—Señor, yo no me meto en tologías;[59] lo que sé es que cada uno en su oficio puede alabar a Dios, y más con la orden que tiene dada Monipodio a todos sus ahijados.[60]   120

—Sin duda —dijo Rincón—, debe de ser buena y santa, pues hace que los ladrones sirvan a Dios.

—Es tan santa y buena —replicó el mozo—, que no sé yo si se podrá mejorar en nuestro arte. Él tiene ordenado que de lo que hurtáremos demos alguna cosa o limosna para el aceite de la lám- 125 para de una imagen muy devota que está en esta ciudad y en verdad que hemos visto grandes cosas por esta buena obra; porque los días pasados dieron tres ansias a un cuatrero que había murciado dos roznos, y con estar flaco y cuartanario, así las sufrió sin cantar[61] como si fueran nada; y esto atribuimos los del arte 130 a su buena devoción, porque sus fuerzas no eran bastantes para sufrir el primer desconcierto del verdugo. Y porque sé que me han de preguntar algunos vocablos de los que he dicho, quiero curarme en salud y decírselo antes que me lo pregunten. Sepan voacedes que *cuatrero* es ladrón de bestias; *ansia* es el tormento; 135 *roznos*, los asnos, hablando con perdón; *primer desconcierto* es las primeras vueltas de cordel que da el verdugo. Tenemos más: que rezamos nuestro rosario, repartido en toda la semana, y muchos de nosotros no hurtamos el día del viernes, ni tenemos conversación con mujer que se llame María el día del sábado.   140

—De perlas me parece todo eso —dijo Cortado—; pero dígame vuesa merced: ¿hácese otra restitución u otra penitencia más de la dicha?

---

59. **tologías = teologías** Sancho Panza usa la misma palabra. Aquí quiere decir *rigamarole*.
60. *adopted children*
61. **tres... cantar** *three periods of tor-*

ture to a horse thief who had stolen two donkeys, and though he was scrawny and had cuartan fever he endured them without squealing (confessing)

—En eso de restituir no hay que hablar —respondió el mozo—, porque es cosa imposible, por las muchas partes en que se divide 145 lo hurtado, llevando cada uno de los ministros y contrayentes la suya; y así, el primer hurtador no puede restituir nada; cuanto más que no hay quien nos mande hacer esta diligencia, a causa que nunca nos confesamos, y si sacan cartas de excomunión, jamás llegan a nuestra noticia, porque jamás vamos a la iglesia 150 al tiempo que se leen, si no es los días de jubileo, por la ganancia que nos ofrece el concurso de la mucha gente.

—Y ¿con solo eso que hacen, dicen esos señores —dijo Cortadillo— que su vida es santa y buena?

—Pues ¿qué tiene de malo? —replicó el mozo—. ¿No es peor ser 155 hereje, o renegado, o matar a su padre y madre, o ser solomico?

—*Sodomita* querrá decir vuesa merced —respondió Rincón. Eso digo —dijo el mozo.

—Todo es malo —replicó Cortado. —Pero pues nuestra suerte ha querido que entremos en esta cofradía, vuesa merced alargue 160 el paso; que muero por verme con el señor Monipodio, de quien tantas virtudes se cuentan.

—Presto se les cumplirá su deseo —dijo el mozo—; que ya desde aquí se descubre su casa. Vuesas mercedes se queden a la puerta; que yo entraré a ver si está desocupado, porque éstas son 165 las horas cuando él suele dar audiencia.

—En buena sea —dijo Rincón.

Preguntas

1. ¿Qué quería saber el estudiante?
2. ¿Qué le contestó Cortado?
3. ¿Qué le dieron Rincón y Cortado al estudiante que olvidó las señas de la bolsa?
4. ¿Cómo se consoló el sacristán?
5. ¿Quién era Monipodio?
6. ¿Por qué dijo Cortado, «En cada tierra hay su uso»?
7. ¿Qué ha ordenado Monipodio?
8. ¿Por qué quería Cortado apresurar el paso?
9. ¿Por qué no cantó el cuatrero?
10. ¿Por qué era necesario que se quedaran Rincón y Cortado a la puerta de la casa de Monipodio?

Temas

1. Lo que pasó con el estudiante.
2. La germanía de los mozos de Sevilla.
3. Las reglas de Monipodio.
4. La vida santa y buena de los ladrones.
5. La división de la ganacia de los ladrones.

IV

Y adelantándose un poco el mozo, entró en una casa no muy
buena, sino de muy mala apariencia, y los dos se quedaron esperando a la puerta. Él salió luego y los llamó, y ellos entraron, y
su guía les mandó esperar en un pequeño patio ladrillado, que
de puro limpio y aljimifrado parecía que vertía carmín de lo más   5
fino. Al un lado estaba un banco de tres pies, y al otro un cántaro
desbocado, con un jarrillo encima, no menos falto que el cántaro;
a otra parte estaba una estera de enea,[62] y en el medio, un tiesto,
que en Sevilla llaman *maceta*, de albahaca.[63]

Miraban los mozos atentamente las alhajas[64] de la casa en tanto   10
que bajaba el señor Monipodio; y viendo que tardaba, se atrevió
Rincón a entrar en una sala baja, de dos pequeñas que en el patio
estaban, y vio en ella dos espadas de esgrima y dos broqueles de
corcho, pendientes de cuatro clavos, y una arca grande, sin tapa ni
cosa que la cubriese, y otras tres esteras de enea tendidas por el   15
suelo. En la pared frontera estaba pegada a la pared una imagen de
Nuestra Señora, destas de mala estampa, y más abajo pendía una
esportilla de palma, y, encajada en la pared, una almofía[65] blanca,
por do coligió Rincón que la esportilla servía de cepo[66] para
limosna, y la almofía de tener agua bendita; y así era la verdad.   20

Estando en esto, entraron en la casa dos mozos de hasta veinte
años cada uno, vestidos de estudiantes, y de allí a poco, dos de
la esportilla y un ciego; y sin hablar palabra ninguno, se comenzaron a pasear por el patio. No tardó mucho, cuando entraron
dos viejos de bayeta,[67] con antojos,[68] que los hacían graves y   25

---

62. **estera de enea** *rush mat*
63. Los patios de Sevilla de hoy, aún cuando sean mas elegante, todavía tienen macetas de fragrante albahaca *(sweet basil).*

64. *furnishings*
65. *washbowl*
66. *almsbox*
67. *(dressed in) thick flannel*
68. *spectacles*

dignos de ser respetados, con sendos rosarios de sonadoras cuentas en las manos. Tras ellos entró una vieja halduda,[69] y sin decir nada, se fué a la sala, y habiendo tomado agua bendita, con grandísima devoción se puso de rodillas ante la imagen, y a cabo de una buena pieza, habiendo primero besado tres veces el suelo, 30 y levantado los brazos y los ojos al cielo otras tantas, se levantó y echó su limosna en la esportilla, y se salió con los demás al patio. En resolución, en poco espacio se juntaron en el patio hasta catorce personas de diferentes trajes y oficios. Llegaron también de los postreros dos bravos y bizarros mozos, de bigotes largos, 35 sombreros de grande falda, cuellos a la valona,[70] medias de color, ligas de gran balumba,[71] espadas de más de marca, sendos pistoletes cada uno en lugar de dagas, y sus broqueles pendientes de la pretina;[72] los cuales, así como entraron, pusieron los ojos de través en Rincón y Cortado, a modo de que los extrañaban y no 40 conocían. Y llegándose a ellos, les preguntaron si eran de la cofradía. Rincón respondió que sí, y muy servidores de sus mercedes.

Llegóse en esto la sazón y punto en que bajó el señor Monipodio, tan esperado como bien visto de toda aquella virtuosa compañía. Parecía de edad de cuarenta y cinco a cuarenta y seis 45 años, alto de cuerpo, moreno de rostro, cezijunto,[73] barbinegro y muy espeso; los ojos, hundidos. Venía en camisa, y por la abertura de delante descubría un bosque: tanto era el vello que tenía en el pecho. Traía cubierta una capa de bayeta casi hasta los pies, en los cuales traía unos zapatos enchancletados,[74] cubríanle las 50 piernas unos zaragüelles[75] de lienzo anchos, y largos hasta los tobillos; el sombrero era de los de la hampa, campanudo de copa y tendido de falda; atravesábale un tahalí[76] por espalda y pecho, a do colgaba una espada ancha y corta, a modo de las del perrillo,[77] las manos eran cortas, pelosas, y los dedos, gordos y las uñas 55 hembras y remachadas; las piernas no se le parecían; pero los pies eran descomunales, de anchos y juanetudos.[78] En efecto, él representaba el más rústico y disforme bárbaro del mundo. Bajó

69. *full-skirted*
70. *Van Dyke collars*
71. **ligas de gran balumba**   *big showy garters*
72. *belt*
73. *beetle-browed*

74. *slipper-like*
75. *breeches*
76. *shoulder belt*
77. *trigger*
78. *full of bunions*

con él la guía de los dos, y trabándoles de las manos, los presentó
ante Monipodio, diciéndole: 60

—Éstos son los dos buenos mancebos que a vuesa merced dije,
mi sor[79] Monipodio: vuesa merced los desamine,[80] y verá como
son dignos de entrar en nuestra congregación.

—Eso haré yo de muy buena gana —respondió Monipodio.

Olvidábaseme de decir que así como Monipodio bajó, al punto 65
todos los que aguardándole estaban le hicieron una profunda y
larga reverencia, excepto los dos bravos, que a medio magate,[81]
como entre ellos se dice, le quitaron los capelos,[82] y luego volvieron a su paseo por una parte del patio, y por la otra se paseaba
Monipodio, el cual preguntó a los nuevos el ejercicio, la patria y 70
padres.

A lo cual Rincón respondió:

—El ejercicio ya está dicho, pues venimos ante vuesa merced;
la patria no me parece de mucha importancia decilla,[83] ni los
padres tampoco, pues no se ha de hacer información para recebir 75
algún hábito honroso.

A lo cual respondió Monipodio:

—Vos, hijo mío, estáis en lo cierto, y es cosa muy acertada
encubrir eso que decís; porque si la suerte no corriere como debe,
no es bien que quede asentado de signo de escribano, ni en el 80
libro de las entradas: «Fulano, hijo de Fulano, vecino de tal parte,
tal día le ahorcaron, o le azotaron», o otra cosa semejante, que
por lo menos, suena mal a los buenos oídos; y así, torno a decir
que es provechoso documento callar la patria, encubrir los padres
y mudar los propios nombres; aunque para entre nosotros no ha 85
de haber nada encubierto, y sólo ahora quiero saber los nombres
de los dos.

Rincón dijo el suyo, y Cortado también.

—Pues de aquí adelante —respondió Monipodio— quiero y es
mi voluntad que vos Rincón, os llaméis *Rinconete*, y vos, Cortado, 90
Cortadillo, que son nombres que asientan como de molde a
vuestra edad y a nuestras ordenanzas, debajo de las cuales cae
tener necesidad de saber el nombre de los padres de nuestros
cofrades, porque tenemos de costumbre de hacer decir cada año

---

79. **sor** = **señor**
80. **desanime** = **examine**
81. *half-baked*
82. *caps*
83. **decilla** = **decirla**

ciertas misas por las ánimas de nuestros difuntos y bienhechores,   95
sacando el estupendo[84] para la limosna de quien las dice de alguna parte de lo que se garbea; y estas tales misas, así dichas como
pagadas, dicen que aprovechan a las tales ánimas por vía de naufragio,[85] y caen debajo de nuestros bienhechores el procurador[86]
que nos defiende, el guro[87] que nos avisa, el verdugo que nos   100
tiene lástima, el que, cuando uno de nosotros va huyendo por
la calle y detrás le van dando voces: «¡Al ladrón, al ladrón! ¡Deténganle, deténganle!» se pone en medio, y se opone al raudal de
los que le siguen, diciendo: «¡Déjenle al cuitado; que harta mala
ventura lleva! ¡Allá se lo haya; castíguele su pecado!» Son tam-   105
bién bienhechoras nuestras las socorridas que de su sudor nos
socorren, así en la trena[88] como en las guras;[89] y también lo son
nuestros padres y madres, que nos echan al mundo, y el escribano,
que si anda de buena,[90] no hay delito que sea culpa, ni culpa a
quien se dé mucha pena; y por todos estos que he dicho hace   110
nuestra hermandad cada año su adversario[91] con la mayor popa
y soledad que podemos.

    —Por cierto —dijo Rinconete (ya confirmado con este nom-
bre)— que es obra digna del altísimo y profundísimo ingenio que
hermos oído decir que vuesa merced, señor Monipodio, tiene.   115
Pero nuestros padres aún gozan de la vida; si en ella les alcan-
záremos, daremos luego noticia a esta felicísima y abogada confraternidad, para que por sus almas se les haga ese naufragio o
tormenta, o ese adversario que vuesa merced dice, con la soleni-
dad y pompa acostumbrada, si ya no es que se hace mejor con   120
popa y soledad,[92] como también apuntó vuesa merced en sus
razones.

    —Así se hará, o no quedará de mí pedazo —replicó Monipodio.

    Y llamando a la guía, le dijo:

    —Ven acá, Ganchuelo: ¿están puestas las postas?   125

    —Sí —dijo la guía, que Ganchuelo era su nombre—: tres cen-
tinelas quedan avizorando, y no hay que temer que nos cojan de
sobresalto.

---

84. El lenguaje de Monipodio no es nada culto. Por **estupendo** quiere decir **estipendio** *(stipend)*.
85. quiere decir **sufragio** *assistance*
86. *attorney*
87. **guro = alguacil**
88. *jail*
89. *galley*
90. es decir **de buena intención**
91. quiere decir **aniversario**
92. **popa y soledad** quiere decir **pompa y solemnidad**

—Volviendo, pues, a nuestro propósito —dijo Monipodio—, querría saber, hijos, lo que sabéis, para daros el oficio y ejercicio 130 conforme a vuestra inclinación y habilidad.

Preguntas

1. ¿Cómo era la casa de Monipodio?
2. ¿Cómo era Monipodio?
3. ¿Qué ropa vestía?
4. ¿Qué hicieron los cofrades al entrar Monipodio?
5. ¿Qué preguntó Monipodio a Rincón y Cortado?
6. ¿Y qué le respondió Rincón?
7. Según Monipodio, ¿por qué deben de encubrir la patria?
8. ¿Cómo ha de llamarse Rincón?
9. ¿Cómo ha de llamarse Cortado?
10. ¿Quiénes eran las bienhechoras y que hacían?
11. ¿Quién era Ganchuelo?
12. ¿Qué clase de guardas habían puesto?

Temas

1. Los personajes de la cofradía.
2. Las alhajas de la casa.
3. La necesidad de cambiar el nombre entre la cofradía.
4. Los nuevos nombres de Rincón y Cortado.
5. Las misas de que habló Monipodio.

V

—Yo —respondió Rinconete— sé un poquito de floreo de Vilhán,[93] entiéndeseme el retén[94] [y tengo otras habilidades nai-pescas].

—Principios son —dijo Monipodio—; pero todas ésas son flores de cantueso viejas, y tan usadas, que no hay principiante que no 5 las sepa, y sólo sirven para alguno que tan blanco,[95] que se deje

---

93. **floreo de Vilhán** *shady card tricks*
94. *the works, the whole shebang* Aquí suprimimos unas ocho líneas, muy téc-nicas, en que Rinconete se blasona de su destreza con los naipes.
95. *innocent*

matar de media noche abajo; pero andará el tiempo, y vernos hemos; que asentando sobre ese fundamento media docena de liciones, yo espero en Dios que habéis de salir oficial famoso, y aun quizá maestro.						10

—Todo será para servir a vuesa merced y a los señores cofrades —respondió Rinconete.

—Y vos, Cortadillo, ¿qué sabéis? —preguntó Monipodio.

—Yo —respondió Cortadillo— sé la treta que dicen mete dos[96] y saca cinco, y sé dar tiento a una faldriquera con mucha pun-		15 tualidad y destreza.

—¿Sabéis más? —dijo Monipodio.

—No, por mis grandes pecados —respondió Cortadillo.

—No os aflijáis, hijo —replicó Monipodio—: que a puerto y a escuela habéis llegado donde ni os anegaréis ni dejaréis de salir		20 muy bien aprovechado en todo aquello que más os conviniere. Y en esto del ánimo, ¿cómo os va, hijos?

—¿Cómo nos ha de ir —respondió Rinconete— sino muy bien? Ánimo tenemos para acometer cualquiera empresa de las que tocaren a nuestro arte y ejercicio.						25

—Está bien —replicó Monipodio—; pero querría yo que también le tuviésedes para sufrir, si fuese menester, media docena de ansias sin desplegar los labios y sin decir «esta boca es mía».[97]

—Ya sabemos aquí —dijo Cortadillo—, señor Monipodio, qué quiere decir *ansias*, y para todo tenemos ánimo; porque no somos		30 tan ignorantes, que no se nos alcance que lo que dice la lengua paga la gorja, y harta merced le hace el cielo al hombre atrevido, por no darle otro título, que le deja en su lengua su vida o su muerte: ¡como si tuviese más letras un *no* que un *si*!

—¡Alto, no es menester más! —dijo a esta sazón Monipodio—.		35 Digo que sola esta razón me convence, me obliga, me persuade y me fuerza a que desde luego asentéis por cofrades mayores, y que se os sobrelleve el año del noviciado.

—Yo soy dese parecer —dijo uno de los bravos.

Y a una voz lo confirmaron todos los presentes, que toda la		40 plática habían estado escuchando, y pidieron á Monipodio que desde luego les concediese y permitiese gozar de las inmunidades

---

96. El **dos** sería el dos de bastos *(clubs)*, pero quiere decir el muchacho sabe meter dos dedos en el bolsillo de la

víctima para sacar su contenido.
97. i.e., **sin decir una palabra**

de su cofradía, porque su presencia agradable y su buena plática lo merecía todo. Él respondió que, por dalles contento a todos, desde aquel punto se las concedía, advirtiéndoles que las esti- 45 masen en mucho, porque eran no pagar media nata⁹⁸ del primer hurto que hiciesen; no hacer oficios menores en todo aquel año, conviene a saber: no llevar recaudo de ningún hermano mayor a la cárcel, ni a la casa,⁹⁹ de parte de sus contribuyentes; piar el turco puro;¹ hacer banquete cuando, como y adonde quisieren, 50 sin pedir licencia a su mayoral;² entrar a la parte desde luego con lo que entrujasen los hermanos mayores, como uno dellos, y otras cosas que ellos tuvieron por merced señaladísima, y los demás, con palabras muy comedidas, las agradecieron mucho.

Estando en esto, entró un muchacho corriendo y desalentado, 55 y dijo:

—El alguacil de los vagabundos viene encaminado a esta casa; pero no trae consigo gurullada.³

—Nadie se alborote —dijo Monipodio—; que es amigo y nunca viene por nuestro daño. Sosiéguense; que yo le saldré a hablar. 60

Todos se sosegaron, que ya estaban algo sobresaltados, y Monipodio salió á la puerta, donde halló al alguacil, con el cual estuvo hablando un rato, y luego volvió a entrar Monipodio, y preguntó:

—¿A quien le cupo hoy la plaza de San Salvador?

—A mi —dijo el de la guía. 65

—Pues ¿cómo —dijo Monipodio— no se me ha manifestado una bolsilla de ámbar que esta mañana en aquel paraje dio al traste con quince escudos de oro y dos reales de a dos y no sé cuántos cuartos?

—Verdad es —dijo la guía— que hoy faltó esa bolsa; pero yo 70 no la he tomado, ni puedo imaginar quién la tomase.

—¡No hay levas⁴ conmigo! —replicó Monipodio— ¡La bolsa ha de parecer, porque la pide el alguacil, que es amigo y nos hace mil placeres al año!

Tornó a jurar el mozo que no sabía della. Comenzóse a en- 75 colerizar Monipodio, de manera, que parecía que fuego vivo lanzaba por los ojos, diciendo:

98. *portion*
99. *brothel*
1. **piar... puro** *to drink wine straight*

2. *superior*
3. *gang of cops*
4. *tricks*

—¡Nadie se burle con quebrantar la más minima cosa de nuestra orden; que le costará la vida! Manifíestese la cica;[5] y si se encubre por no pagar los derechos, yo le daré enteramente lo que le toca, y pondré lo demás de mi casa, porque en todas maneras ha de ir contento el alguacil.

Tornó de nuevo a jurar el mozo, y a maldecirse, diciendo que él no había tomado tal bolsa, ni vístola de sus ojos; todo lo cual fue poner más fuego a la cólera de Monipodio, y dar ocasión a que toda la junta se alborotase, viendo que se rompían sus estatutos y buenas ordenanzas.

Viendo Rinconete, pues, tanta disensión y alboroto, parecióle que sería bien sosegalle y dar contento a su mayor, que reventaba de rabia; y aconsejándose con su amigo Cortadillo, con parecer de entrambos, sacó la bolsa del sacristán, y dijo:

—Cese toda cuestión, mis señores; que ésta es la bolsa, sin faltarle nada de lo que el alguacil manifiesta; que hoy mi camarada Cortadillo le dio alcance, con un pañuelo que al mismo dueño se le quitó, por añadidura.

Luego sacó Cortadillo el pañizuelo y lo puso de manifiesto; viendo lo cual Monipodio, dijo:

—Cortadillo el Bueno (que con este título y renombre ha de quedar de aquí adelante) se quede con el pañuelo, y a mi cuenta se quede la satisfación deste servicio; y la bolsa se ha de llevar el alguacil; que es de un sacristán pariente suyo, y conviene que se cumpla aquel refrán que dice: «No es mucho que a quien te da la gallina entera tú des una pierna della.» Más disimula este buen alguacil en un día que nosotros le podemos ni solemos dar en ciento.

De común consentimiento aprobaron todos la hidalguía de los dos modernos, y la sentencia y parecer de su mayoral, el cual salió a dar la bolsa al alguacil, y Cortadillo se quedó confirmado con el renombre de *Bueno*, bien como si fuera don Alonso Pérez de Guzmán el Bueno,[6] que arrojó el cuchillo por los muros de Tarifa para degollar a su único hijo.

---

5. *purse*
6. **Guzmán el Bueno** (1256–1309) defendió la fortaleza de Tarifa sitiada por los moros en 1293. Éstos habían amenazado con matar al hijo de Guzmán si no entregaba la fortaleza. Entonces él les arrojo su propio puñal. Mataron al pobre niño, pero tuvieron que levantar el sitio. El episodio ha sido muy popular en la literatura española.

Al volver que volvió Monipodio, entraron con él dos mozas, afeitados[7] los rostros, llenos de color los labios y de albayalde[8] los pechos, cubiertas con medios mantos de anascote, llenas de desenfado y desvergüenza: señales claras por donde, en viéndolas 115 Rinconete y Cortadillo, conocieron que eran de la casa llana,[9] y no se engañaron en nada; y así como entraron se fueron con los brazos abiertos, la una a Chiquiznaque y la otra a Maniferro, que éstos eran los nombres de los dos bravos; y el de Maniferro era porque traía una mano de hierro, en lugar de otra que le habían 120 cortado por justicia. Ellos las abrazaron con grande regocijo, y les preguntaron si traían algo con que mojar la canal maestra.

—Pues ¿había de faltar, diestro[10] mío? —respondió la una, que se llamaba la Gananciosa—. No tardará mucho a venir Silbatillo tu trainel,[11] con la canasta de colar[12] atestada de lo que Dios ha 125 sido servido.

Y así fue verdad, porque al instante entró un muchacho con una canasta de colar cubierta con una sábana.

Preguntas

1. ¿Qué preguntó a Rinconete y Cortadillo su maestro Monipodio?
2. ¿Qué sabía Rinconete?
3. ¿Qué opinión tenía Monipodio, después de escucharle?
4. ¿Qué sabía Cortadillo?
5. ¿Por qué dijo Monipodio, «No os aflijáis, hijo»?
6. ¿Qué razón obligó y persuadió a Monipodio para que los noviciados no tuviesen que pasar un año de noviciado?
7. ¿Qué pensaron los presentes al oir esto?
8. ¿Por qué entró corriendo un muchacho?
9. ¿Por qué dijo Monipodio, «Nadie se alborote»?
10. ¿Qué quería el alguacil?
11. ¿Quién tomó las cosas que buscaba el alguacil?
12. ¿Por qué devolvió Monipodio el pañuelo a Cortadillo?
13. ¿Por qué recibió Cortadillo el nombre «el Bueno»?
14. ¿Qué clase de mozas eran aquellas que entraron?
15. ¿Por qué se llamaba el bravo Maniferro?

7. *full of cosmetics*
8. *white lead*
9. *house of prostitution*
10. *master fencer*

11. *servant*
12. **canasta de colar** *clothes basket, bleaching basket*

Temas

1. Lo que sabía Rinconete.
2. Lo que sabía Cortadillo.
3. La entrada de Rinconete y Cortadillo en la cofradía.
4. Lo que ocurrió con el alguacil.
5. Las relaciones entre Chiquiznaque y la Gananciosa.

VI

Alegráronse todos con la entrada de Silbato, y al momento mandó sacar Monipodio una de las esteras de enea que estaban en el aposento, y tenderla en medio del patio. Y ordenó asimismo que todos se sentasen a la redonda; porque en cortando la cólera, se trataría de lo que más conviniese. A esto dijo la vieja que había 5 rezado a la imagen:

—Hijo Monipodio, yo no estoy para fiestas, porque tengo un vaguido de cabeza dos días ha, que me trae loca; y más, que antes que sea medio día tengo de ir a cumplir mis devociones y poner mis candelicas a Nuestra Señora de las Aguas y al santo Crucifijo 10 de Santo Agustín, que no lo dejaría de hacer si nevase y ventiscase.[13] A lo que he venido es que anoche el Renegado y Centopiés llevaron a mi casa una canasta de colar, algo mayor que la presente, llena de ropa blanca, y en Dios y en mi ánima que venía con su cernada[14] y todo, que los pobretes no debieron de tener 15 lugar de quitalla, y venían sudando la gota tan gorda, que era una compasión verlos entrar jadeando y corriendo agua de sus rostros que parecían unos angelicos. Dijéronme que iban en seguimiento de un ganadero que había pesado ciertos carneros en la Carnicería, por ver si le podían dar un tiento en un grandísimo gato[15] 20 de reales que llevaba. No desembanastaron[16] ni contaron la ropa, fiados en la entereza de mi conciencia; y así me cumpla Dios mis buenos deseos y nos libre a todos de poder de justicia, que no he tocado a la canasta, y que se está tan entera como cuando nació. 25

—Todo se le cree, señora madre —respondió Monipodio—, y estése así la canasta; que yo iré allá a boca de sorna,[17] y haré cala

13. *grow windy*
14. *leached ashes (for bleaching clothes)*
15. *moneybag*
16. *empty*
17. **a boca de sorna**   *at nightfall*

y cata de lo que tiene y daré a cada uno lo que le tocare, bien y fielmente, como tengo de costumbre.

—Sea como vos lo ordenáredes, hijo —respondió la vieja—; 30 y porque se me hace tarde, dadme un traguillo, si tenéis, para consolar este estómago, que tan desmayado anda de continuo.

—Y ¡qué tal lo beberéis, madre mía! —dijo a esta sazón la Escalanta, que así se llamaba la compañera de la Gananciosa.

Y descubriendo la canasta, se manifestó una bota a[18] modo 35 de cuero con hasta dos arrobas[19] de vino, y un corcho[20] que podría caber sosegadamente y sin apremio hasta una azumbre;[21] y llenándole la Escalanta, se le puso en las manos a la devotísima vieja, la cual, tomándole con ambas manos, y habiéndole soplado un poco de espuma, dijo: 40

—Mucho echaste, hija Escalanta; pero Dios dará fuerzas para todo.

Y aplicándosele a los labios, de un tirón, sin tomar aliento, lo trasego[22] del corcho al estómago, y acabó diciendo:

—De Guadalcanal es, y aun tiene un es no es de yeso el se- 45 ñorico.[23] Dios te consuele, hija que así me has consolado; sino que temo que me ha de hacer mal, porque no me he desayunado.

—No hará, madre —respondió Monipodio—, porque es tra-sañejo.

—Así lo espero yo en la Virgen —respondió la vieja. 50

Y añadió:

—Mirad, niñas, si tenéis acaso algún cuarto para comprar las candelicas de mi devoción, porque con la priesa y gana que tenía de venir a traer las nuevas de la canasta, se me olvidó en casa la escarcela. 55

—Yo sí tengo, señora Pipota —(que éste era el nombre de la buena vieja), respondió la Gananciosa—: tome: ahí le doy dos cuartos; del uno le ruego que compre una para mí, y se la ponga al señor San Miguel; y si puede comprar dos, ponga la otra al señor San Blas, que son mis abogados. Quisiera que pusiera otra a la 60 señora Santa Lucía, que por lo de los ojos, también le tengo de-

---

18. *wineskin*
19. *a measure of about 25 lbs.*
20. *cork container*
21. *a liquid measure of about 2 liters (about two quarts)*

22. *swigged it down*
23. **tiene... señorico** *the little gen-tleman has a little bit of gypsum* Anti-guamente se ponían yeso y cal para preservar los vinos.

voción; pero no tengo trocado,[24] mas otro día habrá donde se cumpla con todos.

—Muy bien harás, hija, y mira no seas miserable; que es de mucha importancia llevar la persona las candelas delante de sí antes que se muera, y no aguardar a que las pongan los herederos o albaceas.[25]

—Bien dice la madre Pipota —dijo la Escalanta.

Y echando mano a la bolsa, le dio otro cuarto, y le encargó que pusiese otras dos candelicas a los santos que a ella le pareciesen que eran de los más aprovechados y agradecidos. Con esto, se fue la Pipota, diciéndoles:

—Holgaos, hijos, ahora que tenéis tiempo: que vendrá la vejez, y lloraréis en ella los ratos que perdistes en la mocedad, como yo los lloro; y encomendadme a Dios en vuestras oraciones; que yo voy a hacer lo mismo por mí y por vosotros porque Él nos libre y conserve en nuestro trato peligroso sin sobresaltos de justicia.

Y con esto, se fue.

Ida la vieja, se sentaron todos alrededor de la estera, y la Gananciosa tendió la sábana por manteles; y lo primero que sacó de la cesta fue un grande haz de rábanos y hasta dos docenas de naranjas y limones, y luego una cazuela grande llena de tajadas de bacallao frito; manifestó luego medio queso de Flandes, y una olla de famosas aceitunas, y un plato de camarones,[26] y gran cantidad de cangrejos,[27] con su llamativo de alcaparrones ahogados en pimientos, y tres hogazas blanquísimas de Gandul.[28] Serían los del almuerzo hasta catorce, y ninguno dellos dejó de sacar su cuchillo de cachas amarillas, si no fue Rinconete, que sacó su media espada. A los dos viejos de bayeta y a la guía tocó el escanciar con el corcho de colmena.[29] Mas apenas habían comenzado a dar asalto a las naranjas, cuando les dío a todos gran sobresalto los golpes que dieron a la puerta. Mandóles Monipodio que se sosegasen, y entrando en la sala baja, y descolgando un broquel, puesto mano a la espada, llegó a la puerta, y con voz hueca y espantosa, preguntó:

—¿Quién llama?

24. *change*
25. *administrators*
26. *shrimp*
27. *crabs*

28. **hogazas... Gandul** *three loaves of very white Gandul bread*
29. **escanciar... colmena** *to pour from the cork vessel*

Respondieron de fuera:

—Yo soy, que no es nadie, señor Monipodio. Tagarete soy, centinela desta mañana, y vengo a decir que viene aquí Juliana 100 la Cariharta, toda desgreñada[30] y llorosa, que parece haberle sucedido algún desastre.

En esto, llegó la que decía, sollozando y sintiéndola Monipodio, abrió la puerta, y mandó a Tagerete que se volviese a su posta, y que de allí adelante avisase lo que viese con menos estruendo 105 y ruido. Él dijo que así lo haría. Entró la Cariharta, que era una moza del jaez de las otras y del mismo oficio. Venía descabellada, y la cara llena de tolondrones;[31] y así como entró en el patio se cayó en el suelo desmayada. Acudieron a socorrerla la Gananciosa y la Escalanta, y desabrochándola el pecho, la hallaron toda de- 110 negrida y como magullada.[32] Echáronle agua en el rostro y ella volvió en si, diciendo a voces:

—¡La justicia de Dios y del Rey venga sobre aquel ladrón desuellacaras,[33] sobre aquel cobarde bajamanero,[34] sobre aquel pícaro lendroso,[35] que le he quitado más veces de la horca que tiene 115 pelos en las barbas! ¡Desdichada de mí! ¡Mirad por quién he perdido y gastado mi mocedad y la flor de mis años, sino por un bellaco desalmado, facinoroso[36] e incorregible!

—Sosiégate, Cariharta —dijo a esta sazón Monipodio—; que aquí estoy yo, que te haré justicia. Cuéntanos tu agravio; que más 120 estarás tú en contarle que yo en hacerte vengada; dime si has habido algo con tu respecto; que si así es y quieres venganza, no has menester más que boquear.

—¿Qué respecto? —respondió Juliana—. Respectada me vea yo en los infiernos si más lo fuere de aquel león con las ovejas y 125 cordero con los hombres. ¿Con aquél había yo de comer más pan a manteles,[37] ni yacer en uno? Primero me vea yo comida de adivas[38] estas carnes, que me ha parado de la manera que ahora veréis.

Y alzándose al instante las faldas hasta la rodilla, y aun un poco 130 más, las descubrió llenas de cardenales.[39]

---

30. *dishevelled*
31. *lumps, bruises*
32. *bruised, mauled*
33. *face-tearing*
34. *sneak-thief*
35. *lousy*

36. **bellaco... facineroso** *villainous, soulless bandit*
37. *on a tablecloth*
38. *jackals*
39. *bruises*

—Desta manera —prosiguió— me ha parado aquel ingrato del Repolido, debiéndome más que a la madre que le parió. Y ¿por qué pensáis que lo ha hecho? ¡Montas que le di yo ocasión para ello!⁴⁰ No, por cierto; no lo hizo más sino porque estando ju- 135 gando y perdiendo, me envió a pedir con Cabrillas, su trainel, treinta reales, y no le envié más de veinticuatro, que el trabajo y afán con que yo los había ganado, ruego, yo a los cielos que vayan en descuento de mis pecados; y en pago desta cortesía y buena obra, creyendo él que yo le sisaba⁴¹ algo de la cuenta que 140 él allá en su imaginación hecho de lo que yo podía tener, esta mañana me sacó al campo detrás de la güerta del Rey, y allí, entre unos olivares, me desnudó, y con la petrina⁴² sin escusar ni recoger los hierros, que en malos grillos y hierros le vea yo, me dio tantos azotes, que me dejó por muerta; de la cual verdadera 145 historia son buenos testigos estos cardenales que miráis.

Preguntas

1. ¿Por qué mandó sacar Monipodio una de las esteras de enea?
2. ¿Por qué no estaba para fiestas la vieja?
3. ¿Por qué vino ella?
4. ¿Qué quería ella para consolar el estómago?
5. ¿Qué hizo la Pipota con la bota?
6. ¿Qué compraría la Pipota con el dinero que le dio la Gananciosa?
7. ¿Qué sacó la Gananciosa de la cesta?
8. ¿Qué dio a todos un gran sobresalto?
9. ¿Quién llamaba a la puerta y qué quería?
10. ¿Quién llegó sollozando y por qué lloraba?
11. ¿Cómo venía la moza llamada Cariharta?
12. ¿Cómo era al entrar en la casa?
13. ¿Por quién había perdido la Cariharta la flor de sus años?
14. ¿Por qué se alzó la Cariharta las faldas?
15. ¿Quién le hizo daño a ella?

---

40. **¡Montas... ello!** *The very idea*   41. *was stealing*
that I gave him reason for it!   42. **petrina = pretina** *(belt)*

Temas

1. La plática de la vieja con la Gananciosa.
2. Lo que bebió la vieja.
3. El almuerzo que preparó la Gananciosa.
4. La Cariharta y lo que sufrió.

VII

Aquí torno a leventar las voces, aquí volvió a pedir justicia, y aquí se la prometió de nuevo Monipodio, y todos los bravos que allí estaban.

La Gananciosa tomó la mano a consolalla, diciéndole que ella diera de muy buena gana una de las mejores preseas que tenía porque[43] le hubiera pasado otro tanto con su querido. 5

—Porque quiero —dijo— que sepas, hermana Cariharta, si no lo sabes, que a lo que se quiere bien se castiga; y cuando estos bellacones nos dan, y azotan, y acocean,[44] entonces nos adoran; si no, confiésame una verdad, por tu vida: después que te hubo Repolido castigado y brumado, ¿no te hizo alguna caricia? 10

—¿Cómo una? —respondió la llorosa—. Cien mil me hizo, y diera él un dedo de la mano porque me fuera con él a su posada; y aun me parece que casi se le saltaron las lágrimas de los ojos después de haberme molido. 15

—No hay dudar en eso —replicó la Gananciosa—; y lloraría de pena de ver cuál te había puesto; que estos tales hombres, y en tales casos, no han cometido la culpa cuando les viene el arrepentamiento; y tú verás, hermana, si no viene a buscarte antes que de aquí nos vamos, y a pedirte perdón de todo lo pasado, 20 rindiéndosete como un cordero.

—En verdad —respondió Monipodio— que no ha de entrar por estas puertas el cobarde envesado si primero no hace una manifiesta penitencia del cometido delito. ¿Las manos había él de ser osado ponerlas en el rostro de la Cariharta, ni en sus carnes, 25 siendo persona que puede competir en limpieza y ganancia con la misma Gananciosa que está delante, que no lo puedo más encarecer?

43. *if only*   44. *kick*

—¡Ay! —dijo a esta sazón la Juliana—. No diga vuesa merced,
señor Monipodio, mal de aquel maldito; que con cuan malo es,   30
le quiero más que a las telas de mi corazón, y hanme vuelto el
alma al cuerpo las razones que en su abono me ha dicho mi amiga
la Gananciosa, y en verdad que estoy por ir a buscarle.

—Eso no harás tú por mi consejo —replicó la Gananciosa—,
porque se extenderá y ensanchará, y hará tretas[45] en ti como en   35
cuerpo muerto. Sosiégate, hermana; que antes de mucho le verás
venir tan arrepentido como he dicho; y si no viniere,
escribirémosle un papel en coplas, que le amargue.

¡Eso sí —dijo la Cariharta—: que tengo mil cosas que escribirle!

—Yo seré el secretario cuando sea menester —dijo Monipo-   40
dio—; y aunque no soy nada poeta, todavía, si el hombre se arre-
manga[46] se atreverá a hacer dos millares de coplas en daca las
pajas;[47] y cuando no salieren como deben, yo tengo un barbero
amigo, gran poeta, que nos henchirá las medidas a todas horas;
y en la de agora acabemos lo que teníamos comenzado del al-   45
muerzo; que después todo se andará.

Fue contenta la Juliana de obedecer a su mayor, y así, todos
volvieron a su *gaudeamus*,[48] y en poco espacio vieron el fondo
de la canasta y las heces del cuero. Los viejos bebieron *sine fine*;
los mozos, adunia; las señoras, los quiries.[49] Los viejos pidieron   50
licencia para irse; diósela luego Monipodio, encargándoles viniesen
a dar noticia con toda puntualidad de todo aquello que viesen
ser útil y conveniente a la comunidad. Respondieron que ellos
se lo tenían bien en cuidado, y fuéronse. Rinconete, que de suyo
era curioso, pidiendo primero perdón y licencia, preguntó a Moni-   55
podio que de qué servían en la cofradía dos personajes tan canos,
tan graves y apersonados. A lo cual respondió Monipodio que
aquéllos, en su germanía y manera de hablar, se llamaban *avispones*,[50] y que servían de andar de día por toda la cuidad, avis-
pando en qué casas se podía dar tiento de noche, y en seguir los   60
que sacaban dinero de la Contratación,[51] o Casa de la Moneda,

---

45. *fancy sword play*
46. *rolls up his sleeves*
47. **daca las pajas**   *in a jiffy*
48. **gaudeamos,** que quiere decir *let us
give thanks*, aquí en la germanía de los
ladrones quiere decir *meal*.

49. **los mozos... quiries**   *the young
men (drank) much, the women the last
dregs*
50. *spies (lit. hornets)*
51. *Trade Bank*, adonde llegaba el oro
y la plata de América

para ver dónde lo llevaban, y aun dónde lo ponían; y en sabiéndolo, tanteaban la groseza del muro de la tal casa, y diseñaban el lugar más conveniente para hacer los guzpátaros (que son agujeros) para facilitar la entrada. En resolución, dijo que era la gente 65 de más o de tanto provecho que había en su hermandad, y que de todo aquello que por su industria se hurtaba llevaban el quinto, como su Majestad de los tesoros;[52] y que con todo esto, eran hombres de mucha verdad, y muy honrados, y de buena vida y fama, temerosos de Dios y de sus conciencias, que cada día oían 70 misa con extraña devoción . . .

—Y hay dellos tan comedidos, especialmente estos dos que de aquí se van agora, que se contentan con mucho menos de lo que por nuestros aranceles[53] les toca. Otros dos que hay son palanquines;[54] los cuales, como por momentos mudan casas, saben las 75 entradas y salidas de todas las de la ciudad; y cuáles pueden ser de provecho, y cuáles no.

—Todo me parece de perlas —dijo Rinconete—, y querría ser de algún provecho a tan famosa cofradía.

—Siempre favorece el cielo a los buenos deseos —dijo Moni- 80 podio.

Estando en esta plática, llamaron a la puerta; salió Monipodio a ver quién era, y preguntándolo, respondieron:

—Abra voacé, sor Monipodio; que el Repolido soy.

Oyó esta voz Cariharta, y alzando al cielo la suya dijo: 85

—No le abra vuesa merced señor Monipodio; no le abra a ese marinero de Tarpeya, a ese tigre de Ocaña.[55]

No dejó por esto Monipodio de abrir a Repolido; pero viendo la Cariharta que le abría, se levantó corriento y se entró en la sala de los broqueles, y cerrando tras sí la puerta, desde dentro, a 90 grandes voces, decía:

52. *i.e.*, a su Majestad dieron una quinta parte de todos los tesoros de las Indias y de la guerra.
53. *tariffs*
54. *moving-thieves (a* **palanquín** *is a litter or sedan-chair)*
55. **marinero de Tarpeya** es corrupción del primer verso de un romance que empieza:

Mira Nero de Tarpeya
a Roma cómo se ardía;
gritos dan niños y viejos,
y él de nada se dolía.

tigre de Ocaña, pequeña ciudad española, debe ser Hircania, región en el Mar Caspio, famosa por sus tigres. Por supuesto, la Cariharta, por su ignorancia se equivoca en su cita.

—Quítenmele de delante a ese gesto de por demás,[56] a ese verdugo de inocentes, asombrador de palomas duendas.[57]

Maniferro y Chiquiznaque tenían a Repolido, que en todas
maneras quería entrar donde la Cariharta estaba; pero como no   95
le dejaban, decía desde afuera:

—¡No haya más, enojada mía: por tu vida que te sosiegues, así
te veas casada![58]

—¿Casada yo, malino?[59] —respondió la Cariharta—. ¡Mirá en
qué tecla toca! ¡Ya quisieras tú que lo fuera contigo, y antes lo   100
sería yo con una sotomía de muerte[60] que contigo!

—¡Ea, boba —replicó Repolido—, acabemos ya, que es tarde,
y mire no se ensanche por verme hablar tan manso y venir tan
rendido; porque vive el Dador,[61] si se me sube la cólera al campanario,[62] que sea peor la recaída que la caida! Humíllese, y hu-   105
millémonos todos, y no demos de comer al diablo.

—Y aun de cenar le daría yo —dijo la Cariharta— porque te
llevase donde nunca más mis ojos te viesen.

—¿No os digo yo? —dijo Repolido—. ¡Por Dios que voy oliendo,
señora trinquete, que lo tengo de echar todo a doce, aunque   110
nunca se venda![63]

A esto dijo Monipodio:

—En mi presencia no ha de haber demasías:[64] la Cariharta
saldrá, no por amenazas, sino por amor mío, y todo se hará bien;
que las riñas entre los que bien se quieren son causa de mayor   115
gusto cuando se hacen las paces; ¡Ah, Juliana! ¡Ah, niña! ¡Ah, Cariharta mía! Sal acá fuera, por mi amor; que yo haré que el Repolido
te pida perdón de rodillas.

—Como él eso haga —dijo la Escalanta—, todas seremos en su
favor y en rogar a Juliana salga acá fuera.   120

—Si esto ha de ir por vía de rendimiento que güela a menoscabo
de la persona[65] —dijo el Repolido—, no me rendiré a un ejército
formado de esguízaros,[66] mas si es por vía de que la Cariharta

---

56. **gesto... demás** *ugly face*
57. *domestic (pigeons)*
58. **así... casada**   *as you hope to be
married*
59. **malino = maligno**
60. **una sometía de muerte** *(about
equivalent to) a degenerate death's head*
61. *God*

62. *high as the bell-tower*
63. **echar... venda** *shoot the whole
works on the auction, come what may*
64. *excesses*
65. **güela = huela; güela... persona**
smacks of lowering my dignity
66. *Swiss (soldiers)*

gusta dello, no digo no hincarme de rodillas; pero un clavo me
hincaré por la frente en su servicio.   125

Riéronse desto Chiquiznaque y Maniferro, de lo cual se enojó
tanto el Repolido, pensando que hacían burla dél, que dijo con
muestras de infinita cólera:

—Cualquiera que se riere o se pensare reir de lo que la Cariharta contra mí, o yo contra ella, hemos dicho o dijéremos, digo   130
que miente y mentirá todas las veces que se riere o lo pensare,
como ya he dicho.

Miráronle Chiquiznaque y Maniferro de tan mal garbo y talle,
que advirtió Monipodio que pararía en un gran mal si no lo remediaba; y así, poniéndose luego en medio dellos, dijo: 135

—No pase más adelante, caballeros; cesen aquí palabras mayores,[67] y desháganse entre los dientes; y pues las que se han
dicho no llegan a la cintura,[68] nadie las tome por sí.

—Bien seguros estamos —respondió Chiquiznaque— que no
se dijeron ni dirán semejantes monitorios[69] por nosotros; que si 140
se hubiera imaginado que se decían, en manos estaba el pandero,
que lo supiera bien tañer.[70]

—También tenemos acá pandero, sor Chiquiznaque —replicó
el Repolido—, y también, si fuere menester, sabremos tocar los
cascabeles;[71] y ya he dicho que el que se huelga, miente; y quien   145
otra cosa pensare, sígame; que con un palmo de espada menos
hará el hombre que sea lo dicho dicho.

Y diciendo esto, se iba a salir por la puerta afuera.

Estábalo escuchando la Cariharta, y cuando sintió que se iba
enojado, salió diciendo: 150

—¡Ténganle, no se vaya, que hará de las suyas![72] ¿No veen que
va enojado, y es un Judas Macarelo[73] en esto de la valentía?
¡Vuelve acá, valentón[74] del mundo y de mis ojos!

Y cerrando con él, le asió fuertemente de la capa, y acudiendo
también Monipodio, le detuvieron. Chiquiznaque y Maniferro no   155

---

67. *big, ugly (words)*
68. **no... cintura** *don't reach very
high*
69. *big words (papal admonishments)*
70. **en manos... tañer** *the musician
was around who would know how to
play it right (i.e., they were capable of
attending to it)*

71. **sabremos... cascabeles** *we'll
know how to ring our own bells*
72. **hará... suyas** *we'll pull some of
his tricks*
73. **Macarelo = Macabeo** (otro caso
de la ignorancia de los ladrones)
74. *brave boy*

sabían si enojarse o si no, y estuviéronse quedos esperando lo
que Repolido haría; el cual, viéndose rogar de la Cariharta y de
Monipodio, volvió diciendo:

Preguntas

1. ¿Le hubiera gustado a la Gananciosa haber pasado con su amante lo
   mismo que le pasó a la Cariharta con el suyo? ¿Por qué?
2. ¿Qué le hizo a la Cariharta el bellacón después de azotarla?
3. ¿Por qué se le saltaron las lágrimas al hombre después de molerla?
4. Según la Gananciosa ¿qué haría su amante después de cometer tal
   hecho?
5. ¿Por qué quería la Juliana que Monipodio no dijera nada malo de
   bellacón?
6. ¿Qué vería la Cariharta antes?
7. ¿Qué quería decir *avispones* en germanía?
8. ¿Por qué saldría la Cariharta a hablar con Repolido?
9. ¿Por qué dijo Monipodio, «No pase más adelante, caballeros»?
10. ¿Se rendiría Repolido?

Temas

1. La plática entre la Gananciosa y la Cariharta.
2. La partida de los miembros de la cofradía.
3. Lo que dijo Monipodio a Rinconete y Cortadillo sobre la obra de los
   viejos.
4. La plática entre Repolido y Cariharta.

VIII

—Nunca los amigos han de dar enojo a los amigos, ni hacer
burla de los amigos, y más cuando ven que se enojan los amigos.
    —No hay aquí amigo —respondió Maniferro— que quiera eno-
jar ni hacer burla de otro amigo; y pues todos somos amigos,
dense las manos los amigos.   5
    A esto dijo Monipodio:
    —Todos voacedes[75] han hablado como buenos amigos, y como
tales amigos se den las manos de amigos.

75. **voacedes = vuestras mercedes**

Diéronselas luego, y la Escalanta, quitándose un chapín, comenzó a tañer en él como en un pandero; la Gananciosa tomó una escoba de palma, nueva, que allí se halló acaso, y rascándola, hizo un son que, aunque ronco y áspero, se concertaba con el del chapín. Monipodio rompió un plato y hizo dos tejoletas,[76] que, puestas entre los dedos y repicadas con gran ligereza, llevaba el contrapunto al chapín y a la escoba.

Espantáronse Rinconete y Cortadillo de la nueva invención de la escoba, porque hasta entonces nunca la habían visto. Conociólo Maniferro, y díjoles:

—¿Admíranse de la escoba? Pues bien hacen, pues música más presta y más sin pesadumbre, ni más barata, no se ha inventado en el mundo; y en verdad que oí decir el otro día a un estudiante que ni el Negrofeo,[77] que sacó a la Arauz del infierno, ni el Marión que subió sobre el delfín y salió del mar como si viniera caballero sobre una mula de alquiler, ni el otro gran músico[78] que hizo una ciudad que tenía cien puertas y otros tantos postigos,[79] nunca invertaron mejor género de música, tan fácil de deprender, tan mañera[80] de tocar, tan sin trastes, clavijas ni cuerdas,[81] y tan sin necesidad de templarse; y aun voto a tal que dicen que la inventó un galán desta ciudad, que se pica de ser un Héctor[82] en la música.

—Eso creo yo muy bien —respondió Rinconete—; pero escuchemos lo que quieren cantar nuestros músicos; que parece que la Gananciosa ha escupido, señal de que quiere cantar.

Y así era la verdad, porque Monipodio le había rogado que cantase algunas seguidillas de las que se usaban; mas la que comenzó primero fue la Escalanta, y, con voz sutil y quebradiza,[83] cantó lo siguiente:

Por un sevillano rufo a lo valón,
Tengo socarrado todo el corazón.

76. *fragments, shards (of a tile, plate, etc.)*
77. Estos nombres disparatados *(cock-eyed)* quieren decir Orfeo, Eurídice y Arión.
78. Se refiera a Anfión (Amphion) músico y fundador de Tebas *(Thebes)*
79. *posterns*
80. *easy*
81. **trastes... cuerdas** *frets, keys or strings*
82. **Hector** héroe en Troya = aquí, *big dog*
83. **voz... quebradiza** *a thin and broken voice*

Siguió la Gananciosa, cantado: 40

> Por un morenico de color verde,
> ¿Cuál es la fogosa que no se pierde?

Y luego Monipodio, dándose gran priesa el meneo de sus tejoletas, dijo:

> Riñen dos amantes; hácese la paz;   45
> Si el enojo es grande, es el gusto más.

No quiso la Cariharta pasar su gusto en silencio, porque, tomando otro chapín, se metió en danza, y acompaño a las demás,
diciendo:

> Detente, enojado, no me azotes más;   50
> Que si bien lo miras, á tus carnes das.[84]

—Cántese a lo llano[85] —dijo a esta sazón Repolido—, y no se
toquen historias pasadas, que no hay para qué:[86] lo pasado sea
pasado, y tómese otra vereda, y basta.

Talle[87] llevaban de no acabar tan presto el comenzado cántico,   55
si no sintieran que llamaban a la puerta apriesa, y con ella, salió
Monipodio a ver quién era, y la centinela le dijo como al cabo
de la calle había asomado el Alcalde de la Justicia,[88] y que delante dél venían el Tordillo y el Cernícalo, corchetes neutrales.
Oyéronlo los de dentro, y alborotáronse todos de manera, que   60
la Cariharta y la Escalanta se calzaron sus chapines al revés, dejó
la escoba la Gananciosa, Monipodio sus tejoletas, y quedó en
turbado silencio toda la música; enmudeció Chiquiznaque, pas-

84. Las traducciones de las seguidillas
que siguen pueden parelar el espíritu
aunque no el ritmo ni el significado
literal de cada palabra del original:
La Escalanta:
> My heart is burning, burning
> Burning with a thrill
> For a red-headed big boy
> Right here in Seville

La Ganancia:
> For a dark-complexioned lad,
> Shading into green,
> A girl who wouldn't burn for him
> Never has been seen.

Monipodio:
> When two lovers quarrel

> And both of them are sore,
> When peace is made between
> them,
> The pleasure's all the more.

La Cariharta:
> Don't be mad and beat me
> Don't make your anger fresh,
> For if you think it over,
> You're striking your own flesh.

85. **a lo llano** *straight*
86. **no hay para qué** *there is no purpose in it*
87. *signs*
88. **alcalde de la Justicia** *Chief of
police. The two cops were nicknamed
Little Thrush and Kestrel (Little Falcon).*

móse el Repolido y suspendióse Maniferro, y todos, cuál por una
y cuál por otra parte, desaparecieron, subiéndose a las azoteas   65
y tejados, para escaparse y pasar por ellos a otra calle. Nunca
disparado arcabuz[89] a deshora, ni trueno repentino, espantó así
a banda de descuidadas palomas como puso en alboroto y espanto
a toda aquella recogida compañía y buena gente la nueva de la
venida del Alcalde de la Justicia. Los dos novicios, Rinconete y   70
Cortadillo, no sabían qué hacerse, y estuviéronse quedos esperando ver en qué paraba aquella repentina borrasca, que no paró
en más devolver la centinela a decir que el Alcalde se había pasado
de largo, sin dar muestra ni resabio de mala sospecha alguna.

Y estando diciendo esto a Monipodio, llegó un caballero mozo   75
a la puerta, vestido, como se suele decir, de barrio;[90] Monipodio
le entró consigo, y mandó llamar a Chiquiznaque, a Maniferro
y al Repolido, y que de los demás no bajase alguno. Como se
habían quedado en el patio Rinconete y Cortadillo pudieron oir
toda la plática que pasó Monipodio con el caballero recién venido,   80
el cual dijo a Monipodio que por qué se había hecho tan mal lo
que le había encomendado. Monipodio respondió que aún no
sabía lo que se había hecho; pero que allí estaba el oficial a cuyo
cargo estaba su negocio, y que él daría muy buena cuenta de sí.
Bajó, en esto, Chiquiznaque, y preguntóle Monipodio si había   85
cumplido con la obra que se le encomendó de la cuchillada de
a catorce.[91]

—¿Cuál? —respondió Chiquiznaque—. ¿Es la de aquel mercader
de la encrucijada?

—Ésa es —dijo el caballero.   90

—Pues lo que en eso pasa —respondió Chiquiznaque— es que
yo le aguardé anoche a la puerta de su casa, y él vino antes de
la oración; lleguéme cerca dél, marquéle el rostro con la vista,
y vi que le tenía tan pequeño, que era imposible de toda imposi-
bilidad caber en él cuchillada de catorce puntos; y hallándome   95
imposibilitado de poder cumplir lo prometido y de hacer lo que
llevaba en mi destruición . . .

—*Instrucción* querrá vuesa merced decir —dijo el caballero—;
que no *destruición*.

89. *harquebus, blunderbuss*   91. *fourteen stitches*
90. *in plain clothes*

—Eso quise decir —respondió Chiquiznaque—. Digo que vien- 100 do que en la estrecheza y poca cantidad de aquel rostro no cabían los puntos propuestos, porque no fuese mi ida en balde, di la cuchillada a un lacayo, suyo, que a buen seguro que la pueden poner por mayor de marca.[92]

—Más quisiera —dijo el caballero— que se le hubiera dado al 105 amo una de a siete que al criado la de a catorce. En efeto, con- migo no se ha complido como era razón; pero no importa: poca mella me harán los treinta ducados que dejé en señal.[93] Beso a vuesas mercedes las manos.

Y diciendo esto, se quitó el sombrero y volvió las espaldas para 110 irse; pero Monipodio le asió de la capa de mezcla[94] que traía puesta, diciéndole:

—Voacé se detenga, y cumpla su palabra, pues nosotros hemos cumplido la nuestra con mucha honra y con mucha ventaja: veinte ducados faltan, y no ha de salir de aquí voacé sin darlos o pren- 115 das[95] que lo valgan.

—Pues ¿a esto llama vuesa merced cumplimiento de palabra —respondió el caballero—: dar la cuchillada al mozo, habiéndose de dar al amo?

—¡Qué bien está en la cuenta el señor! —dijo Chiquiznaque—. 120 Bien parece que no se acuerda de aquel refrán que dice: «Quien bien quiere a Beltrán, bien quiere a su can.»[96]

—Pues ¿en qué modo puede venir aquí a propósito ése refrán? —replicó el caballero.

—Pues ¿no es lo mismo —prosiguió Chiquiznaque— decir: 125 «Quien mal quiere a Beltrán, mal quiere á su can?» Y así, Beltrán es el mercader, voacé le quiere mal, su lacayo es su can y dando al can, se da a Beltrán, y la deuda queda líquida y trae aparejada ejecución: por eso no hay más sino pagar luego sin apercebi- miento de remate.[97] 130

—Eso juro yo bien —añadió Monipodio—, y de la boca me quitaste, Chiquiznaque amigo, todo cuanto aquí has dicho; y así, voacé, señor galán, no se meta en puntillos con sus servidores

---

92. **mayor de marca** *of a superior brand*
93. **en señal** *as a pledge*
94. **de mezcla** *woven of different colors*
95. *security*
96. refrán sería en inglés: *love me, love my dog.*
97. **apercibimiento de remate** *legal proceedings*

y amigos, sino tome mi consejo y pague luego lo trabajado; y si fuere servido que se la dé otra al amo, de la cantidad que pueda llevar su rostro, haga cuenta que ya se la están curando. 135

—Como eso sea —respondió el galán—, de muy entera voluntad y gana pagaré la una y la otra por entero.

—No dade en esto —dijo Monipodio— más que en ser cristiano; que Chiquiznaque se la dará pintiparada, de manera, que parezca 140 que allí se le nació.

—Pues con esa seguridad y promesa —respondió el caballero— recíbase esta cadena en prendas de los veinte ducados astrasados y de cuarenta que ofrezco por la venidera cuchillada. Pesa mil reales, y podría ser que se quedase rematada, porque traigo entre 145 ojos que serán menester otros catorce puntos antes de mucho. Quitóse en esto, una cadena de vueltas menudas del cuello, y diósela a Monipodio, que al color y al peso bien vió que no era de alquimia.[98] Monipodio la recibió con mucho contento y cortesía, porque era en extremo bien criado; la ejecución quedó a 150 cargo de Chiquiznaque, que sólo tomó término de aquella noche. Fuese muy satisfecho el caballero, y luego Monipodio llamó a todos los ausentes y azorados. Bajaron todos, y poniéndose Monipodio en medio dellos, sacó un libro de memoria que traía en la capilla de la capa, y dióselo á Rinconete que leyese, porque 155 él no sabía leer. Abrióle Rinconete, y en la primera hoja vió que decía:

Preguntas

1. ¿Qué hicieron todos despúes de la riña entre la Cariharta y el Repolido?
2. ¿Por qué se espantaron Rinconete y Cortadillo de la nueva invención de la escoba?
3. ¿Qué señal solía dar la Gananciosa antes de cantar?
4. ¿Cómo era la voz de la Escalanta?
5. ¿Quién llamó a la puerta en ese momento?
6. ¿Por qué se alborotaron todos?
7. ¿Qué hicieron Rinconete y Cortadillo?
8. ¿Cómo podían oir lo que pasaba Rinconete y Cortadillo?

98. *fake*

9. ¿Cuál era la obra que se le encomendó a Chiquiznaque?
10. ¿Por qué no marcó Chiquiznaque el rostro del mercader?
11. ¿Qué hizo Chiquiznaque al no marcarle el rostro al mercader?
12. ¿Por qué le asió Monipodio la capa al caballero?
13. ¿Por qué dió el caballero la cadena a Monipodio?
14. ¿Cómo sabía Monipodio que la cadena no era de alquimia?
15. ¿Por qué no leyó Monipodio el libro de memoria?

Temas

1. La manera en que calmó Monipodio la cofradía.
2. La música que produjo la cofradía.
3. La plática entre Monipodio, el caballero y Chiquiznaque antes de la solución del problema.
4. El caballero satisfecho.
5. El libro de memoria de Monipodio.

IX

«MEMORIA DE LAS CUCHILLADAS QUE SE HAN DE DAR ESTA SEMANA.»

«La primera, al mercader de la encrucijada: vale cincuenta escudos. Están recebidos treinta a buena cuenta. Secutor,[99] Chiquiznaque.»

—No creo que hay otra, hijo —dijo Monipodio—: pasá adelante, y mirá donde dice: «Memoria de palos.»[1]   5

Volvió la hoja Rinconete, y vio que en otra estaba escrito: «Memoria de palos.» Y más abajo decía:

«Al bodegonero de la Alfalfa, doce palos de mayor cuantía, a escudo cada uno. Están dados a buena cuenta ocho. El término seis días. Secutor, Maniferro.»   10

—Bien podía borrarse esa partida —dijo Maniferro—, porque esta noche traeré finiquito della.

—¿Hay más, hijo? —dijo Monipodio.

—Sí, otra —respondió Rinconete— que dice así:

«Al sastre corcovado[2] que por mal nombre se llama el Silguero,   15
seis palos de mayor cuantía a pedimiento[3] de la dama que dejó la gargantilla. Secutor, el Desmochado.»

99. **Secutor** = Ejecutor   2. *hunchback*
1. *cudglings*   3. *request*

—Maravillado estoy —dijo Monipodio— como todavía está esa partida en ser. Sin duda alguna debe de estar mal dispuesto el Desmochado, pues son dos días pasados del término, y no ha dado puntada[4] en esta obra.

—Yo le topé ayer —dijo Maniferro—, y me dijo que por haber estado retirado por enfermo el Corcovado, no había cumplido con su débito.

—Eso creo yo bien —dijo Monipodio—; porque tengo por tan buen oficial al Desmochado, que si no fuera por tan justo impedimento, ya él hubiera dado al cabo con mayores empresas. ¿Hay más, mocito?

—No, señor —respondió Rinconete.

—Pues pasad adelante —dijo Monipodio—, y mirad donde dice: «Memorial de agravios comunes.»

Pasó adelante Rinconete, y en otra hoja halló escrito:

«Memorial de agravios comunes, conviene a saber: redomazos, untos de miera, clavazón de sambenitos y cuernos, matracas, espantos, alborotos y cuchilladas fingidas, publicación de nibelos, etcétera.»[5]

—¿Qué dice más abajo? —dijo Monipodio.

—Dice —dijo Rinconete— «unto de miera en la casa . . .»

—No se lea la casa; que ya yo sé dónde es —respondió Monipodio—, y yo soy el *tuautem*[6] y secutor desa niñería, y están dados a buena cuenta cuatro escudos, y el principal es ocho.

—Así es la verdad —dijo Rinconete—; que todo eso está aquí escrito; y aun más abajo dice: «Clavazón[7] de cuernos.»

—Tampoco se lea —dijo Monipodio— la casa, ni adónde: que basta que se les haga el agravio, sin que se diga en público; que es gran cargo de conciencia. A lo menos, más querría yo clavar cien cuernos y otros tantos sambenitos, como se me pagase mi trabajo, que decillo sola una vez, aunque fuese a la madre que me parió.

—El secutor desto es —dijo Rinconete— el Narigueta.

---

4. *step*
5. **redomazos... nibelos (libelos)** *splatterings with vials (of ink, etc.), smearings with pitch, nailing up of shirts (meaning converted Jews) and horns (for cuckolded husbands), insulting words or songs, frights, riots and pretended knife-thrusts, publication of libels*
6. *principal actor* (la frase viene del Breviario)
7. *Nailing up*

—Ya está eso hecho, y pagado —dijo Monipodio—. Mirad si hay más; que, si mal no me acuerdo, ha de haber ahí un espanto de veinte escudos; está dada la mitad, y el esecutor es la comunidad toda, y el término es todo el mes en que estamos, y cumpliráse al pie de la letra, sin que falte una tilde, y será una de las mejores   55 cosas que hayan sucedido en esta ciudad de muchos tiempos a esta parte. Dadme el libro, mancebo; que yo sé que no hay más, y sé también que anda muy flaco el oficio; pero tras este tiempo vendrá otro, y habrá que hacer más de lo que quisiéremos; que no se mueve la hoja sin la voluntad de Dios, y no hemos de hacer   60 nosotros que se vengue nadie por fuerza; cuanto más que cada uno en su causa suele ser valiente, y no quiere pagar las hechuras[8] de la obra que él se puede hacer por sus manos.

—Así es —dijo a esto el Repolido—. Pero mire vuesa merced, señor Monipodio, lo que nos ordena y manda; que se va haciendo   65 tarde, y va entrando el calor más que de paso.

—Lo que se ha de hacer —respondió Monipodio— es que todos se vayan a sus puestos, y nadie se mude hasta el domingo, que nos juntaremos en este mismo lugar y se repartirá todo lo que hubiere caído, sin agraviar a nadie. A Rinconete el Bueno y a   70 Cortadillo se les da por distrito hasta el domingo desde la Torre del Oro, por defuera de la ciudad, hasta el postigo del Alcázar, donde se puede trabajar a sentadillas con sus flores; que yo he visto a otros de menos habilidad que ellos salir cada día con más de veinte reales en menudos amén de la plata, con una baraja sola,   75 y ésa, con cuatro naipes menos. Este distrito os enseñará Ganchoso; y aunque os extendáis hasta San Sebastián y San Telmo, importa poco, puesto que es justicia mera mixta[9] que nadie se entre en pertenecia de nadie.

Besáronle la mano los dos por la merced que se les hacía, y   80 ofreciéronse a hacer su oficio bien y fielmente, con toda diligencia y recato.

Sacó, en esto, Monipodio un papel doblado de la capilla de la capa, donde estaba la lista de los confrades, y dijo a Rinconete que pusiese allí su nombre y el de Cortadillo; mas porque no había   85 tintero, le dió el papel para que lo llevase, y en el primer boticario

---

8. *performance*   *mixed (legal phrase)*
9. **mera mixta**   *absolute, simple and*

los escribiese, poniendo: «Rinconete y Cortadillo, cofrades; noviciado, ninguno; Rinconete, floreo; Cortadillo, bajón», y el día,
mes y año, callando padres y patria. Estando en esto, entró uno
de los viejos avispones, y dijo: 90

—Vengo a decir a vuesas mercedes como agora agora topé en
Gradas a Lobillo el de Málaga, y díceme que viene mejorado en
su arte, de tal manera, que con naipe limpio quitará el dinero al
mismo Satanás; y que por venir maltrado no viene luego a regis-
trarse y a dar la sólita obediencia; pero que el domingo será aquí   95
sin falta.

—Siempre se me asentó a mí —dijo Monipodio— que este
Lobillo había de ser único en su arte, porque tiene las mejores
y más acomodadas manos para ello que se pueden desear; que
para ser uno buen oficial en su oficio, tanto ha menester los   100
buenos instrumentos con que le ejercita como el ingenio con que
le aprendre.

—También topé —dijo el viejo—, en una casa de posadas, en
la calle de Tintores, al Judío, en hábito de clérigo, que se ha ido
a posar allí, por tener noticia que dos peruleros[10] viven en la   105
misma casa, y querría ver si pudiese trabar juego con ellos, aunque fuese de poca cantidad; que de allí podría venir a mucha. Dice
también que el domingo no faltará de la junta, y dará cuenta de
su persona.

—Ese Judío también —dijo Monipodio— es gran sacre[11] y   110
tiene gran conocimiento. Días ha que no le he visto, y no lo hace
bien. Pues a fe que si no se enmienda, que yo le deshaga la
corona;[12] que no tiene más órdenes el ladrón que las tiene el
Turco,[13] ni sabe más latín que mi madre. ¿Hay más de nuevo?

—No —dijo el viejo—; a lo menos, que yo sepa.   115

—Pues sea en buen hora —dijo Monipodio—. Voacedes tomen
esta miseria —y repartió entre todos hasta cuarenta reales—, y
el domingo no falte nadie; que no faltará nada de lo corrido.[14]

Todos le volvieron las gracias; tornáronse a abrazar Repolido
y la Cariharta, la Escalanta con Maniferro y la Gananciosa con   120
Chiquiznaque, concertando que aquella noche, después de haber

---

10. *rich guys*
11. *quite a bird (lit., saker falcon)*
12. *I'll knock his crown off*
13. **no tiene... Turco** *he's no more*

in religious orders than the Sultan of
Turkey
14. *what's gone on*

alzado de obra en la casa[15] se viesen en la de la Pipota, donde
también dijo que iría Monipodio, al registro de la canasta de colar,
y que luego había de ir a complir y borrar la partida de la miera.[16]
Abrazó a Rinconete y a Cortadillo, y echándolos su bendición,　125
los despidió, encargándoles que no tuviesen jamás posada cierta
ni de asiento, porque así convenía a la salud de todos. Acom-
pañólos Ganchoso hasta enseñarles sus puestos, acordándoles que
no faltasen el domingo, porque, a lo que creía y pensaba, Monipodio había de leer una lición de posición acerca de las cosas　130
concernientes a su arte. Con esto se fué, dejando a los dos compañeros admirados de lo que habían visto.

Era Rinconete, aunque muchacho, de muy buen entendimiento,
y tenía un buen natural; y como había andado con su padre en
el ejercicio de las bulas, sabía algo de buen lenguaje, y dábale gran　135
risa pensar en los vocablos que había oído a Monipodio y a los
demás de su compañía y bendita comunidad, y más cuando por
decir *per modum sufragii*, había dicho *por modo de naufragio*;
y que *sacaban el estupendo*, por decir *estipendio*, de lo que se
garbeaba; y cuando la Cariharta dijo que era Repolido como un　140
marinero de Tarpeya y un tigre de *Ocaña*, por decir *Hircania*,
con otras mil impertinencias a estas y a otras peores semejantes.
Especialmente le cayó en gracia cuando dijo que el trabajo que
habla pasado en ganar los veinte y cuatro reales lo recibiese el
cielo en descuento de sus pecados; y sobre todo, le admiraba la　145
seguridad que tenían, y la confianza, de irse al ciclo con no faltar
a sus devociones, estando tan llenos de hurtos, y de homicidios,
y de ofensas de Dios. Y reíase de la otra buena vieja de la Pipota,
que dehaba la canasta de colar, hurtada guardada en su casa, y
se iba a poner las candelillas de cera a las imágenes, y con ello　150
pensaba irse al cielo calzada y vestida.[17] No menos le suspendía
la obediencia y respeto que todos tenían a Monipodio, siendo un
hombre bárbaro, rústico y desalmado. Consideraba lo que había
leído en su libro de memoria, y los ejercicios en que todos se
ocupaban; finalmente, exageraba cuán descuidada justicia había　155
en aquella tan famosa ciudad de Sevilla, pues casi al descubierto

---

15. **haber... casa**　*they had finished their jobs in the whore house*
16. **borrar... miera**　*knock off the job*
17. **calzada y vestida**　*with her shoes and dress on*

vivía en ella gente tan perniciosa y tan contraria a la misma naturaleza, y propuso en sí de aconsejar a su compañero no durasen mucho en aquella vida tan perdida y tan mala, tan inquieta, y tan libre y disoluta. Pero, con todo esto, llevado de sus pocos años 160 y de su poca experiencia, pasó con ella adelante algunos meses, en los cuales le sucedieron cosas que piden más luenga escritura, y así, se deja para otra ocasión contar su vida y milagros,[18] con los de su maestro Monipodio, y otros sucesos de aquéllos de la infame academia, que todos serán de grande consideración, y que 165 podrán servir de ejemplo y aviso que los leyeren.

Preguntas

1. ¿Por qué no había cumplido su deuda el Corcovado?
2. ¿Qué quería Monipodio que todos hiciesen después de haber leído el libro de memoria?
3. ¿Por qué le besaron Rinconete y Cortadillo la mano a Monipodio?
4. ¿Quién pondría los nombres de Rinconete y Cortadillo en el papel?
5. ¿Cómo era Lobillo único en su arte?
6. ¿Con quién se había topado el viejo en una casa de posadas?
7. ¿Qué significa la «miseria» que Monipodio repartió entre todos los cofrades?
8. ¿Por qué les encargó Monipodio a Rinconete y Cortadillo que no tuviesen posada cierta?
9. ¿Cómo había aprendido Rinconete algo de buen lenguaje?
10. ¿Qué clase de gente vivía en Sevilla, según Rinconete?

Temas

1. Los agravios comunes.
2. Los vocablos de la cofradía y de Monipodio.
3. La obediencia y respeto que todos tenían a Monipodio.
4. Los planes futuros de los muchachos después de pensar en la vida de la cofradía.

---

18. **vida y milagros** *was the common beginning of books of saints' lives. Still today, if one says,* «Cuéntame tu vida y milagros,» *it merely means "Tell me all that's gone on with you."*

Américo Castro (1885–1972)

Para el hombre no iniciado, un filólogo es un especialista que trabaja en un campo muy reducido, sin que sus estudios sean una contribución notable a la causa de la cultura y el progreso humano. Nadie mejor que don Américo Castro para destruir este falso concepto que tiene el hombre corriente. Bajo la inspiración de su maestro Menéndez Pidal, Américo Castro ha participado activamente en el campo de la filología, pero a la vez, también ha contribuido con amplias interpretaciones sobre el sentido de los aspectos más sobresalientes de la cultura española en general. Su libro *El Pensamiento de Cervantes* (1925), inicia una época en el campo de la crítica cervantina. Treinta y dos años más tarde, todavía interesado en los problemas cervantinos, publicó un segundo tomo de ensayos, *Hacia Cervantes*. Castro ha contribuido también con estudios sobre otros notables escritores españoles, tales como Lope de Vega, Santa Teresa, Tirso de Molina, Quevedo y muchos más. Una síntesis valiosa de su pensamiento y meditación sobre España es su libro *La realidad histórica de España*; pocos libros poseen tan profundas meditaciones y tan sutilmente expresadas como éste. Y pocos libros también, han sido considerados tan seriamente.

Después de una fructífera carrera en la Universidad de Madrid, el profesor Castro enseñó en Princeton; además fue profesor visitante de otras universidades de los Estados Unidos.

La selección que incluimos está tomada de la introducción a la edición del *Quijote* hecha por don Américo y publicada en México por Porrúa Hermanos. Al autor y a los editores expresamos nuestro agradecimiento.

EL INGENIOSO HIDALGO
DON QUIJOTE DE LA MANCHA

El *Quijote* surgió sin antecedente al que cupiera referirlo[1] —como *Guzmán de Alfarache* es referible al *Lazarillo*[2]—, porque su tema último no es este o el otro acontecimiento, el hacer esto o lo otro, sino la misma dificultad de existir, o más ceñidamente,[3] la expresión de la conciencia de estar viviendo en perenne con- 5 flicto. No es un parcial conflicto, a fin de lograr una finalidad concreta (de amor, de riqueza, de lo que fuere);[4] lo en verdad debatido en el *Quijote* es la dificultad de realizarse como tal o cual persona, y la expresión de cómo tal dificultad se manifiesta en la conciencia del «dificultado.»[5] Los lectores —según haya 10 sido la época y la condición de cada uno de ellos— se interesaron en lo cómico, lo grotesco, lo melancólico, o en lo accidentado de las peripecias quijotiles o sanchescas;[6] mas todo eso, si concentramos la atención, va a parar al problema de cómo existir como Don Quijote, como Sancho, o, incluso, como bachiller 15 Sansón Carrasco,[7] galeote, ventero,[8] etc. En el ambiente de la novela cervantina, el vivir de la gente es visto como un empeñado pugilato[9] entre el designio de existir como tal o cual persona, y el propósito de quienes se oponen a ello. En tal contienda[10] unos y otros ponen en juego la conciencia de su total personalidad... 20
    No basta con observar que Don Quijote está loco, y que Sancho se contagia en gran medida de la demencia de su señor, pues estos

---

1. *to which it would be feasible to relate it*
2. An immensely popular picaresque novel by Mateo Alemán which appeared in 1599, is one of a succession of such novels which followed the famous *Lazarillo de Tormes* (*see* p. 77).
3. *more closely*
4. *of whatever it may be*
5. **se manifiesta... dificultado** *re-*
veals itself in the consciousness of "the man in such difficulty"
6. *or in the chance happening of the quixotic or sanchesque episodes*
7. A friend of Don Quixote
8. The innkeeper and the galley slave are references to well-known episodes in the novel.
9. *hard-fought boxing match*
10. *in such a struggle*

y otros trastornos[11] no son absolutos, sino relativos a la acción
de las cosas o de las personas en contacto con los trastornados.
Así se les revuelve el juicio,[12] y llegan a creerse capaces de llevar   25
a término[13] empresas poco antes insospechables. En la literatura
anterior a Cervantes las figuras humanas realizaban actos condu-
centes al bien o al mal, al desastre o a la gloria; mas ahora aparecen, ante todo, expuestas a ser movidas interiormente por el
ejemplo o por el aguijón[14] de quienes existen en su entorno.   30
Existen, en efecto, *comunicadas* con el mundo de la gente y de
las cosas, o sea, socialmente. Los griegos habían enseñado unos
dos mil años antes que el hombre era un «animal político»; mas
en Cervantes la figura humana es presentada *haciéndose* el curso
y el perfil[15] de la propia existencia, en el ambiente social de su   35
tiempo, como un ser permeable, intercomunicable y, al mismo
tiempo, consistente, todo en un proceso de comedia–drama. Se
hace visible el entrelace[16] de una figura humana con el prójimo
y con los objetos próximos, en un lugar dado y en el tiempo actual, ambos accesibles a la experiencia del lector contemporáneo   40
de Cervantes...

El asunto del *Quijote* no es aquí lo esencial: un modesto y
desquiciado[17] señor que, sobre un triste jamelgo[18] se arroja a la
empresa de desarraigar el mal, ese mal siempre tan bien afincado[19]
en valles de lágrimas, en ciudades de iniquidad o en jacales[20] de   45
miseria. Don Quijote, solo y aislado, no valdría ni para un relato
de escasas páginas. Mas lo que afirma y realza[21] al personaje es
su reflejo y su refracción en el mundo humano y de cosas que
Cervantes inventó en torno a aquél. Hasta el león —invitado a
salir de su jaula por la fuerza de un tan débil iluso—, hubo de   50
tomar una postura y una actitud frente al incalculable caballero.
La onda de arrojo[22] y de fe en uno mismo, lanzada por unos
libros de hirviente fantasía sobre el alma ociosa de Alonso Quijana,
se rompe luego en torbellinos de espuma.[23] Adonde ellos llegan,
ya nada aparecerá exactamente como antes parecía ser. Los con-   55

11. **pues... trastornos** *since these
and other disorders*
12. *Thus their minds become disturbed*
13. *of carrying out*
14. *goad, spur*
15. *outline*
16. *interrelationship*

17. *disordered*
18. *nag*
19. *situated*
20. *huts*
21. *elevates*
22. *fearlessness*
23. *whirlwinds of foam (froth)*

fines de la flaqueza mental y de la cordura[24] serán ahora incier-
tos y muy problemáticos; lo que antes del *Quijote* se juzgaba como
un *estado* limitable y absoluto (estar loco, estar sano de mente),
aparecerá a ciertos lectores de ese extraño libro como una *función*
que afecta al funcionamiento de nuestro trato con gentes y cosas. 60
He aquí el sentido de haber llamado Cervantes a su héroe un «loco
entreverado...»[25]

Lo admirable es que Cervantes *se sintiese también asfixiado
dentro de la literatura de su tiempo* y que se resolviera a tomarla
de simple instrumento para inventarse otra manera de literatura, 65
lo que luego sería la novela moderna, la expresión del designio
de hacerse y de llevar adelante una peculiar forma de vida: «yo
sé quien soy» (1, 5), o sea «me doy cuenta de hasta dónde puede
alzarse mi valía personal...»

Uno de los trasfondos[26] del estilo cervantino se nos hace ac- 70
cesible por la puerta del *parecer*: «A éste le parece así, y al otro,
de otro modo.» Mediante la insistencia y el recalco[27] de tales
«Pareceres» queda subrayado[28] el acto de apoderarse de la realidad, de conocer y de incorporar en el proceso del vivir, lo que
tan voluntariosamente se capta del mundo en torno. Cuando en 75
el *Quijote* se afirma que el objeto frente a alguien «parece esto
o aquello,» el autor no piensa en nada abstractamente filosófico
y que simplemente lleve al conocimiento de lo real, o a suscitar
varias y animadas perspectivas...

En el *Quijote*, la vida de cada uno iba entretejida,[29] *desde den-* 80
tro de sí, con la de los demás. Todas aquellas figuras humanas
llevaban a cuestas una carga de problemas personales. La técnica
de la narración se combinaba con la de las descripciones; pero
lo más llamativo[30] era que los personajes no fuesen arrastrados
por la fluencia de la narración o de los acontecimientos. Forzando 85
las normas del idioma, diría que las personas son «acontecidas,»
y los acontecimientos son «personados,»[31] ambos procesos en
simultaneidad.

24. **Los confines... cordura** *the lim-
its of mental weakness and of sound
sense*
25. **loco entreverado** *complicated
madman (partly sane and partly mad)*
26. *deep recesses*
27. **mediante... recalco** *by means of
the insistence on and the emphasizing*

28. *underscored*
29. *interwoven*
30. *noteworthy fact*
31. **diría... «personados»** *one would
say that the characters are "victims of
events" and the events are "victims of
characters"*

Por dondequiera que se abra el libro se perciben anhelos de libertad. Todo el mundo camina sueltamente,[32] todos pasan mucho tiempo al aire libre. Las ciudades no aparecen apenas, y si eso ocurre es por escaso tiempo. Lo corriente es andar o cabalgar, o detenerse en ventas —un mero punto y seguido[33] para el caminante.

El *Quijote* sigue siendo maravilla. Pese a los tres siglos y medio que nos apartan de él, el problema de sus figuras máximas no ha perdido ni su tensión ni su comunicativa eficacia. Es bueno releerlo en este tiempo de certidumbres mecanizadas y de amenazadores dogmatismos y de deshumanización, de inmersión en lo colectivo de las finalidades del individuo, de desvalorización de la exigencia de ser persona antes que ninguna otra cosa.[34]

Preguntas

1. ¿Quién era el famoso maestro de Américo Castro?
2. ¿Dónde ha enseñado el Sr. Castro?
3. ¿Sobre cuáles figuras literarias españolas ha escrito?
4. ¿Qué libro sirve de antecedente a *Guzmán de Alfarache*?
5. Según la época, ¿en qué aspectos de *Don Quijote* se interesaron los lectores?
6. En el ambiente de la novela cervantina, ¿cómo se ve el vivir de la gente?
7. ¿De qué se contagia Sancho?
8. ¿Qué se les revuelve a Don Quijote y a Sancho?
9. ¿Qué habían enseñado los griegos unos dos mil años antes?
10. ¿Qué cosa especial hace visible Cervantes con sus figuras humanas?
11. ¿Por qué no es el asunto del *Quijote* tan esencial?
12. ¿Qué clase de caballo tiene Don Quijote?
13. ¿Qué hizo el león frente al incalculable caballero?
14. ¿Qué uso hizo Cervantes de la literatura de su época?
15. ¿Qué nos hace accesible el estilo cervantino?
16. ¿Con qué combina Cervantes la técnica de la narración?
17. ¿Qué relación existe entre las personas y los acontecimientos?
18. ¿Qué es lo que apenas aparece en el libro?
19. ¿Dónde pasan los personajes mucho tiempo?
20. ¿Por qué es bueno releer esta novela?

32. *spontaneously*
33. *a mere semicolon (slight pause)*
34. **desvalorización... cosa** *of the* lack of emphasis on the need of being a person (individual) first and foremost

Temas

1. El tema verdadero de *Don Quijote*.
2. Lo relativo y lo absoluto en los problemas de la vida.
3. La influencia de las demás personas en nuestra vida.
4. Lo que significa «loco entreverado.»
5. Tipos de literatura durante la época de Cervantes.
6. La importancia de la idea del «parecer.»
7. La popularidad universal del *Quijote*.

Debate

La realidad como la percibe Don Quijote, en contraste con la realidad como la percibe Sancho Panza.

La poesía lírica de los siglos XVI y XVII

A partir de la aurora del Renacimiento hasta el fin de la Edad de Oro, una de las mayores glorias de España es su notable producción de una poesía lírica en extremo atractiva. Las selecciones siguientes darán, al menos en parte, una idea de su calidad. Sus autores son de origen muy variado: algunos nacieron en humildes cabañas, otros vivieron en palacios lujosos, mientras que otros pasaron su vida en la serena tranquilidad de un monasterio o un convento. Algunos fueron santos; otros, pecadores enpedernidos. Los poemas en sí mismos son igualmente variados; pero ya sean dramáticos, líricos, satíricos, narrativos, místicos, amatorios, clásicos o populares, todos tiénen una verdadera y segura inspiración poética. Los lectores de lengua inglesa habrán observado reminiscencias de la expresión poético-religiosa de Santa Teresa y de Fray Luis de León en la poesía de Crashaw, Henry Vaughan «the Silurist», Traherne y otros poetas metafísicos ingleses del siglo XVII.

GARCILASO DE LA VEGA (¿1501?–1536)

Este poeta aristócrata fue el caballero y el soldado ideal del siglo XVI. Su perfección física, su rostro hermoso, su atractiva caballerosidad, su arte poético y su devoción por la dama amada fueron raramente sobrepasados. Escribió poco, pero cada poema suyo es una pulida joya de gran belleza. Garcilaso, junto con su amigo Boscán, enriqueció el verso español al introducir metros italianos. Las características de su poesía son atractivo

emocional, gusto delicado, armonía y medida. A causa de su singular perfección se le ha llamado «el poeta perfecto». El famoso Soneto X fue compuesto después de la muerte de Isabel Freyre, la dama portuguesa que
cautivó el corazón de Garcilaso.

SONETO X

¡Oh dulces prendas,[1] por mi mal halladas,[2]
dulces y alegres cuando Dios quería![3]
Juntas estáis en la memoria mía,
y con ella[4] en mi muerta conjuradas.[5]

    ¿Quién me dijera,[6] cuando las pasadas   5
horas, que en tanto bien por vos me vía,[7]
que me habíades[8] de ser en algún día
con tan grave dolor representadas?[9]

    Pues en una hora junto[10] me llevastes
todo el bien que por términos[11] me distes,   10
llevadme junto el mal que me dejastes.

    Si no, sospecharé que me pusistes
en tantos bienes, porque deseastes[12]
verme morir entre memorias tristes.

SANTA TERESA DE JESÚS (1515–1582)

Teresa Sánchez de Cepeda y Ahumada (el nombre con que nació la Santa)
fue una notable mujer, enérgica y culta. Sus actividades incluyeron la fun-
dación de conventos, su contribución a la reforma de la orden Carmelita,
una correspondencia extensa con numerosos personajes y una notable
cantidad de creación literaria. En el *Libro de su vida* nos da los hechos
más importantes de su vida en su ciudad natal, Ávila. Su obra mística constituye el mejor crédito a su fama: *Camino de perfección* (1583), *Conceptos*

1. *attractions*
2. *found to my hurt*
3. **cuando... quería** *(during the time)*
God willed it
4. **ella** se refiere a **memoria**
5. son las **dulces prendas** que son
conjuradas *i.e., conspiring in my
death*
6. *who would have told me*

7. **vía = veía**
8. **habíades = habíais**
9. *represented (i.e., seen), made evident*
10. *all at once*
11. *gradually, little by little*
12. **llevasteis, disteis, dejasteis, pu-
sisteis** y **deseasteis** son las formas
modernos correspondientes a cada uno
de estos cinco verbos

del amor de Dios (1612) y sobretodo *El castillo interior o las moradas* (1583). Este último muestra los pasos del alma a través de las siete cámaras del castillo místico hasta alcanzar su unión con Dios. Santa Teresa escribió pocos pero refinados poemas, casi todos para las monjas de sus conventos. Se le ha llamado «La Doctora Mística».

NADA TE TURBE...

Nada te turbe,
nada te espante,[1]
todo se pasa,
Dios no se muda.[2]
La paciencia   5
todo lo alcanza,[3]
quien a Dios tiene
nada le falta:
sólo Dios basta.

ANÓNIMO (fecha incierta)

El «Soneto a Cristo Crucificado», algunas veces llamado «No me mueve, mi Dios», a causa de su verso inicial, es uno de los poemas más conmovedores de la literatura mística española. Sus ideas, aunque basadas en la fe cristiana, pueden ser apreciadas por gentes de otros credos religiosos. El poeta ama a Dios no por la recompensa divina en el cielo, ni por temor a los castigos del infierno, sino por la forma como sufrió por la humanidad y su amor por ella, expresa una emoción religiosa muy pura.

NO ME MUEVE, MI DIOS

No me mueve, mi Dios, para quererte
el cielo[1] que me tienes prometido,
ni me mueve el infierno tan temido
para dejar por eso de ofenderte.

1. **Nada... espante** *let nothing disturb you, nothing frighten you*
2. *does not change*
3. *achieves everything*

1. **cielo** es el sujeto de **mueve**

Tú me mueves, Señor; muéveme el verte   5
clavado en esa cruz y escarnecido;[2]
muéveme ver tu cuerpo tan herido;
muévenme tus afrentas[3] y tu muerte.
    Muévesme al tu amor en tal manera
que, aunque no hubiera cielo, yo te amara,[4]   10
y, aunque no hubiera infierno, te temiera.
    No me tienes que dar porque te quiera;[5]
que, aunque cuanto espero no esperara,
lo mismo que te quiero te quisiera.[6]

FRAY LUIS DE LEÓN (1527–1591)

El más famoso representante de la escuela de Salamanca fue un hombre profundamente religioso, quien a la edad de diecisiete años hizo el voto de los monjes agustinos. Hombre de profundos conocimientos, llegó a ser profesor de teología en la Universidad de Salamanca. Escribió numerosas obras, tanto en prosa como en verso; en éste último ensayó varias formas métricas, pero de todas las más famosas son sus *liras*, forma italiana que ya había sido utilizada por Garcilaso de la Vega. Los poemas de Fray Luis son sencillos y de expresión clásica, pero de noble y elevada emoción. El poema «A Francisco Salinas» está dedicado a un músico ciego, Salinas, pero en un sentido más amplio a la música y a su poder evocador de los más amables sentimientos del hombre. No sin razón, algunos consideran a Fray Luis como el más notable poeta lírico español.

---

2. *mocked*
3. *insults Thou hast suffered*
4. *I would love Thee*   El imperfecto de subjuntivo se usa a menudo como condicional.

5. **No me... quiera**   *Thou needest not give me aught to make me love Thee*
6. *if I did not hope for all that I hope for, I would love Thee the same as I do love Thee*

A FRANCISCO SALINAS

El aire se serena[1]
y viste de hermosura y luz no usada,
Salinas, cuando suena
la música extremada[2]
por vuestra sabia mano gobernada.   5

A cuyo son divino
el alma que en olvido está sumida[3]
torna a cobrar el tino[4]
y memoria perdida
de su origen primera esclarecida.[5]   10

Y como se conoce,
en suerte y pensamientos se mejora:[6]
el oro desconoce[7]
que el vulgo vil adora,[8]
la belleza caduca[9] engañadora.   15

Traspasa[10] el aire todo
hasta llegar a la más alta esfera,
y oye allí otro modo[11]
de no perecedera[12]
música, que es de todas la primera.[13]   20

Y como está compuesta
de números concordes,[14] luego envía
consonante respuesta,[15]
y entre ambas a porfía[16]
se mezcla una dulcísima armonía.   25

---

1. *grows calm*
2. *remarkable (superlative)*
3. *at whose divine sound the soul which is sunk in oblivion*
4. *sight, wisdom*
5. *illuminated* (*i.e.*, nos recuerda su origen divino)
6. *in manner and thoughts it is improved*
7. *it disowns the gold*
8. *which the common herd adores*
9. *the deceitful, transitory beauty*
10. *it moves beyond*
11. *another kind*
12. *imperishable*
13. *which is the source of the first* El poeta sugiere que la música celestial es el origen de la música mencionada primero, es decir la música de Salinas.
14. *of harmonious numbers* aquí se refiere a los cantos musicales)
15. *rhyming response*
16. *in competition*

Aquí la alma navega[17]
por un mar de dulzura,[18] y finalmente
en él así se anega,[19]
que ningún accidente
extraño o peregrino[20] oye o siente.   30

¡Oh desmayo dichoso![21]
¡oh muerte que das vida![22] ¡oh dulce olvido!
¡durase en tu reposo
sin ser restituído
jamás aqueste bajo y vil sentido![23]   35

A este bien os llama,
gloria del Apolíneo sacro coro,[24]
amigos a quien amo
sobre todo tesoro,
que todo lo visible es triste lloro.   40

¡Oh! suene de contino,[25]
Salinas, vuestro son en mis oídos,
por quien al bien divino
despiertan los sentidos,
quedando a lo demás adormecidos.[26]   45

El poema a la *Vida retirada* muestra claramente la influencia del *Beatus ille* de Horacio. En efecto, a Fray Luis de León se le ha llamado «El Horacio cristiano», a pesar de la fuerte originalidad del poeta español, que marca la fusión de las culturas hebrea y clásica. En la *Vida retirada* el poeta nos presenta el ideal del que prefiere la vida sosegada del campo, como en su retiro a una quinta fuera de Salamanca, llamada La Flecha, donde encontraba la paz que deseaba.

17. *sails*
18. *sweetness*
19. *is submerged*
20. *strange or chance accident*
21. *Oh happy faintness!* El poeta se refiere al feliz abandono de la felicidad completa.
22. *the death which gives life is also the state of bliss in which the soul finds itself*
23. **sin ser... sentido** *may it (the soul) continue in your repose without that base and vile sense over being restored* El poeta quiere decir que espera que una vez en este estado su alma no

retorne de su felicidad total a una base de sentimientos humanos.
24. **gloria... coro** *glory of Apollo's sacred choir* está en posición a **este bien,** *this glory (i.e., this bliss)* El poeta dice que llama a sus amigos, a los que quiere más que a ningún tesoro, a compartir su felicidad; al coro sagrado de Apolo. Entre sus muchos atributos, Apolo era el dios de la música.
25. **suene de contino** *let sound continuously*
26. **quedando... adormecidos** *remaining asleep to all else*

VIDA RETIRADA

¡Qué descansada vida
la del que huye el mundanal ruido,
y sigue la escondida
senda por donde han ido
los pocos sabios que en el mundo han sido!   5
   Que no le enturbia el pecho
de los soberbios grandes el estado,
ni del dorado techo
se admira, fabricado
del sabio moro,[1] en jaspes sustentado.   10
   No cura si la fama
canta con voz su nombre pregonera,[2]
ni cura si encarama
la lengua lisonjera
lo que condena la verdad sincera.   15
   ¿Qué presta a mi contento
si soy del vano dedo señaldo;
si en busca de este viento
ando desalentado
con ansias vivas, con mortal cuidado?   20
   ¡Oh campo, oh monte, oh río!
¡Oh secreto seguro deleitoso!
Roto casi el navío,
a vuestro almo reposo
huyo de aqueste mar tempestuoso.   25
   Un no rompido sueño,
un día puro, alegre, libre quiero;
no quiero ver el ceño
vanamente severo
de quien la sangre ensalza o el dinero.   30
   Despiértenme las aves
con su cantar suave no aprendido,
no los cuidados graves
de que es siempre seguido
quien al ajeno arbitrio está atenido.   35

---

1. **sabio moro** *skilled Moorish archi-*
tect

2. **canta... pregonera** *sings aloud*
and proclaims his name

Vivir quiero conmigo,
gozar quiero del bien que debo al cielo,
a solas sin testigo,
    libre de amor, de celo,
de odio, de esperanzas, de recelo.   40
    Del monte en la ladera
por mi mano plantado tengo un huerto
que con la primavera
de bella flor cubierto
ya muestra en esperanza el fruto cierto.   45
    Y como condiciosa
de ver y acrecentar su hermosura,
desde la cumbre airosa
una fontana pura
hasta llegar corriendo se apresura.   50
    Y luego sosegada
el paso entre los árboles torciendo,
el suelo de pasada
de verdura vistiendo,
y con diversas flores va esparciendo.   55
    El aire el huerto orea,
y ofrece mil olores al sentido,
los árboles menea
con un manso ruido,
que del oro y del cetro pone olvido.[3]   60
    Téngase su tesoro
los que de un flaco leño[4] se confían:
no es mío ver el lloro
de los que desconfían
cuando el cierzo y el álbrego porfían.   65
    La combatida entena
cruje, y en ciega noche el claro día
se torna, al cielo suena
confusa vocería,
y la mar enriquecen a porfía.   70
    A mí una pobrecilla
mesa de amable paz bien abastada

---

3. **pone olvido** *brings forgetfulness*   4. **flaco leño** *frail timbers (of a ship)*

    me basta, y la vajilla
    de fino oro labrada
    sea de quien la mar no teme airada.   75
     Y mientras miserablemente
    se están los otros abrasando
    en sed insaciable
    del no durable mando,
    tendido yo a la sombra esté cantando.   80
     A la sombra tendido
    de yedra y lauro eterno coronado,
    puesto el atento oído
    al son dulce acordado
    del plectro sabiamente meneado.   85

SAN JUAN DE LA CRUZ (1542–1591)

El misticismo español llega a su apogeo en el siglo XVI y a su mejor expresión poética con San Juan de la Cruz. Al igual que su compañera de orden, Santa Teresa, San Juan trabajó activamente en la reforma de los Carmelitas, pero el mejor testimonio de sus momentos de profundo éxtasis religioso son sus obras en prosa y verso. El tema central de la obra de San Juan es la unión del alma con su Creador, alegóricamente tratado como el Amante y la Amada. Algunas reminiscencias del *Cantar de los cantares* de Salomón aparecen en la obra. Aún los menos religiosos pueden gozar de la bella expresión poética de San Juan y de su añoramiento místico. Como Garcilaso y Fray Luis, San Juan también usó la *lira* como metro predilecto.

NOCHE OSCURA DEL ALMA

    En una noche oscura,
    con ansias[1] en amores inflamada,
    ¡oh dichosa ventura!
    salí sin ser notada,
    estando ya mi casa sosegada.[2]   5

---

1. *anxieties*
2. *calm* el poeta explica cómo (alegóricamente su alma) sale de su casa (su cuerpo), habiéndola dejado en reposo y en calma, es decir limpia de todo lo mundanal

A oscuras,[3] y segura,
por la secreta escala disfrazada,[4]
¡oh dichosa ventura!
a oscuras, y en celada,[5]
estando ya mi casa sosegada.   10

En la noche dichosa,
en secreto, que nadie me veía,
ni yo miraba cosa,
sin otra luz y guía,
sino la que en el corazón ardía.   15

Aquésta[6] me guiaba
más cierto que la luz del mediodía,
adonde me esperaba
quien yo bien me sabía,[7]
en parte donde nadie parecía.   20

¡Oh noche, que guiaste,
oh noche amable más que el alborada:[8]
oh noche, que juntaste
Amado con Amada,[9]
Amada en el Amado transformada!   25

En mi pecho florido,[10]
que entero para él solo se guardaba,
allí quedó dormido,[11]
y yo le regalaba,[12]
y el ventalle de cedros aire daba.[13]   30

---

3. *in the darkness*
4. *disguised* a menudo los místicos se
refieren metafóricamente a la escala, por
medio de la cual suben hasta alcanzar la
suprema felicidad
5. *concealed*
6. **aquésta**   *i.e., divine light*
7. **quien... sabía**   *one whose identity
I well knew (God)*
8. *dawn*
9. **El Amado** es Dios y la **Amada** es el
alma
10. *flower-decked*
11. La alegoría de la unión entre el alma
y Dios toma un tono amoroso, de tal
modo que el lector siente que el alma
ama a Dios cálida y palpitantemente,
como el amor que se profesan entre sí
dos seres humanos
12. *caressed*
13. *and the fan of cedar gave air*   i.e.,
le abanicó

El aire de la almena,[14]
cuando yo sus cabellos esparcía,[15]
con su mano serena
en mi cuello hería,[16]
y todos mis sentidos suspendía.   35

Quedéme, y olvidéme,
el rostro recliné sobre el Amado.
Cesó todo, y dejéme,[17]
dejando mi cuidado
entre las azucenas[18] olvidado.   40

LUIS DE GÓNGORA Y ARGOTE (1561–1627)

La Escuela de Salamanca está representada en el siglo XVI por la poesía de Fray Luis de León y se caracteriza por la sobriedad de su expresión y la relativa sencillez de su forma. Los poetas del sur, la Escuela de Sevilla, están representados tempranamente por Fernando de Herrera (1534–1597) y su poesía tiende a ser más exuberante, más elaborada en la expresión y más adornada. El cordobés Luis de Góngora, poeta de notables dotes, escribió romances sencillos y canciones altamente populares, pero el término «gongorista» ha sido aplicado a sus obras barrocas más complejas, en donde la belleza poética se alcanza más a través de una mayor complejidad de la forma y decoración abundante que de la sencillez de la línea y la composición clásicas. El siglo XX ha aprendido a apreciar a Góngora más de lo que lo hicieron los siglos XVIII y XIX.

La composición que incluimos primero es un poema relativamente sencillo y muy popular. Su forma es el *romancillo* de versos octosílabos; la rima es asonante en los versos pares, es decir vocales idénticas, pero consonates desiguales.

---

14. *battlement*
15. *disheveled*
16. *the air with its calm hand struck my neck*

17. *I let myself go*   i.e., **Me abandoné**
(al amor de Dios)
18. *white lilies*

ROMANCILLO

Las flores del romero,[1]
niña Isabel,
hoy son flores azules,
mañana serán miel.[2]

Celosa[3] estás, la niña,   5
celosa estás de aquel
dichoso,[4] pues le buscas,
ciego, pues no te ve,
ingrato,[5] pues te enoja,
y confiado,[6] pues   10
no se disculpa[7] hoy
de lo que hizo ayer.
Enjuguen esperanzas
lo que lloras por él;[8]
que celos[9] entre aquéllos   15
que se han querido bien
hoy son flores azules,
mañana serán miel.

Aurora de ti misma,[10]
que cuando a amanecer   20
a tu placer empiezas,
te eclipsa tu placer.
Serénense tus ojos,
y más perlas no des,[11]
porque al Sol le está mal   25
lo que a la Aurora bien.[12]
Desata[13] como nieblas
todo lo que no ves;

1. *rosemary*
2. *honey*
3. *jealous*
4. *that happy man*
5. *ungrateful*
6. *haughty*
7. *doesn't apologize*
8. *Let hopes dry the tears you shed for him*
9. *jealously*

10. Estos cuatro versos son relativamente elaborados, complicados. Se pueden parafrasear así: aurora de tu propio ser, que, al...
11. *give no more pearls*   i.e., **no viertas más lágrimas**
12. *for what is appropriate to dawn is not for the sun (i.e., your beauty)*
13. *disperse*

que sospechas de amantes
y querellas[14] después   30
hoy son flores azules,
mañana serán miel.

La *letrilla* es una composición breve, con versos cortos, en la cual el poeta
comenta un mismo pensamiento, con frecuente repetición de una misma
estrofa o de un estribillo.

En la letrilla que sigue, al parecer muy sencilla, se encuentran muchas
líneas que caraterizan otros poemas largos como el *Polifemo* y las *Soledades*. Hay muchas metáforas: los ruiseñores pueden ser los poetas, que
cantan con notas de plata o trompeticas o clarines. Claro que las sirenas
con plumas son pájaros. ¿Qué son los soles? Son los ojos de la mujer
adorada. Un violín que vuela es un ave que canta. Son metáforas muy
claras y muy usadas por Góngora y los de su escuela.

LETRILLAS

No son todos ruiseñores
los que cantan entre flores,
sino campanitas de plata,
que tocan al alba;
sino trompeticas de oro,   5
que hacen la salva[1]
a los soles que adoro.
No todas las voces ledas[2]
son de sirenas con plumas,
cuyas húmedas espumas   10
son las verdes alamedas.
Si suspendido[3] te quedas
a los suaves clamores,
No son todos ruiseñores
los que cantan entre flores,   15
sino campanitas de plata,
que tocan al alba;
sino trompeticas de oro,
que hacen la salva
a los soles que adoro.   20

14. *complaints*   2. *joyous*
                                    3. *lost in admiration*
1. *greeting, flourishes (of trumpets)*

Lo artificioso, que admira,
y lo dulce, que consuela,
no es de aquel violín que vuela
ni de esotra inquieta lira;
otro instrumento es quien tira   25
de los sentidos mejores:
No son todos ruiseñores
los que cantan entre flores,
sino campanitas de plata,
que tocan al alba;   30
sino trompeticas de oro,
que hacen la salva
a los soles que adoro.

Preguntas

1. ¿Qué diferencia existe entre el soneto de Garcilaso de la Vega y el poemita de Santa Teresa de Jesús?
2. ¿A quién está dirigido el soneto de Garcilaso y a quién está dirigido el de Santa Teresa de Jesús?
3. ¿A qué tipo de literatura pertenece el «Soneto a Cristo crucificado»?
4. ¿A quién ama el poeta en el «Soneto a Cristo crucificado» y por qué siente ese amor?
5. ¿Por qué el «Soneto a Cristo crucificado» es uno de los más conmovedores de la mística española?
6. ¿A quién está dedicado el poema de Fray Luis de León?
7. ¿Qué evoca la música en el hombre de acuerdo con Fray Luis de León?
8. ¿Qué marca la fuerte originalidad de Fray Luis de León?
9. ¿Dónde encuentra el poeta la paz en «Vida retirada»?
10. ¿Con quién quiere el poeta vivir en «Vida retirada»?
11. ¿De cuál obra aparecen reminiscencias en la obra de San Juan de la Cruz?

Temas

1. Compare la poesía de San Juan de la Cruz con la de Góngora. ¿En que se parecen? ¿En que se diferencian?
2. Además de las que se apuntan en el texto, señale otras metáforas que aparezcan en «letrillas» de Góngora.

EL TEATRO DEL SIGLO DE ORO

Lope de Vega (1562–1635)

Lope Félix de Vega Carpio nació en Madrid de familia de humilde origen, proveniente del norte. Cervantes, quien era quince años mayor que Lope, le llamó el «Monstruo de la Naturaleza», y Lope vivió en todo sentido para hacer honor al apodo. Empezó a escribir y a enamorarse de una forma fenomenal cuando todavía era muy joven y continuó con gran actividad en los dos ramos durante toda su vida. Dos veces contrajo matrimonio y sus aventuras extraconyugales son demasiado numerosas para ser mencionadas. Las muchas mujeres de su vida le inspiraron los mejores pasajes de su poesía lírica. Sirvió a numerosos nobles; luchó como soldado de la Armada Invencible; fue miembro de la Santa Hermandad y perteneció a numerosas organizaciones religiosas. El papa Urbano VIII le concedió el título de Doctor en Teología y el hábito de la Orden de San Juan; Lope murió en olor de santidad. Su funeral en 1635 fue ocasión de luto nacional. Ciento cincuenta y tres autores contemporáneos suyos se reunieron para rendirle homenaje en un volumen.

Lope Félix de Vega Carpio. Grabado de J. de Courbes

La prolífica obra de Lope puede ser comparada con la del Ticiano o la de Goya, quienes vivieron más años que Lope, o con la de Mozart, quien vivió la mitad. (Dumas padre, quien decía haber escrito doscientas novelas, no escribió solo.) Dejando a un lado todo cálculo exagerado, se puede decir que Lope escribió unas dos docenas de volúmenes de versos, incluido el poema *La Hermosura de Angélica*, que escribió a bordo de su barco en la Armada Invencible; entre setecientos y ochocientos comedias en tres actos y un buen número de autos sacramentales en un acto. Todos los dramas de Lope son en verso, generalmente excelente, comparable con el de Shakespeare en *Romeo y Julieta* o a veces con el de Marlow en sus versos más ambiciosos. Lope decía haber escrito más de cien comedias completas en veinticuatro horas cada una. Quien conozca este hecho, no podrá negar que Lope ha sido el más grande improvisador del mundo.

Aunque Lope no creó caracteres como los de Don Juan, Don Quijote, Hamlet o Fausto, fue capaz de crear situaciones intensamente dramáticas y de infundir a su obra una vena lírica intrínseca a ella que se ha convertido en el más rico don de su teatro. Las dos selecciones que incluimos a continuación son muestras evidentes del lirismo puro de la obra dramática de Lope.

De PERIBÁÑEZ Y EL COMENDADOR DE OCAÑA: DOS ABECÉS

[Con esta obra alcanzó Lope uno de los mayores éxitos teatrales. La obra, muy seria, gira alrededor del tema del honor; incrustada en ella sin embargo, y esto es característico de aún las obras más dramáticas de Lope, aparecen atractivos y hasta alegres elementos líricos, calculados para descargar la tensión dramática y atraer el auditorio. Los dos *abecés* que siguen son ejemplo de tal recurso. Ambos son del acto primero y sirven para resaltar la buenas cualidades del héroe, Peribáñez y de su esposa, Casilda, al mismo tiempo que les rodea de una atmósfera que es a la vez fresca, normal y chispeante, con muchas de las facetas de la vida sencilla del campo.

Estos alfabetos no fueron invención exclusiva de Lope; parece ser que varios autores del siglo XVII los usaron con aparente éxito.]

PERIBÁÑEZ. Amar y honrar su marido
Es letra de este abecé,
Siendo buena por la B,
Que es todo el bien que te pido.

Haráte cuerda[1] la C,   5
La D dulce, y entendida
La E, y la F en la vida
Firme, fuerte y de gran fe.

La G grave, y para honrada
La H, que la I   10
Te hará ilustre, si de ti
Queda mi casa ilustrada.

Limpia serás por la L,
Y por la M maestra
De tus hijos, cual lo muestra   15
Quien de sus vicios se duele.[2]

La N te enseña un no
A solicitudes locas;[3]
Que[4] este no, que aprenden pocas
Está en la N y la O.   20

La P te hará pensativa,
La Q bienquista,[5] la R
Con tal razón, que destierre
Toda locura excesiva.

Solícita te ha de hacer   25
De mi regalo[6] la S,

1. *prudent*
2. **Y por... duele.** *And through the M, the mistress of your children, as shown by one who is grieved by their defects.*
3. **solicitudes locas** *illicit requests*
4. *because*
5. *well thought of, esteemed*
6. **Solícita... regalo** *is to make you careful of my pleasure*

La T tal que no pudiese
Hallarse mejor mujer.

La V la hará verdadera,
La X buena cristiana,[7]   30
Letra que en la vida humana
Has de aprender la primera.

Por la Z has de guardarte
De ser zelosa,[8] que es cosa
Que nuestra paz amorosa   35
Puede, Casilda, quitarte.

Aprende este canto llano;[9]
Que con aquesta cartilla[10]
Tu serás flor de la villa,
Y yo el más noble villano.[11]   40

CASILDA.   Estudiaré, por servirte,
Las letras de ese abecé;
Pero dime si podré
Otro, mi Pedro, decirte,
Si no es acaso licencia.[12]   45

PERIBÁÑEZ.   Antes yo me huelgo.[13] Di;
Que quiero aprender de ti.

CASILDA.   Pues escucha, y ten paciencia
La primera letra es A,

Que altanero[14] no has de ser;   50
Por la B no me has de hacer
Burla para siempre ya.

La C te hará compañero
En mis trabajos; la D
Dadivoso,[15] por la fe   55
Con que regalarte[16] espero.

---

7. La palabra por Cristo en griego empieza con X. Por eso la X ha sido por mucho tiempo el símbolo del cristianismo, como en la expresión inglesa *Xmas* for *Christmas*.
8. La ortografía moderna es **celosa**.
9. *plainsong*
10. *primer (i.e., textbook)*
11. *peasant*
12. *license, abuse of freedom*
13. **antes... huelgo**   *rather I am glad*
14. *arrogant*
15. *generous*
16. *to please you*

La F de fácil trato,[17]
La G galán para mí,
La H honesto, y la I
Sin pensamiento de ingrato.   60

Por la L liberal,
Y por la M el mejor
Marido que tuvo amor,
Porque es el mayor caudal.[18]

Por la N no serás   65
Necio,[19] que es fuerte castigo;
Por la O solo conmigo
Todas las horas tendrás.

Por la P me has de hacer obras
De Padre; porque quererme   70
Por la Q, será ponerme
En la obligación que cobras.[20]

Por la R regalarme,
Y por la S servirme,
Por la T tenerte firme,   75
Por la V verdad tratarme;

Por la X con abiertos
Brazos, imitarla así
    (*Abrázale*)[21]
Y como estamos aquí,   80
Estemos después de muertos.

17. *friendly relationship*
18. *wealth*
19. *foolish, unwise*
20. *you get back from me*

21. Los brazos abiertos de la X, dice
Casilda, son como los suyos, con los
cuales va a abrazarle.

De EL CABALLERO DE ILLESCAS

[*Peribáñez* es uno de los dramas más serios de Lope; dentro de una vena más ligera se encuentra *El caballero de Illescas*, una obra cuyo protagonista es un ostentoso campesino disfrazado de noble, en los días en que el reinado de los Reyes Católicos no se había afianzado todavía. Los dos monarcas aparecen en la obra y la presencia de Fernando es necesaria para motivar la acción. El poema que sigue, conocido como *Blancas coge, Lucinda, las azucenas...*, es considerado como uno de los *villancicos* más hermosos de Lope y aparece en casi todas las antologías lopescas. Aparece en la obra como una de las canciones dedicadas a los reyes con motivo de su visita a Illescas. El alegre tono lírico de la obra, sintetizado por el poema, alcanza su mejor punto cuando el caballero descubre que es tan noble como la linda dama que lo ha sacrificado todo para ser su esposa.]

> Blancas coge Lucinda
> las azucenas
> y en llegando a sus manos
> parecen negras.
>
> Cuando sale el alba   5
> Lucinda bella
> sale más hermosa,
> la tierra alegra.[1]
>
> Con su sol enjuga
> sus blancas perlas;[2]   10
> si una flor le quita
> dos mil engendra.
>
> Porque son sus plantas[3]
> de primavera
> y como cristales   15
> sus manos bellas.

---

1. *rejoices*   3. *feet*
2. **blancas perlas** *dewdrops*

  Y así, con ser blancas
las azucenas,[4]
en llegando a sus manos
parecen negras.   20

Preguntas

1. ¿En qué dos ramas de diferentes actividades fue muy activo Lope de
   Vega durante toda su vida?
2. ¿Cómo llamó Cervantes a Lope? ¿Por qué lo llamó así?
3. ¿Cuántas comedias en tres actos escribió Lope? ¿Cuántos autos sacramentales? ¿Cuántos volúmenes de versos?
4. ¿Creó Lope de Vega algún carácter universal como Don Juan, Don
   Quijote, Hamlet o Fausto?
5. ¿Cuál es el tema central de *Peribáñez y el comendador de Ocaña?*
6. ¿Cómo es el tono de la obra *El caballero de Illescas?*
7. ¿En qué se diferencian *Peribáñez* y *El caballero de Illescas?*

4. **con... azucenas**   *although lilies are*
white

De FUENTEOVEJUNA

Entre el grupo de «Comedias de crónicas[1] y leyendas de España» de Lope de Vega, una de las más conocida es sin duda *Fuenteovejuna*.

Utilizando un acontecimiento probablemente histórico, la venganza[2] de todo un pueblo contra el señor que lo atropella, Lope le da dimensiones épicas al hecho, legitimando la rebeldía contra el despotismo,[3] sin menoscabar el sentimiento monárquico propio de la época.

El argumento de la obra es muy sencillo y sobrio: el pueblo de Fuenteovejuna, no pudiendo soportar más las atrocidades de su señor, el Comendador Mayor Fernán Gómez de Guzmán, asalta su palacio y le da muerte. Enterados los Reyes Católicos de lo sucedido, envían a un juez[4] para que investigue y castigue a los responsables, pero al llegar el juez a Fuenteovejuna, a pesar de los tormentos a que somete a los vecinos, todos contestan —Fuenteovejuna— cuando les pregunta quién mató al Comendador. Regresa el juez ante los Reyes y les informa de su fracaso de encontrar al culpable. Llegan los vecinos ante los Reyes y después de explicarles los crímenes que había cometido el Comendador, y como ellos siempre habían sido fieles a sus soberanos, el Rey los perdona y toma bajo su protección.

Es muy interesante, y por eso queremos hacerlo constar, que habiendo escrito Lope de Vega un libro titulado *Arte nuevo de hacer comedias*, en el cual prescribe[5] la aplicación de la regla de las tres unidades clásicas de tiempo, lugar y acción, en *Fuenteovejuna*, lo mismo que en todas sus otras comedias, ignora la mencionada regla.

A continuación ofrecemos algunas escenas de *Fuenteovejuna*.

1. *chronicles*
2. *revenge*
3. *tyranny*
4. *judge*
5. *prescribe, specify*

[Laurencia y Frondoso se encuentran en el campo de Fuenteovejuna y después de un corto diálogo, Laurencia comprende que Frondoso realmente la ama y decide casarse con él. En ese momento llega a la escena el Comendador, y Frondoso se esconde para no ser visto. El Comendador trata de seducir a Laurencia, pero al ser rechazado firmemente por la joven, intenta violarla. Sale Frondoso de su escondite y tomando la ballesta que el Comendador había dejado en el suelo, amenaza a éste de muerte si no suelta a Laurencia. Después que la joven ha huido, Frondoso se marcha también, pero no sin que antes el Comendador haya jurado vengarse.]

[Campo de Fuenteovejuna.]

Salen LAURENCIA *y* FRONDOSO.

LAURENCIA.   A medio torcer los paños,[1]
quise, atrevido Frondoso,
para no dar que decir,[2]
desviarme del arroyo;
decir a tus demasías   5
que murmura el pueblo todo,
que me miras y te miro,
y todos nos traen sobre ojo.[3]
Y como tú eres zagal,
de los que huellan, brioso,   10
y excediendo a los demás
vistes bizarro y costoso,[4]
en todo lugar no hay moza,
o mozo en el prado o soto,
que no se afirme diciendo   15
que ya para en uno somos;[5]
y esperan todos el día
que el sacristán Juan Chamorro
nos eche de la tribuna,
en dejando los piporros.[6]   20
Y mejor sus trojes vean

1. **A medio... paños** *In the midst of wringing out the clothes*
2. **para no... decir** *in order not to have to speak*
3. **y todos... ojo** *and everybody keeps us under watch*
4. **vistes... costoso** *you dress handsomely and expensively*
5. **para... somos** *we are for one another*
6. **en dejando los piporros** *Piporros means "bassoon," a musical instrument. Translate the passage thus: avoiding notice or gossip.*

de rubio trigo en agosto
atestadas y colmadas,
y sus tinajas de mosto,
que tal imaginación   25
me ha llegado a dar enojo:
ni me desvela ni aflige,
ni en ella el cuidado pongo.

FRONDOSO.   Tal me tienen tus desdenes,[7]
bella Laurencia, que tomo,   30
en el peligro de verte,
la vida, cuando te oigo.
Si sabes que es mi intención
el desear ser tu esposo,
mal premio das a mi fe.   35

LAURENCIA.   Es que yo no sé dar otro.[8]

FRONDOSO.   ¿Posible es que no te duelas
de verme tan cuidadoso
y que imaginando en ti
ni bebo, duermo ni como?   40
¿Posible es tanto rigor
en ese angélico rostro?
¡Viven los cielos que rabio![9]

LAURENCIA.   Pues salúdate, Frondoso.[10]

FRONDOSO.   Ya te pido yo salud,   45
y que ambos, como palomos,
estemos, juntos los picos,
con arrullos sonorosos,
después de darnos la Iglesia...

LAURENCIA.   Dilo a mi tío Juan Rojo;   50
que aunque no te quiero bien,
ya tengo algunos asomos.[11]

FRONDOSO.   ¡Ay de mí! El señor es éste.

---

7. *These lines, hardly the kind of words a peasant would say, belong to the pastoral tradition which idealized the simple life of the country*
8. **Es que... otro** *It's just that I don't know what other (answer) to give*
9. **¡Viven... rabio!** *Heavens, I am going mad!*
10. **Pues salúdate, Frondoso** *Well, get yourself cured of it*
11. **que aunque... asomos** *for even though I don't really love you, I have some feelings (for you). (Here Laurencia is being coy)*

LAURENCIA.	Tirando viene a algún corzo.
	Escóndete en esas ramas.	55
FRONDOSO.	Y ¡con qué celos me escondo!

Sale el COMENDADOR.

COMENDADOR.	No es malo venir siguiendo
	un corcillo temeroso,
	y topar tan bella gama.
LAURENCIA.	Aquí descansaba un poco	60
	de haber lavado unos paños;
	y así, al arroyo me torno,
	si manda su señoría.¹²
COMENDADOR.	Aquesos desdenes toscos
	afrentan, bella Laurencia,	65
	las gracias que el poderoso
	cielo te dió, de tal suerte,
	que vienes a ser un monstro.
	Mas si otras veces pudiste
	huir mi ruego amoroso,	70
	agora no quiere el campo,
	amigo secreto y solo;¹³
	que tú sola no has de ser
	tan soberbia, que tu rostro
	huyas al señor que tienes,	75
	teniéndome a mí en tan poco.
	¿No se rindió Sebastiana,
	mujer de Pedro Redondo,
	con ser casadas entrambas,
	y la de Martín del Pozo,	80
	habiendo apenas pasado
	dos días del desposorio?
LAURENCIA.	Ésas, señor, ya tenían,
	de haber andado con otros,
	el camino de agradaros;	85
	porque también muchos mozos

---

12. **si manda su señoría**   *if your lord-*
ship will permit

13. **agora... solo**   *now my secret and
only friend, the country, doesn't wish it*

merecieron sus favores.[14]
Id con Dios, tras vueso[15] corzo;
que a no veros con la cruz,
os tuviera por demonio,[16] 90
pues tanto me perseguís.

COMENDADOR. ¡Qué estilo tan enfadoso!
Pongo la ballesta en tierra,

* * * * * * *

y a la práctica de manos
reduzgo melindres.[17] 95
LAURENCIA. ¡Como!
¿Eso hacéis? ¿Estáis en vos?[18]

Sale FRONDOSO *y toma la ballesta.*

COMENDADOR. No te defiendas.[19]
FRONDOSO. Si tomo
la ballesta ¡vive el cielo 100
que no la ponga en el hombro!
COMENDADOR. Acaba, ríndete.
LAURENCIA. ¡Cielos,
ayudadme agora!
COMENDADOR. Solos 105
estamos; no tengas miedo.
FRONDOSO. Comendador generoso,
dejad la moza, o creed
que de mi agravio y enojo
será blanco vuestro pecho,[20] 110
aunque la cruz me da asombro.
COMENDADOR. ¡Perro, villano!...
FRONDOSO. No hay perro.[21]
Huye, Laurencia.

14. **muchos mozos... favores** *many fellows gained their (the other women's) favors*
15. **vueso** *old form of vuestro*
16. **que no... demonio** *for if I didn't see you wearing the cross I would consider you a demon. (Laurencia sees that the Comendador is wearing the cross of his military order.)*
17. **y a la... melindres** *and with just my hands I'm overcoming prudery*
18. **¿Estáis en vos?** *Are you mindful of your actions?*
19. **No te defiendas** *Don't interfere*
20. **que de... pecho** *your heart will be target of my aggravation and anger*
21. **No hay perro** *There is no dog (I'm no dog)*

LAURENCIA.   Frondoso,   115
            mira lo que haces.
FRONDOSO.   Véte.

Vase.

COMENDADOR. ¡Oh, mal haya el hombre loco,
             que se desciñe la espada!
             Que, de no espantar medroso   120
             la caza, me la quité.
FRONDOSO.   Pues, pardiez, señor, si toco
             la nuez, que os he de apiolar.²²
COMENDADOR. Ya es ida. Infame, alevoso,
             suelta la ballesta luego   125
             Suéltala, villano.
FRONDOSO.   ¿Cómo?
             Que me quitaréis la vida.
             Y advertid que amor es sordo,
             y que no escucha palabras   130
             el día que está en su trono.
COMENDADOR. Pues ¿la espalda ha de volver
             un hombre tan valeroso
             a un villano? Tira, infame,
             tira, y guárdate; que rompo   135
             las leyes de caballero.²³

FRONDOSO.   Eso, no. Yo me conformo
             con mi estado, y, pues me es
             guardar la vida forzoso,
             con la ballesta me voy.   140
COMENDADOR. ¡Peligro extraño y notorio!
             Mas yo tomaré venganza
             del agravio y del estorbo
             ¡Que no cerrara con él!²⁴
             ¡Vive el cielo, que me corro!²⁵   145

---

22. **Pues, pardiez... apiolar...** *Well,
by God, if I touch the trigger, I'll have
to kill you*
23. **que rompo... caballero** *for I'm*
breaking the laws of a knight
24. **¡Que no cerrara con él!** *Would
that I might attack him!*
25. **que me corro** *I'm confused*

[Cuando se están celebrando las bodas de Frondoso y Laurencia, llega el Comendador con sus soldados. Hacen prisionero a Frondoso y cuando Esteban, el padre de Laurencia protesta, el Comendador lo golpea con la vara que representa la autoridad de Esteban como alcalde, y por último se marcha con sus soldados llevándose a Frondoso y también a Laurencia.]

Sale el COMENDADOR, FLORES, ORTUÑO *y* CIMBRAMOS.

COMENDADOR.	Estése la boda queda[26]
	y no se alborote nadie.
JUAN ROJO.	No es juego aqueste, señor,[27]
	y basta que tú lo mandes.
	¿Quieres lugar? ¿Cómo vienes 150
	con tu belicoso alarde?[28]
	¿Venciste? Mas ¿qué pregunto?
FRONDOSO.	¡Muerto soy! ¡Cielos, libradme!
LAURENCIA.	Huye por aquí, Frondoso.
COMENDADOR.	Eso no; prendelde,[29] atalde. 155
JUAN ROJO.	Date, muchacho, a prisión.
FRONDOSO.	Pues ¿quieres tú que me maten?
JUAN ROJO.	¿Por qué?
COMENDADOR.	No soy hombre yo
	que mato sin culpa a nadie; 160
	que si lo fuera, le hubieran
	pasado de parte a parte
	esos soldados que traigo.
	Llevarle mando a la cárcel,
	donde la culpa que tiene 165
	sentencie su mismo padre.[30]
PASCUALA.	Señor, mirad que se casa.
COMENDADOR.	¿Qué me obliga el que se case?
	¿No hay otra gente en el pueblo?
PASCUALA.	Si os ofendió perdonadle,[31] 170
	por ser vos quien sois.

26. **Estése... quedo** *let the marriage continue*
27. **No es... señor** *This is no laughing matter, sir*
28. **¿Con... alarde?** *Why are you here with your warlike display? (The mayor is showing great bravery here)*
29. **prendelde, atalde** = **prendedle, atadle**
30. **donde... padre** *where his own father will sentence him for the blame he has*
31. **perdonalde** = **perdonadle**

COMENDADOR.   No es cosa,
            Pascuala, en que yo soy parte.
            Es esto contra el maestre
            Téllez Girón, que Dios guarde;   175
            es contra toda su orden,
            es su honor, y es importante
            para el ejemplo, el castigo;
            que habrá otro día quien trate
            de alzar pendón contra él,   180
            pues ya sabéis que una tarde
            al Comendador Mayor
            (¡qué vasallos tan leales!)
            puso una ballesta al pecho.
ESTEBAN.   Supuesto que el disculparle   185
            ya puede tocar a un suegro,
            no es mucho que en causas tales
            se descomponga con vos
            un hombre, en efecto, amante;
            porque si vos pretendéis   190
            su propia mujer quitarle,
            ¿qué mucho que la defienda?
COMENDADOR. Majadero sois, alcalde.
ESTEBAN.   Por vuestra virtud, señor.³²
COMENDADOR. Nunca yo quise quitarle   195
            su mujer, pues no lo era.
ESTEBAN.   Sí quisistes...³³— Y esto baste;
            que reyes hay en Castilla,
            que nuevas órdenes hacen,
            con que desórdenes quitan.   200
            Y harán mal, cuando descansen
            de las guerras, en sufrir
            en sus villas y lugares
            a hombres tan poderosos
            por traer cruces tan grandes;   205
            póngasela el rey al pecho,
            que para pechos reales
            es esa insignia y no más.³⁴

---

32. **por... señor**   *in your opinion, sir*   34. **póngasela... más** *let the king*
33. **Si quisiste...**   *Yes, you did want*   *place on the chest what is the insignia*
to take her   *of royal chests only*

COMENDADOR.	¡Hola! la vara quitalde.
ESTEBAN.	Tomad, señor, norabuena.
COMENDADOR.	Pues con ella quiero dalle
	como a caballo brioso.[35]
ESTEBAN.	Por señor os sufro. Dadme.
PASCUALA.	¡A un viejo de palos das!
LAURENCIA.	Si le das porque es mi padre
	¿qué vengas en él de mí?[36]
COMENDADOR.	Llevalda, y haced que guarden
	su persona diez soldados.

210

215

Vase él y los suyos.

ESTEBAN.	Justicia del cielo baje.

Vase.

PASCUALA.	Volvióse en luto la boda.

220

Vase.

BARRILDO.	¿No hay aquí un hombre que hable?
MENGO.	Yo tengo ya mis azotes,
	que aún se ven los cardenales
	sin que un hombre vaya a Roma.[37]
	Prueben otros a enojarle.
JUAN ROJO.	Hablemos todos.
MENGO.	Señores,
	aquí todo el mundo calle.
	Como ruedas de salmón
	me puso los atabales.[38]

225

230

[Estando los vecinos de Fuenteovejuna reunidos en la sala del concejo, llega Laurencia que ha escapado del palacio del Comendador, después de haber sido ultrajada y golpeada brutalmente por este. La joven increpa

35. **Pues... brioso** *I want to hit him with it as hit a stubborn horse*
36. **¿qué vengas... mi?** *what vengeance on him because of me?*
37. **Yo tengo... Roma** *I have my lashes, and they look red without any one's going to Rome. (There is a pun* on the double meaning of **cardenal**, *which means a high official in the Roman Church, a cardinal who wears red robes and which also means red marks from a beating.)*
38. **Como... atabales** *He made my buttocks into salmon colored slices*

a los hombres de Fuenteovejuna diciéndoles que si ellos son unos cobardes
que permiten al Comendador que viole a sus hijas y esposas y les robe
sus bienes, las mujeres de Fuenteovejuna irán a tomar venganza. Aver-
gonzados los hombres, con Esteban, el padre de Laurencia a la cabeza,
atacan el palacio y le cortan la cabeza al Comendador.]

ACTO TERCERO

[Sala del concejo en Fuenteovejuna.]

Salen Esteban, Alonso *y* Barrildo.

Esteban.	¿No han venido a la junta?
Barrildo.	No han venido.
Esteban.	Pues más a priesa nuestro daño corre.
Barrildo.	Ya está lo más del pueblo prevenido.
Esteban.	Frondoso con prisiones en la torre, 235
	y mi hija Laurencia en tanto aprieto,
	si la piedad de Dios no los socorre...

Salen Juan Rojo *y el* Regidor.

Juan.	¿De qué dais voces, cuando importa tanto
	a nuestro bien, Esteban, el secreto?
Esteban.	Que doy tan pocas es mayor espanto. 240

Sale Mengo.

Mengo.	También vengo yo a hallarme en esta junta.
Esteban.	Un hombre cuyas canas baña el llanto,
	labradores honrados, os pregunta
	qué obsequias[39] debe hacer toda esa gente
	a su patria sin honra, ya perdida. 245
	Y si se llaman honras justamente,
	¿cómo se harán, si no hay entre nosotros
	hombre a quien este bárbaro no afrente?
	Respondedme: ¿hay alguno de vosotros
	que no esté lastimado en honra y vida? 250
	¿No os lamentáis los unos de los otros?

---

39. **obsequias** *funeral rights*

	Pues si ya la tenéis todos perdida	
	¿a qué aguardáis? ¿Qué desventura es ésta?	
JUAN.	La mayor que en el mundo fué sufrida.	
	Mas pues ya se publica y manifiesta	255
	que en paz tienen los reyes a Castilla	
	y su venida a Córdoba se apresta,	
	vayan dos regidores a la villa	
	y echándose a sus pies pidan remedio.	
BARRILDO.	En tanto que Fernando, aquel que humilla	260
	a tantos enemigos, otro medio	
	será mejor, pues no podrá, ocupado,	
	hacernos bien, con tanta guerra en medio.	
REGIDOR.	Si mi voto de vos fuera escuchado,[40]	
	desamparar la villa doy por voto.	265
JUAN.	¿Cómo es posible en tiempo limitado?	
MENGO.	A la fe,[41] que si entiende el alboroto,	
	que ha de costar la junta alguna vida.	
REGIDOR.	Ya, todo el árbol de paciencia roto,[42]	
	corre la nave de temor perdida.	270
	La hija quitan con tan gran fiereza	
	a un hombre honrado, de quien es regida	
	la patria en que vivís, y en la cabeza	
	la vara quiebran tan injustamente.	
	¿Qué esclavo se trató con más bajeza?	275
JUAN.	¿Qué es lo que quieres tú que el pueblo intente?	
REGIDOR.	Morir, o dar la muerte a los tiranos,	
	pues somos muchos, y ellos poca gente.	
BARRILDO.	¡Contra el señor las armas en las manos!	
ESTEBAN.	El rey solo es señor después del cielo,	280
	y no bárbaros hombres inhumanos,	
	Si Dios ayuda nuestro justo celo	
	¿qué nos ha de costar?	
MENGO.	Mirad, señores,	
	que vais en estas cosas con recelo.	285

---

40. **Si... escuchado** *If my opinion would be heard by you*
41. **A la fe** *Really*

42. **todo el árbol de paciencia roto** *all the mast of patience broken*

Puesto que por los simples labradores
estoy aquí que más injurias pasan,
más cuerdo represento sus temores.

JUAN.   Si nuestras desventuras se compasan,
para perder las vidas ¿qué aguardamos?   290
Las casas y las viñas nos abrasan:
tiranos son; a la venganza vamos.

Sale LAURENCIA, *desmelenada.*

LAURENCIA.   Dejadme entrar, que bien puedo,
en consejo de los hombres;
que bien puede una mujer,   295
si no a dar voto, a dar voces.[43]
¿Conocéisme?

ESTEBAN.   ¡Santo cielo!
¿No es mi hija?

JUAN.   ¿No conoces   300
a Laurencia?

LAURENCIA.   Vengo tal,[44]
que mi diferencia os pone
en contingencia quién soy.[45]

ESTEBAN.   ¡Hija mía!   305

LAURENCIA.   No me nombres
tu hija.

ESTEBAN.   ¿Por qué, mis ojos?[46]
¿Por qué?

LAURENCIA.   Por muchas razones,   310
y sean las principales:
porque dejas que me roben
tiranos sin que me vengues,
traidores sin que me cobres.
Aún no era yo de Frondoso,   315
para que digas que tome,
como marido, venganza;

---

43. **si no... voces**   *if not to give an opinion, to cry out*
44. **Vengo tal...**   *I come like this*
45. **que mi... soy!**   *for my different*
appearance makes you realize who I am!
46. **mis ojos...**   *my dear (***Ojos*** is a term of affection)*

que aquí por tu cuenta corre;[47]
que en tanto que de las bodas
no haya llegado la noche,   320
del padre, y no del marido,
la obligación presupone;[48]
que en tanto que no me entregan
una joya, aunque la compren,
no han de correr por mi cuenta   325
las guardas ni los ladrones.[49]
Llevóme de vuestros ojos
a su casa Fernán Gómez:[50]
la oveja al lobo dejáis
como cobardes pastores.   330
¿Qué dagas no vi en mi pecho?
¡Qué desatinos enormes,
qué palabras, qué amenazas,
y qué delitos atroces,
por rendir mi castidad   335
a sus apetitos torpes!
Mis cabellos ¿no lo dicen?
¿No se ven aquí los golpes
de la sangre y las señales?
¿Vosotros sois hombres nobles?   340
¿Vosotros padres y deudos?
¿Vosotros, que no se os rompen
las entrañas de dolor,
de verme en tantos dolores?
Ovejas sois, bien lo dice   345
de Fuenteovejuna el nombre.
Dadme unas armas a mí,
pues sois piedras, pues sois bronces,
pues sois jaspes, pues sois tigres...
—Tigres no, porque feroces   350

47. **que... corre...** *the matter is up to you*
48. **que en tanto... presupone** *because as regards the wedding ceremony and the night has not come, the obligation of the father and not of the groom is presupposed*
49. **que en... ladrones** *because even though they don't give me a jewel they buy it, guards and robbers must not rule my affairs*

siguen quien roba sus hijos,
matando los cazadores
antes que entren por el mar
y por sus ondas se arrojen.
Liebres cobardes nacistes;   355
bárbaros sois, no españoles.
Gallinas, ¡vuestras mujeres
sufrís que otros hombres gocen!
Poneos ruecas en la cinta.[51]
¿Para qué os ceñís estoques?   360
¡Vive Dios, que he de trazar
que solas mujeres cobren
la honra de estos tiranos,
la sangre de estos traidores,
y que os han de tirar piedras,   365
hilanderas, maricones,
amujerados, cobardes,
y que mañana os adornen
nuestras tocas y basquiñas,
solimanes y colores![52]   370
A Frondoso quiere ya,
sin sentencia, sin pregones,
colgar el Comendador
del almena de una torre;
de todos hará lo mismo;   375
y yo me huelgo, medio-hombres,
por que quede sin mujeres
esta villa honrada, y torne
aquel siglo de amazonas,
eterno espanto del orbe.   380

ESTEBAN.   Yo, hija, no soy de aquellos
que permiten que los nombres[53]
con esos títulos viles.

---

50. **Llevóme... Gómez...** *Fernán Gó-*
mez took me to his house while you
watched
51. **Poneos... cinta** *You hang dis-*
taffs on your belts. (The distaff, a staff
on which wool is wound, is a token of

women.)
52. **y... colores** *and tomorrow let*
them dress you up in your hats, shirts,
face powder and rouge
53. **nombres** *present subjunctive of*
nombrar

Iré solo, si se pone
todo el mundo contra mí.   385

JUAN.   Y yo, por más que me asombre
la grandeza del contrario.

[El juez que el Rey ha enviado a Fuenteovejuna regresa informando a los
Reyes Católicos que no le ha sido posible encontrar al culpable de la
muerte del Comendador, pues cada vez que preguntaba a un vecino quien
habia matado al Comendador, la respuesta era la misma —Fuenteovejuna—. Llegan los vecinos de Fuenteovejuna y después de informar a los
Reyes de la conducta del Comendador, el Rey Fernando los perdona y
pone bajo su protección.]

                        Sale el JUEZ.

JUEZ.   A Fuenteovejuna fuí
de la suerte que has mandado
y con especial cuidado   390
y diligencia asistí.
    Haciendo averiguación
del cometido delito,
una hoja no se ha escrito
que sea en comprobación;   395
    porque conformes a una,⁵⁴
con un valeroso pecho,
en pidiendo quién lo ha hecho,
responden: «Fuenteovejuna».
    Trescientos he atormentado   400
con no pequeño rigor,
y te prometo, señor,
que más que esto no he sacado.
    Hasta niños de diez años
al potro arrime,⁵⁵ y no ha sido   405
posible haberlo inquirido
ni por halagos ni engaños.
    Y pues tan mal se acomoda
el poderlo averiguar,

---

54. **que... una** *because according to*   55. **al... arrimé** *I put on the wrack*
one (question)   *(instrument of torture)*

	o las has de perdonar,	410
	o matar la villa toda.	
	Todos vienen ante ti	
	para más certificarte:	
	de ellos podrás informarte.	
REY.	Que entren, pues vienen, les di.[56]	415

Salen los dos alcaldes, FRONDOSO, *las mujeres y
los villanos que quisieren.*

LAURENCIA.	¿Aquestos los reyes son?	
FRONDOSO.	Y en Castilla poderosos.	
LAURENCIA.	Por mi fe, que son hermosos:	
	¡bendígalos San Antón!	
ISABEL.	¿Los agresores son estos?	420
ESTEBAN.	Fuenteovejuna, señora,	
	que humildes llegan agora	
	para serviros dispuestos.	
	La sobrada tiranía	
	y el insufrible rigor	425
	del muerto Comendador,	
	que mil insultos hacía,	
	fué el autor de tanto daño.	
	Las haciendas nos robaba	
	y las doncellas forzaba,	430
	siendo de piedad extraño.	
FRONDOSO.	Tanto, que aquesta zagala,	
	que el cielo me ha concedido,	
	en que tan dichoso he sido	
	que nadie en dicha me iguala,	435
	cuando conmigo casó,	
	aquella noche primera,	
	mejor que si suya fuera,	
	a su casa la llevó;	
	y a no saberse guardar	440
	ella, que en virtud florece,	
	ya manifiesto parece	
	lo que pudiera pasar.	

56. **que... di**   *I gave them permission to enter, since they are coming*

MENGO.   ¿No es ya tiempo que hable yo?
                 Si me dais licencia, entiendo   445
                 que os admiraréis, sabiendo
                 del modo que me trató.
                     Porque quise defender
                 una moza de su gente,
                 que con término insolente   450
                 fuerza la querían hacer,
                     aquel perverso Nerón
                 de manera me ha tratado,
                 que el reverso me ha dejado
                 como rueda de salmón.   455
                     Tocaron mis atabales
                 tres hombres con tal porfía,
                 que aun pienso que todavía
                 me duran los cardenales.
                     Gasté en este mal prolijo,   460
                 por que el cuero se me curta,
                 polvos de arrayán y murta
                 más que vale mi cortijo.
ESTEBAN.   Señor, tuyos ser queremos.
                 Rey nuestro eres natural,   465
                 y con título de tal
                 ya tus armas puesto habemos.
                     Esperamos tu clemencia
                 y que veas esperamos
                 que en este caso te damos   470
                 por abono la inocencia.
REY.   Pues no puede averiguarse
                 el suceso por escrito,
                 aunque fué grave el delito,
                 por fuerza ha de perdonarse.   475
                     Y la villa es bien se quede
                 en mí,[57] pues de mí se vale,
                 hasta ver si acaso sale
                 comendador que la herede.

---

57. **Y la villa... mí** *It is well that the village remain under me*

FRONDOSO.   Su majestad habla, en fin,   480
                como quien tanto ha acertado.
                Y aquí, discreto senado,
                Fuenteovejuna, da fin.[58]

Preguntas

1. ¿A qué grupo de comedias de Lope de Vega pertenece *Fuenteovejuna*?
2. ¿Qué acontecimiento usa el autor como argumento de su obra?
3. ¿Qué dimensiones da al hecho?
4. ¿Qué hace legítimo el autor en *Fuenteovejuna*?
5. ¿Por qué el pueblo asalta el palacio del Comendador?
6. ¿Qué hacen los Reyes Católicos al enterarse de lo sucedido?
7. ¿Qué contestan los vecinos cuando el juez les pregunta quién mató al Comendador?
8. ¿Qué hace el Rey después que los vecinos le relatan los atropellos que había cometido contra ellos el Comendador?
9. En las escenas que se han leido, ¿qué quiere Frondoso al principio?
10. ¿Qué le contesta Laurencia?
11. ¿Quién llega cuando Laurencia y Frondoso están hablando, y que hace Frondoso?
12. ¿Qué hace Frondoso cuando el Comendador trata de acercarse a Laurencia?
13. ¿Qué pasa cuando se está celebrando la boda de Laurencia y Frondoso?
14. ¿Quién llega a la sala del consejo en Fuenteovejuna?
15. ¿Qué hacen los vecinos después que Laurencia termina de hablar?
16. ¿Qué decide el Rey y por qué lo decide?

Temas

1. En opinión de Ud., ¿hizo justicia el Rey? ¿Por qué cree Ud. eso?

---

58. **Y aquí... fin** *And here, discreet audience, Fuenteovejuna ends.*

Pedro Calderón de la Barca
(1600–1681)

Don Pedro Calderón de la Barca nació en Madrid en 1600 y vivió para ver el máximo apogeo del teatro español y también su decadencia. Pocos autores tuvieron más exito que Calderón, gracias a su habilidad para agradar los más diferentes gustos de su auditorio: desde el hombre corriente hasta el del gusto más refinado. Aún después de que el teatro declinó, sus obras continuaron teniendo éxito. Se distinguió Calderón especialmente en el *Auto Sacramental*, obra corta y muy poética en la cual se simboliza el Misterio de la Sagrada Eucaristía. Calderón escribió 108 comedias, 75 autos, y un buen número de piezas de un solo acto, llamadas entremeses. También escribió poesía. Ningún otro dramaturgo ha manejado el concepto del honor, o sea, pundonor, que demanda la muerte de quienquiera que haya faltado al honor familiar, con tanta habilidad y efecto.

Calderón estudió primero con los jesuitas y después perfeccionó sus estudios en Salamanca. Al cumplir los veintiún años hizo su aparición en la corte como poeta, y permaneció siempre como el cortesano-dramaturgo que podía agradar a la corte y al pueblo. Tomó las órdenes religiosas en 1650.

Su mejor obra es *La vida es sueño*, drama que ha tenido éxito universal. Everett Hesse en su edición reciente de la obra dice de ella: «Es la comedia por excelencia del siglo diecisiete por la belleza lírica de su verso, la doble acción notablemente integrada la destreza de su complejidad temática, la soberbia delineación de caracteres y la profundidad de su significado humano».

Calderón al final de su carrera. Diseño de Gáspar Agustín de Lara
COURTESY OF THE HISPANIC SOCIETY OF AMERICA

La vida es sueño es un drama filosófico que intenta, y logra ampliamente, dramatizar ideas tan profundas como la salvación del alma, el conflicto entre el libre albedrío y la predestinación y el papel de la fe religiosa y su influencia sobre estos temas. A medida que la acción se desarrolla, se desdobla la idea de que la vida no es más que una sombra, un sueño. La obra intenta demostrar que el hombre puede influir aún sobre el destino que parece como ordenado para él. Segismundo, el héroe, cuyo destino ha sido predicho por las estrellas, encuentra que debe ejercer su *libre albedrío* para vencer la parte bestial o brutal de su misma naturaleza. Aunque el problema de la predestinación pueda tener menos actualidad hoy que en el siglo XVII, la obra todavía conserva su atractivo emocional. Repite y revive la antigua lección de Jorge Manrique en sus *Coplas*, que los placeres de este mundo son pasajeros y pueden desvanescerse como la niebla, o en un sueño, ante nuestros mismos ojos.

El lector pronto se da cuenta de que Calderón es un artista de finales del Siglo de Oro y que su estilo es típicamente barroco: es todo menos simple. Busca la elaboración, la ornamentación y las metáforas y símiles complejos. Un pájaro es un «ramillete con alas» un pez «bajel de escamas» y un arroyo es una «culebra que entre flores se desata». Lo que hoy consideramos como exageración, era mirado en tiempo de Calderón como una virtud; todo en esta época, pintura, escultura, arquitectura y literatura acusan características similares.

LA VIDA ES SUEÑO

[Basilio, rey de Polonia, ha sabido por el horóscopo que su hijo Segismundo crecerá para ser un monstruo, un rebelde contra toda autoridad. Para evitarlo, el rey ordena que sea encarcelado y atado con cadenas en un castillo en las montañas, bajo la tutela de un severo guardían, Clotaldo. Al crecer Segismundo, se rebela contra su agreste vida. En su desesperación, llega hasta maldecir su nacimiento. Tal pasaje es uno de los soliloquios más famosos y líricos de Calderón.]

SEGISMUNDO.   ¡Ay mísero de mí, y ay infelice![1]
              Apurar,[2] cielos, pretendo,
              ya que me tratáis así,
              qué delito cometí

---

1. ortografía poética de **infeliz**   2. *find out*

contra vosotros naciendo   5
aunque si nací, ya entiendo
qué delito he cometido;
bastante causa ha tenido
vuestra justicia y rigor,
pues el delito mayor   10
del hombre es haber nacido.
Sólo quisiera saber,
para apurar mis desvelos,[3]
dejando a una parte, cielos,
el delito del nacer,   15
¿qué más os pude ofender,
para castigarme más?
¿No nacieron los demás?
Pues si los demás nacieron,
¿qué privilegios tuvieron   20
que yo no gocé jamás?
Nace el ave, y con las galas
que le dan belleza suma,
apenas es flor de pluma,
o ramillete[4] con alas,   25
cuando las etéreas salas[5]
corta con velocidad,
negándose a la piedad[6]
del nido que deja en calma;
¿y teniendo yo más alma,   30
tengo menos libertad?
Nace el bruto, y con la piel
que dibujan manchas bellas,
apenas signo es de estrellas[7]
—gracias al docto pincel[8]—   35
cuando, atrevido y crüel,
la humana necesidad

---

3. **apurar mis desvelos** *to exhaust my anxieties*
4. *bouquet*
5. **etéreas salas** *chambers of air* (a través de las cuales vuelan los pájaros)
6. *mercy, protection*

7. La piel de la fiera salvaje, probablemente un leopardo, le recuerda al poeta las estrellas contra el fondo del cielo
8. El **docto pincel** *(skilled paint-brush)* es manejado por Dios mismo.

le enseña a tener crueldad,
monstruo de su laberinto,[9]
¿y yo, con mejor instinto,   40
tengo menos libertad?
Nace el pez, que no respira,
aborto de ovas y lamas,
y apenas bajel de escamas[10]
sobre las ondas se mira,   45
cuando a todas partes gira,
midiendo la inmensidad
de tanta capacidad
como le da el centro frio;[11]
¿y yo, con más albedrío,[12]   50
tengo menos libertad?
Nace el arroyo, culebra
que entre flores se desata,[13]
y apenas sierpe de plata,
entre las flores se quiebra,   55
cuando músico celebra
de las flores la piedad[14]
que le dan la majestad
del campo abierto a su huida;[15]
¿y teniendo yo más vida,   60
tengo menos libertad?
En llegando a esta pasión,
un volcán, un Etna hecho,[16]
quisiera sacar del pecho
pedazos del corazón: 65
¿qué ley, justicia o razón
negar a los hombres sabe

---

9. El laberinto de Creta contenía al Mino-
tauro, bestia de gran fiereza.
10. **aborto... escamas** *misbegotten*
offspring of eggs and slime, having
scarcely become a scaly boat
11. **centro frío**   *the ocean*
12. *will, free will*
13. **Nace... desata**   *The stream gushes*
forth like a serpent which unwinds
among flowers

14. **cuando... piedad**   *when like a*
musician it celebrates the sympathy of
the flowers
15. **que le dan... huida**   *which give it*
to majesty of the open countryside for
its flight (i.e., its course)
16. **En... hecho**   *When I reach this*
suffering, turned into a volcano, an
Etna. El Etna es un volcán en Sicilia.

privilegio tan süave,
excepción tan principal,
que Dios le ha dado a un cristal,[17]   70
a un pez, a un bruto y a un ave?

[El rey, con la esperanza de que el vaticinio del horóscopo resultase falso,
hace traer a Segismundo al palacio bajo la influencia de un narcótico. El
joven es vestido con fino ropaje y alojado en la cámara real. Al despertar
se arrebata tanto con la idea de que es un príncipe, que se pone violento
y llega a matar a un sirviente del palacio en un ataque de ira. Se niega
a aceptar las responsabilidades de su estado jerárquico y busca solamente
su propia satisfacción. Advertido por su ayo Clotaldo que está actuando
mal e imprudentemente y que podrá sobrevivir en su nueva vida solamente si obra bien, el príncipe no presta atención. Aún después de ser
prevenido por su padre que sea humilde, a no ser que se despierte del
presente, que puede que resulte ser un sueño y no la realidad, Segismundo
no hace caso, sino que vitupera al viejo rey.]

BASILIO.   ¡Bien me agradeces el verte
                de un humilde y pobre preso,
                príncipe ya!

SEGISMUNDO.   Pues en eso   75
                ¿qué tengo que agradecerte?
                Tirano de mi albedrío,
                si viejo y caduco estás,
                ¿muriéndote, qué me das?
                ¿Dasme más de lo que es mío?   80
                Mi padre eres y mi rey;
                luego toda esta grandeza
                me da la naturaleza
                por derechos de su ley.
                Luego, aunque esté en este estado,   85
                obligado no te quedo,
                y pedirte cuentas puedo
                del tiempo que me has quitado
                libertad, vida y honor;
                y así, agradéceme a mí   90
                que yo no cobre de ti,
                pues eres tú mi deudor.

17. **cristal** se refiere al **arroyo** *(brook),*   i.e., *the crystal stream.*

BASILIO.   Bárbaro eres y atrevido:
                 cumplió su palabra el cielo;
                 y así, para él mismo apelo,   95
                 soberbio y desvanecido.[18]
                 Y aunque sepas ya quién eres,
                 y desengañado estés,
                 y aunque en un lugar te ves
                 donde a todos te prefieres,[19]   100
                 mira bien lo que te advierto:
                 que seas humilde y blando,
                 porque quizá estás soñando,
                 aunque ves que estás despierto. (*Vase*).

SEGISMUNDO.   ¿Qué quizá soñando estoy,   105
                 aunque despierto me veo?
                 No sueño, pues toco y creo
                 lo que he sido y lo que soy.
                 Y aunque ahora te arrepientas,
                 poco remedio tendrás: 110
                 sé quién soy, y no podrás
                 aunque suspires y sientas,
                 quitarme el haber nacido
                 desta[20] corona heredero;
                 y si me viste primero   115
                 a las prisiones rendido,
                 fue porque ignoré quién era;
                 pero ya informado estoy
                 de quién soy y sé que soy
                 un compuesto de hombre y fiera.   120

[Segismundo, con sus crímenes y rebeldía, ha demostrado muy bien a
su padre que el horóscopo es verdadero. Clotaldo casi ha sido asesinado
y la vida de otros se encuentra en peligro. Desde un lugar escondido el
padre y el viejo tutor escuchan las palabras de Segismundo, al recobrar
los sentidos, después de haberle sido administrado un somnífero por
segunda vez. Devuelto a su antigua prisión, Segismundo es incapaz de
distinguir entre la realidad y el sueño. Su guardián le dice que siendo así,
es mejor que aprenda a vivir con honra y a respetar a quienes le han educado, aunque a pesar de todo la experiencia humana sea, después de todo,
un simple sueño.

18. *proud and haughty*   19. *you assume lordship*

En el soliloquio más famoso de toda la obra, y tal vez de todo el teatro español, Segismundo muestra deseos de sumisión, de dejar a un lado sus instintos primitivos y de aceptar sus obligaciones.]

SEGISMUNDO. Es verdad; pues reprimamos
esta fiera condición,
esta furia, esta ambición,
por si alguna vez soñamos;
y sí haremos pues estamos   125
en mundo tan singular,
que el vivir sólo es soñar;
y la experiencia me enseña
que el hombre que vive, sueña
lo que es, hasta despertar.   130

Sueña el rey que es rey, y vive
con este engaño mandando,
disponiendo y gobernando,
y este aplauso, que recibe
prestado, en el viento escribe,   135
y en cenizas le convierte
la muerte, ¡desdicha fuerte!
¿Que hay quien intente reinar,
viendo que ha de despertar
en el sueño de la muerte?   140

Sueña el rico en su riqueza,
que más cuidados le ofrece;
sueña el pobre que padece
su miseria y su pobreza;
sueña el que a medrar empieza,   145
sueña el que afana[21] y pretende,
sueña el que agravia[22] y ofende,
y en el mundo, en conclusión,
todos sueñan lo que son,
aunque ninguno lo entiende.   150

Yo sueño que estoy aquí
destas prisiones[23] cargado,

20. contracción arcaica de **de esta**   22. *wrongs*
21. *strives*   23. *fetters, chains*

y soñé que en otro estado
más lisonjero me vi.
¿Qué es la vida? un frenesí;   155
¿Qué es la vida? una ilusión,
una sombra, una ficción,
y el mayor bien es pequeño;
que toda la vida es sueño,
y los sueños, sueños son.   160

[Segismundo empieza a cambiar, influído por sus aventuras, y por la educación que Clotaldo le ha dado en la ética, la fe católica y en el arte de
gobernar. En este momento en la obra el pueblo de Polonia se vuelve
contra el rey Basilio porque éste ha revelado la existencia de su hijo
Segismundo y, sin embargo, ha decidido entregar la corona a otro. El
pueblo saca a Segismundo de la cárcel y le lleva a la capital. Pero el príncipe
todavía está obseso con su antiguo problema realidad y ficción. ¿Qué hará
ahora que tiene el poder de Basilio en sus manos? ¿Emergerá como bestia
o como hombre?

Poco a poco Segismundo vence sus impulsos naturales: perdona la vida
de Clotaldo porque reconoce que el viejo tutor ha sido su verdadero
amigo; rehusa destronar a su padre; es capaz de vencer su pasión por
Rosaura, en realidad la hija de Clotaldo y quien ha venido a la corte para
restaurar su honor. Segismundo sinceramente se enamora de ella y aban-
dona toda idea de venganza contra el rey y Clotaldo. En suma, por su
propia voluntad y con el temer de volver al sueño de la prisión, se ha
convertido de monstruo en hombre. Toda la corte se maravilla de esta
metamorfosis, pero Segismundo no ve nada extraño en ella. En el discurso
final de la obra explica el por qué.]

SEGISMUNDO.   ¿Qué os admira? ¿Qué os espanta,[24]
               si fue mi maestro un sueño,
               y estoy temiendo, en mis ansias,
               que he de despertar y hallarme
               otra vez en mi cerrada   165
               prisión? Y cuando no sea,
               el soñarlo sólo basta;
               pues así llegué a saber
               que toda la dicha humana,
               en fin, pasa como sueño,   170

24. **¿Qué os admira? ¿Qué os espan-**   *you startled?*
ta?   *What surprises you? At what are*

y quiero hoy aprovecharla
el tiempo que me durare,
pidiendo de nuestras faltas
perdón, pues de pechos nobles
es tan propio el perdonarlas.[25]   175

Preguntas

1. ¿Cuántos años vivió Calderón de la Barca?
2. ¿Cuántas obras dramáticas escribió él?
3. ¿Cuál es su drama más importante y universal?
4. ¿Por qué podemos considerarlo como obra universal?
5. ¿Qué tiene que hacer Segismundo si ha de evitar su predestinación?
6. ¿Por qué desterró Basilio a su hijo, encerrándole en una torre?
7. ¿De qué se lamenta Segismundo?
8. ¿Quiénes en la naturaleza gozan de más libertad que él?
9. ¿De qué elementos dice Segismundo que es él un compuesto?
10. ¿Qué hizo Segismundo cuando se despertó en el palacio?
11. ¿Por qué cree Basilio que su hijo es un ingrato?
12. ¿Quién tiene razón, Basilio o Segismundo?
13. ¿Qué consejo le da Basilio a Segismundo?
14. ¿Qué le enseña Clotaldo a Segismundo cuando se despierta en la torre?
15. ¿Qué sueña el rey, según Segismundo? ¿Qué sueña el rico? ¿El pobre?
16. ¿Qué sueña Segismundo mismo, según él?
17. ¿Qué es la vida, según él?
18. ¿Cómo podemos destruir o negar lo que predestinan los astros?
19. ¿De qué se quiere aprovechar Segismundo?
20. ¿A quiénes pide perdón Segismundo al fin de la comedia?

Temas

1. La libertad de los animales y las aves.
2. El poder de los astros en la vida de Segismundo.
3. La confusión de Segismundo tocante al sueño y a la realidad.
4. El papel de los sueños en la vida según Segismundo.
5. Los conceptos literarios del drama.
6. El libre albedrío frente al hado.

25. Las palabras de Segismundo se refieren a su situación particular, pero también sigue la costumbre de los actores de pedir disculpas por sus faltas al auditorio.

SIGLO XVIII

Benito Jerónimo Feijóo y Montenegro (Padre Feijóo) (1676–1764)

Nació en Orense, en 1676, hijo de una familia hidalga,[1] siendo él el heredero del mayorazgo[2] familiar. Previa renuncia a la sucesión del mayorazgo, ingresó en el monasterio de San Julián de Samos a los 14 años y profesó al terminar el noviciado.[3] Estudió en San Salvador de Lérez, en Salamanca y en San Pedro de Eslonza. En 1709 pasó al Colegio de San Vicente de Oviedo, donde se graduó el mismo año con los grados de doctor y maestro. Fue profesor de Teología y Sagrada Escritura. Fue Consejero[4] Real del rey Fernando VI, no habiendo aceptado otros cargos importantes que se le ofrecieron, incluso el de obispo, para poder dedicarse enteramente a su obra de escritor. Murió en Oviedo en 1764 a los 88 años de edad.

De 1685 hasta 1725, no aparece en el campo literario, no solo español, sino también francés e italiano, nada que sea digno de recordar. El problema era, y en España más pro-

---

1. *noble*
2. *first-born son*
3. *apprenticeship*
4. *counselor, adviser*

nunciado que en las otras naciones europeas, una cultura anquilosada que anulaba cualquier intento de reforma.

En España la situación comienza a cambiar en 1726, cuando el padre Feijóo publica el tomo I de su *Teatro critico*[5] *universal o Discursos varios en todo género de materias para desengaño de errores comunes*. Posteriores volúmenes saldrán en 1728, 1729, 1730, 1733, 1734, 1736 y 1739, con un suplemento en 1774. En 1742, publica el tomo I de las *Cartas eruditas*[6] *y curiosas*, en el que cambia la forma de su obra anterior, pero no el contenido. Ese primer tomo será seguido por cuatro más, en 1745, 1750, 1753 y 1760. Ya en 1729 había escrito Feijóo la *Ilustración apologética*[7] contra Mañer y en 1749 la *Justa repulsa de inicuas*[8] *acusaciones*, contra Soto y Marne.

Los trabajos de Feijóo tenían como finalidad combatir errores, tanto científicos como populares, tratando temas de filosofía, economía, política, astronomía, geografía, física, ciencias naturales, medicina, estética, literatura, filología, moral, ideas religiosas, supersticiones,[9] enseñanza, historia y crítica histórica. Como vemos hizo bien al usar el término «discurso,» que en su acepción latina significa «ir de una parte a otra.» El objetivo de Feijóo era, más que enseñar ideas correctas de los temas que trataba, hacer desaparecer los errores que tan profusamente circulaban sobre cada uno de esos temas y que eran admitidos por la gran mayoría del pueblo, y esto lo hace, utilizando en sus obras un género literario que se ha considerado precedente del ensayo, por lo que se le ha calificado como «el primer ensayista español,» aunque es necesario tener en cuenta, que en ello tuvo ilustres precedentes[10] en la literatura de los dos siglos anteriores, entre ellos Mexía, y Santos y Zabaleta.

A continuación presentamos unas páginas del *Teatro crítico universal*.

---

5. *critical*
6. *erudite*
7. *argumentative*

8. *wicked*
9. *superstitions*
10. *precedents*

Sería cosa inmensa si me pusiese a referir las extravagantísimas supersticiones de varios pueblos. Los antiguos gentiles ya se sabe que adoraron los más despreciables y viles brutos. Fué deidad de una nación la cabra, de otra la tortuga, de otra el escarabajo, de otra la mosca. Aun los romanos, que pasaron por la gente más 5 hábil del orbe, fueron extremadamente ridículos en la religión, como San Agustín, en varias partes de sus libros de la *Ciudad de Dios*, les echa en rostro;[11] en que lo más especial fué aquella innumerable multitud de dioses que introdujeron, pues sólo para cuidar de las mieses y granos tenían repartidos entre doce deidades 10 doce oficios diferentes. Para guardar la puerta de la casa había tres: el dios Lorculo cuidaba de la tabla, la Diosa Cardea cuidaba del quicio, y el dios Limentino del umbral; en que con gracejo los redarguye San Agustín[12] de que, teniendo por bastante cualquiera un hombre solo para portero, no pudiendo un dios solo hacer 15 lo que hace un hombre solo, pusiesen tres en aquel ministerio...

Los idólatras no son menos ciegos que los antiguos. El demonio, con nombre de tal, es adorado en muchas naciones. En Pegú, reino oriental de la península de la India, aunque reverencian a Dios, como autor de todo bien, más cultos dan al demonio, a 20 quien con una especie de maniquismo creen autor de todo mal. En la embajada que hizo a la China el difunto czar de Moscovia,[13] habiendo encontrado los de la comitiva en el camino a un sacerdote idólatra orando, le preguntaron a quién adoraba, a lo que él respondió en tono muy magistral: «Yo adoro a un dios al cual 25 el Dios que vosotros adoráis arrojó del Cielo; pero pasado algún tiempo, mi dios ha de precipitar del Cielo al vuestro y entonces se verán grandes mudanzas en los hijos de los hombres...» Alguna noticia deben tener en aquella región de la caída de Lucifer;[14]

11. **les... rostro** *he reproached them*
12. **San Agustín** *one of the great fathers of the Church. His* Confessions *is numbered among the world's greatest books.*

13. **Moscovia** *Russia*
14. **la caída de Lucifer** *Lucifer's fall from heaven because he wanted to be God's equal. He became the Devil.*

pero buen redentor esperan si aguardan a que vuelva al Cielo esa 30
deidad suya. Por motivo poco menos ridículo no maldicen jamás
al diablo los jecides (secta que hay en Persia y en Turquía) y es
que temen que algún día se reconcilie con Dios y se vengue de
las injurias que ahora se le hacen.

En el reino de Siam adoran un elefante blanco, a cuyo obsequio 35
continuo están destinados cuatro mandarines, y le sirven comida
y bebida en vajilla de oro. En la isla de Ceilán adoraban un diente
que decían haber caído de la boca de Dios; pero habiéndolo cogido el portugués Constantino de Berganza, lo quemó, con grande
oprobio de sus sacerdotes, autores de la fábula. En el cabo de 40
Honduras adoraban los indios a un esclavo; pero al pobre no le
duraba ni la deidad ni la vida más de un año, pasado el cual lo
sacrificaban, sustituyendo otro en su plaza. Y es cosa graciosa que
creían podía hacer a otros felices quien a sí propio no podía redimirse de las prisiones y guardas con que le tenían siempre asegu- 45
rado. En la Tartaria meridional adoran a un hombre, a quien
tienen por eterno, dejándose persuadir a ello con el rudo artificio
de los sacerdotes destinados a su culto, los cuales sólo le muestran
en un lugar secreto del palacio o templo, cercado de muchas lám-
paras, y siempre tienen de prevención[15] escondido otro hombre 50
algo parecido a él, para ponerle en su lugar cuando aquél muera,
como que es siempre el mismo. Llámanle *Lama*, que significa lo
mismo que padre eterno, y es de tal modo venerado que los
mayores señores solicitan con ricos presentes alguna parte de las
inmundicias que excreta, para traerle en una caja de oro pendiente 55
al cuello, como singularísima reliquia. Pero ninguna superstición
parece ser más extravagante que la que se practica en Balia, isla
del mar de la India, al oriente de la de Java, donde no sólo cada
individuo tiene su deidad propia, aquello que se le antoja a su
capricho; o un tronco, o una piedra, o un bruto, pero muchos 60
(porque también tienen esa libertad) se la mudan cada día adorando diariamente lo primero que encuentran al salir de casa por
la mañana.

¿Qué diré de los disparates históricos que en muchas naciones se
veneran como tradiciones irrefragables? Los arcades[16] juzgaban 65

---

15. **tienen de prevención** *hold in reserve*   16. **arcades** *Ancient Greeks*

su origen anterior a la creación de la luna. Los del Perú tenían
a sus reyes por legítimos descendientes del Sol. Los árabes creen
como artículo de fe la existencia de un ave que llaman *Anca
Megareb*, de tan portentoso tamaño que sus huevos igualan la
mole de los montes, la cual, después que por cierto insulto la
maldijo su profeta Handala, vive retirada en una isla inaccesible.
No tiene menos asentado su crédito entre los turcos un héroe
imaginario llamado *Chederles*, que dicen fué capitán de Alejandro;
y habiéndose hecho inmortal, como también su caballo, con la
bebida de la agua de cierto río, anda hasta hoy discurriendo por
el mundo, y asistiendo a los soldados que lo invocan; siendo tanta
la satisfacción con que aseguran estos sueños, que cerca de una
mezquita destinada a su culto muestran los sepulcros de un sobrino y un criado de este caballero andante, por cuya intercesión,
añaden, se hacen en aquel sitio continuos milagros.

En fin, si se registra país por país, todo el mapa intelectual del
orbe, exceptuando las tierras donde es adorado el nombre de
Cristo, en el resto de tan dilatada tabla no se hallarán sino borrones. Todo país es África para engendrar monstruos. Toda provincia es Iberia para producir venenos. En todos partes, como en
Licia, se fingen quimeras.[17] Cuantas naciones carecen de la luz
del Evangelio están cubiertas de tan espesas sombras como en otro
tiempo Egipto. No hay pueblo alguno que no tenga mucho de
bárbaro. ¿Qué se sigue de aquí? Que la voz del pueblo está totalmente desnuda de autoridad, pues tan frecuentemente la vemos
puesta de parte del error. Cada uno tiene por infalible la sentencia
que reina en su Patria; y esto sobre el principio que todos lo dicen
y sienten así. ¿Quiénes son esos todos? ¿Todos los del mundo?
No; porque en otras regiones se siente y dice lo contrario. Pues
¿no es tan pueblo uno como otro? ¿Por qué ha de estar más vin-
culada la verdad a la voz de este pueblo que a la del otro? ¿No
más que porque éste es pueblo mío, y el otro ajeno? Es buena
razón.

17. **fingen quimeras** *they imagine chimeras*

Preguntas

1. ¿Dónde nació Feijóo y cómo era su familia?
2. ¿Qué pasa en el campo literario entre 1685 hasta 1725?
3. ¿Cuál era el problema que anulaba, tanto en España como en otros países europeos, cualquier intento de reforma?
4. ¿Cuándo cambia la situación y por qué?
5. ¿De cuántos tomos cuenta el *Teatro crítico universal*?
6. ¿Cómo se llama la obra que Feijóo publicó en 1741, y de cuántos tomos cuenta?
7. ¿Qué finalidad tenían los trabajos de Feijóo?
8. Enumere algunos temas tratados por Feijóo en sus obras.
9. ¿Por qué hizo bien Feijóo en utilizar el término «discurso» en el título de sus obras?
10. ¿De quién fue Feijóo consejero?
11. De acuerdo con el fragmento que hemos estudiado, ¿qué adoraron los antiguos gentiles?
12. ¿Qué introdujeron los romanos en innumerable multitud?
13. Según el escrito de Feijóo, ¿qué adoran en el reino de Siam?
14. ¿De qué creían los habitantes del Perú que sus reyes descendían?
15. ¿Qué les pasa a las naciones que carecen de la luz del Evangelio?
16. ¿Cómo está la voz del pueblo?

Temas

1. Explicar cuál era el objetivo de Feijóo y cómo lo lograba.

Félix María Samaniego (1745–1801)

En el siglo XVIII, España produce varios fabulistas[1] notables, entre ellos uno de los más distinguido, Félix María Samaniego, puede figurar entre los mejores de cualquier época y lugar.

Aunque generalmente se considera que el apólogo o fábula es un género[2] poético que encuentra su ambiente en épocas de decadencia[3] literaria, es interesante hacer notar que uno de los mejores fabulistas de todos los tiempos, Jean La Fontaine, vivió durante los años 1621 a 1695, precisamente durante el apogéo[4] político, económico y religioso de Francia. La razón por la cual la fábula coincidirá con épocas de decadencia, es que persiguiendo la misma siempre una finalidad didáctica,[5] proliferará más cuando las circunstancias demanden reformas.

Entre 1781 y 1784, a petición del director de la Real Sociedad Vascongada, publica Samaniego *Fábulas literarias*, que dedica a los alumnos del Seminario Patriótico de la Real Sociedad. Escritas, por supuesto, con carácter didáctico, resultan aptas[6] para todos, por la sencillez en que están redactadas. Repartidas entre nueve libros, suman un total de doscientas cincuenta y ocho, teniendo en cuenta que *Los gatos escrupulosos*,[7] aparece en dos formas distintas. Muchas vienen de la tradición fabulística, pero Samaniego les da nueva originalidad al tratarlas; otras son originales, pudiendo

1. *writer of fables*
2. *genus, class*
3. *decline*
4. *height*

5. *didactic, moralistic*
6. *fit, apt*
7. *squeamish*

ser comparadas a las mejores del género, siendo característico del estilo del autor la viveza, la soltura y la animación.

A continuación presentamos la versión de Samaniego de *La lechera*,[8] que aunque ha tenido infinitas variaciones en todas las literaturas, ninguna supera la del escritor español.

LA LECHERA[9]

Llevaba en la cabeza
una lechera el cántaro al mercado
con aquella presteza,
aquel aire sencillo, aquel agrado,
que va diciendo a todo el que lo advierte: 5
«¡Yo sí que estoy contenta con mi suerte!»
Porque no apetecía
más compañía que su pensamiento,
que alegre le ofrecía
inocentes ideas de contento,   10
marchaba sola la feliz lechera,
y decía entre sí de esta manera:
«Esta leche, vendida,
en limpio me dará tanto dinero,[10]
y con esta partida   15
un canasto de huevos comprar quiero
para sacar cien pollos, que al estío
me rodeen cantando el pío, pío.»
«Del importe logrado
de tanto pollo mercaré un cochino;   20
con bellota, salvado,
berza, castaña, engordará sin tino;[11]
tanto, que puede ser que yo consiga
ver como se le arrastra la barriga.»
«Llevarélo al mercado;   25
sacaré de él sin duda buen dinero:[12]

8. *milkmaid*
9. **La lechera** *This short story is one of the world's oldest. It appeared very early in the East, was utilized by Don Juan Manuel, and was made most famous by La Fontaine.*

10. **en limpio... dinero** *will clearly give me so much money*
11. **engordará sin tino** *he will get fatter without moderation*
12. **sacaré... dinero** *I will doubtless get good money for him*

compraré de contado[13]
una robusta vaca y un ternero,
que salte y corra toda la campaña,
hasta el monte cercano a la cabaña.»   30
　　　Con este pensamiento
enajenada,[14] brinca de manera,
que a su salto violento
el cántaro cayó. ¡Pobre lechera!
¡Qué compasión! Adiós leche, dinero,   35
huevos, pollos, lechón, vaca y ternero.
　　　Oh, loca fantasía,
qué palacios fabricas en el viento!
Modera tu alegría;
no sea que saltando de contento,   40
al contemplar dichosa tu mudanza,
quiebre su cantarillo la esperanza.
　　　No seas ambiciosa
de mejor o más próspera fortuna;
que vivirás ansiosa   45
sin que pueda saciarte cosa alguna.
　　No anheles impaciente el bien futuro:
　　mira que ni el presente está seguro.

Preguntas

1. ¿Quién es uno de los más destacados fabulistas españoles del siglo XVIII?
2. ¿Qué publica Samaniego entre los años 1781 y 1784?
3. ¿A quién dedicó Samaniego sus fábulas y quién le había pedido que las escribiera?
4. ¿Para quién y por qué resultan aptas las fábulas de Samaniego?
5. ¿Qué finalidad tenían las fábulas y cómo estaban redactadas?
6. ¿Cuántas fábulas escribió Samaniego y en cuántos libros están repartidas?
7. ¿Qué hace Samaniego con las fábulas que le llegan de la tradición?
8. ¿A cuáles se pueden comparar las fábulas originales de Samaniego?
9. ¿Cómo se caracteriza el estilo de Samaniego?

13. **de contado**   *I will pay cash for*   *the* **lechera)**
14. **enajenada**   *enraptured (refers to*

10. ¿Qué piensa hacer la Lechera con el dinero que le dará la venta de la leche que lleva en el cántaro?
11. ¿De dónde sacará la Lechera dinero para comprar una vaca y un ternero?
12. ¿Qué le pasó al cántaro? ¿Por qué le pasó?
13. ¿Qué pasa siempre con la loca fantasía?

Temas

Explique lo que el autor quiere decir con los versos al final de la fábula:

«No anheles impaciente el bien futuro:
mira que ni el presente está seguro.»

• • •
SIGLO XIX

Mariano José de Larra (1809–1837)

Larra, cuya obra consistió más que todo en artículos para la prensa, es un escritor representativo de los primeros años del siglo XIX tanto por su temperamento romántico, como por su visión crítica de la sociedad española. Fue primordialmente un escritor *costumbrista*, escritor de bocetos sobre la vida y las costumbres contemporáneos. A causa de sus artículos agudos y satíricos sobre la vida española y sus reseñas críticas de las producciones de teatro, Larra ha sido considerado como el mejor prosista español después de Cervantes.

En su vida personal, Larra recuerda el héroe de los dramas románticos cuya crítica escribía. Joven precoz, fue educado en parte en Francia; empezó a escribir cuando tenía menos de viente años; su matrimonio a los veintidós con una mujer mucho mayor que él fue un fracaso; después un amor imposible con una mujer ya casada le llevó al suicidio cuando apenas tenía veintiocho años. Entonces ya era el periodista mejor pagado de toda España.

Larra fue un escritor prolífico en extremo, aún a pesar de su corta vida; su obra consiste en poemas, una novela, traducciones de obras de teatro francés y algunas comedias propias. Su drama romántico *Macías* (1834) presenta al héroe desafortunado en amor, tal como el autor lo había hecho en *El doncel de don Enrique el doliente*. Lo mejor de su obra, no obstante, apareció publicado en periódicos. Solo publicó un periódico llamado *El Pobrecito Hablador* (catorce números, 1832–1833) que le hizo famoso; además contribuyó bajo el seudónimo de «Fígaro» en otros periódicos.

Larra no se contentó con criticar las fallas de la sociedad; buscaba las causas con miras hacia una reforma social. *El casarse pronto y mal* es un vivo comentario sobre un tema con el que estaba bien familiarizado. En *Vuelva Usted mañana* condena la costumbre española de dejarlo todo para mañana y en *Nadie pase sin hablar con el portero* se mofa del cierre de la frontera franco-española. A través de sus artículos se evidencia el aumento de amargura de espíritu de sus últimos años.

En *La sociedad* Larra sostiene vigorosamente la idea, poco optimista, de que el hombre es un animal social. Este artículo, escrito en enero de 1835 es un buen ejemplo del inimitable estilo satírico de su autor.

LA SOCIEDAD

Es cosa generalmente reconocida que el hombre es *animal social*, y yo, que no concibo que las cosas puedan ser sino del mundo que son, yo, que no creo que pueda suceder sino lo que sucede, no trato, por consiguiente, de negarlo. Puesto que vive en sociedad, social es sin duda. No pienso adherirme a la opinión de los escritores malhumorados que han querido probar que el hombre habla por una aberración,[1] que su verdadera posición es la de los cuatro pies, y que comete un grave error en buscar y fabricarse todo género de comodidades, cuando pudiera pasar pendiente[2] de las bellotas[3] de una encina[4] el mes, por ejemplo, en que vivimos. 10

1. *abnormality*
2. *dependent on*
3. *acorn*
4. *oak tree*

Hanse apoyado para fundar semejante opinión en que la sociedad[5] le roba parte de su libertad, si no toda: pero tanto valdría
decir que el frío no es cosa natural, porque incomoda. Lo más
que concederemos a los abogados de la vida salvaje es que la
sociedad es de todas las necesidades de la vida la peor: eso sí.   15
Ésta es una desgracia, pero en el mundo feliz que habitamos casi
todas las desgracias son verdad; razón por la cual nos admiramos
siempre que vemos tantas investigaciones para buscar ésta. A
nuestro modo de ver no hay nada más fácil que encontrarla: allí
donde está el mal, allí está la verdad. Lo malo es lo cierto. Sólo   20
los bienes son ilusión.

Ahora bien; convencidos de que todo lo malo es natural y verdad, no nos costará gran trabajo probar que la sociedad es natural,
y que el hombre nació, por consiguiente, social; no pudiendo
impugnar[6] la sociedad, no nos queda otro recurso que pintarla.   25

De necesidad parece creer que al verse el hombre solo en el
mundo, blanco inocente de la intemperie[7] y de toda especie de
carencias,[8] trate de unir sus esfuerzos a los de su semejante para
luchar contra sus enemigos, de los cuales el peor es la naturaleza
entera, es decir, el que no puede evitar, el que por todas partes   30
le rodea; que busque a su hermano (que así se llaman los hombres
unos a otros, por burla, sin duda) para pedirle su auxilio. De aquí
podría deducirse que la sociedad es un cambio mutuo de servicios
recíprocos. ¡Grave error!; es todo lo contrario: nadie concurre
a la reunión para prestarle servicios, sino para recibirlos de ella.   35
Es un fondo común donde acuden todos a sacar, y donde nadie
deja, sino cuando sólo puede tomar en virtud de permuta.[9] La
sociedad es, pues, un cambio mutuo de perjuicios recíprocos. Y
el gran lazo[10] que la sostiene es, por una incomprensible contradicción, aquello mismo que parecería destinado a disolverla, es   40
decir, el egoísmo. Descubierto ya el estrecho vínculo[11] que nos
reúne unos a otros en sociedad, excusado es[12] probar dos ver-

---

5. **Hanse... sociedad** *They have
based this opinion on the fact that
society...*
6. *assail*
7. **blanco... intemperie** *the innocent
target of rough weather*
8. *needs*

9. **sino cuando... permuta** *except
only when he can take out something
in exchange*
10. *bond*
11. *bond*
12. **excusado es** *there is no need to*

dades eternas, y por cierto consoladoras, que de él se deducen: primera, que la sociedad, tal cual[13] es, es imperecedera,[14] puesto que siempre nos necesitaremos unos a otros; segunda, que es franca, sincera y movida por sentimientos generosos, y en esto no cabe duda, puesto que siempre nos hemos de querer a nosotros mismos más que a los otros.

Averiguar[15] ahora si la cosa pudiera haberse arreglado de otro modo, si el gran poder de la creación estaba en que no nos necesitásemos,[16] y si quien ponía por base de todo el egoísmo podía haberle sustituido el desprendimiento,[17] ni es cuestión para nosotros, ni de estos tiempos, ni de estos países.

Felizmente no se llega al conocimiento de estas tristes verdades sino a cierto tiempo; en un principio todos somos generosos aún, francos, amantes, amigos... en una palabra, no somos hombres todavía; pero a cierta edad nos acabamos de formar, y entonces ya es otra cosa: entonces vemos por la primera vez, y amamos por la última. Entonces no hay nada menos divertido que una diversión; y si pasada cierta edad se ven hombres buenos todavía, esto está sin duda dispuesto[18] así para que ni la ventaja cortísima nos quede de tener una regla fija a que atenernos,[19] y con el fin de que puedan llevarse chasco[20] hasta los más experimentados.

Pero como no basta estar convencidos de las cosas para convencer de ellas a los demás, inútilmente hacía yo las anteriores reflexiones a un primo mío[21] que quería entrar en el mundo hace tiempo, joven, vivaracho,[22] inexperto, y por consiguiente alegre. Criado en el colegio, y versado en los autores clásicos, traía al mundo llena la cabeza de las virtudes que en los poemas y comedias se encuentran. Buscaba un Pílades,[23] toda amante le parecía

---

13. **tal cual** *such as*
14. *imperishable*
15. *find out*
16. **si el... necesitásemos** *if the great Creative Power believed that we should not need each other*
17. *disinterestedness*
18. *arranged*
19. **a que atenernos** *by which to abide*
20. **llevarse chasco** *be disappointed*
21. **un primo mío** la costumbre de instruir a un amigo en los secretos del mundo fue utilizada como recurso literario por Larra y los demás **costumbristas**. Generalmente esta instrucción era dada por otro amigo o pariente.
22. *smart*
23. **Pílades**, rey de Micenas, y Orestes, el hijo de Agamenón y Clitemnestra, fueron inseparables amigos, según la leyenda griega.

una Safo,[24] y estaba seguro de encontrar una Lucrecia[25] el día que la necesitase. Desengañarle era una crueldad. ¿Por qué no había de ser feliz mi primo unos días como lo hemos sido todos? Pero además hubiera sido imposible. Limitéme, pues, a tomar sobre mí el cuidado de introducirle en el mundo, dejando a los   75 demás el de desengañarle de él.

Después de haber presidido al cúmulo de pequeñeces indispensables, al lado de las cuales nada es un corazón recto, un alma noble, ni aun una buena figura, es decir, después de haberse proporcionado unos cuantos fraques[26] y cadenas, pantalones colán   80 y mi-colán,[27] reloj, sortijas[28] y media docena de onzas siempre en el bolsillo, primeras virtudes en sociedad, introdújelo por fin en las casas de mejor tono. Un poco de presunción, un personal excelente, suficiente atolondramiento[29] para no quedarse nunca sin conversación, un modo de bailar semejante al de una persona   85 que anda sin gana, un bonito frac,[30] seis apuestas de a onza en el écarté,[31] y todo el desprecio[32] posible de las mujeres, hablando con los hombres, le granjearon[33] el afecto y la amistad verdadera de todo el mundo. Es inútil decir que quedó contento de su introducción.   90

—Es encantadora —me dijo— la sociedad. ¡Qué alegría! ¡Qué generosidad! ¡Ya tengo amigos, ya tengo amante!!!

A los quince días conocía a todo Madrid; a los veinte, no hacía caso ya de su antiguo consejero. Alguna vez llegó a mis oídos que afeaba[34] mi filosofía y mis descabelladas[35] ideas, como las   95 llamaba.

—Preciso es que sea muy malo mi primo —decía— para pensar tan mal de los demás.

A lo cual solía yo responder para mí:

---

24. **Safo** de Lesbos fue la más notable de las poestisas griegas. Vivió alrededor del año 600 A.C.; su obra se caracteriza por la sencillez de su lenguaje, emoción intensa y una forma cuidadosamente perfecta.

25. **Lucrecia** fue una matrona romana famosa por su virtud, que vivió hacia el año 500 A.C. Después de ser violada por Sexto Tarquino, el primo de su esposo, Lucio Junio Bruto, expulsó a los Tarquinos de Roma.

26. *frock coat*
27. **pantalones colán y mi-colán**   *long and knee-length tight-fitting trousers*
28. *rings*
29. *giddiness, confusion*
30. *dress coat, tails*
31. **seis... écarté**   *six one-doubloon bets in a card game*
32. *disdain*
33. *earned*
34. *be condemned*
35. *absurd*

—Preciso es que sean muy malos los demás para haberme obli- 100
gado a pensar tan mal de ellos.

Cuatro años habían pasado desde la introducción de mi primo
en la sociedad: habíale perdido ya de vista, porque yo hago con el
mundo lo que se hace con las pieles³⁶ en verano: voy de cuando
en cuando,³⁷ para que no entre el olvido en mis relaciones, como 105
se sacan aquéllas tal cual vez al aire para que no se albergue en sus
pelos la polilla.³⁸ Había, sí, sabido mil aventuras suyas de éstas
que, por una contradicción inexplicable, honran mientras sólo
las sabe todo el mundo en confianza, y que desacreditan cuando
las llega a saber alguien de oficio: pero nada más. Ocurrióme en 110
esto noches pasadas ir a matar a una casa la polilla de mi relación;³⁹ y a pocos pasos encontréme con mi primo. Parecióme no
tener todo el buen humor que en otros tiempos le había visto;
no sé si me buscó él a mí, si le busqué yo a él; sólo sé que a pocos
minutos paseábamos el salón de bracero,⁴⁰ y alimentando⁴¹ el 115
siguiente diálogo:

—¿Tú en el mundo? —me dijo.

—Sí, de cuando en cuando vengo: cuando veo que se amor-
tigua⁴² mi odio, cuando me siento inclinado a pensar bien, cuando
empiezo a echarle menos, me presento una vez, y me curo para 120
otra temporada. Pero, ¿tú bailas?

—Es ridículo: ¿quién va a bailar en un baile?

—Sí por cierto... ¡Si fuera en otra parte! Pero observo desde
que falto a esta casa multitud de caras nuevas... que no conozco...

—Es decir, que faltas a todas las casas de Madrid... porque las 125
caras son las mismas; las casas son las diferentes; y por cierto que
no vale la pena de variar de casa para no variar de gente.

—Así es —respondí—, que falto a todas. Quisiera, por tanto,
que me instruyeses... ¿Quién es, por ejemplo, esa joven...? Linda
por cierto... Baila muy bien... Parece muy amable... 130

—Es la baroncita viuda de ***.⁴³ Es una señora que, a fuerza de
ser hermosa y amable, a fuerza de gusto en el vestir, ha llegado

36. *furs*
37. **de cuando en cuando** *from time
to time*
38. **como... polilla** *as furs are taken
out into the air now and then so the
moths won't lodge in them*
39. **ir a matar... relación** *to go and*

get the moths out of my social contacts
40. **de bracero** *arm in arm*
41. *sustaining*
42. **se amortigua** *is growing dull*
43. *** indicates that the lady's name
is not to be mentioned.*

a ser aborrecida de todas las demás mujeres. Como su trato es harto[44] fácil, y no abriga más malicia que la que cabe en veintidós años,[45] todos los jóvenes que la ven se creen con derecho a ser correspondidos; y como al llegar a ella se estrellan,[46] desgraciadamente, los más de sus cálculos en su virtud (porque aunque la ves tan loca al parecer, en el fondo es virtuosa), los unos han dado en llamar coquetería su amabilidad; los otros por venganza, le dan otro nombre peor. Unos y otros hablan infamias de ella; debe, por consiguiente, a su mérito y a su virtud el haber perdido la reputación. ¿Qué quieres? ¡Ésa es la sociedad!

—¿Y aquélla de aquel aspecto grave, que se remilga tanto[47] cuando un hombre se la acerca? Parece que teme que la vean los pies según se baja el vestido a cada momento.

—Ésa ha entendido mejor el mundo. Ésa responde con bufidos[48] a todo galán. Una casualidad rarísima me ha hecho descubrir dos relaciones que ha tenido en menos de un año; nadie las sabe sino yo; es casada, pero como brilla poco su lujo, como no es una hermosura de primer orden, como no se pone en evidencia, nadie habla mal de ella. Pasa por la mujer más virtuosa de Madrid. Entre las dos se pudiera hacer una maldad completa: la primera tiene las apariencias y ésta la realidad. ¿Qué quieres? ¡En la sociedad siempre triunfa la hipocresía! Mira, apartémonos: quiero evitar el encuentro de ése que se dirige hacia nosotros: me encuentra en la calle y nunca me saluda; pero en la sociedad es otra cosa: como es tan desairado[49] estar de pie, sin hablar con nadie, aquí me habla siempre. Soy su amigo para estos recursos, para los momentos de fastidio:[50] también en el Prado[51] se me suele agregar[52] cuando no ha encontrado ningún amigo más íntimo. Ésa es la sociedad.

—Pero observo que huyendo de él nos hemos venido al *écarté*. ¿Quién es aquél que juega a la derecha?

---

44. *quite, too*
45. **que la que cabe... años** *than one would expect in a person of twenty-two*
46. **se estrellan** *are shattered*
47. **se remilga tanto** *is so coy*
48. *snorts, roars*
49. *unfitting, embarrassing*
50. *boredom*

51. El **paseo del Prado** era en ese entonces un lugar muy de moda para reuniones en Madrid. En uno de los extremos del paseo, adornado con árboles, está el Prado, el famoso museo de arte.
52. **se me suele agregar** *he usually comes up to me*

—¿Quién ha de ser? Un amigo mío íntimo, cuando yo jugaba. Ya se ve, ¡perdía con tan buena fe! Desde que no juego no me 165 hace caso. ¡Ay! Éste viene a hablarnos.

Efectivamente, llegósenos un joven con aire marcial y muy amistoso.

—¿Cómo le tratan a usted?... —le preguntó mi primo.

—Pícaramente,[53] diez onzas he perdido. ¿Y a usted?   170

—Peor todavía; adiós.

Ni siquiera nos contestó el perdidoso.[54]

—Hombre, si no has jugado —le dije a mi primo—, ¿cómo dices... ?

—Amigo, ¿qué quieres? Conocí que me venía a preguntar si 175 tenía suelto.[55] En su vida ha tenido diez onzas; la sociedad es para él una especulación: lo que no gana lo pide...

—Pero, ¿y qué inconveniente había en prestarle? Tú que eres tan generoso...

—Sí, hace cuatro años; ahora no presto ya hasta que no me[56] 180 paguen lo que me deben; es decir, que ya no prestaré nunca. Ésa es la sociedad. Y, sobre todo, ése que nos ha hablado...

—¡Ah, es cierto! Recuerdo que era antes tu amigo íntimo: no os separabais.

—Es verdad, y yo le quería: me lo encontré a mi entrada en 185 el mundo; teníamos nuestros amores en una misma casa, y yo tuve la torpeza[57] de creer simpatía lo que era comunidad de intereses. Le hice todo el bien que pude, ¡inexperto de mí![58] Pero de allí a poco puso los ojos en mi bella, me perdió en su opinión[59] y nos hizo reñir. Él no logró nada, pero desbarato[60] mi felicidad. 190 Por mejor decir, me hizo feliz; me abrió los ojos.

—¿Es posible?

—Ésa es la sociedad. Era mi amigo íntimo. Desde entonces no tengo más que amigos; íntimos, estos pesos duros[61] que traigo en el bolsillo; son los únicos que no venden: al revés, compran. 195

—¿Y tampoco has tenido más amores?

---

53. *wretchedly*
54. *loser*
55. *loose change*
56. Este **no** es redundante y no debe ser traducido.
57. *stupidity*

58. **inexperto de mí** *innocent fool that I was*
59. **me perdió... opinión** *he caused me to lose her esteem*
60. *be destroyed*
61. **peso duro** *dollar*

—¡Oh, eso sí! De eso he tardado más en desengañarme. Quise a una que me quería sin duda por vanidad, porque a poco de quererla me sucedió un fracaso[62] que me puso en ridículo, y me dijo que no podía arrostrar[63] el ridículo; luego quise frenética- 200
mente a una casada; ésa sí, creí que me quería sólo por mí; pero hubo hablillas,[64] que promovió precisamente aquella fea[65] que ves allí, que como no puede tener amores, se complace en des-baratar los ajenos,[66] hubieron de llegar[67] a oídos del marido, que empezó a darla mala vida: entonces mi apasionada me dijo que 205
empezaba el peligro y que debía concluirse el amor; su tranquili-dad era lo primero. Es decir, que amaba más a su comodidad que a mí. Ésa es la sociedad.

—¿Y no has pensado nunca en casarte?

—Muchas veces; pero a fuerza de conocer maridos, también 210
me he desengañado.

—Observo que no llegas a hablar a las mujeres.

—¿Hablar a las mujeres en Madrid? Como en general no se sabe hablar de nada, sino de intrigas amorosas; como no se habla de artes, de ciencias, de cosas útiles; como ni de política se entiende, 215
no se puede uno dirigir ni sonreír tres veces a una mujer; no se puede ir dos veces a su casa sin que digan: «Fulano hace el amor a Mengana.»[68] Esta expresión pasa a sospecha, y dicen con una frase, por cierto bien poco delicada: «¿Si estará metido con Fulana?» Al día siguiente esta sospecha es ya una realidad, un 220
compromiso. Luego hay mujeres que porque han tenido una des-gracia o una flaqueza, que se ha hecho pública por este hermoso sistema de sociedad, están siempre acechando[69] la ocasión de encontrar cómplices o imitadoras que las disculpen,[70] las cuales ahogan[71] la vergüenza en la murmuración.[72] Si hablas a una 225
bonita, la pierdes; si das conversación a una fea, quieres atrapar[73] su dinero. Si gastas chanzas[74] con la parienta de un

---

62. *failure*
63. *face*
64. *gossips*
65. **que promovió... fea** *which was started by none other than that homely woman*
66. **los ajenos** *someone else's*
67. **hubieron de llegar** *they inevitably reached*

68. **Fulano y Mengana** *So-and-so (masculine and feminine)*
69. *seeking out*
70. **que las disculpen** *who will exonerate them*
71. *drown*
72. *slander*
73. *seize*
74. *jokes*

ministro, quieres un empleo. En una palabra, en esta sociedad de
ociosos[75] y habladores nunca se concibe la idea de que puedas
hacer nada inocente, ni con buen fin, ni aun sin fin.   230

Al llegar aquí no pude menos de recordar a mi primo sus expresiones de hacía cuatro años: «¡Es encantadora la sociedad: ¡qué
alegría! ¡Qué generosidad! ¡Ya tengo amigos, ya tengo amante!!!»

Un apretón de manos[76] me convenció de que me había entendido.   235

—¿Qué quieres? —me añadió de allí a un rato—; nadie quiere
creer sino en la experiencia: todos entramos buenos en el mundo,
y todo andaría bien si nos buscáramos los de una edad; pero
nuestro amor propio nos pierde: a los veinte años queremos
encontrar amigos y amantes en las personas de treinta, es decir   240
en las que han llevado el chasco[77] antes que nosotros, y en los
que ya no creen: como es natural, le[78] llevamos entonces nosotros, y se le pegamos[79] luego a los que vienen detrás. Ésa es la
sociedad; una reunión de víctimas y de verdugos.[80] ¡Dichoso
aquél que no es verdugo y víctima a un tiempo! ¡Pícaros, necios, 245
inocentes![81] ¡Más dichoso aún, si hay excepciones, el que puede
ser excepción!

Preguntas

1. ¿Qué clase de cosas escribió Larra?
2. ¿De qué manera murió Larra y en qué año?
3. ¿Qué quiere decir la palabra *costumbrista*?
4. ¿Por qué no podemos negar que el hombre es animal social?
5. Según el autor, ¿qué es lo cierto y qué es solamente ilusión?
6. Si la sociedad no es un cambio mutuo de servicios recíprocos, ¿qué es?
7. ¿Quién sirve al autor para ilustrar sus ideas sobre la sociedad?
8. ¿Cómo era el primo del autor?
9. Al entrar en la sociedad, ¿qué tal le pareció al primo?
10. ¿Cuántos años hacía que el autor no había hablado con su primo?
11. ¿Por qué no bailaba el primo?

75. *loafers*
76. **apretón de manos** *handshake*
77. **han llevado el chasco** *have been
disappointed*
78. **le** refers to **chasco**

79. **se le pegamos** *we pass it on*
80. *executioners*
81. **pícaros, necios, inocentes** *ras-
cals, fools, innocent dupes*

12. ¿Qué clase de mujer era la baroncita viuda de ***?
13. ¿Por qué dijo el primo que la hipocresía siempre tríunfa en la sociedad?
14. ¿Qué quería el «amigo íntimo» del primo?
15. ¿Quiénes son los amigos íntimos del primo ahora?
16. ¿Por qué no hablaba el primo a las mujeres de Madrid?
17. Según el primo, ¿qué es la sociedad?

Temas

1. Mi propia actitud hacia la sociedad.
2. La sociedad en el lugar donde nací yo.
3. Mi peor aventura en la sociedad.
4. La sociedad: ¿grupo alegre o grupo triste?
5. Lo que necesita una chica para la popularidad social.
6. Las cualidades que necesita un hombre afortunado hoy día.
7. Los inconvenientes de decir la verdad.
8. Una comparación entre la sociedad de las hormigas y la de los hombres.

Algunas voces románticas
José de Espronceda (1808–1842)
Gustavo Adolfo Bécquer (1836–1870)

Espronceda y Bécquer representan dos aspectos diferentes del romanticismo español. Espronceda, algunas veces llamado el Byron español, fue un individuo rebelde que proclamó en tono altivo su oposición a la sociedad, su pesimismo, su «triste hastío». Aún a edad muy temprana fue detenido por actividades subversivas; luchó en las barricadas de París en 1830. En Lisboa se enamoró de Teresa Mancha, la hija de un oficial desterrado; más tarde la vio en Londres y la raptó, aunque ella ya se había casado y tenía un hijo. Vivieron por algún tiempo una vida tormentosa en Madrid, que terminó cuando Teresa lo abandonó; más tarde ella murió de tuberculosis. Cuando Espronceda parecía adquirir una mayor paz interior, murió de una infección de la garganta en 1842.

Los poemas más largos de Espronceda son *El estudiante de Salamanca*, que se refiere a un libertino que, como en la vieja leyenda, finalmente presencia su propio funeral, y *El diablo mundo*, un poema épico inconcluso sobre la humanidad. El canto II de este poema, titulado «A Teresa», ajeno por completo al resto de la obra, se refiere a su amada Teresa.

Los poemas sueltos de Espronceda a menudo presentan tipos antisociales, tales como verdugos, limosneros, cosacos, criminales condenados y piratas. Su virtuosismo poético fue extraordinario como se ve en la musicalidad de la selección que incluimos.

Bécquer nunca reflejó en su poesía nada del brillante sol sevillano. Su breve vida fue una constante luche contra la pobreza, el olvido y la enfermedad. Bécquer tuvo también un matrimonio desafortunado: la mujer a quien amaba lo desdeñó. Tanto al poeta como su hermano Valeriano murieron de tuberculosis.

La fama de Bécquer se debe más que todo a sus rimas, aparentemente más populares a medida que el tiempo pasa. Dentro de la poesía romántica representan lo melancólico, sentimental, y personal. No hay ni una sola protesta altiva, sino más bien la expresión sincera y franca de una pena interior. Tanto la forma como la expresión son relativamente sencillas, pero de gran atractivo. Con estas características el lector no puede menos de entender la popularidad de que gozan las *Rimas* en el mundo de habla española.

CANCIÓN DEL PIRATA (ESPRONCEDA)

Con diez cañones por banda[1]
viento en popa[2] a toda vela[3]
no corta el mar, sino vuela
un velero bergantín:[4]
    Bajel[5] pirata que llaman   5
por su bravura el *Temido*,
en todo mar conocido
del uno al otro confín.

La luna en el mar rïela,[6]
en la lona[7] gime[8] el viento,   10
y alza en blando movimiento
olas de plata y azul;
    Y ve el capitán pirata,
cantando alegre en la popa,

---

1. *side (of a ship)*   5. *vessel*
2. *on the stern, abaft*   6. *gleams*
3. **a toda vela** *under full sail* 7. *canvas*
4. *swift-sailing ship (brig, brigantine)* 8. *groans*

Asia a un lado, al otro Europa   15
y allá a su frente Stambul.[9]
  «Navega, velero mío,
      sin temor,
que ni enemigo navío,
ni tormenta,[10] ni bonanza[11]   20
tu rumbo[12] a torcer alcanza,[13]
ni a sujetar tu valor.

        «Veinte presas[14]
        hemos hecho
        a despecho[15]   25
        del inglés,
        y han rendido
        sus pendones[16]
        cien naciones
        a mis pies.   30

  «Que es mi barco mi tesoro,
que es mi Dios la libertad,
mi ley la fuerza y el viento,
mi única patria la mar.

  «Allá muevan feroz guerra   35
      ciegos reyes
por un palmo[17] más de tierra:
que yo tengo aquí por mío
cuanto abarca[18] el mar bravío,[19]
a quien nadie impuso leyes.   40

        «Y no hay playa,
        sea cualquiera,
        ni bandera de esplendor,
        que no sienta
        mi derecho,   45
        y dé pecho[20]
        a mi valor.

9. **Stambul** *Istanbul*
10. *storm*
11. *fair weather*
12. *course*
13. *succeeds*
14. *captures*

15. *in spite of*
16. *banners*
17. *span, handbreadth*
18. *encompasses, holds*
19. *wild, fierce*
20. *face up (to)*

«Que es mi barco mi tesoro...

«A la voz de «¡Barco viene!»
        es de ver   50
cómo vira²¹ y se previene
a todo trapo²² a escapar:
que yo soy el rey del mar,
y mi furia es de temer.

                En las presas   55
                yo divido
                lo cogido
                por igual:
                sólo quiero
                por riqueza   60
                la belleza
                sin rival.

«Que es mi barco mi tesoro...

«¡Sentenciado estoy a muerte!
        Yo me río: 65
no me abandone la suerte,
y al mismo que me condena,
colgaré de alguna antena,²³
quizá en su propio navio.

                «Y si caigo,   70
                ¿qué es la vida?
                Por perdida
                ya la di,
                cuando el yugo²⁴
                del esclavo,   75
                como un bravo,
                sacudí.²⁵

«Que es mi barco mi tesoro...

«Son mi música mejor
        aquilones;²⁶   80

21. *veers, comes about*   24. *yoke*
22. *under full sail*   25. *shook off*
23. *yard arm*   26. *north winds*

el estrépito y temblor
de los cables sacudidos,[27]
del negro mar los bramidos[28]
y el rugir[29] de mis cañones.

«Y del trueno   85
al son violento,
y del viento
al rebramar,[30]
yo me duermo
sosegado,[31]   90
arrullado[32]
por el mar.

«Que es mi barco mi tesoro,
que es mi Dios la libertad,
mi ley la fuerza y el viento,   95
mi única patria la mar.»

RIMAS (BÉCQUER)

I

Yo sé un himno gigante y extraño
que anuncia en la noche del alma una aurora,
y estas páginas son de ese himno
cadencias que el aire dilata[1] en las sombras.

Yo quisiera escribirle, del hombre   5
domando[2] el rebelde, mezquino[3] idioma,
con palabras que fuesen a un tiempo
suspiros[4] y risas, colores y notas.

Pero en vano es luchar; que no hay cifra[5]
capaz de encerrarlo, y apenas ¡oh hermosa!   10
si, teniendo en mis manos las tuyas,
pudiera, al oírlo, cantártelo a solas.

27. *rattling*	1. *spreads*
28. *bellows, roars*	2. *taming*
29. *roaring*	3. *petty, puny*
30. *roaring*	4. *sighs*
31. *soothed*	5. *key, cipher, code*
32. *lulled*	

IV

No digáis que, agotado[6] su tesoro,
de asuntos falta,[7] enmudeció la lira:[8]
podrá no haber poetas; pero siempre   15
    habrá poesía.

Mientras las ondas[9] de la luz al beso
    palpiten encendidas;
Mientras el sol las desgarradas[10] nubes
    de fuego y oro vista;   20
Mientras el aire en su regazo[11] lleve
    perfumes y armonías;
Mientras haya en el mundo primavera,
    ¡habrá poesía!

Mientras la ciencia a descubrir no alcance   25
    las fuentes de la vida,
y en el mar o en el cielo haya un abismo[12]
    que al cálculo resista;
Mientras la humanidad siempre avanzando
    no sepa a dó[13] camina;   30
Mientras haya un misterio para el hombre,
    ¡habrá poesía!

Mientras sintamos que se alegra el alma,
    sin que los labios rían;
Mientras se llore, sin que el llanto acuda   35
    a nublar[14] la pupila:

Mientras el corazón y la cabeza
    batallando prosigan;[15]
Mientras haya esperanzas y recuerdos,[16]
    ¡habrá poesía!   40

Mientras haya unos ojos que reflejen
    los ojos que los miran;

6. *exhausted*
7. **de... falta** *for lack of subjects*
8. *the (poetic) lyre fell silent*
9. *waves*
10. *shattered*
11. *lap*

12. *depth*
13. **dó** = **dónde**
14. **sin... nublar** *without tears coming to cloud*
15. *continue*
16. *memories*

Mientras responda el labio suspirando
al labio que suspira;

Mientras sentirse puedan en un beso   45
dos almas confundidas;[17]
Mientras exista una mujer hermosa,
¡habrá poesía!

VII

Del salón en el ángulo[18] obscuro,
de su dueño[19] tal vez olvidada,   50
silenciosa y cubierta de polvo
veíase el arpa.

¡Cuánta nota dormía en sus cuerdas,[20]
como el pájaro duerme en las ramas,
esperando la mano de nieve   55
que sabe arrancarla![21]

¡Ay! pensé; ¡cuántas veces el genio
así duerme en el fondo del alma,
y una voz, como Lázaro, espera
que le diga: «Levántate y anda!»[22]   60

X

Los invisibles átomos del aire
en derredor palpitan y se inflaman;
el cielo se deshace en rayos de oro;[23]
la tierra se estremece alborozada;[24]
oigo flotando en olas de armonía   65
rumor[25] de besos y batir[26] de alas;
mis párpados[27] se cierran... ¿Qué sucede?
—¡Es el amor que pasa!

17. *fused, mingled*
18. *corner*
19. *owner*
20. *strings*
21. *draw forth, pluck*
22. **Lázaro** fue resucitado por Jesús. Véase el Evangelio de San Juan, capítulo 11. La frase «levántate y anda,» dicha al paralítico y no a Lázaro, está tomada de San Lucas, 5.23.
23. *is dissolved into golden gleams*
24. *trembles with excited joy*
25. *sound*
26. *beating, flapping*
27. *eyelids*

XXI

¿Qué es poesía? dices mientras clavas
en mi pupila tu pupila azul;   70
¿qué es poesía? ¿Y tú me lo preguntas?
      Poesía... eres tú.

XXIII

Por una mirada, un mundo;
por una sonrisa, un cielo;
por un beso... ¡yo no sé   75
qué te diera por un beso!

XXXVIII

Los suspiros son aire, y van al aire.
Las lágrimas son agua, y van al mar.
Dime, mujer: cuando el amor se olvida,
      ¿sabes tú adónde va?   80

LIII

Volverán las oscuras golondrinas[28]
en tu balcón[29] sus nidos[30] a colgar,
y, otra vez, con el ala[31] a sus cristales[32]
      jugando llamarán.

Pero aquéllas que el vuelo refrenaban[33]   85
tu hermosura y mi dicha[34] a contemplar,
aquéllas que aprendieron nuestros nombres...
      Ésas... ¡no volverán!

Volverán las tupidas madreselvas[35]
de tu jardín las tapias a escalar,[36]   90
y otra vez a la tarde, aún más hermosas,
      sus flores se abrirán;

28. *swallows*
29. *balcony window*
30. *nests*
31. *their wings*
32. *panes*

33. *checked*
34. *happiness*
35. *thick honeysuckles*
36. **de tu... escalar**   *to scale your garden walls*

Pero aquéllas, cuajadas[37] de rocío,
cuyas gotas mirábamos temblar
y caer, como lágrimas del día...   95
        Ésas... ¡no volverán!

Volverán del amor en tus oídos
las palabras ardientes a sonar;
tu corazón de su profundo sueño
        tal vez despertará;   100

Pero mudo y absorto[38] y de rodillas,
como se adora a Dios ante su altar,
como yo te he querido... desengáñate,[39]
        ¡así no te querrán!

LXIX

Al brillar un relámpago nacemos,[40]   105
y aún dura su fulgor[41] cuando morimos:
        ¡tan corto es el vivir!

La gloria y el amor tras que corremos,
sombras de un sueño son que perseguimos:[42]
        ¡despertar es morir!   110

Preguntas

ESPRONCEDA

1. ¿Por qué no ambiciona el pirata ni un palmo de tierra?
2. ¿Cómo divide él las presas?
3. ¿Qué le interesa al pirata más que los bienes materiales?
4. ¿A qué está sentenciado el pirata?
5. ¿Por qué no aprecia la vida?
6. ¿Cuál es la mejor música para él?
7. ¿Qué le arrulla y sosiega?

37. *covered*   *lightning flashes*
38. *rapt, devoted*   41. *gleam*
39. *make no mistake, have no illusions* 42. *we pursue*
40. **al... nacemos** *we are born as*

BÉCQUER

1. ¿Mientras haya qué tipo de cosas habrá poesía, según Bécquer?
2. ¿Qué necesita a veces el genio dormido?
3. ¿Qué diera el poeta por un beso?
4. ¿Qué se oye flotando en olas de armonía?
5. ¿Dónde colgarán sus nidos las golondrinas?
6. ¿Qué harán las madreselvas?
7. ¿Qué volverá a sonar en los oídos de la amada?

Debate

¿Cuál actitud ante la vida se ajusta más a la época actual, la de Espronceda en *Canción del pirata* o la de Bécquer en la Rima IV? ¿Por qué?

LOS OJOS VERDES (BÉCQUER)

Repetimos que la fama de Bécquer se debe principalmente a sus poesías, pero compuso muchas obras en prosa —artículos periodísticos, las *Cartas desde mi celda*, y otras obras de menor importancia— y las famosas y siempre populares *Leyendas*. Casi todas tienen un ambiente medieval y tienden a lo fantástico, a lo sobrenatural, a lo trágico. En casi todas, como en *Los ojos verdes* el protagonista muere o se vuelve loco. El lenguaje es cuidado, pulido, armonioso, poético.

Bécquer no busca lo histórico-legendario como Zorrilla, cuyas leyendas son narrativas y se relacionan con el cuento y con la novela. Es decir, que las *Leyendas* de Bécquer, en prosa, son más poéticas que las de Zorrilla, en verso. Se nota el parecido de Bécquer con algunos de los escritores alemanes como E. T. A. Hoffmann.

Hace mucho tiempo que tenía ganas de escribir cualquier cosa con este título. Hoy, que se me ha presentado ocasión, lo he puesto con letras grandes en la primera cuartilla de papel, y luego he dejado a capricho volar la pluma.[1]

Yo creo que he visto unos ojos como los que he pintado en 5 esta leyenda. No sé si en sueños, pero yo los he visto. De seguro que no los podré describir tales cuales ellos eran: luminosos, transparentes, como las gotas de la lluvia que se resbalan sobre las hojas

1. **he dejado... pluma** *I have allowed my pen to fly (write) at will.*

Gustavo Adolfo Bécquer por Valeriano D. Bécquer
COLLECCIÓN PARTICULAR, SEVILLA
COURTESY OF GENERAL RESEARCH DIVISION, THE NEW YORK PUBLIC LIBRARY,
ASTOR, LENOX AND TILDEN FOUNDATIONS

de los árboles después de una tempestad de verano. De todos
modos, cuento con[2] la imaginación de mis lectores para hacerme   10
comprender en este que pudiéramos llamar boceto de un cuadro
que pintaré algún día.

I

—Herido va el ciervo..., herido va; no hay duda. Se ve el rastro
de la sangre entre las zarzas del monte, y al saltar uno de esos
lentiscos[3] han flaqueado sus piernas... Nuestros joven señor co-   15
mienza por donde otros acaban... En cuarenta años de montero
no he visto mejor golpe... Pero, por San Saturio, patrón de Sorial,

2. *I count upon*   3. *mastic trees*

cortadle el paso por esas carrascas, azuzad los perros, soplad en esas trompas hasta echar los hígados, y hundidles a los corceles una cuarta de hierro en los ijares: ¿no veis que se dirige hacia la fuente de los Álamos, y si la salva antes de morir podemos darlo por perdido?

Las cuencas del Moncayo[4] repitieron de eco en eco el bramido de las trompas, el latir de la jauría[5] desencadenada, y las voces de los pajes resonaron con nueva furia, y el confuso tropel de hombres, caballos y perros se dirigió al punto que Iñigo, el montero mayor de los marqueses de Almenar, señalaba como el más a propósito para cortarla el paso a la res.

Pero todo fue inútil. Cuando el más ágil de los lebreles llegó a las carrascas, jadeante y cubiertas las fauces de espuma, ya el ciervo, rápido, como una saeta, las había salvado de un solo brinco, perdiéndose entre los matorrales de una trocha[6] que conducía a la fuente.

—¡Alto!... ¡Alto todo el mundo! —gritó Iñigo entonces—. Estaba de Dios que había de marcharse.

Y la cabalgata se detuvo, y enmudecieron las trompas, y los lebreles, refunfuñando, dejaron la pista a la voz de los cazadores.

En aquel momento se reunía a la comitiva el héroe de la fiesta, Fernando de Argensola, el primogénito de Almenar.

—¿Qué haces? —exclamó, dirigiéndose a su montero, y en tanto, ya se pintaba el asombro en sus facciones, ya ardía la cólera en sus ojos—. ¿Qué haces, imbécil? ¡Ves que la pieza está herida, que es la primera que cae por mi mano, y abandonas el rastro y la dejas perder para que vaya a morir en el fondo del bosque! ¿Crees acaso que he venido a matar ciervos para festines de lobos?

—Señor —murmuró Iñigo entre dientes—, es imposible pasar de este punto.

—¡Imposible! Y ¿por qué?

—Porque esa trocha —prosiguió el montero— conduce a la fuente de los Álamos; la fuente de los Álamos, en cuyas aguas habita un espíritu del mal. El que osa enturbiar su corriente paga caro su atrevimiento. Ya la res habrá salvado sus márgenes. ¿Cómo las salваréis vos sin atraer sobre vuestra cabeza alguna calamidad

4. El **Moncayo** es una sierra y su región entre Soria y Zaragoza, unas 140 millas al noreste de Madrid.

5. *pack of hounds*

6. *trail*

horrible? Los cazadores somos reyes del Moncayo, pero reyes qué pagan un tributo. Pieza que se refugia en esa fuente misteriosa, 55 pieza perdida.

—¡Pieza perdida! Primero perderé yo el señorío de mis padres, y primero perderé el ánima en manos de Satanás, que permitir que se me escape ese ciervo, el único que ha herido mi venablo,[7] la primicia de mis excursiones de cazador... ¿Lo ves?... ¿Lo ves?... 60 Aun se distingue a intervalos desde aquí: las piernas le fallan, su carrera se acorta; déjame..., déjame; suelta esa brida o te revuelco en el polvo... ¿Quién sabe si no le daré lugar para que llegue a la fuente? Y si llegase, al diablo ella, su limpidez y sus habitadores. ¡Sus!, ¡Relámpago!; ¡sus, caballo mío! Si lo alcanzas, mando en- 65 garzar los diamantes de mi joyel en tu serreta de oro.

Caballo y jinete partieron como un huracán. Iñigo los siguió con la vista hasta que se perdieron en la maleza; después volvió los ojos en derredor suyo; todos, como él, permanecieron in- móviles y consternados. 70

El montero exclamo al fin:

—Señores, vosotros lo habéis visto: me he expuesto a morir entre los pies de su caballo por detenerle. Yo he cumplido con mi deber. Con el diablo no sirven valentías. Hasta aquí llega el montero con su ballesta; de aquí adelante, que pruebe a pasar el 75 capellán con su hisopo.

II

—Tenéis la color quebrada; andáis mustio y sombrío. ¿Qué os sucede? Desde aquel día, que yo siempre tendré por funesto, en que llegásteis a la fuente de los Álamos en pos de la res herida, diríase que una mala bruja os ha encanijado[8] con sus hechizos. 80 Ya no váis a los montes precedido de la ruidosa jauría, ni el clamor de vuestras trompas despierta sus ecos. Sólo con esas cavilaciones que os persiguen, todas las mañanas tomáis la ballesta[9] para én- derezaros a la espesura y permanecer en ella hasta que el sol se esconde. Y cuando la noche oscurece y volvéis pálido y fatigado 85 al castillo, en balde busco en la bandolera los despojos de la caza. ¿Qué os ocupa tan largas horas lejos de los que más os quieren?

7. *javelin*   9. *crossbow*
8. *sickened*

Mientras Iñigo hablaba, Fernando, absorto en sus ideas, sacaba maquinalmente astillas de su escaño de ébano con el cuchillo de monte.[10]   90

Después de un largo silencio, que sólo interrumpía el chirrido de la hoja[11] al resbalar sobre la pulimentado madera, el joven exclamó dirigiéndose a su servidor, como si no hubiera escuchado una sola de sus palabras:

—Iñigo, tú que eres viejo; tú que conoces todas las guaridas   95 del Moncayo, que has vivido en sus faldas persiguiendo a las fieras, y en tus errantes excursiones de cazador subiste más de una vez a su cumbre, dime: ¿has encontrado por acaso una mujer que vive entre sus rocas?

—¡Una mujer! —exclamó el montero con asombro y mirándolo 100 de hito en hito.[12]

—Sí —dijo el joven—; es una cosa extraña lo que me sucede, muy extraña... Creí poder guardar ese secreto eternamente, pero no es ya posible; rebosa en mi corazón[13] y asoma a mi semblante. Voy, pues, a revelártelo... Tú me ayudarás a desvane- 105 cer[14] el misterio que envuelve a esa criatura que, al parecer, sólo para mí existe, pues nadie la conoce, ni la ha visto, ni puede darme razón de ella.

El montero, sin despegar los labios, arrastró su banquillo hasta colocarse junto al escaño de su señor, del que no apartaba un 110 punto los espantados ojos. Éste, después de coordinar sus ideas, prosiguió así:

—Desde el día en que, a pesar de tus funestas predicciones, llegué a la fuente de los Álamos y, atravesando sus aguas, recobré el ciervo que vuestra superstición hubiera dejado huir, se llenó 115 mi alma del deseo de la soledad.

«Tú no conoces aquel sitio. Mira: la fuente brota escondida en el seno de una peña, y cae resbalando gota a gota por entre las verdes y flotantes hojas de las plantas que crecen al borde de su cuna.[15] Aquellas gotas, que al desprenderse brillan como puntos 120 de oro y suenan como las notas de un instrumento, se reúnen

---

10. **sacaba... de monte**   *whittled splinters mechanically from his ebony stool with his hunting knife.*
11. **chirrido de la hoja**   *the squeaking of the blade*
12. *fixedly*
13. **rebosa en mi corazón**   *it bubbles up in my heart*
14. *dispel*
15. *cradle, source*

entre los céspedes, y, susurrando, con un ruido semejante al de
las abejas que zumban en torno de[16] las flores, se alejan por entre
las arenas, y forman un cauce, y luchan con los obstáculos que
se oponen a su camino, y se repliegan[17] sobre sí mismas, y sal- 125
tan, y huyen, y corren, unas veces con rísas, otras con suspiros,
hasta caer en un lago. En el lago caen con un rumor indescrip-
tible. Lamentos, palabras, nombres, cantares, yo no sé lo que he
oído en aquel rumor cuando me he sentado solo y febril sobre
el peñasco, a cuyos pies saltan las aguas de la fuente misteriosa 130
para estancarse en una balse profunda, cuya inmóvil superficie
apenas riza[18] el viento de la tarde.

«Todo es allí grande. La soledad, con sus mil rumores descono-
cidos, vive en aquellos lugares y embriaga[19] el espíritu de su
inefable melancolía. En las plateadas hojas de los álamos, en los 135
huecos de las peñas, en las ondas del agua, parece que nos hablan
los invisibles espíritus de la Naturaleza, que reconocen un hermano en el inmortal espíritu del hombre.

«Cuando al despuntar la mañana[20] me veías tomar la ballesta
y dirigirme al monte, no era nunca para perderme entre sus 140
matorrales en pos de la caza, no; iba a sentarme al borde de la
fuente, a buscar en sus ondas..., no sé qué, una locura! El día en
que salté sobre ella con mi Relámpago,[21] creí haber visto brillar
en su fondo una cosa extraña..., muy extraña...: los ojos de una
mujer. 145

«Tal vez sería un rayo de sol que serpeó[22] fugitivo entre su
espuma; tal vez una de esas flores que flotan entre las algas de
su seno y cuyos cálices[23] parecen esmeraldas...; no sé; yo creí
ver una mirada que se clavó en la mía, una mirada que encendió
en mi pecho un deseo absurdo, irrealizable: el de encontrar una 150
persona con unos ojos como aquéllos. En su busca fui un día y
otro a aquel sitio.

«Por último, una tarde..., yo me creí juguete de un sueño...;
pero no, es verdad; la he hablado ya muchas veces, como te hablo
a ti ahora...; una tarde encontré sentada en mi puesto, y vestida 155

---

16. *around*
17. *twist*
18. *ripples*
19. *inebriates*
20. **Cuando... mañana** *When dawn*
broke
21. *Lightning (the name of his horse)*
22. *coiled*
23. *calyxes*

con unos ropas que llegaban hasta las aguas y flotaban sobre su
haz, una mujer hermosa sobre toda ponderación.[24] Sus cabellos
eran como el oro; sus pestañas[25] volteaban inquietas unas pupilas
que no había visto..., sí, porque los ojos de aquella mujer eran
de un color imposible; unos ojos...»   160
    —¡Verdes! —exclamó Iñigo con un acento de profundo terror,
e incorporándose de un salto de su asiento.
    Fernando le miró a su vez como asombrado de que concluyese
lo que iba a decir, y le preguntó con una mezcla de ansiedad y
de alegría: 165
    —¿La conoces?
    —¡Oh, no! —dijo el montero—. ¡Líbreme Dios de conocerla!
Pero mis padres, al prohibirme llegar hasta esos lugares, me dijeron mil veces que el espíritu, trasgo, demonio o mujer que habita
en sus aguas tiene los ojos de ese color. Yo os conjuro, por lo   170
que más améis en la tierra, a no volver a la fuente de los Álamos.
Un día u otro os alcanzará su venganza, y expiaréis, muriendo,
el delito de haber encenagado sus ondas.
    —¡Por lo que más amo! —murmuró el joven con una triste
sonrisa.   175
    —Sí —prosiguió el anciano—; por vuestros padres, por vuestros
deudos, por las lágrimas de la que el cielo destina para vuestra
esposa, por las de un servidor que os ha visto nacer...
    —¿Sabes tú lo que más amo en el mundo? Sabes tú por qué daría
yo el amor de mi padre, los besos de la que me dio la vida y todo 180
el cariño que pueden atesorar la mujeres de la tierra? Por una
mirada, por una sola mirada de esos ojos... ¡Mira cómo podré yo
dejar de buscarlos!
    Dijo Fernando estas palabras con tal acento, que la lágrima que
temblada en los párpados de Iñigo se resbaló silenciosa por su   185
mejilla, mientras exclamó con acento sombrio:
    ¡Cúmplase la voluntad del cielo!

                              III

    —¿Quién eres tú? ¿Cuál es tu patria? ¿En dónde habitas? Yo
vengo un día y otro en tu busca, y ni veo el corcel[26] que te trae

---

24. **hermosa... ponderación** *beauti-*   25. *eyelashes*
ful beyond imagination   26. *steed*

a estos lugares ni a los servidores que conducen tu litera.[27] Rom- 190
pe de una vez el misterioso velo en que te envuelves como en
una noche profunda. Yo te amo, y, noble o villana, seré tuyo,
tuyo siempre...

El sol había traspuesto la cumbre del monte; las sombras bajaban
a grandes pasos por su falda; la brisa gemía entre los álamos de 195
la fuente, y la niebla, elevándose poco a poco de la superficie del
lago, comenzaba a envolver las rocas de su margen.

Sobre una de estas rocas, sobre una que parecía próxima a
desplomarse en el fondo de las aguas, en cuya superficie se retrataba,[28] temblando, el primogénito[29] de Almenar, de rodillas 200
a los pies de su misteriosa amante, procuraba en vano arrancarle
el secreto de su existencia.

Ella era hermosa, hermosa y pálida como una estatua de ala-
bastro. Uno de sus rizos caía sobre sus hombros, deslizándose
entre los pliegues[30] del velo como un rayo de sol que atraviesa 205
las nubes, y en el cerco de sus pestañas rubias brillaban sus pupilas,
como dos esmeraldas sujetas en una joya de oro.

Cuando el joven acabó de hablarle, sus labios se movieron como
para pronunciar algunas palabras; pero sólo exhalaron un suspiro,
un suspiro débil, doliente, como el de la ligera onda que empuja[31] 210
una brisa al morir entre los juncos.

—¡No me respondes! —exclamó Fernando al ver burlada su
esperanza—. ¿Querrás que dé crédito a lo que de ti me han dicho?
¡Oh!, no... Háblame; yo quiero saber si me amas; yo quiero saber
si puedo amarte, si eres una mujer... 215

—O un demonio... ¿Y si lo fuese?

El joven vaciló un instante; un sudor frío corrió por sus miembros; sus pupilas se dilataron al fijarse con más intensidad en las
de aquella mujer, y fascinado por su brillo fosfórico, demente[32]
casi, exclamó en un arrebato[33] de amor: 220

—Si lo fueses..., te amaría..., te amaría como te amo ahora,
como es mi destino amarte, hasta más allá de esta vida, si hay
algo más allá de ella.

27. *litter*
28. **en cuya... retrataba**   *on whose*
surface he was pictured
29. *the first-born son*

30. *folds*
31. *pushes*
32. *demented, crazed*
33. *fit*

—Fernando —dijo la hermosa entonces con una voz semejante a una música—, yo te amo más aún que tú me amas; yo, que desciendo hasta un mortal siendo un espíritu puro. No soy una mujer como las que existen en la Tierra; soy una mujer digna de ti, que eres superior a los demás hombres. Yo vivo en el fondo de estas aguas, incorpórea como ellas, fugaz y transparente; hablo con sus rumores y ondulo[34] con sus pliegues. Yo no castigo al que osa turbar la fuente donde moro; antes le premio con mi amor, como a un mortal superior a las supersticiones del vulgo, como a un amante capaz de comprender mi cariño extraño y misterioso.

Mientras ella hablaba así, el joven, absorto en la contemplación de su fantástica hermosura, atraído como por una fuerza desconocida, se aproximaba más y más al borde de la roca. La mujer de los ojos verdes prosiguió así:

—¿Ves, ves el límpido fondo de ese lago? Ves esas plantas de largas y verdes hojas que se agitan en su fondo?... Ellas nos darán un lecho de esmeraldas y corales..., y yo..., yo te daré una felicidad sin nombre, esa felicidad que has soñado en tus horas de delirio, y que no puede ofrecerte nadie... Ven; la niebla del lago flota sobre nuestras frentes como un pabellón[35] de lino...; las ondas nos llaman con sus voces incomprensibles; el viento empieza entre los álamos sus himnos de amor ven..., ven...

La noche empezaba a extender sus sombras; la luna rielaba[36] en la superficie del lago; la niebla se arremolinaba al soplo del aire, y los ojos verdes brillaban en la oscuridad como los fuegos fatuos[37] que corren sobre el haz de las aguas infectas... «Ven..., ven...» Estas palabras zumbaban en los oídos de Fernando como un conjuro. «Ven...» Y la mujer misteriosa lo llamaba al borde del abismo, donde estaba suspendida, y parecía ofrecerle un beso... un beso...

Fernando dio un paso hacia ella... otro..., y sintió unos brazos delgados y flexibles que se liaban a su cuello, y una sensación fría en sus labios ardorosos, un beso de nieve..., y vaciló..., y perdió pie, y cayó al agua con un rumor sordo y lúgubre.

Las aguas saltaron en chispas de luz y se cerraron sobre su cuerpo, y sus círculos de plata fueron ensanchándose, ensanchán- 260 dose, hasta expirar en las orillas.

Preguntas

1. ¿A qué tienden las *Leyendas* de Bécquer?
2. ¿Dónde es la escena de este cuento?
3. ¿Le gustan a Vd. los ojos verdes? ¿Por qué?
4. ¿Cuál era la profesión de Iñigo?
5. ¿En qué región cazaba?
6. ¿Qué es una jauría?
7. ¿Qué hicieron los lebreles al dejar la pista?
8. ¿Adóne conducía la trocha que seguían los cazadores?
9. ¿Quién habitaba en las aguas de la fuente?
10. ¿Cómo se llamaba el caballo de Almenar?
11. ¿Qué creyó haber visto en la fuente?
12. ¿Cómo eran los cabellos de la mujer de la fuente?
13. ¿Qué hizo Iñigo al terminar el marqués su relato?
14. ¿Qué le prometió Almenar a la mujer de la fuente?
15. ¿Qué le prometió al marqués la mujer de la fuente?
16. ¿Qué pasó al final?

Temas

1. La prosa poética de Bécquer.
2. El fondo general de las *Leyendas*.
3. Contraste entre el estilo de *Lazarillo de Tormes* y las obras de Bécquer.
4. Semejanzas entre Bécquer y Poe.
5. El efecto total sobre el lector de *Los ojos verdes*.
6. Los adjetivos empleados por Bécquer.

Rosalía de Castro (1837–1885)

Nacida en Santiago de Compostela, desde muy niña Rosalía de Castro se dedica a escribir poemas, en los que ya a la temprana[1] edad de once años, se percibe[2] el exquisito sentimiento lírico que más tarde identificará su obra y en el que verán sus coterráneos[3] representada el alma de su raza. Los montes y bosques cubiertos por las brumas,[4] las pequeñas iglesias de las aldeas, los valles y las rías,[5] el silencio de los cementerios, conmueven profundamente a la escritora.[6] Cuando se traslada a Madrid, la tierra gallega se convierte para ella en obsesión y martirio. Siente en lo más íntimo el dolor de los emigrantes forzados por la miseria a abandonar el terruño[7] en que nacieron, los desengaños amorosos,[8] la pérdida de las esperanzas, el dolor de la separación. Pero su mejor inspiración saldrá, como en Bécquer, de adentro, de ella misma, de sus propios dolores e infortunios.[9] Hija ilegitima, desde muy temprano conoció lo que es el sufrimiento. A veces parece sucumbir[10] ante el dolor, pero la calma vuelve pronto a su corazón.

Lo mejor de su obra está escrito en gallego, pero aún así, lo que escribió en castellano la sitúa entre los mejores líricos castellanos del siglo XIX. Aunque su principal producción es la poética, también cultivó[11] la prosa, aunque ésta no es

1. **temprana** *early, premature*
2. **percibe** *perceive*
3. **coterráneo** *fellow citizen*
4. **bruma** *mist, fog*
5. **ría** *estuary*
6. **conmueven... a la escritoria** *touch deeply the writer*
7. **terruño** *piece of ground*
8. **desengaños amorosos** *sad lessons of love*
9. **de adentro... e infortunios** *from her inside, from her own pains and misfortunes*
10. **sucumbir** *to succumb, to yield*
11. **cultivó** *cultivated*

de la calidad de la primera. Entre sus obras en prosa pueden citarse *La hija del mar* (1859), *Flavio* (1861), *Ruinas* (1866), *El Cadiceño* (1866), *El caballero de las botas azules* (1867) y *El primer loco* (1881); su obra poética está reunida en *La flor* (1857), *Cantares gallegos* (1863), *Follas novas* (1880) y un centenar de composiciones escritas en castellano, casi todas muy breves y reunidas bajo el título *En las orillas del Sar* (1880).

Si se desea comparar la poesía de Rosalía de Castro con la de Bécquer, es necesario tener en consideración que éste «es más concentrado, más hondo y, al mismo tiempo, más intemporal[12] e impersonal. Por lo pronto no hay en él ese aprovechamiento de lo popular que encontramos a cada paso en Rosalía.... Para Rosalía, Galicia —su valle, su monte, su aldea, su ría— lo es todo. Bécquer, superando cualquier localismo,[13] nos da una poesía de tema y ambiente universal.»[14]

A continuación presentamos dos poemas de diferentes secciones de *En las orillas del Sar.*

IV

Torna,[15] roble, arbol patrio, a dar sombra
cariñosa a la escueta[16] montaña
donde un tiempo la gaita[17] guerrera
alentó de los nuestros las almas,
y compás hizo el eco monótono   5
       del canto materno
       del viento y del agua,
que en las noches de invierno al infante
en su cuna de mimbre[18] arrullaban.
Que tan bello apareces, ¡oh roble!,   10
  de este suelo en las cumbres gallardas
  y en las suaves graciosas pendientes

12. **intemporal**   *atemporal*
13. **localismo**   *love for one's birth-place*
14. E. Diez-Echarri y J. M. Roca Franquesa 390.
15. **tornar**   *to repeat, do again*
16. **escueta**   *solitary, uninhabited*
17. **gaita**   *bagpipe*
18. **cuna de mimbre**   *cradle made of wicker*

donde umbrosas[19] se extienden tus ramas
como en rostro de pálida virgen
cabellera ondulante y dorada,   15
      que en lluvia de rizos
acaricia la frente de nácar.

   ¡Torna presto a poblar nuestros bosques,
y que tornen contigo las hadas
que algún tiempo a tu sombra tejieron   20
      del héroe gallego
      las frescas guirnaldas![20]

*

II

   En su cárcel de espinos y rosas
cantan y juegan mis pobres niños,
hermosos seres desde la cuna   25
por la desgracia ya perseguidos.

   En su cárcel se duermen soñando
cuán bello es el mundo cruel que no vieron,
cuán ancha[21] la tierra, cuán hondos los mares
cuán grande el espacio, qué breve su huerto.[22]   30

   Y le envidian las alas al pájaro
      que traspone las cumbres y valles,
y le dicen: «¿Qué has visto allá lejos,
golondrina[23] que cruzas los aires?»

   Y despiertan soñando, y dormidos   35
      soñando se quedan;
que ya son la nube flotante que pasa,
o ya son el ave ligera que vuela,
tan lejos, tan lejos del nido,[24] cual ellos
de su cárcel[25] ir lejos quisieran.   40

---

19. **umbrosa** *shady*   23. **golondrina** *swallow*
20. **frescas guirnaldas** *fresh wreath*   24. **nido** *nest*
21. **ancha** *wide*   25. **cárcel** *jail*
22. **huerto** *fruit garden*

«¡Todos parten!» —exclaman—. ¡Tan sólo,
tan solo nosotros nos quedamos siempre!
¿Por qué quedar, madre; por qué no llevarnos
donde hay otro cielo, otro aire, otras gentes?

Yo, en tanto, bañados en llanto mis ojos   45
los miro en silencio, pensando: «En la tierra,
¿adónde llevaros, mis pobres cautivos,
que no hayan de ataros las mismas cadenas?
Del hombre, enemigo del hombre; no puede
libraros, mis ángeles, la égida[26] materna.»   50

*

Preguntas

1. ¿Dónde y cuándo nació Rosalía de Castro?
2. ¿A qué edad escribió sus primeros poemas y que se percibe ya en los mismos?
3. ¿Qué verán los coterráneos de Rosalía de Castro en sus poemas?
4. ¿Qué conmueve profundamente a la autora?
5. ¿Qué le pasa cuando se traslada a Madrid?
6. ¿Qué siente en lo más íntimo la escritora?
7. ¿De dónde saldrá su mejor inspiración?
8. ¿Desde cuándo conoció lo que es el sufrimiento?
9. Cite algunas obras en prosa de Rosalía de Castro.
10. ¿Qué es necesario hacer al comparar la poesía de Rosalía de Castro con la de Bécquer?
11. ¿Cómo es Bécquer? ¿Qué poesía nos da?
12. ¿Qué no hay en Bécquer que hay en Rosalía de Castro?
13. En la poesía que comienza «Torna, roble...» ¿a qué le pide la poeta al roble que torne a dar sombra?
14. ¿Qué alentó las almas?
15. ¿A quién arrullaba el canto materno?
16. ¿Quiénes tornarán con el roble?
17. ¿Para quién fueron tejidas las frescas guirnaldas?
18. ¿Dónde cantan y juegan los niños?
19. ¿Por quién o por qué son perseguidos los niños desde la cuna?

26. **la... materna** *maternal protection*

20. ¿Qué sueñan los niños en su cárcel?
21. ¿Qué envidian los niños y que le dicen a la golondrina?
22. ¿Qué preguntan los niños a la madre?
23. ¿Cómo están los ojos de la madre?
24. ¿Quién es el enemigo del hombre?
25. ¿De quién o de qué no puede librar a los niños la égida materna?

Temas

El dolor de los emigrantes forzados a salir de la patria donde nacieron.

Comparación

Compárense algunas de las *Rimas* de Bécquer con las poesías de Rosalía de Castro, señalando las diferencias que existen.

José Zorrilla (1817–1893)

Zorrilla ha sido llamado a menudo «el niño mimado del romanticismo español». Comenzó su carrera como poeta recitando un poema en la tumba de Larra en 1837. Desde entonces siguió durante toda su vida vertiendo torrentes de versos, ya líricos, ya dramáticos, ya versificando leyendas. El contenido intelectual de su obra no es muy notorio, pero el poeta tenía un gran sentido del ritmo. Sus versos líricos son eminentemente románticos: sentimentales, subjetivos, y, a menudo, melancólicos. Zorrilla es notable especialmente por sus *leyendas*, en las cuales versificó muchos acontecimientos semihistóricos de España, dándoles el nombre con el cual todavía son recordados por el pueblo.

El primer drama importante de Zorrilla, melodramático como todos los otros, fue *El Zapatero y el rey* (1840). Basado en una leyenda que está conectada con el rey Don Pedro el Cruel (1350–1369). *El Puñal del Godo* (1842) se refiere a Rodrigo, el último de los Godos. Probablemente la última es la más acabada de sus obras: *Traidor, Inconfeso y Mártir* (1849). Es una dramatización de la historia de «El Pastelero de Madrigal», el impostor que se hacía pasar por el rey Don Sebastián de Portugal (1578).

En 1844 Zorrilla compuso lo que se ha convertido en la obra dramática más popular de España: *Don Juan Tenorio*. Todavía se representa en el mundo de habla española durante la semana del Día de Difuntos (2 de noviembre). Para este tema, Zorrilla volvió sus ojos a una de las mayores contribuciones de España a la literatura universal, el tema de Don Juan, desarrollado primero por Tirso de Molina en su famosa

obra *El Burlador de Sevilla* (¿1630?), el cual ha sido fuente
de inspiración de obras tan famosas como *Don Juan ou le
festin de pierre* de Molière, *Don Giovanni* de Mozart y ha
servido además de inspiración a Byron, Pushkin, Dumas y
George Bernard Shaw entre otros.

Los dramaturgos anteriores al romanticismo habían condenado a Don Juan al infierno; pero el héroe de Zorrilla
romántico y atrevido, es regenerado por el amor, y sube al
cielo.

DON JUAN TENORIO

[A continuación incluimos la famosa escena del diván (Acto IV, escena 3).
Don Juan ha secuestrado a la joven doña Inés del convento donde se
hallaba. La joven de dieciseis años ha sido llevada a la hermosa hacienda
de Don Juan cerca de Sevilla, desde donde puede verse el Guadalquivir
a la luz de la luna. Al recobrar el conocimiento, en el diván, Don Juan
se dirige a ella:]

> Cálmate, pues, vida mía;[1]
> reposa aquí, y un momento
> olvida de tu convento
> la triste cárcel sombría
> ¡Ah! ¿No es cierto, ángel de amor,   5
> que en esta apartada orilla[2]
> más pura la luna brilla
> y se respira mejor?
>
> Esta aura[3] que vaga llena
> de los sencillos olores   10
> de las campesinas flores
> que brota esa orilla amena,[4]
> esa agua limpia y serena,
> que atraviesa sin temor
> la barca del pescador   15

---

1. *my beloved*   3. *gentle breeze*
2. *secluded river bank*   4. *pleasant*

que espera cantando el día,
¿no es cierto, paloma mía,
que están respirando amor?

Y estas palabras que están
filtrando insensiblemente   20
tu corazón, ya pendiente[5]
de los labios de don Juan,
y cuyas ideas van
inflamando en su interior[6]
un fuego germinador[7]   25
no encendido todavía
¿no es verdad, estrella mía,
que están respirando amor?

Y esas dos líquidas perlas[8]
que se desprenden[9] tranquilas   30
de tus radiantes pupilas
convidándome a beberlas,
evaporarse a no verlas
de sí mismas al calor,[10]
y ese encendido color   35
que en tu semblante[11] no había,
¿no es verdad, hermosa mía,
que están respirando amor?

¡Oh! Sí, bellísima Inés,
espejo y luz de mis ojos;   40
escucharme sin enojos[12]
como lo haces, amor es;[13]
mira aquí a tus plantas,[14] pues,
todo el altivo rigor
de este corazón traidor   45

---

5. *hanging*
6. *within it (Inés' heart)*
7. *an effective flame*
8. Por muchos siglos los poetas se han referido a las lágrimas como si fuesen perlas.
9. *fall*
10. *did I not see them evaporate in their own heat* El orden de las palabras es raro y la metáfora forzada.
11. *face*
12. *without anger*
13. En este punto Don Juan se arrodilla ante Doña Inés.
14. *feet*

que rendirse no creía
adorando, vida mía,
la esclavitud de tu amor.[15]

Preguntas

1. ¿En qué año nació Zorrilla? ¿Cuándo murió?
2. ¿De qué modo empezó Zorrilla su carrera poética?
3. Las producciones de Zorrilla, ¿fueron clásicas o románticas?
4. ¿Cuál fue el primer drama importante de Zorrilla?
5. ¿De qué rey trata este drama?
6. ¿Cuándo compuso Zorrilla *El puñal del Godo*?
7. ¿Cuándo compuso Zorrilla su *Don Juan Tenorio*?
8. ¿Quién escribió la primera comedia sobre la figura de Don Juan?
9. En el drama de Zorrilla, ¿qué le dice Don Juan a Doña Inés que haga primero?
10. ¿Cómo llama Don Juan a Doña Inés, ángel, demonio, o qué?
11. ¿Qué brota de la orilla del río Guadalquivir?
12. ¿Qué hace el pescador mientras atraviesa el agua?
13. ¿De qué está pendiente el corazón de Doña Inés?
14. ¿Cómo describe Don Juan las lágrimas de Doña Inés?
15. ¿Qué pone Don Juan a los pies de Doña Inés? ¿Qué adora?
16. ¿Qué hace el público al terminar el actor sus décimas?

Temas

1. Discusión del tipo de Don Juan en el mundo.
2. Si Vd. conoce a otro Don Juan literario, compárelo con este Don Juan de Zorrilla.
3. ¿Le parece a Vd. que el tipo de Don Juan debe ser condenado al infierno o salvado en el cielo?
4. La sinceridad o la falsedad de las palabras de Don Juan.
5. Si Vd. conoce la gran ópera *Don Giovanni*, de Mozart, ¿le parece la música apropiada al tema? ¿Qué escena de *Don Giovanni* le gusta más?
6. Si Vd. conoce *Man and Superman* de George Bernard Shaw, ¿qué tipo de Don Juan presenta Shaw?
7. Personalmente ¿admira u odia Vd. el tipo de Don Juan? ¿Por qué?

---

15. El auditorio, generalmente, prorrumpe en aplausos en este momento.

· · ·
REALISMO

Benito Pérez Galdós (1843–1920)

La mayoría de los críticos estaría de acuerdo en que Pérez Galdós es el novelista español más importante después de Cervantes.

Nació en Las Palmas, en las Islas Canarias y allí recibió la mayor parte de su educación. En 1862 fue a Madrid con el propósito de estudiar derecho; allí en Madrid pasó el resto de su vida. Faltó a más clases de las que asistió y por consiguiente fue retirado de la Universidad mucho antes de que pudiera graduarse. Aunque no era propiamente un tipo académico se las arregló para aprender más sobre España y sus gentes que ninguna otra persona anterior a él. Completó su educación con extensos viajes a través de España en coches de tercera clase en el ferrocarril, a lomo de mula y, aún a pie. Hablaba poco pero asimilaba mucho.

Pérez Galdós fue un escritor muy prolífico; en su haber se cuentan 46 novelas históricas; 34 novelas sociales, editadas en 42 volúmenes; 24 obras dramáticas; y 15 volúmenes de obras varias. Sus 46 *Episodios nacionales*, que empiezan con *Trafalgar* (1873), dan una visión histórica de España desde 1805 hasta 1874. En estos episodios Galdós trata de dar una idea de la atmósfera, los motivos, heroicos o egoístas del español medio durante el pasado reciente. Los *Episodios* son reveladores en extremo: no se puede comprender el siglo XIX español sin conocer esta obra de Galdós.

Benito Pérez Galdos. Retrato de Joaquín Sorolla
COURTESY OF THE HISPANIC SOCIETY OF AMERICA

La larga serie de novelas contemporáneas que se refieren a casi todos los aspectos de la vida española y sus problemas tienen una importancia astística y vital aún más importante: *Doña Perfecta* (1876), *Gloria* (1877), *La Familia de Léon Roch* (1879), *La Desheredada* (1881), *Fortunata y Jacinta* (1886–1887); la novela en cuatro volúmenes que se considera generalmente como la obra maestra de Galdós *Ángel Guerra* (1890–1891), *Misericordia* (1897) y muchas más.

En su teatro, Galdós siempre trató de traer un nuevo sentido de la realidad a la escena española, una confrontación más clara con los problemas y sus posibles soluciones. Galdós fue siempre un liberal aunque nunca un doctrinario y constantemente buscó combatir las fuerzas del oscurantismo en todas las areas de la vida española.

Doña Perfecta —el nombre de la protagonista es irónico— ataca el problema del fanatismo religioso, no de la religiosidad en sí misma, en un pequeño pueblo incorregiblemente conservador y sede de un obispado. La novela es simple pero vigorosamente construida, su final trágico, pero bien motivado.

DOÑA PERFECTA

[Doña Perfecta es una viuda rica, con poderosas conexiones tanto en los círculos civiles como religiosos en la extremadamente conservadora ciudad de Orbajosa. El dominio que ejerce en quienes la rodean, incluso en su hija Rosario, está sostenido por su inflexible y férrea voluntad. Su sobrino, Pepe Rey, un joven liberal y bien educado, viene de visita. Pepe piensa en un posible matrimonio con Rosario. Su aguda y poco discreta crítica de cuanto ve, termina por alienar a Doña Perfecta, hasta que ella llega a considerarlo como una monstruosa especie de anti-Cristo. Sus sentimientos y reacciones cuando descubre que en secreto Pepe ha estado viendo a Rosario, y que ella había aceptado casarse con él, se pueden ver en la selección siguiente.]

CAPÍTULO XXXI

Ved con cuánta tranquilidad se consagra[1] a la escritura la señora Doña Perfecta. Penetrad en su cuarto, a pesar de lo avanzado de la hora, y la sorprenderéis en grave tarea, compartido[2] su espíritu entre la meditación y unas largas y concienzudas[3] cartas que traza a ratos con segura pluma y correctos perfiles.[4] Dale de   5
lleno en el rostro y busto y manos la luz del quinqué,[5] cuya pantalla[6] deja en dulce penumbra el resto de la persona y la pieza casi toda. Parece una figura luminosa evocada por la imaginación en medio de las vagas sombras del miedo.

Es extraño que hasta ahora no hayamos hecho una afirmación   10
muy importante, y es que Doña Perfecta era hermosa, mejor

---

1. *devotes herself*
2. *divided*
3. *conscientious*
4. *strokes*
5. *oil lamp*
6. *lampshade*

dicho, era todavía hermosa, conservando en su semblante rasgos de acabada belleza. La vida del campo, la falta absoluta de presunción,[7] el no vestirse, el no acicalarse,[8] el odio a las modas, el desprecio de las vanidades cortesanas eran causa de que su nativa hermosura no brillase o brillase muy poco. También la desmejoraba[9] la intensa amarillez que tenía su rostro, indicando una fuerte constitución biliosa.

Negros y rasgados[10] los ojos, fina y delicada la nariz, ancha y despejada[11] la frente, todo observador la consideraba como acabado tipo de la humana figura; pero había en aquellas facciones[12] cierta expresión de dureza y soberbia que era causa de antipatía.[13] Así como otras personas, aun siendo feas, llaman,[14] Doña Perfecta despedía.[15] Su mirar, aun acompañado de bondadosas palabras, ponía entre ella y las personas extrañas la infranqueable distancia[16] de un respeto receloso;[17] mas para la de casa, es decir, para sus deudos,[18] parciales y allegados,[19] tenía una singular atracción. Era maestra en dominar, y nadie la igualó en el arte de hablar el lenguaje que mejor cuadraba[20] a cada oreja.

Su hechura[21] biliosa, y el comercio excesivo con personas y cosas devotas, que exaltaban sin fruto ni objeto su imaginación, la habían envejecido prematuramente, y siendo joven no lo parecía. Podría decirse de ella que con sus hábitos y su sistema de vida se había labrado una corteza,[22] un forro pétreo,[23] insensible, encerrándose dentro como el caracol[24] en su casa portátil. Doña Perfecta salía pocas veces de su concha.[25]

Sus costumbres intachables,[26] y aquella bondad pública que hemos observado en ella desde el momento de su aparición en nuestro relato, eran causa de su gran prestigio en Orbajosa. Sostenía además relaciones con excelentes damas de Madrid, y por

7. *conceit*
8. *her not getting dressed up*
9. *impaired*
10. *wide open*
11. *wide*
12. *features*
13. *dislike*
14. *attract*
15. *repelled*
16. *impassable distance*
17. *fearful*
18. *relatives*
19. *followers and close friends*
20. *suited*
21. *make-up*
22. *shell*
23. *stony sheath*
24. *snail*
25. *shell*
26. *irreproachable*

este medio consiguió la destitución de su sobrino.[27] Ahora, en el momento presente de nuestra historia, la hallamos sentada junto al pupitre,[28] que es el confidente único de sus planes y el depositorio de sus cuentas numéricas con los aldeanos, y de sus cuentas morales con Dios y la sociedad. Allí escribió las cartas que trimestralmente recibía su hermano; allí redactaba las esquelitas[29] para incitar al juez y al escribano a que embrollaran los pleitos[30] de Pepe Rey; allí armó el lazo en que éste perdiera la confianza del Gobierno; allí conferenciaba largamente con Don Inocencio.[31] Para conocer el escenario de otras acciones cuyos efectos hemos visto, sería preciso seguirla al palacio espiscopal y a varias casas de familias amigas.

No sabemos cómo hubiera sido Doña Perfecta amando. Aborreciendo tenía la inflamada vehemencia de un ángel tutelar del odio y de la discordia entre los hombres. Tal es el resultado producido en un carácter duro y sin bondad nativa por la exaltación religiosa, cuando ésta, en vez de nutrirse[32] de la conciencia y de la verdad revelada en principios tan sencillos como hermosos, busca su savia[33] en fórmulas estrechas que sólo obedecen a intereses eclesiásticos. Para que la mojigatería[34] sea inofensiva, es preciso que exista en corazones muy puros. Es verdad que aun en este caso es infecunda[35] para el bien. Pero los corazones que han nacido sin la seráfica limpieza que establece en la tierra un Limbo prematuro, cuiden bien de no inflamarse mucho con lo que ven en los retablos, en los coros, en los locutorios[36] y en las sacristías, si antes no han elevado en su propio conciencia un altar, un púlpito y un confesionario.

La señora, dejando a ratos la escritura, pasaba a la pieza inmediata donde estaba su hija. A Rosarito se le había mandado que durmiera; pero ella, precipitada ya por el despeñadero[37] de la desobediencia, velaba.[38]

27. **Pepe Rey** era un ingeniero del gobierno.
28. *writing table*
29. *there she wrote the notes*
30. **embrollaran los pleitos** *to muddle the lawsuits*
31. **Don Inocencio,** el canónigo y amigo de Doña Perfecta
32. *being nourished*
33. *sap*
34. *sanctimoniousness*
35. *sterile*
36. **retablos... locutorios** *altar pieces, in choirs, in locutories* (lugares de visita en los conventos)
37. *steep slope, cliff*
38. *was staying awake*

—¿Por qué no duermes? —le preguntó su madre. —Yo no pienso acostarme en toda la noche. Ya sabes que Caballuco[39] se ha llevado los hombres que teníamos aquí. Puede suceder cualquier cosa, y yo vigilo...[40] Si yo no vigilara, ¿qué sería de ti y de mí?...   75

—¿Qué hora es? —preguntó la muchacha.

—Pronto será media noche... Tú no tendrás miedo... pero yo lo tengo.

Rosarito temblaba, y todo indicaba en ella la más negra congoja.[41] Sus ojos se dirigían al cielo como cuando se quiere orar;[42]   80
miraban luego a su madre, expresando un vivo terror.

—¿Pero qué tienes?

—¿Ha dicho usted que era media noche?

—Sí.

—Pues... ¿Pero es ya media noche?   85

Rosario quería hablar, sacudía la cabeza, encima de la cual se le había puesto un mundo.[43]

—Tú tienes algo... a ti te pasa algo —dijo la madre clavando en ella los sagaces ojos.

—Sí... quería decirle a usted —balbució la muchacha, —quería   90
decir... Nada, nada, me dormiré.

—Rosario, Rosario. Tu madre lee en tu corazón como en un libro —exclamó Doña Perfecta con severidad. —Tú estás agitada. Ya te he dicho que estoy dispuesta a perdonarte si te arrepientes; si eres niña buena y formal...[44]   95

—Pues qué, ¿no soy buena yo? ¡Ay, mamá, mamá mía, yo me muero!

Rosario prorrumpió en llanto congojoso y dolorido.

—¿A qué vienen esos lloros? —dijo su madre abrazándola. —Si son lágrimas del arrepentimiento, benditas sean.   100

—Yo no me arrepiento, yo no puedo arrepentirme —gritó la joven con arrebato[45] de desesperación que la puso sublime.

Irguio[46] la cabeza, y en su semblante se pintó súbita, inspirada energía. Los cabellos le caían sobre la espalda. No se ha visto imagen más hermosa de un ángel dispuesto a rebelarse.   105

---

39. **Caballuco** especie de cacique político de Orbajosa y fiel devoto de Doña Perfecta
40. *I am watching*
41. *anguish*
42. *pray*

43. **encima... mundo** *on which a whole world had fallen*
44. *reliable, well behaved*
45. *wild outburst*
46. de **erguir** *(to raise)*

—¿Pero te vuelves loca o qué es esto? —dijo Doña Perfecta, poniéndole ambas manos sobre los hombros.

—¡Me voy, me voy! —dijo la joven, expresándose con la exaltación del delirio.

Y se lanzó fuera del lecho.   110

—Rosario, Rosario... Hija mía... ¡Por Dios! ¿Qué es esto?

—¡Ay! mamá, señora —exclamó la joven, abrazándose a su madre. —Áteme usted... Yo me marcho, me marcho con él.

Doña Perfecta sintió borbotones[47] de fuego que subían de su corazón a sus labios. Se contuvo, y sólo con sus ojos negros, más   115
negros que la noche, contestó a su hija.

—Mamá, mamá mía, yo aborrezco todo lo que no sea él! —exclamó Rosario. —Óigame usted en confesión, porque quiero confesarlo a todos, y a usted la primera.

—Me vas a matar, me estás matando.   120

—Yo quiere confesarlo, para que usted me perdone... Este peso, este peso que tengo encima no me deja vivir...

—¡El peso de un pecado!... Añádele encima la maldición de Dios, y prueba a andar con ese fardo,[48] desgraciada... Sólo yo puedo quitártelo.   125

—No, usted no, usted no —gritó Rosario con desesperación. —Pero óigame usted, quiero confesarlo todo, todo... Después arrójeme usted de esta casa, donde he nacido...

—¡Arrojarte yo!...

—Pues me marcharé.   130

—Menos. Yo te enseñaré los deberes de hija que has olvidado.

—Pues huiré; él me llevará consigo.

—¿Te lo ha dicho, te lo ha aconsejado, te lo ha mandado? —preguntó la madre, lanzando estas palabras como rayos sobre su hija.   135

—Me lo aconseja... Hemos concertado casarnos. Es preciso, mamá, mamá mía querida. Yo la amaré a usted... Conozco que debo amarla... Me condenaré si no la amo.

Se retorcía[49] los brazos, y cayendo de rodillas, besó los pies a su madre.   140

—¡Rosario, Rosario! —exclamó Doña Perfecta con terrible acento.

47. *bursts*
48. *burden*

49. *she twisted her arms*

—Levántate.

Hubo una pequeña pausa.

—¿Ese hombre, te ha escrito?

—Sí.   145

—¿Le has vuelto a ver después de aquella noche?

—Sí.

—¡Y tú!...

—Yo también le escribí... ¡Oh! señora. ¿Por qué me mira usted
así? Usted no es mi madre.   150

—Ojalá no.[50] Gózate en el daño que me haces. Me matas, me
matas sin remedio —gritó la señora con indecible agitación.

—Dices que ese hombre...

—Es mi esposo... Yo seré suya, protegida por la ley... Usted
no es mujer... ¿Por qué me mira usted de ese modo que me hace 155
temblar? Madre, madre mía, no me condene usted.

—Ya tú te has condenado; basta. Obedéceme y te perdonaré...
Responde: ¿cuándo recibiste cartas de ese hombre?

—Hoy.

—¡Qué traición! ¡Qué infamia! —exclamó la madre, antes bien 160
rugiendo que hablando. —¿Esperabais veros?

—Sí.

—¿Cuándo?

—Esta noche.

—¿Dónde?   165

—Aquí, aquí. Todo lo confieso, todo. Sé que es un delito... Soy
una infame; pero usted, que es mi madre, me sacará de este infierno. Consienta usted... Dígame usted una palabra, una sola.

—¡Ese hombre aquí, en mi casa! —gritó Doña Perfecta, dando
algunos pasos que parecían saltos hacia el centro de la habitación. 170

Rosario la siguió de rodillas. En el mismo instante oyéronse tres
golpes, tres estampidos, tres cañonazos.[51] Era el corazón de María
Remedios[52] que tocaba a la puerta, agitando la aldaba.[53] La casa
se estremecía con temblor pavoroso: Madre e hija se quedaron
como estatuas.   175

Bajó a abrir un criado, y poco después en la habitación de Doña
Perfecta entró María Remedios, que no era mujer, sino un basi-

---

50. *Wish that I were not*
51. **tres estampidos, tres cañonazos**
three explosions, three cannon shots
52. **María Remedios** era la sobrina de

Don Inocencio, el confidente de Doña
Perfecta.
53. *door knocker*

lisco[54] envuelto en un mantón. Su rostro, encendido por la ansiedad, despedía fuego.

—Ahí está, ahí está —dijo al entrar. —Se ha metido en la huerta 180
por la puertecilla condenada...[55]

Tomaba aliento a cada sílaba.

—Ya entiendo —repitió Doña Perfecta con una especie de bramido.

Rosario cayó exánime[56] al suelo y perdió el conocimiento. 185

—Bajemos —dijo Doña Perfecta sin hacer caso del desmayo de su hija.

Las dos mujeres se deslizaron[57] por la escalera como dos culebras. Las criadas y el criado estaban en la galería sin saber qué hacer. Doña Perfecta pasó por el comedor a la huerta, seguida 190
de María Remedios.

—Afortunadamente tenemos ahí a Ca... Ca... Caballuco —dijo la sobrina del canónigo.[58]

—¿Dónde?

—En la huerta también... Sal... sal... saltó la tapia.[59] 195

Doña Perfecta exploró la obscuridad con sus ojos llenos de ira. El rencor les daba la singular videncia[60] de la raza felina.

—Allí veo un bulto —dijo. —Va hacia las adelfas.[61]

—Es él —gritó Remedios. —Pero allá aparece Ramos... ¡Ramos![62]

Distinguieron perfectamente la colosal figura del Centauro.[63] 200

—¡Hacia las adelfas!... ¡Ramos, hacia las adelfas!...

Doña Perfecta adelantó algunos pasos. Su voz ronca, que vibraba con acento terrible, disparó estas palabras:

—¡Cristóbal, Cristóbal!... ¡mátale!

Oyóse un tiro. Después otro. 205

[El clero de Orbajosa se negó a enterrar a Pepe en el Campo Santo. Rosario perdió la razón; y fue confinada a un sanatorio. El canónigo Don Inocencio, el principal amigo y confidente de Doña Perfecta, buscó refugio

54. monstruo mítico que mataba con su mirada
55. *blocked off*
56. *lifeless*
57. *slid, glided*
58. *the canon, Don Inocencio*
59. *garden wall*
60. *clear-sightedness*
61. *oleanders*
62. **Cristóbal Ramos** es el nombre verdadero de Caballuco.
63. Se le describe como **centauro** (bestia mítica mitad hombre, mitad caballo) a causa de su soberbia habilidad para la equitación.

en la depresión mental. Doña Perfecta se convirtió en una mujer huraña cada vez más deprimida, abandonó la vida y pasó sus días en la catedral. Galdós termina su obra contra el fanatismo con estas palabras como epitafio.]

Esto se acabó. Es cuanto por ahora podemos decir de las personas que parecen buenas y no lo son.

Preguntas

1. ¿Cómo era Doña Perfecta?
2. ¿Cómo se vestía?
3. ¿Qué indicaba la amarillez de su rostro?
4. En este momento, ¿dónde hallamos a Doña Perfecta?
5. ¿Qué le había mandado a Rosario Doña Perfecta?
6. ¿Dormía Rosario? ¿Qué hacía Rosario?
7. ¿Por qué vigilaba Doña Perfecta?
8. ¿Cuándo estaba dispuesta Doña Perfecta a perdonar a su hija?
9. ¿Qué quería confesarle Rosario?
10. ¿Con quién huiría Rosario?
11. ¿Cuándo esperaba ver a Pepe la hija de Doña Perfecta?
12. ¿Dónde le veía la niña?
13. ¿De qué manera podría Doña Perfecta sacar a Rosario de su infierno?
14. ¿Por qué se quedaron como estatuas Doña Perfecta y Rosario?
15. ¿Cómo había entrado Pepe en el jardín?
16. ¿Quién estaba en el jardín, además de Pepe?
17. ¿Cómo había entrado Caballuco?
18. ¿Por qué podía ver tan bien Doña Perfecta?
19. ¿Qué vio ella?
20. ¿Quién apareció entonces?
21. ¿Qué palabras disparó la voz de Doña Perfecta?
22. ¿Entonces qué se oyó?

Temas

1. Discuta la apariencia física de Doña Perfecta.
2. El carácter de Doña Perfecta.
3. La coincidencia o no coincidencia entre el aspecto físico y el moral en Doña Perfecta.

4. Contraste los sentimientos de Rosario hacia Pepe y hacia su madre.
5. Cómo logra Galdós esta escena tan dramática.
6. A lo que puede llevar el fanatismo.

Debate

Hágase un debate contrastando la conducta de Pepe Rey y Rosario en *Doña Perfecta*, con la conducta de Calisto y Malibea en *La Celestina*. ¿Actuaron bien los protagonistas al ocultar sus amores?

Juan Valera (1824–1905)

Nacido de una familia aristocrática «más rica en blasones que en doblones», de la provincia de Córdoba, Valera llevó una vida activa, fecunda y larga. Fue poeta, dramaturgo, cuentista, novelista, ensayista, crítico y diplomático (pasó los años 1883–1886 como Ministro en Washington), y en todas las facetas de sus muchas actividades mostró la misma finura y elegancia. La prosa española del siglo XIX con algunas excepciones notarias es en general declamatoria, hinchada, ampulosa, antipática para el gusto actual. En el caso de Valera no es así porque escribe con frases sencillas, rectilíneas, expresivas, directas. Su estilo es siempre elegante, restringido, natural sin ser vulgar ni campechano. Por eso a muchos les gusta saborear su prosa aún ahora, mientras que la obra de muchos de sus coetáneos se ha vuelto insoportable para el gusto moderno, y ya no se lee.

Valera compuso muchos cuentos y ocho novelas de las cuales la primera, *Pepita Jiménez*, es incontestablemente la mejor y la más popular. Se publicó en 1874, y si en aquel año no le dio al autor suficiente para pagar un vestido de su esposa, se publicaron varias ediciones más en la vida del autor y muchísimas más hasta esta fecha. Sus demás novelas han sido menos populares. Valera ha envejecido en la estima crítica mucho menos que Alarcón, Pereda, Pardo Bazán, y Blasco Ibáñez.

En la introducción a *Pepita Jiménez* y en otros escritos Valera expresó sus ideal sobre la novela. Cree que la «novela bonita», como dice, no debe ser un mero traslado de la vida real, no un relato de cosas bajas y rastreras, sino una idealización de la realidad. De ahí la abominación de Valera de la novela realista o naturalista a lo Zola. *Pepita Jiménez* es una historia de nítida sencillez con rasgos de fina ironía, con interpretaciones psicológicas penetrantes. Una novela asoleada, sonriente, bien realizada.

PEPITA JIMÉNEZ

[El argumento de la novela puede resumirse muy brevemente. Don Luis de Vargas, seminarista pronto a ordernarse de sacerdote, vuelve a su pueblo andaluz para despedirse de su padre. Conoce a una joven viuda, Pepita Jiménez, y se enamora de ella y ella de él. Por fin se da cuenta de lo que pasa, pero quiere permanecer fiel a los votos que piensa tomar. Viene a casa de Pepita para decirle adiós para siempre, pero en un momento de pasión, hallándose solo con ella en su casa, le hace el amor. Más tarde se da cuenta de que su amor es verdadero y que no quiere hacerse sacerdote. Se casan, con la aprobación y el deleite de su padre, y gozan de una larga y alegre vida matrimonial. La selección que sigue narra lo que pasó entre ellos al descubrir la profundidad de sus sentimientos apasionados.]

La visita empezó del modo más grave y ceremonioso. Los saludos de fórmula se pronunciaron maquinalmente de una parte y de otra; y Don Luis, invitado a ello, tomó asiento en una butaca, sin dejar el sombrero ni el bastón y a no corta distancia de Pepita. Pepita estaba sentada en el sofá. El velador[1] se veía al lado de ella con libros y con la palmatoria,[2] cuya luz iluminaba su rostro. Una lámpara ardía además sobre el bufete. Ambas luces, con todo, siendo grande el cuarto, como lo era, dejaban la mayor parte de él en la penumbra. Una gran ventana que daba a un jardincillo interior estaba abierta por el calor, y si bien sus hierros eran como la trama de un tejido de rosas-enredaderas y jazmines, todavía por entre la verdura y las flores se abrían camino los claros rayos

5

10

1. *candle stand*   2. *small candle*

de la luna, penetraban en la estancia y querían luchar con la luz de
la lámpara y de la palmatoria. Penetraban además por la ventana-
vergel el lejano y confuso rumor del jaleo de la casa de campo,[3]   15
que estaba al otro extremo, el murmullo monótono de una fuente
que había en el jardincillo, y el aroma de los jazmines y de las rosas
que tapizaban la ventana, mezclado con el de los donpedros,[4]
albahacas[5] y otras plantas que adornaban los arriates[6] al pie de
ella.   20

Hubo una larga pausa, un silencio tan difícil de sostener como
de romper. Ninguno de los dos interlocutores se atrevía a hablar.
Era, en verdad, la situación muy embarazosa. Tanto para ellos
el expresarse entonces, como para nosotros el reproducir ahora
lo que expresaron, es empresa ardua; pero no hay más remedio   25
que acometerla. Dejemos que ellos mismos se expliquen, y copie-
mos al pie de la letra sus palabras.

—Al fin se dignó usted venir a despedirse de mí antes de su
partida —dijo Pepita—. Yo había perdido ya la esperanza.

—Su queja de Vd. es injusta —dijo—. He estado aquí a despe-   30
dirme de Vd. con mi padre, y como no tuvimos el gusto de que
Vd. nos recibiese, dejamos tarjetas. Nos dijeron que estaba Vd.
algo delicada de salud, y todos los días hemos enviado recado
para saber de Vd. Grande ha sido nuestra satisfacción al saber que
estaba Vd. aliviada. ¿Y ahora se encuentra usted mejor?   35

—Casi estoy por decir a Vd. que no me encuentro mejor
—replicó Pepita—; pero como veo que viene usted de embajador
de su padre, y no quiero afligir a un amigo tan excelente, justo
será que diga a Vd., y que Vd. repita a su padre, que siento
bastante alivio. Singular es que haya venido Vd. solo. Mucho   40
tendrá que hacer Don Pedro cuando no le ha acompañado.

—Mi padre no me ha acompañado, señora, porque no sabe que
he venido a ver a Vd. Yo he venido solo, porque mi despedida
ha de ser solemne, breve, para siempre quizás, y la suya es de
índole harto diversa. Mi padre volverá por aquí dentro de unas   45
semanas; yo es posible que no vuelva nunca, y si vuelvo, volveré
muy otro del que soy ahora.

3. muchas casas andaluzas tienen dos
partes, y la de los criados se llama **casa
de campo**
4. *four o'clock (flower)*

5. *sweet basil (herb)*   Casi todos los patios de Andalucía tienen estas plantas
bienolientes.
6. *flower beds*

Después de una conversación bastante larga, Don Luis confiesa su amor a Pepita, pero insiste firmemente en su propósito de hacerse clérigo. Pepita dice por fin:

...Yo amo en Vd., no ya sólo el alma, sino el cuerpo, y las sombras del cuerpo y el reflejo del cuerpo en los espejos y en el agua, y el nombre y el apellido, y la sangre, y todo aquello que 50 le determina como tal Don Luis de Vargas; el metal de la voz, el gesto, el modo de andar y no sé qué más diga. Repito que es menester matarme. Máteme Vd. sin compasión. No; yo no soy cristiana, sino idólatra materialista.

Aquí hizo Pepita una larga pausa. Don Luis no sabía qué decir 55 y callaba. El llanto bañaba las mejillas de Pepita, la cual prosiguió sollozando:

Lo conozco: Vd. me desprecia y hace bien en despreciarme. Con ese justo desprecio me matará Vd. mejor que con un puñal, sin que se manche de sangre ni su mano ni su conciencia. Adiós. 60 Voy a libertar a Vd. de mi presencia odiosa. Adiós para siempre.

Dicho esto, Pepita se levantó de su asiento, sin volver la cara inundada de lágrimas, fuera de sí, con precipitados pasos se lanzó hacia la puerta que daba a las habitaciones interiores. Don Luis sintió una invencible ternura, una piedad funesta. Tuvo miedo 65 de que Pepita muriese. La siguió para detenerla, pero no llegó a tiempo. Pepita pasó la puerta. Su figura se perdió en la oscuridad. Arrastrado Don Luis como por un poder sobrehumano, impulsado como por una mano invisible, penetró en pos de Pepita en la estancia sombría. 70

El despacho quedó solo.

...Ni un leve soplo de viento interrumpía el sosiego de la noche y la serenidad del ambiente. Penetraban por la ventana el perfume de las flores y el resplandor de la luna.

Al cabo de un largo rato, Don Luis apareció de nuevo, saliendo 75 de la oscuridad. En su rostro se veía pintado el terror; algo de la desesperación de Judas.

Se dejó caer en una silla; puso ambos puños cerrados en su cara y en sus rodillas ambos codos, y así permaneció más de media hora, sumido sin duda en un mar de reflexiones amargas. 80

Cualquiera, si le hubiera visto, hubiera sospechado que acababa de asesinar a Pepita.

Pepita, sin embargo, apareció después. Con paso lento, con actitud de profunda melancolía, con el rostro y la mirada inclinados al suelo, llegó hasta cerca de donde estaba Don Luis, y dijo de este modo: 85

—Ahora, aunque tarde, conozco toda la vileza de mi corazón y toda la iniquidad de mi conducta. Nada tengo que decir en mi abono;[7] mas no quiero que me creas más perversa de lo que soy. Mira, no pienses que ha habido en mí artificio, ni cálculo, ni plan 90 para perderte. Sí, ha sido una maldad atroz, pero instintiva; una maldad inspirada quizás en el espíritu del infierno, que me posee. No te desesperes ni te aflijas, por amor de Dios. De nada eres responsable. Ha sido un delirio: la enajenación[8] mental se apoderó de tu noble alma. No es en ti el pecado sino muy leve. En mí es 95 grave, horrible, vergonzoso. Ahora te merezco menos que nunca. Vete: yo soy ahora quien te pide que te vayas Vete: haz penitencia. Dios te perdonará. Vete: que un sacerdote te absuelva. Limpio de nuevo de culpa, cumple tu voluntad y sé ministro del Altísimo. Con tu vida trabajosa y santa no sólo borrarás hasta las últimas 100 señales de esta caída, sino que, después de perdonarme el mal que te he hecho, conseguirás del cielo mi perdón. No hay lazo alguno que conmigo te ligue; y si le hay, yo le desato o le rompo. Eres libre. Básteme el haber hecho caer por sorpresa el lucero de la mañana; no quiero, ni debo, ni puedo retenerle cautivo. Lo 105 adivino, lo infiero de tu ademán, lo veo con evidencia; ahora me desprecias más que antes, y tienes razón en despreciarme. No hay honra, ni virtud, ni vergüenza en mí.

Al decir esto, Pepita hincó en tierra ambas rodillas, y se inclinó luego hasta tocar con la frente el suelo del despacho. Don Luis 110 siguió en la misma postura que antes tenía. Así estuvieron los dos algunos minutos en desesperado silencio.

Con voz ahogada, sin levantar la faz de la tierra, prosiguió al cabo Pepita:

—Vete ya, Don Luis, y no por una piedad afrentosa permanez- 115 cas más tiempo al lado de esta mujer miserable. Yo tendré valor para sufrir tu desvío, tu olvido y hasta tu desprecio, que tengo

---

7. *support*   8. *derangement*

tan merecido. Seré siempre tu esclava, pero lejos de ti, muy lejos
de ti, para no traerte a la memoria la infamia de esta noche. —Los
gemidos sofocaron la voz de Pepita al terminar estas palabras. 120
  Don Luis no pudo más. Se puso de pie, llegó donde estaba
Pepita y la levantó entre su brazos, estrechándola contra su corazón, apartando blandamente de su cara los rubios rizos que en
desorden caían sobre ella, y cubriéndola de apasionados besos.
  —Alma mía —dijo por último Don Luis—, vida de mi alma, 125
prenda querida de mi corazón, luz de mis ojos, levanta la abatida
frente y no te prosternes más delante de mí. El pecador, el flaco
de voluntad, el miserable, el sandio y el ridículo soy yo, que no
tú. Los ángeles y los demonios deben reírse igualmente de mí y
no tomarme por lo serio. He sido un santo postizo, que no ha 130
sabido resistir y desengañarte desde el principio, como hubiera
sido justo, y ahora no acierto tampoco a ser un caballero, un
galán, un amante fino, que sabe agradecer en cuanto valen los
favores de su dama. No comprendo qué viste en mí para prendarte
de ese modo. Jamás hubo en mí virtud sólida, sino hojarasca y 135
pedantería de colegial, que había leído los libros devotos como
quien lee novelas, y con ellos se había forjado su novela necia
de misiones y contemplaciones. Si hubiera habido virtud sólida en
mí, con tiempo te hubiera desengañado y no hubiéramos pecado
ni tú ni yo. La verdadera virtud no cae tan fácilmente. A pesar 140
de toda tu hermosura, a pesar de tu talento, a pesar de tu amor
hacia mí, yo no hubiera caído, si en realidad hubiera sido virtuoso, si hubiera tenido una vocación verdadera. Dios, que todo lo
puede, me hubiera dado su gracia. Un milagro, sin duda, algo de
sobrenatural se requería para resistir a tu amor; pero Dios hubiera 145
hecho el milagro si yo hubiera sido digno objeto y bastante razón
para que le hiciera. Haces mal en aconsejarme que sea sacerdote.
Reconozco mi indignidad. No era más que orgullo lo que me
movía. Era una ambición mundana como otra cualquiera. ¡Qué
digo, como otra cualquiera! Era peor: una ambición hipócrita, 150
sacrílega, simoníaca.[9]
  —No te juzgues con tal dureza —replicó Pepita, ya más serena
y sonriendo a través de la lágrimas—. No deseo que te juzgues
así, ni para que no me halles tan indigna de ser tu compañera;

---

9. *simoniacal, ecclesiastical cheat*

pero quiero que me elijas por amor, libremente, no para reparar   155
una falta, no porque has caído en un lazo que pérfidamente puedes
sospechar que te he tendido. Vete si no me amas, si sospechas
de mí, si no me estimas. No exhalarán mis labios una queja si para
siempre me abandonas y no vuelves a acordarte de mí.

La contestación de Don Luis no cabía ya en el estrecho y mez-   160
quino tejido del lenguaje humano. Don Luis rompió el hilo del
discurso de Pepita sellando los labios de ella con los suyos y
abrazándola de nuevo.

...Una señora de ciudad, que conoce lo que llamamos con-
veniencias sociales, hallará extraño y hasta censurable lo que voy   165
a decir de Pepita; pero Pepita, aunque elegante de suyo, era una
criatura muy a lo natural, y en quien no cabían la compostura
disimulada y toda la circunspección que en el gran mundo se esti-
lan. Así es que, vencidos los obstáculos que se oponían a su dicha,
viendo ya rendido a Don Luis, teniendo su promesa espontánea   170
de que la tomaría por mujer legítima, y creyéndose con razón
amada, adorada, de aquel a quien amaba y adoraba tanto, brincaba
y reía y daba otras muestras de júbilo, que, en medio de todo,
tenían mucho de infantil y de inocente. Era menester que Don
Luis partiera. Pepita fue por un peine y le alisó[10] con amor los   175
cabellos, besándolos después.

Pepita le hizo mejor el lazo de la corbata.

—Adiós, dueño amado —le dijo—. Adiós, dulce rey de mi alma.
Yo se lo diré todo a tu padre si tú no quieres atreverte. Él es bueno
y nos perdonará.   180

Al cabo, los dos amantes se separaron.

Claro que se celebraron las bodas poco después.

Preguntas

1. ¿En qué parte de España nació Juan Valera?
2. ¿En qué actividades participó?
3. ¿Cómo empezó la visita de Don Luis a Pepita?
4. ¿Cómo era el cuarto?
5. ¿Qué plantas adornaban los arriates?

10. *smoothed out*

6. ¿Cómo se siente Pepita en este momento?
7. ¿Por qué no fue Don Luis acompañado por su padre?
8. ¿Por qué llora Pepita?
9. ¿Por qué siguió Don Luis a Pepita?
10. ¿Cómo era el rostro de Don Luis al salir de la oscuridad?
11. ¿Cómo parecía el rosto de Pepita al volver al despacho?
12. ¿Le parece a Vd. natural lo que pasó en la oscuridad? ¿Por qué?
13. ¿Qué hizo Don Luis después de las palabras de Pepita?
14. ¿Qué hizo Pepita al saber que Don Luis se casaría con ella?
15. ¿Qué hizo Pepita con los cabellos de Don Luis? ¿Y con la corbata?
16. Al principio de la visita, ¿creía Vd. que los dos interlocutores terminarían casándose?

Temas

1. El estilo literario de Valera.
2. Comente Vd. la visita de Don Luis a Pepita.
3. Los sentimientos de Pepita antes de la entrevista, y después de un largo rato de estar con Don Luis.
4. Los diálogos de los dos amantes: ¿naturales y bien expresados o no?
5. El carácter de Don Luis.
6. El carácter de Pepita.
7. La vocación religiosa de Don Luis.
8. Al publicarse *Pepita Jiménez* en 1874, algunos criticaron a Valera por haber hecho un ataque a la religión católica, porque en su relato había un seminarista que se secularizó. ¿Fue justa o no la acusación? ¿Por qué?

NATURALISMO

Emilia Pardo Bazán (1851–1921)

Otra de las grandes escritoras de las letras castellanas nacida en Galicia, Emilia Pardo Bazán, nace en la Coruña, hija de una familia aristocrática. Comienza escribiendo poesía, que más tarde recoge en el libro *Jaime* (1881). Pero la labor de la Pardo Bazán no será en el campo poético, sino en la prosa, habiendo escrito crítica y ensayos sobre temas muy diversos, así como las novelas *Pascual López, autobiografía de un estudiante de Medicina* (1879), *Un viaje de novios* (1881), *La Tribuna* (1883), *El cisne de Vilamorta* (1886), *Los pazos de Ulloa* (1886), *La madre naturaleza* (1887), *Insolación* y *Morriña*[1] en 1889, *Una cristiana* y *La prueba* en 1890, *La quimera*[2] (1905), *La sirena negra*[3] (1908) y la última de sus novelas *Dulce sueño*, publicada en 1911.

En *Los pazos de Ulloa*, considerada la mejor novela de la autora, y en su continuación *La madre naturaleza*, usa plenamente «su» técnica naturalista, presentándo el derrumbamiento[4] de la nobleza gallega dentro de un ambiente de corrupciones, egoísmos, ambiciones y pasiones que tanto

---

1. **Morriña** *murrain, sadness, blues*
2. **quimera** *illusion*
3. **sirena** *mermaid*
4. **derrumbamiento** *collapse*

Doña Emilia Pardo Bazán

física como moral y sicológicamente destruye a los persona-jes[5] que viven en él.

Como escritora de cuentos,[6] por lo abundante de su pro-ducción y por la calidad de la misma, la Pardo Bazán es con-siderada como uno de los mejores, si no el mejor cuentista de la literatura española del siglo XIX, desplegando[7] en este género la misma variedad de tendencias y temas que des-pliega en sus novelas.

Pero sin duda uno de los más importantes momentos en la vida de la Pardo Bazán ocurre en 1883 cuando publica *La cuestión palpitante*,[8] que la sitúa como líder de la ten-dencia naturalista en España. El hecho tuvo más relevancia[9]

5. **personajes** *personages, characters*
6. **cuentos** *stories, tales*
7. **desplegando** *displaying*

8. **La cuestión palpitante** *The actual controversy*
9. **relevancia** *relevance*

si se considera a la autora, una dama aristocrática y católica, aceptada ya en esa época como una excelente escritora. Aunque en algunas de las novelas de Pedro de Alarcón y de Benito Pérez Galdós ya aparecían rasgos naturalistas, será el ensayo de la condesa gallega el que servirá de elemento de unión entre los que favorecen esa tendencia en España. La publicación de *La cuestión palpitante* desencadenó[10] una verdadera tormenta en los círculos literarios. El que su autor fuera una mujer, provocó que no pudiera hacerse un análisis crítico objetivo del ensayo, ya que de haberse hecho así, se hubiera visto claramente que su naturalismo se diferenciaba esencialmente del francés, por rechazar la escritora española el determinismo fisiológico, el materialismo, la negación de los principios éticos y metafísicos y el utilitarismo, precisamente los puntos claves en que se sostienen las ideas de Zola y de los naturalistas franceses.

Desde un principio se atacó injustamente a la Pardo Bazán y se le persiguió durante los años siguientes hasta el extremo de que, a pesar de las numerosas tentativas que para ello se hicieron y de sus indiscutibles méritos, muriese sin haber sido elegida académica de la Real Academia Española.

También se preocupó la Pardo Bazán por los problemas sociales, económicos y políticos, cosa poco corriente en una mujer española de su tiempo. Considerando que la liberación femenina solamente podía lograrse a través de una sólida educación, fundó una Biblioteca de Mujeres en 1892, donde publicó *La esclavitud femenina* de John Stuart Mill y *La mujer ante el socialismo* de August Bebel. Defendió publicamente el amor libre y censuró el amor institucionalizado. Sus numerosos trabajos sobre temas sociales, han sido reunidos por Leda Schiavo.[11]

A continuación ofrecemos una selección del cuento *Primer amor*. En esta historia la escritora nos ofrece las emociones

10. **desencadenó** *initiated*
11. **Emilia Pardo Bazán,** *La mujer española y otros artículos feministas*, ed. Leda Schiavo (Madrid: Editora Nacional, 1976)

de un niño de once o doce años al sentir el amor por primera vez en su vida. De gran delicadeza y belleza, su final sorprende a todos.

PRIMER AMOR

¿Qué edad contaría yo a la sazón? ¿Once o doce años? Más bien serían trece porque antes es demasiado temprano para enamorarse tan de veras;[12] pero no me atrevo a asegurar nada, considerando que en los países meridionales madruga mucho el corazón, dado que esta viscera[13] tenga la culpa de semejantes trastornos. ⁵

Si no recuerdo bien el cuándo, por lo menos puedo decir con complete exactitud el cómo empezó mi pasión a revelarse. Gustábame mucho —después de que mi tía se largaba[14] a la iglesia a hacer sus devociones vespertinas—[15] colarme en su dormitorio y revolverle los cajones[16] de la cómoda, que los tenía en un orden ¹⁰ admirable. Aquellos cajones eran para mí un museo: siempre tropezaba[17] en ellos con alguna cosa rara, antigua, que exhalaba un olorcillo arcaico y discreto, el aroma de los abanicos de sándalo que andaban por alli perfumando la ropa blanca. Acericos[18] de raso descolorido ya; mitones de malla,[19] muy doblados entre ¹⁵ papel de seda; estampitas de santos; enseres de costura; un ridículo[20] de terciopelo azul bordado de canutillo;[21] un rosario de ámbar y plata, fueron apareciendo por los rincones; yo los curioseaba y los volvía a su sitio. Pero un día —me acuerdo lo mismo que si fuese hoy, en la esquina del cajón superior y al través de ²⁰ unos cuellos de rancio encaje, vi brillar un objeto dorado... Metí las manos, arrugué sin querer las puntillas, y sequé un retrato,

---

12. **enamorarse... veras** *to fall in love so seriously*
13. **viscera** *organ*
14. **largarse** *to leave*
15. **devociones vespertinas** *evening prayers*
16. **cajones** *drawers*
17. **tropezar = encontrar** *to find*
18. **acericos** *small pillows*
19. **mitones de malla** *lace gloves without fingers*
20. **ridículo** *purse*
21. **canutillo** *quill of gold or silver twist for embroidery*

una miniatura sobre marfil, que mediría tres pulgadas de alto, con marco de oro.

Me quedé como embelesado[22] al mirarla. Un rayo de sol se fil-traba por la vidriera y hería la seductora imagen, que parecía querer desprenderse del fondo obscuro y venir hacia mí. Era una criatura hermosísima, como yo no la había visto jamás sino en mis sueños de adolescente, cuando los primeros estremecimientos de la pubertad me causaban, al caer la tarde, vagas tristezas y anhelos[23] indefinibles. Podría la dama del retrato frisar[24] en los veinte y pico; no era una virgencita cándida, capullo a medio abrir, sino una mujer en quien ya resplandecía todo el fulgor de la belleza. Tenía la cara oval, pero no muy prolongada; los labios carnosos, entreabiertos y risueños; los ojos lánguidamente entor-nados, y un hoyuelo en la barba, que parecía abierto por la yema del dedo juguetón de Cupido.[25] Su peinado era extraño y gra-cioso: un grupo compacto, a manera de piña de bucles al lado de las sienes, y un cesto de trenzas en lo alto de la cabeza. Este peinado antiguo, que remangaba[26] en la nuca, descubría toda la morbidez[27] de la fresca garganta, donde el hoyo de la barbilla se repetía más delicado y suave. En cuanto al vestido... Yo no acierto a resolver si nuestras abuelas eran de suyo menos recatadas[28] de lo que son nuestras esposas, o si los confesores de antaño gastaban manga más ancha que los de hogaño;[29] y me inclino a creer esto último, porque hará unos sesenta años las hembras se preciaban de cristianas y devotas, y no desobedecerían a su director de conciencia en cosa tan grave y patente. Lo indudable es que si en el día se presenta alguna señora con el traje de la dama del retrato, ocasione un motín; pues desde el talle (que nacía casi en el sobaco)[30] solo le velaban leves ondas de gasa diáfanas, seña-lando, mejor que cubriendo, dos escándalos de nieve,[31] por entre los cuales serpeaba[32] un hilo de perlas, no sin descansar antes en

---

22. **embelesado** *enchanted, fascinated*
23. **anhelos** *strong desires*
24. **frisar** *to approach*
25. **yema... Cupido** *by the playful finger of Cupid*
26. **remangar** *to tuck up*
27. **morbidez** *softness*
28. **eran... recatadas** *were in them-selves less modest*
29. **o si... hogaño** *or if the father con-fessors are less strict today than they used to be*
30. **talle... sobaco** *waist, which be-gan almost at the armpit*
31. **dos... nieve** *two snowy marvels*
32. **serpear** *to wind (as a serpent)*

la tersa superficie del satinado escote.[33] Con el propio impudor se ostentaban los brazos redondos, dignos de Juno,[34] rematados por manos esculturales.... Al decir <u>manos</u> no soy exacto, porque en rigor, sólo una mano se veía, y esa apretaba un pañuelo rico.

Preguntas

1. ¿Quién es y dónde nace Emilia Pardo Bazán?
2. En sus comienzos, ¿qué escribe la autora?
3. ¿Sobre que temas escribe en prosa la Pardo Bazán?
4. Cite algunas de las novelas de la autora.
5. ¿Cómo describe la Pardo Bazán el derrumbamiento de la nobleza gallega en *Los pazos de Ulloa*?
6. ¿Cómo es considerada la autora por su producción de cuentos y por qué es considerada así?
7. ¿Cuál es uno de los momentos más importantes en la vida de la escritora gallega y por qué?
8. ¿De qué servirá *La cuestión palpitante* y qué desencadenará su publicación?
9. ¿Cómo afectó la vida de la Pardo Bazán la publicación de *La cuestión palpitante*?
10. ¿Qué edad tenía el protagonista de *Primer amor*?
11. ¿Qué le gustaba hacer al chico?
12. ¿Qué encontró un día?
13. ¿Cómo era la dama del retrato?
14. ¿Qué pasaría si la dama del retrato se presentara en el día con el vestido que llevaba en el retrato? ¿Por qué?
15. ¿Cómo eran los brazos de la dama del retrato?
16. ¿Cuántas manos se veían en la foto?

Temas

1. Explique por qué el naturalismo de la Pardo Bazán se diferencia del naturalismo de Zola y de otros escritores franceses.

33. **en la tersa... escote** *on the smooth surface of the satiny low neck*

34. **Juno** *Juno, the wife of Jupiter in Roman mythology*

Debates

1. Hágase un debate en el que se comparen las dos escritoras gallegas, Rosalía de Castro y Emilia Pardo Bazán, señalando semejanzas y diferencias entre las mismas.
2. Diferencias entre realismo y naturalismo.
3. ¿Ha cambiado la actitud del hombre con respecto a la mujer en la sociedad moderna si se le compara con la actitud del hombre del siglo pasado?

GENERACIÓN DEL 98 Y SIGLO XX

Vicente Blasco Ibáñez (1867–1928)

La rica región de huertas de irrigación y de prósperos naran-
jales alrededor de Valencia es una de las más resplandecien-
tes, halagüeñas y pintorescas de España. Allí nació y se crió
Vicente Blasco Ibáñez. Desde su niñez su vida fue muy activa
y hasta turbulenta. De tendencias izquierdistas se dedicó con
entusiasmo a las actividades políticas, y se vio implicado en
varios duelos y en choques con la policía. Fue encarcelado
como treinta veces y varias veces desterrado de España, pero
sin embargo, cumplió también seis plazos como Diputado
legalmente elegido a las Cortes. Al retirarse de la política
activa en 1909, viajó extensamente por la Argentina e intentó
allí experimentos de colonización. Al principio tuvieron éxito,
pero ya para el 1913 resultaron fracasados, causando desengaño y pena a todos los participantes. Es con la publicación
de *Los cuatro jinetes del apocalipsis* en 1916 que el autor
valenciano empieza a adquirir considerable riqueza y fama
internacional. Los últimos doce años de su vida no eviden-
ciaron disminución alguna en sus actividades literarias ni

Barraca valenciana
COURTESY OF THE TOURIST OFFICE OF SPAIN

personales. Murió desterrado de la España de Alfonso XIII
en su suntuosa villa en la Riviera francesa en 1928.

Las primeras obras de Blasco Ibáñez se publicaron en *El
Pueblo*, periódico liberal que sin ayuda casi escribía y editaba
en su ciudad natal. Su primera novela importante fue *Arroz
y tartana* (1894). En ella se describe la región del autor; allí
se produce mucho arroz, y la *tartana*, un carro cubierto de
dos ruedas, es un vehículo típico. *La barraca* (1898) describe
la vida en una cabaña y sus alrededores tal y como se representa en el cuento que sigue en breve. Es un sombrío pero
gráfico retrato de la campiña, pero su verdadero protagonista es la totalidad de la *huerta*. *La barraca* es generalmente
considerada como la obra maestra del autor y es sin duda
una de las mejores novelas regionalistas del siglo XIX que
haya producido España. Hay quien prefiere considerar los
Cuentos valencianos como lo mejor del autor. Más naturalista
que los anteriores es su *Cañas y barro* (1902), una impresio-
nante presentación de la tragedia en la albufera o región de
pantanos de agua salada.

Las otras novelas del autor que aparecieron en rápida sucesión a partir de 1916 son obras de propaganda social liberal. De todas sus obras es aún muy recordada *Sangre y arena* dentro de las novelas dedicadas al toreo; de esta novela se han hecho varias películas en Hollywood que los aficionados al cine todavía recuerdan.

Las novelas posteriores no añadieron sin embargo mayor cosa al prestigio ya adquirido por Blasco Ibáñez, quien ha permanecido como un autor notable por el vigor de su estilo más que por su gracia o pulimento. La mayoría de los críticos están de acuerdo en que sus mejores obras son las del período inicial valenciano. A este grupo pertenece la selección siguiente.

GOLPE DOBLE

Al abrir la puerta de su barraca,[1] encontró Sènto[2] un papel en el ojo de la cerradura...[3]

Era un anónimo destilando amenazas.[4] Le pedían[5] cuarenta duros y debía dejarlos aquella noche en el horno[6] que tenía frente a su barraca.   5

Toda la huerta estaba aterrada por aquellos bandidos. Si alguien se negaba a obedecer tales demandas, sus campos aparecían talados,[7] las cosechas[8] perdidas, y hasta podía despertar a media noche sin tiempo apenas para huir de la techumbre de paja,[9] que se venía abajo entre llamas y asfixiando con su humo nauseabundo.   10

1. Las **barracas**, cabañas de adobe pintado de blanco y de techo pajizo, son muy características de la huerta valenciana.
2. **Sènto** es el apodo valenciano para Vicente. Nótase cómo el acento grave se usa sobre la **è** (también sobre la **ò**) para indicar un sonido abierto.
3. *keyhole*

4. **destilando amenazas** *dripping with threats*
5. *they asked him for*
6. *oven* Las barracas tienen hornos rechonchos y como colmenas en el patio trasero.
7. *desolated, ruined*
8. *crops*
9. *straw-thatched roof*

Gafarró,[10] que era el mozo mejor plantado[11] de la huerta de
Ruzafa,[12] juró descubrirles, y se pasaba las noches emboscado
en los cañares,[13] rondando por las sendas, con la escopeta[14] al
brazo; pero una mañana lo encontraron en una acequia[15] con el
vientre acribillado y la cabeza deshecha...[16] y adivina quién te   15
dio.[17]

Hasta los papeles de Valencia hablaban de lo que sucedía en
la huerta, donde al anochecer se cerraban las barracas y reinaba
un pánico egoísta,[18] buscando cada cual su salvación, olvidando
al vecino. Y a todo esto, el tío Batiste, alcalde de aquel distrito   20
de la huerta, echando rayos por la boca[19] cada vez que las autoridades, que le respetaban como potencia electoral, hablábanle del
asunto, y asegurando que él y su fiel alguacil,[20] el Sigró, se bas-
taban para acabar con aquella calamidad.

A pesar de esto, Sènto no pensaba acudir[21] al alcalde. ¿Para   25
qué? No quería oír en balde baladronadas[22] y mentiras.

Lo cierto era que le pedían cuarenta duros, y si no los dejaba
en el horno le quemarían su barraca, aquella barraca que miraba
ya como un hijo próximo a perderse, con sus paredes de deslumbrante[23] blancura, la montera[24] de negra paja con crucecitas[25] en   30
los extremos, las ventanas azules, la parra[26] sobre la puerta como
verde celosía,[27] por la que se filtraba el sol con palpitaciones
de oro vivo; los macizos[28] de geranios y dompedros orlando la
vivienda,[29] contenidos por una cerca de cañas;[30] y más allá de
la vieja higuera[31] el horno, de barro y ladrillos,[32] redondo y   35

10. **Gafarró** realmente quiere decir *Greenfinch*.	*Chickpea.*
11. *best set up, sturdiest*	21. *have recourse*
12. **Ruzafa** es un distrito pequeño cerca de Valencia.	22. *boasts*
13. **emboscado... cañares** *in ambush in the cane brakes*	23. *dazzling*
14. *musket*	24. *roof*
15. *irrigation ditch*	25. *little crosses*
16. **vientre... deshecha** *with his belly riddled and his head shattered*	26. *grapevine*
17. **adivina... dió** *and guess who hit you*	27. *jalousie, blind*
18. *selfish*	28. *beds*
19. **echando... boca** *using violent language*	29. **geranios... vivienda** *geraniums and morning glories bordering the dwelling*
20. *constable* **Sigró** significa, realmente,	30. **contenidos... cañas** *held in by a fence of reeds*
	31. *fig tree*
	32. **barro y ladrillos** *mud and bricks*

achatado como un hormiguero de África.[33] Aquello era toda su
fortuna, el nido que cobijaba a lo más amado: su mujer, los tres
chiquillos, el par de viejos rocines,[34] fieles compañeros en la
diaria batalla por el pan, y la vaca blanca y sonrosada[35] que iba
todas las mañanas por las calles de la ciudad despertando a la   40
gente con su triste cencerreo y dejándose sacar unos seis reales
de sus ubres siempre hinchadas.[36]

¡Cuánto había tenido que arañar[37] los cuatro terrones[38] que
desde su bisabuelo venía regando[39] toda la familia con sudor y
sangre, para juntar el puñado de duros que en un puchero guar-   45
daba enterrados[40] debajo de la cama! ¡En seguida se dejaba arrancar cuarenta duros!...[41] El era un hombre pacífico, toda la huerta
podía responder por él. Ni riñas por el riego,[42] ni visitas a la taberna, ni escopeta para echarla de majo.[43] Trabajar mucho para
su Pepeta y los tres mocosos[44] era su única afición; pero ya que   50
querían robarle, sabría defenderse. ¡Cristo! En su calma de hombre
bonachón[45] despertaba la furia de los mercaderes árabes, que se
dejan apalear[46] por el beduíno, pero se tornan leones cuando les
tocan su hacienda.

Como se aproximaba la noche y nada tenía resuelto, fue a pedir   55
consejo al viejo de la barraca inmediata, un carcamal que sólo
servía para segar brozas en las sendas,[47] pero de quien se decía
que en la juventud había puesto más de dos a pudrir tierra.[48]

Le escuchó el viejo con los ojos fijos en el grueso cigarro que
liaban sus manos temblorosas cubiertas de caspa.[49] Hacía bien en   60

---

33. **redondo... África** *round and
squat like an African anthill*
34. *nags*
35. *pink*
36. **despertando... hinchadas** *wak-
ing people up with her sad jangling of
cowbells and allowing about six* **reals'**
*worth (of milk) to be drawn from her
ever-swollen udders*
37. *scratch*
38. *patches of ground*
39. **desde... regando** *had been watering from the time of his great-grandfather* Algunos verbos de movimiento
como **ir** y **venir** se usan a menudo para
formar los tiempos progresivos.
40. **en un... enterrados** *kept buried*
in a pot
41. **¡En seguida... duros!** *He would
immediately let forty dollars be snatched
from him! (Ironical, of course.)*
42. **ni... riego** *neither quarrels about
irrigation*
43. **echarla de majo** *play the bully*
44. *children, brats, moppets*
45. *kindly*
46. **se dejan apalear** *allow themselves
to be beaten*
47. **un carcamal... sendas** *an old
hulk of a man who was fit only for cutting brushwood along the paths*
48. **pudrir tierra** *rot underground*
49. *scale*

no querer soltar el dinero. Que robasen[50] en la carretera como los hombres, cara a cara, exponiendo la piel. Setenta años tenía, pero podían irle con tales cartitas.[51] Vamos a ver, ¿tenía agallas para defender lo suyo?

La firme tranquilidad del viejo contagiaba a Sènto, que se sentía 65
capaz de todo para defender el pan de sus hijos.

El viejo, con tanta solemnidad como si fuese una reliquia, sacó de detrás de la puerta la joya de la casa: una escopeta de pistón[52] que parecía un trabuco,[53] y cuya culata apolillada acarició[54] devotamente. 70

La cargaría él, que entendía mejor a aquel amigo. Las temblorosas manos se rejuvenecían. ¡Allá va pólvora! Todo un puñado. De una cuerda de esparto sacaba los tacos.[55] Ahora una ración de postas, cinco o seis; a granel los perdigones zorreros, metralla fina,[56] y al final un taco bien golpeado. Si la escopeta no reven- 75
taba con aquella indigestión de muerte, sería misericordia de Dios.

Aquella noche dijo Sènto a su mujer que esperaba turno para regar, y toda la familia le creyó, acostándose temprano.

Cuando salió, dejando cerrada la barraca, vio a la luz de las estrellas, bajo la higuera, al fuerte vejete ocupado en ponerle el 80
pistón al «amigo.»

Le daría a Sènto la última lección, para que no errase el golpe. Apuntar[57] bien a la boca del horno y tener calma. Cuando se inclinasen buscando el «gato» en el interior... ¡fuego! Era tan sencillo, que podía hacerlo un chico. 85

Sènto, por consejo del maestro, se tendió entre dos macizos de geranios a la sombra de la barraca. La pesada escopeta descansaba en la cerca de cañas apuntando fijamente a la boca del horno. No podía perderse el tiro. Serenidad y darle al gatillo[58] a tiempo. ¡Adiós, muchacho! A él le gustaban mucho aquellas cosas; pero 90
tenía nietos, y además estos asuntos los arregla mejor uno solo.

Se alejó el viejo cautelosamente, como hombre acostumbrado a rondar la huerta, esperando un enemigo en cada senda.

---

50. *let them rob people*
51. **podían... cartitas** *they could just come to him with little letters like that*
52. *muzzle loader* **Pistón** significa *ramrod.*
53. *blunderbuss*
54. **culata... acarició** *the wormeaten butt of which he caressed*
55. **cuerda... tacos** *from a string of esparto grass he got the wads*
56. **postas... fina** *slugs, five or six; plenty of buckshot, fine grapeshot*
57. *aim*
58. *pull the trigger*

Sènto creyó que quedaba solo en el mundo, que en toda la inmensa vega, estremecida[59] por la brisa, no había más seres vivientes que él y «aquéllos» que iban a llegar. ¡Ojalá no viniesen! Sonaba el cañón de la escopeta al temblar sobre la horquilla[60] de cañas. No era frío, era miedo. ¿Qué diría el viejo si estuviera allí? Sus pies tocaban la barraca, y al pensar que tras aquella pared de barro dormían Pepeta y los chiquitines, sin otra defensa que sus brazos, y en[61] los que querían robar, el pobre hombre se sintió otra vez fiera.[62]

Vibró el espacio, como si lejos, muy lejos, hablase desde lo alto la voz de un chantre.[63] Era la campana del Miguelete.[64] Las nueve. Oíase el chirrido de un carro rodando por un camino lejano. Ladraban los perros, transmitiendo su fiebre de aullidos de corral en corral, y el *rac-rac* de las ranas en la vecina acequia interrumpíase con los chapuzones de los sapos y las ratas[65] que saltaban de las orillas por entre las cañas.

Sènto contaba las horas que iban sonando en el Miguelete. Era lo único que le hacía salir de la somnolencia y el entorpecimiento[66] en que le sumía la inmovilidad de la espera. ¡Las once! ¿No vendrían ya? ¿Les habría tocado Dios en el corazón?

Las ranas callaron repentinamente. Por la senda avanzaban dos cosas obscuras que a Sènto le parecieron dos perros enormes. Se irguieron:[67] eran hombres que avanzaban encorvados,[68] casi de rodillas.

—Ya están ahí —murmuró; y sus mandíbulas[69] temblaban.

Los dos hombres volvíanse a todos lados, como temiendo una sorpresa. Fueron al cañar, registrándolo;[70] acercáronse después a la puerta de la barraca, pegando el oído a la cerradura, y en estas maniobras pasaron dos veces por cerca de Sènto, sin que éste pudiera conocerles. Iban embozados[71] en mantas, por bajo de las cuales asomaban las escopetas.

---

59. *trembling*
60. *fork, gun rest*
61. en depende de **pensar** y por eso **en** debe de traducirse *about*
62. *a wild beast*
63. *cantor, loud-voiced singer*
64. El **Miguelete** es el campanario de la catedral de Valencia. Las campanas fueron colocadas el día de San Miguel,

el 29 de septiembre de 1238.
65. **chapuzones... ratas** *the diving of the toads and rats*
66. *lethargy*
67. *stood up* (de **erguirse**)
68. *bent over*
69. *jaws*
70. *searching it*
71. *muffled*

Esto aumentó el valor de Sènto. Serían los mismos que asesina- 125
ron a Gafarró. Había que matar para salvar la vida.

Ya iban hacia el horno. Uno de ellos se inclinó, metiendo las
manos en la boca y colocándose ante la apuntada escopeta. Magnífico tiro, pero ¿y el otro[72] que quedaba libre?

El pobre Sènto comenzó a sentir las angustias del miedo, a sentir 130
en la frente un sudor frío. Matando a uno, quedaba desarmado
ante el otro. Si les dejaba ir sin encontrar nada, se vengarían que-
mándole la barraca.

Pero el que estaba en acecho[73] se cansó de la torpeza de su
compañero y fue a ayudarle en la busca. Los dos formaban una 135
obscura masa obstruyendo la boca del horno. Aquella era la ocasión. ¡Alma, Sènto! ¡Aprieta el gatillo!

El trueno conmovió toda la huerta, despertando una tempestad
de gritos y ladridos. Sènto vio un abanico de chispas, sintió que-
maduras en la cara; la escopeta se le fue,[74] y agitó las manos para 140
convencerse de que estaban enteras. De seguro que el «amigo»
había reventado.

No vio nada en el horno; habrían huido; y cuando él iba a
escapar también, se abrió la puerta de la barraca y salió Pepeta,
en enaguas,[75] con un candil. La había despertado el trabucazo[76] 145
y salía impulsada por el miedo, temiendo por su marido que estaba
fuera de casa.

La roja luz del candil, con sus azorados[77] movimientos, llegó
hasta la boca del horno.

Allí estaban dos hombres en el suelo, uno sobre otro, cruzados, 150
confundidos, formando un solo cuerpo, como si un clavo invisible
los uniese por la cintura, soldándolos[78] con sangre.

No había errado el tiro. El golpe de la vieja escopeta había sido
doble.

Y cuando Sènto y Pepeta, con aterrada curiosidad, alumbraron 155
los cadáveres para verles las caras, retrocedieron con exclama-
ciones de asombro.

Eran el tío Batiste, el alcalde, y su alguacil, el Sigró.

La huerta quedaba sin autoridad, pero tranquila.

---

72. **y el otro... ?** *what about the other one?*
73. *on guard*
74. *jumped out of his hands*
75. *in her petticoat*
76. *shot*
77. *excited*
78. *soldering them together*

Preguntas

1. ¿Qué encontró Sènto en el ojo de la cerradura?
2. ¿Qué le pedían en el anónimo?
3. ¿Dónde encontraron a Gafarró?
4. ¿Por qué no acudió Sènto al alcalde?
5. ¿Cómo miraba Sènto su barraca?
6. ¿Qué estaba más allá de la higuera? ¿De qué era el horno?
7. ¿De qué color era la vaca? ¿Qué se dejaba sacar?
8. ¿A quién fue a pedir consejo Sènto?
9. ¿Qué sacó el viejo de detrás de la puerta?
10. Aquella noche, ¿qué dijo Sènto a su mujer?
11. ¿Dónde puso Sènto la vieja escopeta?
12. ¿Qué creyó Sènto mientras esperaba?
13. ¿Qué hora era cuando sonó la campana del Miguelete por primera vez?
14. ¿Qué le parecieron a Sènto los dos hombres?
15. ¿Cómo iban vestidos?
16. ¿Qué asomaba por debajo de las mantas?
17. ¿Por qué no mató Sènto al hombre que metió las manos en la boca del horno?
18. ¿Qué pasó al apretar Sènto el gatillo de la escopeta?
19. ¿Cómo estaban los dos hombres en el suelo?
20. ¿Quiénes eran los dos?

Temas

1. La barraca de Sènto.
2. El modo de vivir de Sènto.
3. El viejo amigo de Sènto.
4. La escopeta del viejo y el modo de cargarla.
5. Los pensamientos de Sènto mientras esperaba.
6. El final del cuento.

Miguel de Unamuno (1864–1936)

Profesor universitario de griego, Rector de la Universidad de Salamanca, novelista, dramaturgo, ensayista, poeta, filósofo, Unamuno es una de las personalidades literarias más robustas de la reciente literatura española. De origen vasco, pueblo caracterizado por su individualismo, Unamuno pasó la mayor parte de su vida en Castilla. En 1928 fue destituido como Rector de la Universidad de Salamanca por la dictatura de Primo de Rivera y desterrado. Regresó a España durante los primeros días de la República y murió estando detenido durante las primeros días de la rebelión de Franco.

Escritor inquietante, Unamuno logra sacudir al lector de la apatía de las ideas convencionales. A través de sus obras se nota una permanente inquietud por las temas fundamentales de España —la vida y la muerte. Unamuno es básicamente ensayista y pensador; su obra más importante, *Del sentimiento trágico de la vida* (1913) se refiere al dilema eterno del hombre: el conflicto entre la razón y la fe. La tragedia se origina en el conflicto entre el deseo humano de inmortalidad y la razón que niega esta posibilidad.

Las novelas de Unamuno y muchas de sus obras cortas son expresiones altamente personales de sus ideas y, a fin de separarlas, les dio el nombre de *nivolas* en lugar de *novelas*. En ellas se encuentra muy poca acción exterior e incidentes. Los caracteres son de la mayor importancia, aunque generalmente son casi irreales exageraciones de abstracciones intelectuales con personajes poseídos por una emoción consumidora. Una nivola es esencialmente un diálogo filosófico. Por regla general las historias de Unamuno son trágicas. Son obras tensas, a menudo muy originales. Sus dos colecciones de cuentos, *Tres novelas ejemplares y un prólogo* y *El espejo de la muerte* de la cual extraemos la siguiente selección, son provocativas, aunque chispeantes tanto en ideas como en expresión.

AL CORRER LOS AÑOS

> Eheu, fugaces, Postume, Postume, labuntur anni...[1]
> —Horacio, Odas II, 14.

El lugar común de la filosofía moral y de la lírica que con más insistencia aparece, es el de cómo se va el tiempo, de cómo se hunden[2] los años en la eternidad de lo pasado.

Todos los hombres descubren a cierta edad que se van haciendo viejos, así como descubrimos todos cada año —¡oh, portento de   5
observación!— que empiezan a alargarse los días al entrar en una estación de él, y que al entrar en la opuesta, seis meses después, empiezan a acortarse.

Esto de cómo se va el tiempo sin remedio y de cómo en su andar lo deforma y trasforma todo, es meditación para los días todos   10
del año; pero parece que los hombres hemos consagrado a ella en especial el último de él, y el primero del año siguiente, o cómo se viene el tiempo. Y se viene como se va, sin sentirlo. Y basta de perogrulladas.[3]

¿Somos los mismos de hace dos, ocho, veinte años?   15
Venga el cuento.

*   *   *

Juan y Juana se casaron después de largo noviazgo,[4] que les permitió conocerse, y más bien que conocerse, hacerse el uno al otro. Conocerse no, porque dos novios, lo que no se conocen

---

1. **Eheu... anni** *Alas, Postumus, the*   3. **Y basta de perogrulladas** *And*
fleeting years glide by   *enough commonplaces*
2. *are swallowed up*   4. *engagement*

Miguel de Unamuno. Retrato de Ignacio Zuloaga
COURTESY OF THE HISPANIC SOCIETY OF AMERICA

en ocho días no se conocen tampoco en ocho años, y el tiempo   20
no hace sino echarles sobre los ojos un velo —el denso velo del
cariño— para que no se descubran mutuamente los defectos o,
más bien, se los convierten a los encantados ojos en virtudes.

Juan y Juana se casaron después de un largo noviazgo y fue
como continuación de éste su matrimonio.   25

La pasión se les quemó como mirra[5] en los trasportes de la
luna de miel, y les quedó lo que entre las cenizas[6] de la pasión
queda y vale mucho más que ella: la ternura. Y la ternura en forma
de sentimiento de la convivencia.[7]

Siempre tardan los esposos en hacerse dos en una carne, como   30
el Cristo dijo (Marcos X, 8). Mas cuando llegan a esto, coronación

5. *myrrh*   7. *living together*
6. *ashes*

de la ternura de convivencia, la carne de la mujer no enciende la carne del hombre, aunque ésta de suyo[8] se encienda; pero también, si cortan entonces la carne de ella, duélele a él como si la propia carne le cortasen. Y este es el colmo[9] de la convivencia, de vivir dos en uno y de una misma vida. Hasta el amor, el puro amor, acaba casi por desparecer. Amar a la mujer propia se convierte en amarse a sí mismo, en amor propio, y esto está fuera de precepto;[10] pues si se nos dijo «ama a tu prójimo como a ti mismo», es por suponer que cada uno, sin precepto, a sí mismo se ama.

Llegaron pronto Juan y Juana a la ternura de convivencia, para la que su largo noviciado al matrimonio les preparara.[11] Y a las veces, por entre la tibieza[12] de la ternura, asomaban llamaradas[13] del calor de la pasión.

Y así corrían los días.

Corrían y Juan se amohinaba[14] e impacientaba en sí al no observar señales del fruto esperado. ¿Sería él menos hombre que otros hombres a quienes por tan poco hombres tuviera?[15] Y no os sorprenda esta consideración de Juan, porque en su tierra, donde corre sangre semítica, hay un sentimiento demasiado carnal de la virilidad. Y secretamente, sin decírselo el uno al otro, Juan y Juana sentían cada uno cierto recelo[16] hacia el otro, a quien culpaban de la presunta frustración de la esperanza matrimonial.

Por fin, un día Juana le dijo algo al oído a Juan —aunque estaban solos y muy lejos de toda otra persona, pero es que en casos tales se juega al secreteo[17]—, y el abrazo de Juan a Juana fue el más apretado y el más caluroso de cuantos abrazos hasta entonces le había dado. Por fin, la convivencia triunfaba hasta en la carne, trayendo a ella una nueva vida.

Y vino el primer hijo, la novedad, el milagro. A Juan le parecía casi imposible que aquello, salido de su mujer, viviese, y más de una noche, al volver a casa, inclinó su oído sobre la cabecita del niño, que en su cuna dormía, para oír si respiraba. Y se pasaba

---

8. *of its own accord*
9. *acme, highest point*
10. *the commandment, rules*
11. *had prepared them*
12. *lukewarmness*
13. *flashes, sudden blazes*
14. *grew irritated*
15. **poco... tuviera** *lacking in manhood*
16. *suspicion*
17. *a secretive game*

largos ratos con el libro abierto delante, mirando a Juana cómo   65
daba la leche de su pecho a Juanito.

Y corrieron dos años y vino otro hijo, que fue hija —pero,
señor, cuando se habla de masculinos y femeninos, ¿por qué se
ha de aplicar a ambos aquel género y no éste?— y se llamó Juanita,
y ya no le parecío a Juan, su padre, tan milagroso, aunque tan   70
doloroso le tembló al darlo a luz[18] a Juana, su madre.

Y corrieron años, y vino otro, y luego otro, y más después otro,
y Juan y Juana se fueron cargando[19] de hijos. Y Juan sólo sabía
el día del natalicio del primero, y en cuanto a los demás, ni siquiera hacia qué mes habían nacido. Pero Juana, su madre, como   75
los contaba por dolores, podía situarlos en el tiempo. Porque
siempre guardamos en la memoria mucho mejor las fechas de los
dolores y desgracias que no las de los placeres y venturas. Los
hitos[20] de la vida son dolorosos más que placenteros.

Y en este correr de años y venir de hijos, Juana se había con-   80
vertido de una doncella fresca y esbelta en una matrona otoñal
cargada de carnes, acaso en exceso.[21] Sus líneas se habían defor-
mado en grande, la flor de la juventud se le había ajado.[22] Era
todavía hermosa, pero no era bonita ya. Y su hermosura era ya
más para el corazón que para los ojos. Era una hermosura de   85
recuerdos, no ya de esperanzas.

Y Juana fue notando que a su hombre Juan se le iba modifi-
cando el carácter según los años sobre él pasaban, y hasta la ternura de la convivencia se le iba entibiando.[23] Cada vez eran más
raras aquellas llamaradas de pasión que en los primeros años de   90
hogar estallaban de cuando en cuando de entre los rescoldos[24]
de la ternura. Ya no quedaba sino ternura.

Y la ternura pura se confunde a las veces casi con el agradecimiento, y hasta confina con la piedad. Ya a Juana los besos de
Juan, su hombre, le parecían, más que besos a su mujer, besos   95
a la madre de sus hijos, besos empapados[25] en gratitud por ha-
bérselos dado tan hermosos y buenos, besos empapados acaso

18. **aunque... luz**   *although she trem-*
bled as painfully when she gave birth
to him
19. *kept loading themselves down*
20. *milestones*
21. **matrona... exceso**   *a middle-aged*

matron perhaps excessively plump
22. *withered*
23. *was growing cool*
24. *embers*
25. *steeped, moistened*

en piedad por sentirla declinar en la vida. Y no hay amor verdadero y hondo, como era el amor de Juana a Juan, que se satisfaga
con agradecimiento ni con piedad. El amor no quiere ser agrade- 100
cido ni quiere ser compadecido. El amor quiere ser amado porque
sí, y no por razón alguna, por noble que ésta sea.

Pero Juana tenía ojos y tenía espejo por una parte, y tenía, por
otra, a sus hijos. Y tenía, además, fe en su marido y respeto a
él. Y tenía, sobre todo, la ternura que todo lo allana.[26]   105

Mas creyó notar preocupado y mustio[27] a su Juan, y a la vez
que mustio y preocupado, excitado. Parecía como si una nueva
juventud le agitara la sangre en las venas. Era como si al empezar
su otoño, un veranillo de San Martín hiciera brotar en él flores
tardías que habría de helar el invierno.[28]   110

Juan estaba, sí, mustio; Juan buscaba la soledad; Juan parecía
pensar en cosas lejanas cuando su Juana le hablaba de cerca; Juan
andaba distraído. Juana dio en observarle y en meditar, más con
el corazón que con la cabeza, y acabó por descubrir lo que toda
mujer acaba por descubrir siempre que fía la inquisición al corazón 115
y no a la cabeza: descubrió que Juan andaba enamorado. No cabía
duda alguna de ello.

Y redobló Juana de cariño y de ternura y abrazaba a su Juan
como para defenderlo de una enemiga invisible, como para protegerlo de una mala tentación, de un pensamiento malo. Y Juan, 120
medio adivinando el sentido de aquellos abrazos de renovada
pasión, se dejaba querer y redoblaba ternura, agradecimiento y
piedad, hasta lograr reavivar la casi extinguida llama de la pasión
que del todo es inextinguible. Y había entre Juan y Juana un
secreto patente a ambos, un secreto en secreto confesado.   125

Y Juana empezó a acechar[29] discretamente a su Juan buscando
el objeto de la nueva pasión. Y no lo hallaba. ¿A quién, que no
fuese ella, amaría Juan?

Hasta que un día, y cuando él y donde él, su Juan, menos lo
sospechaba, lo sorprendió, sin que él se percatara de ello,[30] be- 130
sando un retrato. Y se retiró angustiada, pero resuelta a saber de

---

26. *smooths out*
27. *out of sorts, sad*
28. **Era como... invierno**   *It was as
though, as the autumn of his life began,
an Indian summer were bringing out*

*in him late flowers which winter was
likely to freeze*
29. *to spy on*
30. **sin que... ello**   *without his noticing it*

quién era el retrato. Y fue desde aquel día una labor astuta, callada y paciente, siempre tras el misterioso retrato, guardándose la angustia, redoblando de pasión, de abrazos protectores.

¡Por fin! Por fin un día aquel hombre prevenido y cauto, aquel 135 hombre tan astuto y tan sobre sí[31] siempre, dejó —¿sería adrede?— dejó al descuido la cartera en que guardaba el retrato. Y Juana, temblorosa, oyendo las llamadas de su propio corazón que le advertía, llena de curiosidad, de celos, de compasión, de miedo y de vergüenza, echó mano a la cartera. Allí, allí estaba el retrato; 140 sí, era aquél, aquél, el mismo, lo recordaba bien. Ella no lo vio sino por el revés[32] cuando su Juan lo besaba apasionado, pero aquel mismo revés, aquel mismo que estaba entonces viendo.

Se detuvo un momento, dejó la cartera, fue a la puerta, escuchó un rato y luego la cerró. Y agarró el retrato, le dio vuelta y clavó 145 en él los ojos.

Juana quedó atónita, pálida primero y encendida de rubor después; dos gruesas lágrimas rodaron de sus ojos al retrato y luego las empujó besándolo. Aquel retrato era un retrato de ella, de ella misma, sólo que... ¡ay, Póstumo, cuán fugaces corren los 150 años! Era un retrato de ella cuando tenía veintitrés años, meses antes de casarse, era un retrato que Juana dio a su Juan cuando eran novios.

Y ante el retrato resurgió a sus ojos todo aquel pasado de pasión, cuando Juan no tenía una sola cana[33] y era ella esbelta y 155 fresca como un pimpollo.[34]

¿Sintió Juana celos de sí misma? O mejor, ¿sintió la Juana de los cuarenta y cinco años celos de la Juana de los veintitrés, de su otra Juana? No, sino que sintió compasión de sí misma, y con ella, ternura, y con la ternura, cariño.   160

Y tomó el retrato y se lo guardó en el seno.

Cuando Juan se encontró sin el retrato en la cartera receló[35] algo y se mostró inquieto.

Era una noche de invierno y Juan y Juana, acostados ya los hijos, se encontraban solos junto al fuego del hogar; Juan leía un libro; 165 Juana hacía labor.[36] De pronto Juana dijo a Juan:

—Oye, Juan, tengo algo que decirte.

---

31. **sobre sí** *in control of himself*
32. **por el revés** *from the back*
33. **una sola cana** *a single gray hair*
34. *rosebud*
35. *be suspected*
36. *needlework*

—Di, Juana, lo que quieras.

Como los enamorados, gustaban de repetirse uno a otro el nombre.   170

—Tú, Juan, guardas un secreto.

—¿Yo? ¡No!

—Te digo que sí, Juan.

—Te digo que no, Juana.

—Te lo he sorprendido, así es que no me lo niegues, Juan.   175

—Pues, si es así, descúbremelo.[37]

Entonces Juana sacó el retrato, y alargándoselo a Juan, le dijo con lágrimas en la voz:

—Anda, toma y bésalo, bésalo cuanto quieras, pero no a escondidas.[38]   180

Juan se puso encarnado,[39] y apenas repuesto de la emoción de sorpresa, tomó el retrato, lo echó al fuego y acercándose a Juana y tomándola en sus brazos y sentándola sobre sus rodillas, que temblaban, le dio un largo y apretado beso en la boca, un beso en que de la plenitud de la ternura refloreció la pasión primera.   185
Y sintiendo sobre sí el dulce peso de aquella fuente de vida, de donde habían para él brotado con nueve hijos más de veinte años de dicha reposada, le dijo:

—A él no, que es cosa muerta y lo muerto al fuego; a él no, sino a ti, a ti, mi Juana, mi vida, a ti que estás viva y me has dado   190
vida, a ti.

Y Juana, temblando de amor sobre las rodillas de su Juan, se sintió volver a los veintitrés años, a los años del retrato que ardía calentándolos con su fuego.

Y la paz de la ternura sosegada[40] volvió a reinar en el hogar   195
de Juan y Juana.

Preguntas

1. ¿Qué es lo que descubren todos los hombres a cierta edad?
2. ¿Qué clase de noviazgo tuvieron Juan y Juana?
3. ¿Qué sentimientos produjo en Juan el nacimiento de su primer hijo?
4. ¿Cómo se había transformado Juana al pasar los años?

---

37. *reveal it to me*   39. **se puso encarnado**   *blushed*
38. **a escondidas**   *secretly, on the sly*   40. *quiet*

5. ¿Qué cambio notó ella en Juan?
6. ¿Qué estaba haciendo Juan en secreto?
7. ¿De quién era el retrato?
8. ¿Cómo quedó Juana al encontrar el retrato?
9. Al descubrir que ya no tenía el retrato, ¿cómo se mostró Juan?
10. ¿Qué hacía la pareja junto al fuego del hogar?
11. ¿Cuántos hijos habían tenido Juan y Juana?
12. ¿Cuántos años tenía la Juana del retrato?
13. ¿Qué le dice Juana a su marido acerca del retrato?
14. ¿Qué hace Juan con el retrato cuando lo toma de ella?
15. Después del incidente del retrato, ¿qué volvió a reinar en el hogar de Juan y Juana?
16. ¿De qué parte de España viene Unamuno?
17. ¿Cuáles son las ideas fundamentales de que escribe?

Temas

1. Las ventajas de llegar a ser viejo.
2. ¿Es Vd. la misma persona de hace cinco años? ¿Por qué?
3. ¿Es buena idea un largo noviazgo?
4. Lo que nos impresiona más: los dolores o los placeres de la vida.
5. La caracterización de Juan y Juana.
6. Cómo se va el tiempo. Mencione otros autores de estas selecciones que han tocado este tema.

Ramón María del Valle-Inclán
(1866–1936)

Algunos artistas crean y viven su propria leyenda como el gallego Valle-Inclán. A lo largo de toda su vida hizo el papel de un aristócrata excéntrico en su vestido, costumbres, conducta, estilo y lo llevó al último grado. Quien le viera una mañana en la Quinta Avenida en Nueva York, durante su visita a los Estados Unidos, con su larga barba bifurcada, su único brazo (el otro lo había perdido como resultado de una reyerta con un crítico literario en un café), su sombrero negro de forma cónica y su capa española negra con forro rojo no podría olvidarle. Como tampoco podrán olvidarlo quienes hayan leído su prosa y sus versos porque, a pesar de toda su afectación, Valle-Inclán fue un artista hasta la medula de los huesos. Sus numerosas obras, poemas dramas por lo común muy artísticos para el público general, y sus cuentos y novelas acusan una constante preocupación por el estilo. Valle-Inclán reconoció su deuda con Baudelaire, Gautier, D'Annunzio; nosotros podríamos añadir a esta lista al portugués Eça de Queiroz y al autor francés decadente Barbey d'Aurevilly.

Su esfuerzo por encontrar un fondo común entre la música y la literatura se evidencia en el título de una de sus obras más conocidas: las cuatro *Sonatas* (1902–1905), con una novela por cada una de las estaciones eróticas de la vida de su Don Juan, a quien llama el Marqués de Bradomín, «feo, católico y sentimental».

A esta misma época pertenece la obra incluida en este libro, *El miedo*. Está tomada de *Jardín umbrío*, obra completamente representativa del estilo de su autor. El protagonista es el mismo Marqués de Bradomín.

EL MIEDO

Ese largo y angustioso escalofrío[1] que parece mensajero de la muerte, el verdadero escalofrío del miedo, sólo lo he sentido una vez. Fue hace muchos años, en aquel hermoso tiempo de los mayorazgos,[2] cuando se hacía información de nobleza[3] para ser militar. Yo acababa de obtener los cordones[4] de Caballero Cadete.   5
Hubiera preferido entrar en la Guardia de la Real Persona;[5] pero mi madre se oponía, y, siguiendo la tradición familar,[6] fui Granadero en el Regimiento del Rey.[7] No recuerdo con certeza los años que hace, pero entonces apenas me apuntaba el bozo,[8] y hoy ando cerca de ser un viejo caduco.[9]   10
Antes de entrar en el regimiento, mi madre quiso echarme su bendición. La pobre señora vivía retirada en el fondo de una aldea,[10] donde estaba nuestro pazo solariego,[11] y allá fui sumiso y obediente. La misma tarde que llegué mandó en busca del Prior de Brandeso para que viniese a confesarme en la capilla del pazo.   15
Mis hermanas María Isabel y María Fernanda, que eran unas niñas, bajaron a coger rosas al jardín, y mi madre llenó con ellas los floreros[12] del altar. Después me llamó en voz baja para darme su devocionario[13] y decirme que hiciese examen de conciencia.

1. *chill*
2. *hereditary lords* El **mayorazgo** tenía su tierra y propiedades por derecho de primogenitura. La propiedad no podía ser vendida: y automáticamente pasaba en sucesión al hijo mayor. Esta institución fue abolida principalmente en el siglo dieciocho.
3. **se hacía... nobleza** *investigation of claims to nobility was made* Algunos regimientos estaban compuestos integramente de nobles.
4. *aiguillettes, shoulder insignia*

5. *the king's personal bodyguard*
6. *of the family*
7. *a Grenadier of the King's Regiment*
8. **apenas... bozo** *scarcely was the down of my upper lip appearing*
9. *feeble*
10. *village*
11. **pazo solariego** *ancestral manor house* **pazo** es palabra gallega que significa *manor house*
12. *vases*
13. *prayer book*

Ramón María del Valle-Inclán. Retrato de Salaverría

—Vete a la tribuna,[14] hijo mío... Allí estarás mejor...   20
La tribuna señorial[15] estaba al lado del evangelio[16] y comuni-
caba con la biblioteca. La capilla era húmeda, tenebrosa,[17] resonante.[18] Sobre el retablo[19] campeaba[20] el escudo concedido por
ejecutorias de los Reyes Católicos[21] al señor de Bradomín, Pedro
Aguiar de Tor, llamado *el Chivo*,[22] y también *el Viejo*. Aquel   25

14. *gallery*
15. *seignorial, pertaining to a lord*
16. sitio en que se coloca el sacerdote
cuando lee la lección
17. *gloomy*
18. *echoing*
19. *altar piece*

20. *showed*
21. **ejecutorias... Católicos** *Letters
patent of nobility from the Catholic
Monarchs* (Los Reyes Católicos Fernando e Isabel)
22. *the Goat*

caballero estaba enterrado a la derecha del altar; el sepulcro tenía la estatua orante[23] de un guerrero.

La lámpara del presbiterio[24] alumbraba día y noche ante el retablo, labrado como joyel de reyes;[25] los áureos racimos de la vid evangélica[26] parecían ofrecerse cargados de fruto. El santo   30
tutelar[27] era aquel piadoso Rey Mago[28] que ofreció mirra al Niño Dios: su túnica de seda bordada de oro brillaba con el resplandor devoto de un milagro oriental. La luz de la lámpara, entre las cadenas de plata, tenía tímido aleteo[29] de pájaro prisionero, como si se afanase[30] por volar hacia el santo.   35

Mi madre quiso que fuesen sus manos las que dejasen aquella tarde a los pies del Rey Mago los floreros cargados de rosas, como ofrenda[31] de su alma devota. Después, acompañada de mis hermanas se arrodilló ante el altar. Yo desde la tribuna, sólo oía el murmullo de su voz que guiaba moribunda[32] las avemarías;[33]   40
pero cuando a las niñas les tocaba responder, oía todas las palabras rituales de la oración.

La tarde agonizaba[34] y los rezos resonaban en la silenciosa obscuridad de la capilla, hondos, tristes y augustos, como un eco de la Pasión.[35] Yo me adormecía en la tribuna. Las niñas fueron a   45
sentarse en las gradas[36] del altar; sus vestidos eran albos[37] como el lino de los paños litúrgicos.[38] Ya sólo distinguía una sombra que rezaba bajo la lámpara del presbiterio: era mi madre; sostenía entre sus manos un libro abierto y leía con la cabeza inclinada. De tarde en tarde, el viento mecía[39] la cortina de un alto ven-   50
tanal;[40] yo entonces veía en el cielo ya obscuro, la faz[41] de la luna, pálida y sobrenatural, como una diosa que tiene su altar en los bosques y en los lagos...

Mi madre cerró el libro dando un suspiro, y de nuevo llamó a las niñas. Vi pasar sus sombras blancas a través del presbiterio   55

23. *praying*
24. *presbytery, sanctuary*
25. *carved like a small royal jewel*
26. *golden clusters of grapes on the Evangelical vine* Los graciosos rizos de la viña están entre los símbolos de Jesús (San Juan 15.1–5: «Yo soy la verdadera viña y mi padre es el viñador...»
27. *patron saint*
28. *Magi, Kings of the Orient*
29. *fluttering*
30. *were making an effort*

31. *offering*
32. *dying*
33. **avemarías** *Hail Marys*
34. *was dying*
35. *the Passion, Jesus' agony on the Cross*
36. *steps*
37. *white*
38. *like the linen of liturgical vestments*
39. *shook*
40. *church window*
41. *face*

y columbré[42] que se arrodillaban a los lados de mi madre. La luz
de la lámpara temblaba con un débil resplandor sobre las manos,
que volvían a sostener abierto el libro. En el silencio, la voz leía
piadosa y lenta. Las niñas escuchaban, y adiviné[43] sus cabelleras[44]
sueltas sobre la albura del ropaje,[45] y cayendo a los lados del   60
rostro iguales, tristes y nazarenas.[46] Habíame adormecido, y de
pronto me sobresaltaron los gritos de mis hermanas. Miré y las
vi en medio del presbiterio abrazadas a mi madre. Gritaban des-
pavoridas.[47] Mi madre las asió de la mano y huyeron las tres.
Bajé presuroso. Iba a seguirlas y quedé sobrecogido[48] de terror.   65
En el sepulcro del guerrero se entrechocaban[49] los huesos del
esqueleto.[50] Los cabellos se erizaron[51] en mi frente. La capilla
había quedado en el mayor silencio, y oíase distintamente el hueco
y medroso rodar[52] de la calavera[53] sobre su almohada de piedra.[54]
Tuve miedo como no lo he tenido jamás; pero no quise que mi   70
madre y mis hermanas me creyesen cobarde, y permanecí inmóvil
en medio del presbiterio, con los ojos fijos en la puerta entreabierta. La luz de la lámpara oscilaba.[55] En lo alto mecíase la cortina de un ventanal, y las nubes pasaban sobre la luna, y las estrellas se encendían y se apagaban[56] como nuestras vidas. De pron-   75
to, allá lejos, resonó el festivo ladrar de perros y música de cascabeles.[57] Una voz grave y eclesiástica llamaba:
  —¡Aquí, Carabel! ¡Aquí, Capitán...!
  Era el Prior de Brandeso que llegaba para confesarme. Después
oí la voz de mi madre, trémula y asustada; percibí distintamente   80
la carrera retozona[58] de los perros. La voz grave y eclesiástica se
elevaba lentamente, como un canto gregoriano:[59]

42. *I discerned*
43. *I imagined*
44. *tresses*
45. *whiteness of their garments*
46. *like (the hair of) penitents* Los
nazarenos (así llamados por Jesús Nazareno) caminan en las procesiones de
Semana Santa con vestiduras especiales
y con el cabello suelto a ambos lados de
la cabeza.
47. *terror-stricken*
48. *seized*
49. *clashed, knocked together*
50. *skeleton*

51. *stood on end*
52. *fearful rolling*
53. *skull*
54. *pillow of stone*
55. *flickered*
56. **se encendían y se apagaban** *went
on and off*
57. *bells*
58. *playful*
59. *a Gregorian chant* sistema antiguo y serio de música religiosa, atribui-
do al Papa San Gregorio Magno, Papa
(A.D. 590–604).

—Ahora veremos qué ha sido ello... Cosa del otro mundo, no lo es, seguramente... ¡Aquí, Carabel! ¡Aquí, Capitán...!

Y el Prior de Brandeso, precedido de sus lebreles,[60] apareció   85
en la puerta de la capilla.

—¿Qué sucede, señor Granadero del Rey?

Yo repuse con la voz ahogada.[61]

—Señor Prior, ¡he oído temblar el esqueleto dentro del sepulcro...!   90

El Prior atravesó lentamente la capilla. Era un hombre arrogante y erguido.[62] En sus años juveniles había sido Granadero del Rey. Llegó hasta mí sin recoger[63] el vuelo de sus hábitos[64] blancos y afirmándome una mano en el hombro, y mirándome la faz descolorida, pronunció gravemente: 95

—¡Que nunca pueda decir el Prior de Brandeso que ha visto temblar a un Granadero del Rey...!

No levantó la mano de mi hombro y permanecimos inmóviles contemplándonos sin hablar. En aquel silencio oímos rodar la calavera del guerrero. La mano del Prior no tembló. A nuestro   100
lado los perros enderazaban las orejas[65] en el cuello despeluznado.[66] De nuevo oímos rodar la calavera sobre su almohada de piedra. El Prior me sacudió:

—¡Señor Granadero del Rey, hay que saber si son trasgos o brujas...![67]   105

Y se acercó al sepulcro, y asió las dos manillas[68] de bronce empotradas en una de las losas,[69] aquella que tenía el epitafio.[70] Me acerqué temblando. El Prior me miró sin desplegar los labios. Yo puse mi mano sobre la suya en una anilla[71] y tiré. Lentamente, alzamos la piedra. El hueco negro y frío quedó ante nosotros. Yo   110
vi que la árida y amarillenta[72] calavera aun se movía. El Prior alargó un brazo dentro del sepulcro para cogerla. Después, sin una palabra y sin un gesto, me la entregó. La recibí temblando. Yo estaba en medio del presbiterio, y la luz de la lámpara caía

---

60. *greyhounds*
61. *stifled*
62. *erect*
63. *holding up*
64. *flaring of his robes*
65. *were pricking up their ears*
66. *bristling*

67. *hobgoblins or witches*
68. *handles*
69. *fixed into one of the stone slabs*
70. *epitaph*
71. *ring*
72. *yellowish*

sobre mis manos. Al fijar los ojos, la sacudí con horror. Tenía 115
entre ellas un nido de culebras que se desanillaron silbando,[73]
mientras la calavera rodaba con hueco y liviano son,[74] todas las
gradas del presbiterio. El Prior me miró con sus ojos de guerrero,
que fulguraban[75] bajo la capucha[76] como bajo la visera de un
casco.[77]   120

—Señor Granadero del Rey, no hay absolución...[78] ¡Yo no ab-
suelvo a los cobardes...!

Y salió de la capilla arrastrando sus hábitos talares.[79] Las palabras del Prior de Brandeso resonaron mucho tiempo en mis oídos.
Resuenan aún. ¡Tal vez por ellas he sabido más tarde sonreir a 125
la muerte como a una mujer!

Preguntas

1. ¿Cuántas veces ha sentido el marqués el verdadero escalofrío del
   miedo?
2. ¿Qué acababa de obtener él?
3. Si hubiera podido escoger, ¿qué hubiera preferido?
4. ¿Qué opinaba su madre?
5. ¿Cuánto tiempo hace que pasaron los asuntos de esta historia?
6. ¿Dónde se hallaba el pazo solariego?
7. ¿Por qué entró en la capilla el marqués?
8. ¿Quiénes le acompañaban? ¿Qué llevaban?
9. ¿Quién estaba enterrado en la capilla? ¿Dónde se hallaba su sepulcro?
10. ¿Quién era el santo tutelar de la capilla?
11. ¿Qué vestidos traían las niñas?
12. ¿Por qué se despertó el marqués?
13. ¿Por qué se le erizaron los cabellos?
14. ¿Qué oyó él?
15. ¿Por qué permaneció en medio del presbiterio?
16. ¿Para qué llegó el Prior de Brandeso?
17. Después de escuchar los sonidos del sepulcro, ¿qué hizo el prior?
18. ¿Qué hacía la calavera?
19. ¿Qué hizo el prior con la calavera?

73. *uncoiled hissing*
74. *with a hollow and soft sound*
75. *glowed*
76. *hood*
77. *visor of a helmet*
78. *absolution (of sins)*
79. *long*

20. ¿Por qué la sacudió con horror el marqués?
21. ¿Por qué dijo el prior —No hay absolución?

Temas

1. Descripción de la capilla del pazo.
2. Los efectos que puede producir el miedo en general.
3. La actitud de Vd. cuando encuentra culebras, serpientes o reptiles.
4. La actitud del Prior de Brandeso.
5. El carácter de la madre.
6. Comente algunas de las imágenes que usa Valle-Inclán en este cuento.

Debate

Hágase un debate considerando el valor de Sènto el personaje de Blasco Ibáñez en *Golpe doble*, y el del joven Granadero del Rey en *El miedo*, de Ramón del Valle Inclán.

Juan Ramón Jiménez (1881–1958)

Aunque Juan Ramón, como se le llamaba casi universalmente, nació en Moguer, en el extremo sur de España, difícilmente se podría decir que su poesía permaneció específicamente andaluza. Antes de los veintiún años fue a Madrid donde publicó su primer volúmen de poesía, *Almas de Violeta*, en 1901. Este título le fue sugerido por Rubén Darío el gran exponente del *modernismo*, quien buscó la creación de una poesía melodiosa, de belleza de forma y llena de sugerencias. Darío había recibido influencias de Paul Verlaine, y Juan Ramón, en sus primeros versos, fue un seguidor del modernismo y de Darío. Pronto creó su propio estilo y dedicó su larga vida con singular devoción a su arte poético. Su ideal fue siempre, en sus mismas palabras, «la depuración de lo mismo»: alcanzar la verdadera esencia poética dejando de lado lo externo.

La influencia de Juan Ramón en las nuevas generaciones poéticas españolas es innegable, así como también la gran estimación en que es tenido en todo el mundo. En 1956, ya de edad avanzada, recibió el Premio Nobel de Literatura, siendo así el tercer español en recibir tan ambicionado galardón (José de Echegaray y Jacinto Benavente son los otros). Fue muy triste para el poeta que su esposa, Zenobia Camprubí, mujer de extraordinarias dotes, traductora de Tagore, y devota inspiradora y animadora del poeta no hubiera vivido para compartir su triunfo. Ambos murieron en Puerto Rico, donde pasaron la mayor parte de su exilio después del triunfo de Franco en España.

Juan Ramón Jiménez en 1916. Retrato de Joaquín Sorolla
COURTESY OF THE HISPANIC SOCIETY OF AMERICA

Juan Ramón Jiménez escribió treinta y nueve volúmenes de poesía. Excelentes selecciones se pueden encontrar en su *Tercera antolojía poética*, (Juan Ramón siempre insistió en la «j» en tales casos), publicada en un exquisito volumen en 1957 en Madrid.

Platero y yo, traducido dos veces al inglés, y en donde el autor relata sus supuestos viajes con Platero, su burro, es más poesía que prosa, fue publicado por primera vez en 1917.

De la TERCERA ANTOLOJÍA POÉTICA

Los caminos de la tarde
se hacen uno, con la noche.
Por él he de ir a ti,
amor que tanto te escondes.

Por él he de ir a ti,   5
como la luz de los montes,
como la brisa del mar,
como el olor de las flores.

*　　*　　*

Vino, primero, pura,
vestida de inocencia;   10
y la amé como un niño.

Luego se fue vistiendo
de no sé qué ropajes;
y la fui odiando,[1] sin saberlo.

Llegó a ser una reina,   15
fastuosa de tesoros...
¡Qué iracundia de yel y sin sentido![2]

...Mas se fue desnudando.
Y yo le sonreía.
Se quedó con la túnica   20
de su inocencia antigua.
Creí de nuevo en ella.

1. *I began to hate her*
2. **Qué... sentido** Qué ira tan amarga e insensata —**yel**, *gall, bitterness, is ordinarily spelled* **hiel**.

Y se quitó la túnica,
y apareció desnuda toda...
¡Oh pasión de mi vida, poesía   25
desnuda, mía para siempre!

*   *   *

¿Era su voz la fuga del arroyo,
que se oía correr en el poniente[3] rápido;
o la luz del ocaso moribundo,
que corría en el agua que se iba?   30

*   *   *

Renaceré yo piedra,
y aún te amaré mujer a ti.

Renaceré yo viento,
y aún te amaré mujer a ti.

Renaceré yo ola,   35
y aún te amaré mujer a ti.

Renaceré yo fuego,
y aún te amaré mujer a ti.

Renaceré yo hombre,
y aún te amaré mujer a ti.   40

---

3. *sunset*

PLATERO Y YO
Elegía Andaluza

I
PLATERO

Platero es pequeño, peludo,[1] suave; tan blando por fuera, que se diría todo de algodón, que no lleva huesos. Sólo los espejos de azabache[2] de sus ojos son duros cual dos escarabajos de cristal negro.

Lo dejo suelto, y se va al prado, y acaricia tibiamente con su hocico, rozándolas apenas, las florecillas rosas, celestes y gualdas... Lo llamo dulcemente: «¿Platero?», y viene a mi con un trotecillo alegre que parece que se ríe, en no sé qué cascabeleo[3] ideal...

Come cuanto le doy. Le gustan las naranjas mandarinas, las uvas moscateles, todas de ámbar, los higos morados,[4] con su cristalina gotita de miel...

Es tierno y mimoso[5] igual que un niño, que una niña...; pero fuerte y seco por dentro, como de piedra. Cuando paso sobre él, los domingos, por las últimas callejas del pueblo, los hombres del campo, vestidos de limpio y despaciosos, se quedan mirándolo:

—Tien'asero...

Tiene acero. Acero y plata de luna, al mismo tiempo.

V
ESCALOFRÍO

La luna viene con nosotros, grande, redonda, pura. En los prados soñolientos[6] se ven, vagamente, no sé qué cabras negras, entre las zarzamoras...[7] Alguien se esconde, tácito, a nuestro

1. *shaggy*
2. *jet*
3. *jangling of bells*
4. *mulberry-colored*
5. *finicky, delicate*
6. *drowsy*
7. *blackberries*

pesar... Sobre el vallado, un almendro[8] inmenso, níveo[9] de flor
y de luna, revuelta la copa[10] con una nube blanca, cobija[11] el
camino asaeteado[12] de estrellas de marzo... Un olor penetrante
a naranjas..., humedad y silencio... La cañada de las Brujas...[13]   25
—¡Platero, qué... frío!

Platero, no sé si con su miedo o con el mío, trota, entra en el
arroyo, pisa la luna y la hace pedazos. Es como si un enjambre
de claras rosas de cristal se enredara,[14] queriendo retenerlo, a su
trote...   30

Y trota Platero cuesta arriba, encogida la grupa[15] cual si alguien le fuese a alcanzar, sintiendo la tibieza suave, que parece
que nunca llega, del pueblo que se acerca...

XXIX

IDILIO DE ABRIL

Los niños han ido con Platero al arroyo de los chopos,[16] y
ahora lo traen trotando, entre juegos sin razón y risas despro-   35
porcionadas, todo cargado de flores amarillas. Allá abajo les ha
llovido —aquella nube fugaz que veló el prado verde con sus
hilos[17] de oro y plata, en los que tembló, como en una lira de
llanto, el arco iris—. Y sobre la empapada lana del asnucho, las
campanillas mojadas gotean todavía.[18]   40

¡Idilio fresco, alegre, sentimental! ¡Hasta el rebuzno de Platero
se hace tierno bajo la dulce carga llovida![19] De cuando en cuando,
vuelve la cabeza y arranca las flores a que su bocota[20] alcanza.
Las campanillas, níveas y gualdas, le cuelgan, un momento, entre
el blanco babear verdoso y luego se le van a la barrigota cin-   45
chada.[21] ¡Quién, como tú, Platero, pudiera comer flores... y que
no le hicieran daño!

---

8. *almond tree*
9. *snow-white*
10. *its top wrapped up*
11. *shelters*
12. *bombarded (lit., shot with arrows)*
13. *Witches' gulch*
14. **Es como... enredara**   *It is as if a bunch of bright crystal roses swarmed together*
15. **encogida la grupa**   *shrinking his rump*

16. *black poplars*
17. *threads*
18. **Y sobre... todavía**   *And over the rain-soaked woolly coat of the little donkey, the little wet bellflowers still drip*
19. **carga llovida**   *load wet with rain*
20. *big mouth*
21. **le cuelgan... cinchada**   *hang for a moment between the white, greenish slobber and then go down to his belly with the girth around it*

¡Tarde equívoca de abril!... Los ojos brillantes y vivos de Platero copian toda la hora de sol y lluvia, en cuyo ocaso, sobre el campo de San Juan, se ve llover, deshilachada, otra nube rosa.[22]   50

XXXVII

LA CARRETILLA

En el arroyo grande, que la lluvia había dilatado hasta la viña,[23] nos encontramos, atascada, una vieja carretilla,[24] perdida toda bajo su carga de hierba y de naranjas. Una niña, rota[25] y sucia, lloraba sobre una rueda, queriendo ayudar con el empuje de su pechillo en flor al borricuelo,[26] más pequeño ¡ay! y más 55 flaco que Platero. Y el borriquillo se despechaba[27] contra el viento, intentando inútilmente, arrancar del fango[28] la carreta, al grito sollozante[29] de la chiquilla. Era vano su esfuerzo,[30] como el de los niños valientes, como el vuelo de esas brisas cansadas del verano que se caen, en un desmayo,[31] entre las flores. 60

Acaricié a Platero y, como pude, lo enganché a la carretilla, delante del borrico miserable. Le obligué, entonces, con un cariñoso imperio, y Platero, de un tirón, sacó carretilla y rucio del atolladero, y les subió la cuesta.[32]

¡Qué sonreír el de la chiquilla! Fue como si el sol de la tarde, 65 que se quebraba, al ponerse entre las nubes de agua, en amarillos cristales, le encendiese una aurora tras sus tiznadas lágrimas.[33]

Con su llorosa alegría, me ofreció dos escogidas naranjas, finas, pesadas, redondas. Las tomé, agradecido, y le di una al borriquillo débil, como dulce consuelo; otra a Platero, como premio 70 áureo.[34]

---

22. **se ve... rosa** *one sees another frayed pink cloud rain down*
23. **había... viña** *had swollen up to the vineyard*
24. **encontramos... carretilla** *we found an old cart stuck*
25. *ragged*
26. **queriendo... borricuelo** *trying to help the little donkey by pushing with her little budding breast*
27. *was losing his courage*
28. *mud*
29. *sobbing*
30. *effort(s)*
31. *swoon*
32. **Le obligué... cuesta** *I forced him then, with affectionate control, and Platero with a jerk got cart and donkey out of the mudhole, and pulled them up the hill*
33. **le encendiese... lágrimas** *had kindled a dawn for her after her sooty tears*
34. **premio áureo** *as a golden reward*

CXXVI
CARNAVAL

¡Qué guapo[35] está hoy Platero! Es lunes de Carnaval, y los niños, que se han disfrazado vistosamente de toreros, de payasos y de majos,[36] le han puesto el aparejo moruno,[37] todo bordado, en rojo, verde, blanco y amarillo, de recargados arabescos.[38]   75

Agua, sol y frío. Los redondos papelillos de colores van rodando paralelamente por la acera, al viento agudo de la tarde, y las máscaras ateridas, hacen bolsillos de cualquier cosa para las manos azules.[39]

Cuando hemos llegado a la plaza, unas mujeres vestidas de   80 locas, con largas camisas blancas, coronados los negros y sueltos cabellos con guirnaldas de hojas verdes, han cogido a Platero en medio de su corro bullanguero[40] y, unidas por las manos, han girado alegremente en torno de él.

Platero, indeciso, yergue[41] las orejas, alza la cabeza y, como   85 un alacrán[42] cercado por el fuego, intenta, nervioso, huir por doquiera. Pero, como es tan pequeño, las locas no le temen y siguen girando, cantando, y riendo a su alrededor. Los chiquillos, viéndolo cautivo, rebuznan para que él rebuzne.[43] Toda la plaza es ya un concierto altivo de metal amarillo, de rebuznos, de risas,   90 de coplas, de panderetas y de almireces...[44]

Por fin, Platero, decidido igual que un hombre, rompe el corro y se viene a mí trotando y llorando, caído el lujoso aparejo.[45] Como yo, no quiere nada con[46] los Carnavales... No servimos para estas cosas...   95

---

35. *handsome*
36. **que... majos**   *who have disguised themselves gaudily as bullfighters, clowns, and flashy sports*
37. **aparejo moruno**   *Moorish harness*
38. **recargados arabescos**   *raised embroidery curlicues*
39. **y las máscuras... azules**   *and the masked people, stiff with cold, make pockets out of anything at all to protect their blue hands*
40. *turbulent group*

41. *pricks up*   El infinitivo del verbo es **erguir**.
42. *scorpion*
43. **rebuznan... rebuzne**   *bray to make him bray*
44. **un concierto... almireces**   *a high-sounding concert of yellow metal, brays, laughter, popular verse, tambourines, and metal mortars*
45. **caído... aparejo**   *with his luxurious harness drooping*

CXXXVI
A PLATERO, EN EL CIELO DE MOGUER[47]

Dulce Platero trotón, burrillo mío, que llevaste mi alma tantas veces —¡sólo mi alma!— por aquellos hondos caminos de nopales, de malvas y de madreselvas:[48] a ti este libro que habla de ti, ahora que puedes entenderlo.

Va a tu alma, que ya pace en el Paraíso, por el alma de nuestros paisajes moguereños,[49] que también habrá subido al cielo con la tuya; lleva montada en su lomo de papel a mi alma,[50] que, caminando entre zarzas en flor a su ascensión, se hace más buena, más pacífica, más pura cada día.

Sí. Yo sé, a la caída de la tarde, cuando entre las oropéndolas y los azahares[51] llego, lento y pensativo, por el naranjal[52] solitario, al pino que arrulla[53] tu muerte, tú, Platero, feliz en tu prado de rosas eternas, me verás detenerme ante los lirios amarillos que ha brotado tu descompuesto corazón.

Preguntas

1. ¿En qué parte de España nació Juan Ramón Jiménez?
2. ¿En qué año nació el poeta? ¿Dónde murió? ¿En qué año?
3. ¿Qué premio recibió?
4. ¿Cómo se llamaba la esposa de Juan Ramón?
5. ¿Cómo llama él la última colección de sus poesías?
6. ¿De qué habla el poeta en *Platero y yo*?
7. (I) ¿Cómo es Platero?
8. ¿Qué hace Platero cuando lo dejan suelto?
9. ¿Qué come Platero?
10. (V) ¿Cómo es la luna?
11. ¿Qué olor se percibe?
12. (XXIX) ¿Quiénes han ido con Platero? ¿De qué le cargan?

46. **no quiere... con** *he does not want to have anything to do with*
47. Platero ha muerto y su amo escribe una especie de despedida.
48. **por aquellos... madreselvas** *along those deep roads with prickly pears, mallows, and honeysuckle*
49. *of Moguer*
50. **en su... alma** *on its back, of paper it bears my soul (referring to the book)*
51. **oropéndolas y los azahares** *orioles and orange flowers*
52. *orange grove*
53. *sings a lullaby over*

13. (XXXVII) ¿Cómo está la vieja carretilla?
14. ¿Qué hace la niña?
15. ¿Qué hizo Platero?
16. ¿Qué le dio la niña al poeta caritativo?
17. (CXXVI) ¿Qué día del año es?
18. En la plaza, ¿quiénes han cogido a Platero?
19. ¿Le gusta a Platero el Carnaval? ¿Qué hace por fin?
20. (CXXXVI) ¿Dónde pace el alma de Platero?

Temas

1. Las impresiones que Vd. tiene de Andalucía, donde nació Juan Ramón Jiménez.
2. El ideal poético de Juan Ramón Jiménez.
3. ¿Prefiere Vd. la poesía muy adornada o la sencilla?
4. ¿Sabe Vd. comparar a Juan Ramón con un poeta inglés favorito de Vd.?
5. ¿Qué le parece a Vd. el estilo de *Platero y yo*?
6. Descripción general de Platero.

Pío Baroja (1872–1956)

El vigoroso vasco Pío Baroja fue el más sincero, antiacadémico y original de los novelistas de la primera mitad del siglo XX. Siempre inquieto, primero fue médico de un pequeño pueblo, propietario de una panadería y finalmente escritor, con más de cien novelas en su haber. Hemingway dijo que Baroja y no él debía haber recibido el Premio Nobel de Literatura. Los logros del novelista español fueron sin duda impresionantes.

Los filósofos favoritos de Baroja fueron Nietzsche y Schopenhauer y sus modelos literarios preferidos Poe, Dickens, Stendahl, Balzac y Dostoievsky. Su visión del carácter humano y de la vida fue amarga; su crítica de valores aceptados aguda. Sus novelas dan la impresión de carecer de argumento por estar compuestas de fragmentos disjuntos y por su estilo áspero, espontáneo, aparentemente descuidado, aunque muy vívido. Sin embargo sus obras presentan una notable unidad en el punto de vista; Baroja puede haber estado muy cerca de alcanzar lo que el llamó «retórica en tono menor».

Entre las obras de Baroja se cuenta una larga serie que él llamó *Memorias de un hombre de acción; Camino de perfección* (1902); una trilogía sobre la vida en Madrid, *La lucha por la vida* (1904); *Zalacaín el aventurero* (1909); *El árbol de la ciencia* (1911); *César o nada* (1912); y un largo volumen de *Memorias* (1955).

La siguiente selección es del prólogo de la novela *El mayorazgo de Labraz* (1903). Es ejemplo muy característico de las ideas de Baroja y de su estilo.

Pío Baroja en 1914. Retrato de Joaquín Sorolla
COURTESY OF THE HISPANIC SOCIETY OF AMERICA

De EL MAYORAZGO DE LABRAZ

Una tarde de agosto fui a visitar Labraz, pueblo de la antigua
Cantabria.[1] Me habían dicho que era ciudad agonizante, una ciudad moribunda, y mi espíritu, entonces deprimido por la amarga
tristeza que deja el fracaso de los ensueños románticos, quería
recrearse con la desolación profunda de un pueblo casi muerto.   5

1. región montañosa en el norte de España

La ciudad apareció a lo lejos, con su caserío agrupado en la falda de una colina, destacándose en el cielo, con color amarillento, con traza[2] humilde y triste; algunas torres altas y negruzcas se perfilaban enhiestas[3] entre la masa parda[4] de sus tejados torcidos y roñosos.[5]

Fui acercándome a Labraz por una carretera empinadísima, llena de pedruscos, que subía primero y rodeaba después el recinto amurallado de la población, los restos de baluartes que aun se conservaban en pie, las antiguas fortificaciones derruídas que iban subiendo y bajando por los desniveles[6] de las lomas, por los riscos y barrancos[7] que circundaban la ciudad.

Desde la escarpa del foso[8] nacía el césped,[9] que terminaba en la empalizada, como alfombra de un verde oscuro y brillante.

Atravesé un puente de piedra tendido sobre un río seco. Por la margen izquierda de éste, y por encima de un talud,[10] partía la barbacana,[11] que, torciendo a la derecha, iba sosteniendo un camino en cuesta[12] que terminaba en un portal negruzco con su puente levadizo,[13] que daba acceso al recinto de la población.

Pasado el puente se hallaba la puerta, de una sola pieza de madera ya carcomida,[14] que se deslizaba de arriba a abajo entre ranuras[15] y que tenía como refuerzo clavos de hierro y enormes cerrojos.[16]

El portal concluía en un pasillo estrecho y lleno de aspilleras[17] en las paredes, que daba entrada a una plaza empedrada con losas,[18] entre cuyas junturas nacían hierbas de aspecto enfermizo. A la mitad del pasillo había otra puerta de tablas.

Era Labraz un pueblo terrible, un pueblo de la Edad Media. No había calle que no fuese corcovada;[19] las casas tenían casi todas escudos[20] de piedra. Casi todas eran silenciosas y graves, muchas estaban desplomadas,[21] completamente hundidas.[22]

2. *look, appearance*
3. **se perfilaban enhiestas** *stood out erect*
4. *drab*
5. **tejados... roñosos** *twisted and dirty tile roofs*
6. *unevenness*
7. **lomas... barrancos** *hills, peaks, and ravines*
8. **escarpa del foso** *escarpment of the moat*
9. *turf*
10. *slope*
11. *barbican, fortified wall*
12. **camino en cuesta** *ascending road*
13. *drawbridge*
14. *worm-eaten*
15. *slots*
16. *bolts*
17. *embrasures*
18. **empedrada con losas** *paved with flagstones*
19. *all twisted*
20. *coats of arms*
21. *collapsed*
22. *destroyed*

En alguno que otro portal dormitaba alguna vieja; pasaba un mendigo tanteando[23] el suelo con la blanca garrota,[24] y los perros famélicos[25] corrían por el arroyo.

Habría cuatro o cinco iglesias arruinadas; algunas convertidas en pajares.[26]   40

Desde la Plaza Mayor, dos calles subían, empedradas con cantos,[27] hasta otra plaza, limitada de un lado por los vetustos paredones[28] de una iglesia, de otro por las altísimas paredes de un convento y de otro por una vieja casa solariega.

Tenía la iglesia un atrio,[29] a su lado una explanada con acacias   45 y bancos de piedra, y un balcón desde el cual se dominaba el pueblo.

Desde allá arriba se veía Labraz, alrededor de una gran torre, como un montón negruzco de tejados con sus chimeneas blancas y sus casas medio derrengadas.[30]   50

Alrededor se extendían terrenos calizos;[31] luego un extenso panorama de montes pelados[32] y lomas desnudas rojas y blancas que se iban sucediendo, formando ondulaciones, como las olas del mar; cerca del pueblo había huertas y a orillas del río filas de álamos,[33] que a trechos se espesaban formando bosquecillos   55 verdes.

Más arriba de la iglesia, sobre una loma, aparecían las ruinas de un castillo que se continuaba con la muralla derruída...

El narrador se encuentra con dos naturales de Labraz, por quienes se entera de la decadencia del lugar, del avance de la pobreza, de la lenta despoblación de la región. Aún los patrones se han ido a la ciudad y muchas de las casas viejas e iglesias se han convertido en pajares. Los bosques han sido talados y una escacez de trabajadores ha significado un pobre cultivo de los campos. El alcalde ha rehusado dejar pasar el tren por el pueblo, pero el pueblo vecino ha estimulado al ferrocarril y este pueblo ha progresado mientras que Labraz se muere lentamente. Sólo un hidalgo y su familia han permanecido. El narrador le ha visto viejo y ciego. Tiene una

23. **mendigo tanteando** *beggar feeling his way*
24. *cane*
25. *hungry, famished*
26. *straw lofts*
27. *cobblestones*
28. **vetustos paredones** *ancient thick*

walls
29. *atrium, court*
30. *ruined*
31. **terrenos calizos** *plots of limestone land*
32. *bald*
33. *poplars*

hija que se convierte en la heroína de la novela. El narrador ve y habla con un individuo con acento extranjero.

Al pasar por una plazoleta con árboles me detuve a contemplar la escuela, por sus ventanas abiertas. 60

No sé por qué una escuela me produce una gran melancolía; aquellos cartelones[34] de letras grandes, los mapas, las mesas negras con sus tinteros, me recuerdan la infancia, un prólogo de la vida casi nunca agradable. Estaba en mi contemplación malancólica cuando uno de los señores con quienes había hablado en 65 el balcón de la iglesia, el que tenía el acento extranjero, me dijo:

—¿Le gusta a usted Labraz?

—Mucho.

—¿Es usted artista?

—Aficionado[35] nada más. 70

—Si usted quiere pasar le enseñaré algunos cuadros viejos bastante buenos. Ésta es mi casa —añadió señalándome una con un parral,[36] cuyo tronco estaba protegido por cuatro paredes. —He tenido que proteger mi parra. Es lo que no les perdono a los de Labraz; el odio que tienen a los árboles y a las plantas. 75

Precedido de aquel señor atravesé un zaguán[37] y subí por la escalera hasta llegar a una habitación grande con dos balcones. En las paredes había cuadros hermosos: uno de Ribera,[38] obscuro y tétrico,[39] el martirio de un santo a quien estaban desollando.[40]

Había también en el cuarto estatuas de talla,[41] algunas preciosas. 80

Visto todo, me preparaba a marcharme cuando el señor me dijo que se alegraría le acompañase a comer.

—Yo —me dijo por vía de presentación— me llamo Samuel Bothwell Crawford y soy inglés.

A mi vez me presenté a mí mismo y pasamos él y yo al comedor. 85

Durante la comida no hablamos más que de pintura y de Labraz. Bothwell Crawford sentía un odio furibundo contra Inglaterra; los pintores, sobre todo los prerafaelistas[42] ingleses, le indigna-

---

34. *charts*
35. *amateur*
36. *grape arbor*
37. *vestibule*
38. El pintor español **José de Ribera** (1588–1652), llamado por los italianos Lo Spagnoletto, es notable particularmente por el tono sombrío de muchos

de sus cuadros.
39. *gloomy*
40. *flaying*
41. *carved statues*
42. *Pre-Raphaelites* un grupo de pintores ingleses del siglo XIX; probablemente el más conocido de todos ellos es Dante Gabriel Rossetti (1828–1882).

ban; les negaba toda condición de talento pictórico. Yo contradije
todas sus opiniones y afirmé que, aunque no había visto más que   90
fotografías de los cuadros de Rossetti, de Madox Brown[43] y de
los demás, creía que eran espíritus superiores y hombres de un
grandísimo talento.

La contradicción pareció gustar al inglés, y a los postres sacó
una botella de Jerez,[44] y, llenando dos copas, exclamó: 95

—Ahora, como dice Swiveller, bebamos el vino rosado de la
amistad y cantemos aquella antigua balada popular que dice:

«Lejos de mí cuidados enojosos.»

Recordé que aquel Swiveller era un tipo de Dickens, del
Almacén de Antigüedades,[45] y le pregunté al inglés si no creía   100
que el novelista autor de *Pickwick* era un escritor admirable.

—Si —me dijo muy serio—, era un buen samnita.[46] Bebamos
a su salud.

—¿A la salud de uno que no existe? —pregunté yo.

—¿No existe en sus obras más que la mayoría de los hombres   105
que viven como tanto coleóptero[47] que nada significa?

Bebimos a la salud de Dickens el vino rosado de la amistad.

El segundo *toast* fue en honor de Ribera, aquel gran espíritu
sombrío a quien el inglés admiraba, más que por nada por poseer
uno de sus cuadros.   110

Dirigimos después nuestros brindis[48] a todos los maestros de
la pintura española, y viendo que el inglés dividía a los hombres
en viles samnitas y buenos samnitas, brindé por aquel buen samnita que se llamó Doménico Theotocópuli, el Greco.[49]

Saludó el inglés y bebimos.   115

---

43. **Ford Madox Brown** (1821–1893)
otro prerafaelista
44. El **jerez** (palabra de la cual deriva
la inglesa *sherry*) es el más famoso de
los vinos españoles.
45. *The Old Curiosity Shop* una de las
más famosas novelas de Charles Dickens
46. **Samnites** Eran los habitantes del
antiguo Samnium y eran miembros de
la raza sabina. Los romanos les tenían

por valerosos y bravos soldados y muchos de ellos se hicieron gladiadores.
Baroja evidentemente usa el término en
el sentido general de «guerrero» o de
«ciudadano recio».
47. *coleopteron, hard-shelled beetle*
48. *toasts*
49. **El Greco** (1542–1614) uno de los
más famosos pintores españoles

Después brindamos por Zurbarán, por Berruguete, por Pantoja de la Cruz, por Goya,[50] y vaciamos dos botellas de Jerez.

Al último, Bothwell Crawford, poniéndose en pie con la copa en la mano, y después de rogarme que me levantara, dijo:

—Brindemos ahora por aquel gran caballero, por aquel gran samnita, pintor único, que se llama don Diego Velázquez de Silva.[51]

Concluimos la última botella con este brindis, y el inglés me dijo en confianza que la literatura española le parecía despreciable.[52]

—Pero Cervantes...

—¡Peuh!

—Quevedo...[53]

—Pse.[54] Entre los escritores españoles, los únicos que me gustan son el autor de *La Celestina*,[55] el hidalgo de la Oda a su padre,[56] y aquel clérigo que cuenta que llegó a un prado:

> Verde a bien sencido, de flores bien poblado,
> Logar cobdiciaduero para ome cansado.[57]

No discutí los gustos arcaicos del inglés, e iba a despedirme de él cuando me dijo que había escrito una novela cuya acción pasaba en Labraz.

El escritor más tarde copió la novela sin cambiar las palabras de su autor.

50. **Francisco de Zurbarán** (1598–1663), **Alonso Berruguete** (c. 1480–1561), **Pantoja de la Cruz** (1551–1610) fueron notables artistas españoles **Francisco de Goya** (1746–1828), cuyos numerosos cuadros y aguafuertes son conocidos universalmente, poseía un genio artístico extraordinariamente vigoroso.
51. **Diego de Velázquez** (1599–1660) uno de los más grandes y mejor conocidos artistas que España haya producido jamás
52. *contemptible*
53. **Francisco de Quevedo** (1580–1645) demuestra un genio satírico extraordinario en su voluminosa obra, tanto en verso como en prosa
54. *pshaw*
55. **Fernando de Rojas** véase pp. 69–76
56. **Jorge Manrique** véase pp. 45–57
57. **Gonzalo de Berceo** poeta religioso del siglo trece. Las líneas citadas son de su *Milagros de Santa María* y se pueden traducir así: *Green and quite lush, well bedecked with flowers, an alluring place for a man who is tired.*

Preguntas

1. ¿Por qué clase de carretera fue el autor acercándose a Labraz?
2. ¿Dónde se hallaba la ciudad?
3. ¿Qué clase de ciudad era Labraz?
4. ¿Le gustaría a Vd. vivir allí? ¿Por qué?
5. ¿Había gozado de la vida escolar el autor?
6. ¿Con quién hablaba el autor?
7. ¿Con quién fue a ver unos cuadros?
8. ¿Por qué le era necesario proteger su parral?
9. ¿Cómo eran los cuadros? ¿Cómo se llamaban algunos de los pintores?
10. ¿Cuál era la opinión de Bothwell Crawford sobre Inglaterra?
11. ¿Cuál era su opinión sobre los prerrafaelistas ingleses?
12. ¿Qué bebían el autor y Bothwell Crawford?
13. ¿Qué pensaba el inglés de Dickens?
14. ¿Cuáles de los pintores españoles le interesaban a Bothwell Crawford?
15. ¿Qué opinión tenía el inglés de la literatura española?
16. De todos los escritores españoles, ¿cuáles le gustaban más?
17. ¿En dónde había pasado la acción de la novela de Bothwell Crawford?
18. ¿A quién dio a leer Bothwell su novela?

Temas

1. El aspecto vetusto de Labraz.
2. Contraste este pueblo con algún pueblo pequeño que Vd. conozca.
3. El campo cerca de la ciudad.
4. El inglés, Bothwell Crawford. Su carácter.
5. Los gustos artísticos de Bothwell Crawford.

José Martínez Ruiz (Azorín)
(1873–1966)

Azorín fue el primer crítico que utilizó el término «Generación del '98» para referise a un grupo de escritores que hacia 1898, fecha de la guerra contra los Estados Unidos y que los españoles llaman el «desastre nacional», empezaron a expresar su preocupación por los problemas de España y a reaccionar en contra del pasado inmediato. La frase llegó a generalizarse y se aplicó a los estilos prevalentes y a los fenómenos particulares que se manifestaron en todas sus actividades espirituales, políticas y literarias. La palabra regeneración estaba constantemente en boca de estos escritores.

La larga vida de Azorín estuvo íntegramente dedicada a la literatura, con una interrupción de un breve lapso de tiempo que dedicó a la política, Llegó a ser el más destacado crítico dentro de su generación y el más profundo intérprete de Castilla. Ofreció nuevos puntos de vista sobre la literatura española y dio a los españoles una nueva interpretación de su paisaje y de sus vivencias.

En protesta contra el tono grandilocuente y aún melodramático del siglo XIX, Azorín escribió sus numerosas obras en un tono tranquilo pero muy sensible y sugestivo. Su prosa presenta la poesía, los aspectos inadvertidos de lo pequeño, de las cosas diarias; en la frase de Ortega, los «Primores de lo vulgar». Grandemente preocupado por el tema del tiempo, encuentra una especie de permanencia en lo trivial, una conexión consoladora entre el pasado, el presente y el porvenir. Entre los numerosos libros de Azorín se puede mencionar: *El*

Azorín (José Martínez Ruiz), izquierda y el escritor
Cesar González Ruano, derecha

alma castellana (1900); *La voluntad* (1902); *Antonio Azorín*
(1903); *Las confesiones de un pequeño filósofo* (1904); *Una
hora de España* (1924).

La siguiente selección pertenece al grupo de ensayos que
Azorín publicó bajo el nombre de *Castilla* en 1912. Quienes
conocen el trágico final de *La Celestina* no objetarán al juego
fantasioso de la imaginación de Azorín en *Las Nubes*. Se
puede permitir la licencia poética de presentar las cosas como
pudieran haber sucedido más que como en realidad sucedieron. Aún más: Azorín muy delicadamente, se entretiene
en crear sobre su tema favorito, el retorno: ver cómo las cosas
suceden de nuevo. El autor deja al lector imaginar las emociones que Calisto y Melibea experimentan al ver a su hija repetir la experiencia, poéticamente concebida, de sus padres.

LAS NUBES

Calisto y Melibea se casaron —como sabrá el lector, si ha leído
La Celestina[1]— a pocos días de ser descubiertas las rebozadas[2]
entrevistas que tenían en el jardín. Se enamoró Calisto de la que
después había de ser su mujer un día que entró en la huerta de
Melibea persiguiendo un halcón. Hace de esto diez y ocho años.   5
Veintitrés tenía entonces Calisto. Viven ahora marido y mujer en
la casa solariega[3] de Melibea; una hija les nació que lleva, como
su abuela, el nombre de Alisa. Desde la ancha solana que está a
la parte trasera de la casa, se abarca[4] toda la huerta en que Melibea y Calisto pasaban sus dulces coloquios de amor. La casa es   10
ancha y rica; labrada[5] escalera de piedra arranca[6] de lo hondo
del zaguán.[7] Luego, arriba, hay salones vastos, apartadas y silenciosas camarillas,[8] corredores penumbrosos, con una puertecilla
de cuarterones[9] en el fondo, que —como en *Las Meninas*, de
Velázquez[10]— deja ver un pedazo de luminoso patio. Un tapiz[11]   15
de verdes ramas y piñas gualdas[12] sobre fondo bermejo[13] cubre
el piso del salón principal: el salón, donde en cojines de seda,
puestos en tierra, se sientan las damas. Acá y allá destacan silloncitos de cadera,[14] guarnecidos[15] de cuero rojo, o sillas de tijera
con embutidos mudéjares;[16] un contador con cajonería de pin-   20
tada y estofada talla,[17] guarda papeles y joyas; en el centro de

---

1. **La Celestina** está tratada más atrás
en este volumen (pp. 70–75). Nota al
estudiante: asegúrese de leer la última
parte de la introducción a esta selección,
de modo que no se entienda falsamente
la falsificación fantasiosa de Azorín.
2. *secret*
3. *ancestral*
4. *one can see*
5. *carved*
6. *starts*
7. *from the depths of the vestibule*
8. *small chambers*
9. *paneled door*
10. **Diego de Velázquez** (1599–1660)

natural de Sevilla fue pintor de la corte
de Felipe IV. Su cuadro **Las Meninas**
está considerado universalmente como
una obra maestra por su naturalidad.
11. *tapestry*
12. *yellowish pineapples*
13. *reddish*
14. **silloncitos de cadera**   *little arm-
chairs*
15. *adorned*
16. **sillas… mudéjares**   *cross-legged
chairs with Moorish inlay work*
17. **contador… talla**   *desk with drawers of painted and adorned carving*

la estancia, sobre la mesa de nogal,[18] con las patas y las cham-
branas talladas,[19] con fiadores de forjado hierro,[20] reposa un
lindo juego de ajedrez con embutidos de marfil, nácar[21] y plata;
en el alinde[22] de un ancho espejo refléjanse las figuras aguileñas,   25
sobre fondo de oro, de una tabla[23] colgada en la pared frontera.
Todo es paz y silencio en la casa. Melibea anda pasito[24] por
cámaras y corredores. Lo observa todo; ocurre a todo. Los ar-
marios están repletos de nítida y bien oliente[25] ropa —aromada
por gruesos membrillos[26]—. En la despensa[27] un rayo de sol hace   30
fulgir la ringla de panzudas y vidriadas orcitas talaveranas.[28] En
la cocina son espejos los artefactos y cacharros de azófar que en
la espetera cuelgan,[29] y los cántaros[30] y alcarrazas[31] obrados, por
la mano de curioso alcaller[32] en los alfares[33] vecinos, muestran,
bien ordenados, su vientre redondo, limpio y rezumante.[34] Todo   35
lo previene y a todo ocurre la diligente Melibea; en todo pone
sus dulces ojos verdes. De tarde en tarde, en el silencio de la casa,
se escucha el lánguido y melodioso son de un clavicordio:[35] es
Alisa que tañe.[36] Otras veces, por los viales[37] de la huerta, se ve
escabullirse[38] calladamente la figura alta y esbelta de una moza: 40
es Alisa que pasea entre los árboles.
    La huerta es amena y frondosa.[39] Crecen las adelfas[40] a par de
los jazmineros;[41] al pie de los cipreses inmutables ponen los ro-
sales la ofrenda fugaz —como la vida— de sus rosas amarillas,
blancas y bermejas. Tres colores llenan los ojos en el jardín: el   45

---

18. *walnut*
19. **patas... talladas**   *carved feet and trim*
20. **fiadores... hierro**   *forged iron supports*
21. **juego... nácar**   *beautiful chess set with figures of ivory, mother-of-pearl*
22. *quicksilver*
23. **figuras... tabla**   *aquiline figures, on a gold background, of a painting*
24. *softly*
25. **nítida... oliente**   *clean and sweet-smelling*
26. *quinces*
27. *pantry*
28. **hace... talaveranas**   *causes the row of big-bellied Talavera pottery to shine*
29. **son espejos... cuelgan**   *thick containers and pots of brass which hang on the kitchen rack shine like mirrors*
30. *jugs*
31. *unglazed jars*
32. *potter*
33. *pottery sheds*
34. *oozing wet outside (so that evaporation will cool the water)*
35. *clavichord (ancestor of the piano)*
36. *is playing*
37. *lanes*
38. *slipping away*
39. **amena y frondosa**   *pleasant and luxuriant*
40. *oleanders*
41. *jasmine vines*

azul intenso del cielo, el blanco de las paredes encaladas[42] y el verde del boscaje.[43] En el silencio se oye —al igual de un diamante sobre un cristal— el chiar de las golondrinas,[44] que cruzan raudas[45] sobre el añil[46] del firmamento. De la taza de mármol de una fuente cae deshilachada,[47] en una franja,[48] el agua. En el aire se respira un penetrante aroma de jazmines, rosas y magnolias. «Ven por las paredes de mi huerto», le dijo dulcemente Melibea a Calisto hace diez y ocho años.

Calisto está en el solejar,[49] sentado junto a uno de los balcones. Tiene el codo puesto en el brazo del sillón, y la mejilla reclinada en la mano. Hay en su casa bellos cuadros; cuando siente apetencia[50] de música, su hija Alisa le regala con dulces melodías; si de poesía siente ganas, en su librería puede coger los más delicados poetas de España e Italia. Le adoran en la ciudad; le cuidan las manos solícitas de Melibea; ve continuada su estirpe,[51] si no en un varón, al menos, por ahora, en una linda moza, de viva inteligencia y bondadoso corazón. Y, sin embargo, Calisto se halla absorto, con la cabeza reclinada en la mano. Juan Ruiz, el arcipreste de Hita,[52] ha escrito en su libro:

> ...et creí la fablilla
> Que dis: Por lo pasado no estés mano en mejilla.[53]

No tiene Calisto nada que sentir del pasado; pasado y presente están para él al mismo rasero de bienandanza.[54] Nada puede conturbarle ni entristecerle. Y, sin embargo, Calisto, puesta en la mano la mejilla, mira pasar a lo lejos, sobre el cielo azul, las nubes.

Las nubes nos dan una sensación de inestabilidad y de eternidad. Las nubes son —como el mar— siempre varias y siempre las mismas. Sentimos, mirándolas, cómo nuestro ser y todas las cosas corren hacia la nada, en tanto que ellas —tan fugitivas— permanecen eternas. A estas nubes que ahora miramos, las miraron hace

---

42. *whitewashed*
43. *grove*
44. **chiar... golondrinas** *chirping of the swallows*
45. *swift(ly)*
46. *indigo blue*
47. *in fine droplets*
48. *fringe, thin sheet*
49. *sun room, solarium*

50. *desire, hunger*
51. *lineage*
52. **Juan Ruiz** véase pp. 33–38
53. **et... mejilla** *and I believed the saying that goes "Don't try to bring back the past with your hand on your cheek"*
54. **al mismo... bienandanza** *on the same standard of happiness*

doscientos, quinientos, mil, tres mil años, otros hombres con las
mismas pasiones y las mismas ansias que nosotros. Cuando queremos tener aprisionado el tiempo —en un momento de ventura—
vemos que han pasado ya semanas, meses, años. Las nubes, sin
embargo, que son siempre distintas, en todo momento, todos los   80
días, van caminando por el cielo. Hay nubes redondas, henchi-
das[55] de un blanco brillante, que destacan en las mañanas de
primavera sobre los cielos traslúcidos. Las hay como cendales
tenues,[56] que se perfilan en un fondo lechoso.[57] Las hay grises
sobre una lejanía gris. Las hay de carmín y de oro en los ocasos[58]   85
inacabables, profundamente, melancólicos, de las llanuras. Las
hay como velloncitos[59] iguales e innumerables, que dejan ver
por entre algún claro un pedazo de cielo azul. Unas marchan
lentas, pausadas; otras pasan rápidamente. Algunas, de color de
ceniza, cuando cubren todo el firmamento, dejan caer sobre la   90
tierra una luz opaca, tamizada,[60] gris, que presta su encanto a los
paisajes otoñales.

   Siglos después de este día en que Calisto está con la mano en
la mejilla, un gran poeta —Campoamor[61]— habrá de dedicar a
las nubes un canto en uno de sus poemas titulado *Colón*. Las nubes   95
—dice el poeta— nos ofrecen el espectáculo de la vida. La existencia, ¿qué es sino un juego de nubes? Diríase que las nubes son
«ideas que el viento ha condensado»; ellas se nos representan
como un «traslado del insondable porvenir.»[62] «Vivir —escribe
el poeta— es *ver pasar.*» Sí; vivir es ver pasar: ver pasar, allá en   100
lo alto, las nubes. Mejor diríamos: vivir es ver volver. Es ver volver todo en un retorno perdurable,[63] eterno; ver volver todo
—angustias, alegrías, esperanzas— como esas nubes que son siempre distintas y siempre las mismas, como esas nubes fugaces e
inmutables.[64]   105

---

55. *filled*
56. **cendales tenues**   *delicate silk gauze*
57. **se perfilan... lechoso**   *are silhouetted against a milky background*
58. *sunsets*
59. *little fleeces*
60. *sifted*
61. **Ramón de Campoamor** (1807–

1901) poeta español muy popular en su
época
62. **traslado... porvenir**   *transcrib-
ing of the unfathomable future*
63. *everlasting*
64. **fugaces e inmutables**   *fleeting
and changeless*

Las nubes son la imagen del Tiempo. ¿Habrá sensación más trágica que aquella de quien sienta el Tiempo, la de quien vea ya en el presente el pasado y en el pasado lo porvenir?[65]

En el jardín, lleno de silencio, se escucha el chiar de las rápidas golondrinas. El agua de la fuente cae deshilachada por el tazón[66] de mármol. Al pie de los cipreses se abren las rosas fugaces, blancas, amarillas, bermejas. Un denso aroma de jazmines y magnolias embalsama el aire. Sobre las paredes de nítida cal[67] resalta el verde de la fronda; por encima del verde y del blanco, se extiende el añil de cielo. Alisa se halla en el jardín, sentada, con un libro en la mano. Sus menudos pies asoman por debajo de la falda de fino contray;[68] están calzados con chapines de terciopelo negro,[69] adornados con rapacejos y clavetes de bruñida plata.[70] Los ojos de Alisa son verdes, como los de su madre; el rostro, más bien alargado que redondo. ¿Quién podría contar la nitidez y sedosidad[71] de sus manos? Pues de la dulzura de su habla, ¿cuántos loores[72] no podríamos decir?

En el jardín todo es silencio y paz. En lo alto de la solana, recostado sobre la barandilla, Calisto contempla extático a su hija. De pronto, un halcón aparece revolando rápida y violentamente por entre los árboles. Tras él, persiguiéndole, todo agitado y descompuesto,[73] surge un mancebo.[74] Al llegar frente a Alisa, se detiene absorto, sonríe y comienza a hablarla.[75]

Calisto lo ve desde el carasol[76] y adivina sus palabras. Unas nubes redondas, blancas, pasan lentamente, sobre el cielo azul, en la lejanía.

---

65. **la de... porvenir**   *that of one who already sees the past in the present and the future in the past*

66. *basin*

67. *gleaming whitewash*

68. *fine Flanders cloth*

69. **chapines... negro**   *black velvet shoes*

70. **rapacejos... plata**   *borders and studs of burnished silver*

71. **nitidez y sedosidad**   *whiteness and silkiness*

72. *praises*

73. *upset*

74. *young man*

75. En *La Celestina* fue persiguiendo un halcón, como, precisamente, Calisto tuvo la oportunidad de conocer a Melibea.

76. *sun gallery*

Preguntas

1. ¿En qué obra de la literatura española han aparecido Calisto y Melibea antes?
2. ¿Cómo se enamoró Calisto de Melibea?
3. ¿Cuántos años hace que están casados Calisto y Melibea?
4. ¿Dónde viven Calisto y Melibea?
5. ¿Cómo se llama su hija y de dónde viene su nombre?
6. ¿Quién fue Velázquez?
7. ¿Cómo es la casa donde viven?
8. ¿Qué se refleja en el ancho espejo?
9. ¿Qué hace Melibea en la casa?
10. ¿Cómo es la cocina?
11. ¿De qué color son los ojos de Melibea?
12. ¿Qué hace Alisa para divertirse?
13. ¿Cómo es la huerta?
14. Nombre Vd. algunas flores que hay en la huerta.
15. ¿Qué colores llenan los ojos en el jardín?
16. ¿Qué se oye en el silencio?
17. ¿Dónde está Calisto y qué hace?
18. Según el autor, ¿qué sensación nos dan las nubes?
19. Según el poeta Campoamor, ¿qué nos ofrecen las nubes?
20. ¿Qué hace Alisa en el jardín?
21. ¿Cómo está vestida Alisa?
22. ¿De qué color son sus ojos?
23. ¿Cómo son las manos de Alisa?
24. ¿Qué aparece de pronto en el jardín?
25. ¿Qué escena ve Calisto desde el carasol?

Temas

1. Las ideas que tiene Azorín sobre el tiempo.
2. El uso que hace Azorín de los colores.
3. Una comparación del fin de los amores de Calisto y Melibea en *La Celestina* y en *Las nubes*.
4. ¿Cree Vd. que «vivir es ver volver»? ¿Por qué?
5. Los pensamientos que tiene Vd. al contemplar las nubes.

José Ortega y Gasset (1883–1955)

El novelista Pío Baroja quien tuvo varias polémicas con Ortega —y con varios más— dijo alguna vez que admiraba a su amigo menor como «la única posibilidad de filosofía que tenemos en España». Ortega, quien hizo sus primeras letras con los jesuítas, obtuvo su doctorado en la Universidad de Madrid en 1904, viajando después a Alemania donde estudió en Berlin, Leipzig y Marburg. Su influencia más notable la recibió del neo-kantiano Hermann Cohen. Desde 1910 hasta 1936 Ortega fue profesor de metafísica en la Universidad de Madrid. Viajó constantemente y dio conferencias en España, otros paises de Europa y las Américas, extendiendo considerablemente su influencia en todas partes gracias a la calidad altamente estimulante de su pensamiento.

Nadie podría presentar la esencia de la filosofía de Ortega en pocas líneas, pero uno de sus pensamientos fundamentales es «Yo soy yo y mi circunstancia». El ser humano consiste, por consiguiente, en el «yo», afectado por todo lo material e ideológico que le rodea. En verdad Ortega no creó un sistema como el de Platón o Aristóteles, pero su método de aproximación a la actividad humana, vital y artística, inspiró nuevas actitudes tanto en España como en el extranjero. Parece que su influencia sobre la juventud eventualmente reemplazó la de Unamuno, cuyo pensamiento chispeante, carecía de la sistematización del de Ortega. Ambos pensadores tenían un embrión de existencialismo.

Ortega fundó en 1923 la *Revista de Occidente*, muy importante e influyente entonces como hoy. En el exterior su obra más conocida es probablemente la *Rebelión de las*

José Ortega y Gasset

masas (1930). Algunas de las ideas en este libro habían aparecido antes en *España invertebrada* (1921) de la cual hemos
tomado la selección siguiente. El libro creó una gran con-
troversia.

En este ensayo se puede observar el estilo sugestivo del
gran filósofo, característico de toda su obra.

De ESPAÑA INVERTEBRADA

Tal vez no haya cosa que califique más certeramente[1] a un pueblo y a cada época de su historia como el estado de las relaciones entre la masa y la minoría directora.[2] La acción pública —política, intelectual o educativa— es, según su nombre indica, de tal carácter, que el individuo por sí solo, cualquiera que sea el grado de su genialidad, no puede ejercerla eficazmente. La influencia pública o, si se prefiere llamarla así, la influencia social, emana de energías muy diferentes de las que actúan en la influencia privada que cada persona puede ejercer sobre la vecina. Un hombre no es nunca socialmente eficaz por sus cualidades individuales, sino por la energía social que la masa ha depositado en él. Sus talentos personales fueron sólo el motivo, ocasión o pretexto para que se condensase en él ese dinamismo social.

Así, un político irradiará tanto de influjo público cuanto sea el entusiasmo y confianza que su partido haya concentrado en él. Un escritor logrará saturar la conciencia colectiva en la medida que el público sienta hacia él devoción. En cambio sería falso decir que un individuo influye en la proporción de su talento o de su laboriosidad. La razón es clara: cuanto más hondo,[3] sabio y agudo sea un escritor, mayor distancia habrá entre sus ideas y las del vulgo[4] y más difícil su asimilación por el público. Sólo cuando el lector vulgar[5] tiene fe en el escritor y le reconoce una gran superioridad sobre sí mismo, pondrá el esfuerzo necesario para elevarse a su comprensión. En un país donde la masa es incapaz de humildad, entusiasmo y adoración a lo superior, se dan todas las probabilidades para que los únicos escritores influyentes sean los más vulgares; es decir, los más fácilmente asimilables; es decir, los más rematadamente[6] imbéciles.

---

1. *accurately*
2. *ruling*
3. **cuanto más hondo**   *the deeper*
4. *common people*
5. *ordinary*
6. *absolutely, hopelessly*

Lo propio[7] acontece con el público. Si la masa no abre, «ex
abundantia cordis»,[8] por fervorosa impulsión, un largo margen   30
de fe entusiasta a un hombre público, antes bien, creyéndose tan
lista como él, pone en crisis[9] cada uno de sus actos y gestos;
cuanto más fino sea el político, más irremediables serán las malas
inteligencias,[10] menos sólida su postura,[11] más escaso estará de
verdadera representación colectiva. ¿Y cómo podrá vencer al ene-   35
migo un político que se ve obligado cada día a conquistar humil-
demente su propio partido?

Venimos, pues, a la conclusión de que los «hombres» cuya ausencia deplora el susodicho[12] tópico son propiamente creación
efusiva de las masas entusiastas y, en el mejor sentido del vo-   40
cablo,[13] mitos colectivos.

En las horas de historia ascendente, de apasionada instauración[14] nacional, las masas se sienten masas, colectividad anónima
que, amando su propia unidad, la simboliza y concreta en ciertas
personas elegidas, sobre las cuales decanta[15] el tesoro de su en- 45
tusiasmo vital. Entonces se dice que «hay hombres». En las horas
decadentes, cuando una nación se desmorona,[16] víctima del particularismo, las masas no quieren ser masas, cada miembro de ellas
se cree personalidad directora, y, revolviéndose contra todo el
que sobresale,[17] descarga sobre él su odio, su necedad[18] y su   50
envidia. Entonces, para justificar su inepcia[19] y acallar un íntimo
remordimiento,[20] la masa dice que no «hay hombres».

Es completamente erróneo suponer que el entusiasmo de la
masa depende del valor de los hombes directores. La verdad es
estrictamente lo contrario: el valor social de los hombres direc-   55
tores depende de la capacidad de entusiasmo que posea la masa.
En ciertas épocas parece congelarse[21] el alma popular; se vuelve
sórdida, envidiosa, petulante,[22] y se atrofia en ella el poder de
crear mitos sociales. En tiempo de Sócrates había hombres tan
fuertes como pudo ser Hércules; pero el alma de Grecia se había   60

---

7. **lo propio**   *the same thing*
8. **ex... cordis**   *out of the abundance
of the heart*
9. **pone en crisis**   *questions*
10. **malas inteligencias**   *misunder-
standings*
11. *position*
12. *above-mentioned*
13. *word*

14. *increase, restoration*
15. *distills*
16. *crumbles, declines*
17. *stands out*
18. *stupidity*
19. *ineptitude*
20. *remorse*
21. *freeze*
22. *conceited*

enfriado, e incapaz de segregar míticas fosforescencias, no acertaba ya a imaginar en torno al forzudo un radiante zodíaco de doce trabajos.[23]

Atiéndase[24] a la vida íntima de cualquier partido actual. En todos, incluso en los de derecha, presenciamos el lamentable espectáculo de que, en vez de seguir al jefe el partido, es la masa de éste quien gravita sobre su jefe. Existe en la muchedumbre un plebeyo resentimiento contra toda posible excelencia, y luego de[25] haber negado a los hombres mejores todo fervor y social consagración, se vuelve a ellos y les dice: «No hay hombres».

¡Curioso ejemplo de la sólita[26] incongruencia entre lo que la opinión publica dice y lo que más en lo hondo siente! Cuando oigáis decir: «Hoy no hay hombres», entended: «Hoy no hay masas».

IMPERIO DE LAS MASAS

Una nación es una masa humana organizada, estructurada por una minoría de individuos selectos. Cualquiera que sea nuestro credo político, nos es forzoso reconocer esta verdad, que se refiere a un estrato[27] de la realidad histórica mucho más profundo que aquél donde se agitan los problemas políticos. La forma jurídica que adopte una sociedad nacional podrá ser todo lo democrática y aun comunista que quepa[28] imaginar; no obstante, su constitución viva, transjurídica,[29] consistirá siempre en la acción dinámica de una minoría sobre una masa. Se trata de una ineludible[30] ley natural que representa en la biología de las sociedades un papel semejante al de la ley de las densidades en física. Cuando en un líquido se arrojan cuerpos sólidos de diferente densidad, acaban éstos siempre por quedar situados a la altura[31] que a su densidad corresponde. Del mismo modo, en toda agrupación humana se produce espontáneamente una articulación de sus miembros, según la diferente densidad vital que poseen. Esto se advierte ya en la forma más simple de sociedad, en la conversa-

23. **en torno... trabajos** *did not find easy to imagine around the strong man a radiant zodiac of twelve labors* Quiere decir el autor que los griegos, en los días de Sócrates, no se imaginaban fácilmente a Hércules con sus doce trabajos.
24. *consider*
25. *after*
26. *usual*
27. *stratum, layer*
28. *it is possible* (de **caber**)
29. *suprajuridical*
30. *inescapable*
31. *level*

ción. Cuando seis hombres se reúnen para conversar, la masa indiferenciada de interlocutores,[32] que al principio son,[33] queda, poco después, articulada en dos partes, una de las cuales dirige en la conversación a la otra, influye en ella, regala más que recibe. 95
Cuando esto no acontece, es que la parte inferior del grupo se resiste anómalamente[34] a ser dirigida, influida por la porción superior, y entonces la conversación se hace imposible. Así, cuando en una nación la masa se niega a ser masa —esto es, a seguir a la minoría directora—, la nación se deshace, la sociedad se desmembra, y sobreviene[35] el caos social, la invertebración histórica.[36] 100

Preguntas

1. ¿Qué califica más certeramente a un pueblo y a las épocas de su historia?
2. ¿Es eficaz socialmente un hombre por sus cualidades? ¿Por qué?
3. ¿Cuánto influjo público irradiará un político?
4. ¿Cuándo puede elevarse el lector vulgar a la comprensión de un escritor?
5. En algunos casos, ¿cuáles escritores son los más influyentes?
6. ¿Cuándo se sienten masas las gentes vulgares?
7. ¿Cuándo no quieren ser masas las gentes vulgares?
8. ¿Depende el entusiasmo de la masa del valor de los hombres directores? ¿Por qué?
9. ¿Había en los tiempos de Sócrates hombres tan fuertes como Hércules? ¿Podían imaginar los griegos de aquellos tiempos a tan forzudo hombre como Hércules?
10. ¿Qué existe en la muchedumbre?
11. ¿Qué es una nación? ¿Quién estructura una masa?
12. ¿En qué consistirá siempre la constitución viva de una sociedad nacional?
13. ¿Qué ocurre cuando se arrojan en un líquido cuerpos sólidos de diferente densidad?
14. ¿Qué se produce espontáneamente en toda agrupación humana?
15. ¿En qué se advierte esto?

32. **la masa... interlocutores** *the undifferentiated mass of speakers*
33. **que... son** *who are so at first*
34. *anomalously, abnormally*
35. *there follows*

36. historical invertebration es decir, carecer de una estructura, como el pescado deshuesado carece de una columna vertebral nacional

16. ¿Cuándo se hace imposible una conversación entre hombres?
17. ¿Cuándo se deshace una nación?
18. Según Ortega y Gasset, ¿qué debe hacer una masa si no quiere desmembrarse?
19. Según Ortega, ¿cuál es la función más importante de la minoría directora?

Temas

1. El influjo del individuo en la sociedad.
2. La posición de las masas en las sociedades ascendentes de la historia.
3. El valor social de los hombres directores en la mente de las masas.
4. La actitud de la masa hacia la verdadera excelencia.
5. La idea que Vd. tenga de la inferioridad del hombre-masa.

Federico García Lorca
(1898–1936)

El más popular de los poetas españoles del siglo XX nació
en una familia acomodada cerca de Granada, la ciudad donde
estudió y vivió en su juventud y donde fue brutalmente y
trágicamente asesinado por los simpatizantes del fascismo
en los primeros días de la Guerra Civil. Las dotes poéticas,
teatrales y musicales de García Lorca se manifestaron pronto
y se desarrollaron vigorosamente después de su ida a Madrid
y pronto traspasaron las fronteras nacionales. Ningún otro
poeta español había recibido desde el siglo XVII tanta estimación en el extranjero como García Lorca, ni ha sido tan
vastamente traducido. Quien le conoció, puede certificar su
extraordinaria personalidad y su genialidad.

García Lorca, como Lope, y Góngora en el siglo XVII, tiene
un atractivo que se manifiesta por igual en los cultos como
en los incultos. Sus admiradores le mencionarán juntamente
con Kafka, Rilke, T. S. Eliot, Claudel y otros, pero los menos
cultos, los campesinos a veces recitan sus poemas sin saber
de quién son, como si fuesen del folklore español. García
Lorca respondió a toda clase de inspiraciones: es típicamente
español, andaluz, pero a la vez conoce las corrientes poéticas
europeas, tanto las viejas como las nuevas. Ninguna com-
binación de influencias es suficiente para explicar su efecto
porque toda su obra está infundida del cálido color de su
genio personal. Se han escrito miles de palabras para intentar
la interpretación de sus símbolos. El lector hará su propio
esfuerzo para dar a la obra de García Lorca su propria inter-

Último retrato de Federico García Lorca, 1936

pretación y entonces podrá ver cómo el poeta puede encantar la imaginación de todas aquellos cuya sensibilidad esté abierta a la sugerencia poética.

Las obras más importantes de García Lorca son: poemas: *Libro de poemas* (1921); *Canciones* (1927); *Romancero gitano* (1928); *Llanto por Ignancio Sánchez Mejías* (1935); *Poeta en Nueva York* (1940); *obras dramáticas: Mariana Pineda* (1927); *La zapatera prodigiosa* (1930); *Bodas de sangre* (1933); *Yerma* (1934); *La Casa de Bernarda Alba* (1936).

CANCIÓN DE JINETE[1]

Córdoba.[2]
Lejana y sola.

Jaca[3] negra, luna grande,
y aceitunas en mi alforja.[4]
Aunque sepa los caminos   5
yo nunca llegaré a Córdoba.

Por el llano, por el viento,
jaca negra, luna roja.
La muerte me está mirando
desde las torres de Córdoba.   10

¡Ay qué camino tan largo!
¡Ay mi jaca valerosa!
¡Ay que la muerte me espera,
antes de llegar a Córdoba!

Córdoba.   15
Lejana y sola.

ES VERDAD

¡Ay qué trabajo me cuesta[1]
quererte como te quiero!
Por tu amor me duele el aire,
el corazón
y el sombrero.   5

¿Quién me compraría a mí
este cintillo[2] que tengo
y esta tristeza de hilo[3]
blanco, para hacer pañuelos?

¡Ay qué trabajo me cuesta   10
quererte como te quiero!

---

1. *rider*
2. García Lorca había dicho que **Córdoba** le parecía la ciudad más triste de España.
3. *pony*
4. *saddlebag*

1. **que... cuesta** *what trouble it gives me*
2. *hatband*
3. *thread*

ROMANCE SONÁMBULO[1]

Verde que te quiero verde.
Verde viento. Verdes ramas.
El barco sobre la mar
y el caballo en la montaña.
Con la sombra en la cintura[2]   5
ella sueña en su baranda,[3]
verde carne, pelo verde,
con ojos de fría plata.
Verde que te quiero verde.
Bajo la luna gitana,   10
las cosas la están mirando
y ella no puede mirarlas.

Verde que te quiero verde.
Grandes estrellas de escarcha[4]
vienen con el pez de sombra   15
que abre el camino del alba.
La higuera frota su viento
con la lija de sus ramas,[5]
y el monte, gato garduño,
eriza sus pitas agrias.[6]   20
Pero ¿quién vendrá? ¿Y por dónde...?
Ella sigue en su baranda,
verde carne, pelo verde,
soñando en la mar amarga.

—Compadre,[7] quiero cambiar   25
mi caballo por su casa,
mi montura[8] por su espejo,
mi cuchillo por su manta.[9]
Compadre, vengo sangrando,
desde los puertos de Cabra.[10]   30

1. **sonámbulo**   *sleepwalker*
2. *waist, girdle*
3. *railing*
4. *hoarfrost*
5. **higuera... ramas**   *the figtree rubs
its wind with the sandpaper of its
branches*
6. **y el monte... agrias**   *and the moun-*
*tain, like a big cat (lit., marten), bristles
up its bitter century plants*
7. *friend*
8. *trappings, saddle and bridle*
9. *blanket*
10. Los puertos de **Cabra** están a unas
treinta millas al sur de Córdoba.

—Si yo pudiera, mocito,[11]
este trato se cerraba.[12]
Pero yo ya no soy yo,
ni mi casa es ya mi casa.

—Compadre, quiero morir   35
decentemente en mi cama.
De acero, si puede ser,
con las sábanas de holanda.[13]
¿No ves la herida que tengo
desde el pecho a la garganta?   40
—Trescientas rosas morenas
lleva tu pechera[14] blanca.
Tu sangre rezuma y huele
alrededor de tu faja.[15]
Pero yo ya no soy yo,   45
ni mi casa es ya mi casa.
—Dejadme subir al menos
hasta las altas barandas;
¡dejadme subir!, dejadme,
hasta las verdes barandas.   50
Barandales[16] de la luna
por donde retumba[17] el agua.

    Ya suben los dos compadres
hacia las altas barandas.
Dejando un rastro[18] de sangre.   55
Dejando un rastro de lágrimas.
Temblaban en los tejados
farolillos de hojalata.[19]
Mil panderos de cristal
herían la madrugada.[20]   60

---

11. *lad*
12. **este... cerraba**   *this deal would be closed*
13. **sábanas de holanda**   *fine holland sheets*
14. *shirt front*
15. **Tu sangre... faja**   *Your blood oozes and smells around your sash.*

16. *balustrades*
17. *rumbles, resounds*
18. *trail*
19. **Temblaban... hojalata**   *Little tin lanterns flickered on the roofs*
20. **Mil... madrugada**   *A thousand crystal tambourines wounded the dawn*

Verde que te quiero verde,
verde viento, verdes ramas.
Los dos compadres subieron.
El largo viento dejaba
en la boca un raro gusto   65
de hiel, de menta y de albahaca.[21]
—¡Compadre! ¿Dónde está, dime,
dónde está tu niña amarga?
—¡Cuántas veces te esperó!
¡Cuántas veces te esperara,   70
cara fresca, negro pelo,
en esta verde baranda!

Sobre el rostro del aljibe
se mecía la gitana.[22]
Verde carne, pelo verde,   75
con ojos de fría plata.
Un carámbano[23] de luna
la sostiene sobre el agua.
La noche se puso íntima
como una pequeña plaza.   80
Guardias civiles[24] borrachos
en la puerta golpeaban.
Verde que te quiero verde.
Verde viento. Verdes ramas.
El barco sobre la mar.   85
Y el caballo en la montaña.

RAFAEL ALBERTI (1902–   )

Entre los más fervientes admiradores de Federico García Lorca está Rafael Alberti, poeta un poco menor que aquél. Alberti es también el producto

21. **raro... albahaca** *strange taste of gall, mint, and sweet basil*
22. **Sobre... gitana** *The gypsy girl swayed over the face of the cistern*
23. *icicle*
24. La **Guardia Civil** *(National Police)* andan en parejas, armados y usan uniforme verde con sombrero de cuero negro de tres picos. Aparecen en los poemas de García Lorca como crueles y malvados, enemigos proverbiales de los gitanos.

de muchas inspiraciones, que incluyen influencias definidas, tanto populares como eruditas, de su nativa Andalucía. Su primera notable colección de poemas fue *Marinero en tierra* (1924). A este siguieron otros notables volúmenes tales como *Sobre los Angeles* (1928), que recibiera elogios de Juan Ramón Jiménez. Como muchos de los otros notables poetas de la España liberal, Alberti vivió exilado de la España franquista. Sus poemas posteriores revelan una mayor espiritualidad y una gran nostalgia por su patria. En su libro *Poesía* (1943) el poeta ha hecho una excelente selección de sus obras anteriores. El poema que sigue muestra tanto el talento de Alberti como su veneración por García Lorca.

A FEDERICO GARCÍA LORCA[1]

Sal tú, bebiendo campos y ciudades,
en largo ciervo de agua convertido,
hacia el mar de las albas claridades,
del martín-pescador mecido nido;[2]
que yo saldré a esperarte, amortecido,[3]   5
hecho junco,[4] a las altas soledades,
herido por el aire y requerido[5]
por tu voz, sola entre las tempestades.

Deja que escriba, débil junco frío,
mi nombre en esas aguas corredoras,   10
que el viento llama, solitario, río.

Disuelto ya en tu nieve el nombre mío,
vuélvete a tus montañas trepadoras,[6]
ciervo de espuma, rey del monterío.[7]

*   *   *

Pirata de mar y cielo,   15
si no fui ya, lo seré.

1. En este soneto, escrito por Alberti como tributo a su admirado amigo García Lorca, las metáforas se pueden interpretar en cualquier forma que se desee; lo mismo en el poema surrealista que sigue.
2. El orden en prosa del primer cuarteto puede ser: Sal tú, convertido en largo ciervo de agua (*turned into a long, watery stag*), bebiendo campos y ciudades, hacia el mar de las albas claridades (*the sea of pure white beams of light*), mecido nido del martín-pescador (*well-rocked nest of the kingfisher*).
3. *muffled, dulled*
4. **hecho junco** *turned into a reed*
5. *summoned*
6. *soaring*
7. *mountain*

Si no robé la aurora de los mares,
si no la robé,
ya la robaré.

Pirata de cielo y mar,   20
sobre un cazatorpederos,[8]
con seis fuertes marineros,
alternos, de tres en tres.

Si no robé la aurora de los cielos,
si no la robé,   25
ya la robaré.

Preguntas

1. ¿Cuándo nació el poeta Lorca? ¿Dónde?
2. ¿Cuándo y dónde murió?
3. ¿Murió en su cama, o cómo?
4. ¿Dónde ha gozado Lorca de gran popularidad?
5. ¿Qué autores del siglo XVII se pueden comparar con Lorca?

CANCIÓN DE JINETE

6. ¿En qué parte de España está Córdoba?
7. ¿Cómo es la jaca del jinete?
8. ¿Cuándo llegará a Córdoba?
9. ¿Qué le espera antes de llegar?

ES VERDAD

10. ¿Qué le duele al amante?
11. ¿Es alegre o penoso su amor?

ROMANCE SONÁMBULO

12. ¿Qué color predomina en el poema?
13. ¿Qué efecto le produce a usted el poema?

A FEDERICO GARCÍA LORCA

14. ¿En qué parte de España nació Alberti? ¿Cuándo?

Temas

En vez de una serie de temas, conteste Vd. la pregunta ¿Qué le gusta
más a Vd. en estas poesías?

8. *torpedo-boat chaser*

LA NOVELA DESDE LOS AÑOS 40 HASTA NUESTROS DÍAS

Desde los años 40 hasta 1990 se van presentando en la novela española distintas tendencias que corresponden casi siempre, con los decenios[1] del siglo.

La guerra civil, que había comenzado en 1936, termina en 1939 con el triunfo de las fuerzas nacionalistas, pero el precio que España ha pagado es inmenso, un millón de muertos y el país en ruinas. El general Francisco Franco, jefe de los nacionalistas, ocupa el poder, y establece una dictadura[2] que durará hasta su muerte en 1975.

LA DÉCADA DE LOS CUARENTA

Durante los primeros años después de la guerra civil, la persecución contra los llamados «enemigos del Estado» es implacable y el pueblo de España vive en constante terror. Muchos escritores han abandonado el país y otros han sido encarcelados o ejecutados.[3] Se establece una rígida censura que hace imposible cualquier tipo de literatura que no esté de acuerdo con la política y el pensamiento de Franco.

Imposibilitados[4] de escribir libremente, muchos de los escritores que han quedado en España se refugian en un tipo de novela de un realismo apolítico.[5] Pero los horrores de

---

1. **decenio** *decade*
2. **dictadura** *dictatorship*
3. **encarcelados o ejecutados** *imprisoned or executed*
4. **Imposibilitados** *denied the possibility*
5. **apolítico** *nonpartisan*

la guerra han dejado una huella muy profunda en quienes la han vivido, y en 1942 se publica *La familia de Pascual Duarte*, la primera novela del escritor gallego Camilo José Cela. Careciendo de toda implicación política, hay en la obra del joven Cela tanta violencia y descripciones tan fuertes, que dará comienzo a la tendencia que será conocida como «tremendismo» o «realismo tremendista», aunque posteriormente el propio Cela rechazará ese término.

El ambiente brutal y despiadado[6] en que se mueven los personajes de las obras «tremendistas» refleja el ambiente que existía en la España de esos años.[7]

Dentro del tremendismo se consideran también, *Nada* (1944) de Carmen Laforet, *La sombra del ciprés es alargada* (1948) de Miguel Delibes y *Los Abel* (1948) de Ana María Matute.

En 1944 Camilo José Cela publicará *Pabellón de reposo*, obra ya bastante apartada de la violencia de *La familia de Pascual Duarte*, y en 1946 presenta a la censura *La colmena* que será rechazada y no se publicará hasta 1954 en la Argentina.

Como indicamos anteriormente, al mismo tiempo que se va desarrollando la tendencia «tremendista», hay autores que siguen publicando, dentro de España y en el exilio, otro tipo de novela más convencional.

Entre esos autores que publican en España durante estos años podemos citar a Juan Antonio Zunzunegui con *El Chiplichandle*[8] (1940) y *¡Ay... estos hijos!* (1943), a Ignacio Agusti con *Mariana Rebull* (1944) y *El viudo Rius* (1946), y a Miguel Delibes con *Aún es de día* (1949).

Entre los exiliados se destacan Ramón J. Sender *Epitalamio del prieto Trinidad* (1942) y *El rey y la reina* (1947), Max Aub *Campo cerrado* (1939–1943) y Francisco Ayala *Los usurpadores*.

---

6. **despiadado** *merciless*
7. Para una explicación más extensa del tremendismo, ver la reseña biográfica de

Camilo José Cela.
8. **chiplichandle** *shipchandler, dealer who supplies ships with stores*

LOS AÑOS CINCUENTA

La situación política española no cambia mucho durante esta década, pero la situación económica ha mejorado. A pesar de la ayuda que recibió de Alemania y de Italia durante la guerra civil, Franco logró mantener a España fuera de la Segunda Guerra Mundial. Y así se han abierto nuevos mercados a los productos de primera necesidad que España va produciendo y vendiendo a los países envueltos en la guerra.

Como la censura no permitía ninguna crítica al gobierno, durante esta década surgirá una nueva tendencia en la novela española. Los escritores que pertenecen a esta tendencia, describen, con un realismo «fotográfico», los acontecimientos que ocurren en la vida diaria española, especialmente los que afectan a las clases obrera y pobre. Y al hacerlo, están pintando un cuadro preciso del ambiente de opresión y de temor en que se vivía en esos años en la España de Franco. El autor es un testigo que simplemente dice lo que ve, sin interpreta ni dar opinión. El lector tendrá que interpretar los hechos, y las conductas y conversaciones de los personajes. Novela de protesta, de tendencia marxista por influencia de las obras del filósofo y escritor existencialista francés Jean Paul Sartre (1905–1980), trata de eliminar «la literatura misma», por considerarla contraria a la realidad.

En 1955 Rafael Sánchez Ferlosio se convierte en uno de los líderes de la tendencia con su novela *El Jarama*; y en 1961, Juan García Hortelano pasará también a primer plano con *Tormenta de verano*. Además de ellos, se destacan dentro del realismo objetivo, Ana María Matute, que anticipa la tendencia en *Los Abel* (1948), Jesús Pacheco *Central eléctrica* (1957), y Luis Goytisolo *Las afueras* (1958).

También durante los años cincuenta, simultáneamente con el realismo objetivo, otros autores, que no pertenecen a esa tendencia, continúan escribiendo en y fuera de España. En España Miguel Delibes publica *El camino* (1950), *Mi idolatrado hijo Sisí* (1953) y *La hoja roja* (1955); Camilo José Cela *La colmena* (1951); Ana María Matute *Fiesta al noroeste*

(1953); Ignacio Aldecoa *El fulgor y la sangre* (1954); Juan Goytisolo *Juegos de manos* (1954), *El circo* (1957), *Fiestas* (1958) y *La resaca* (1958); Gonzalo Torrente Ballester *El señor llega*; y Juan García Hortelano *Nuevas amistades* (1959). Y en el exilio, Ramón J. Sender publica *Requiem por un campesino español* (1953), obra llena de un realismo «espontáneo alejado de toda sofisticación estilística o estructural». Manuel Andújar publica *El destino de Lázaro* (1959) y Francisco Ayala *Nuevas amistades* (1959).

LOS AÑOS SESENTA

La situación internacional van cambiando. Los países occidentales entran en una guerra fría con un enemigo que antes fue aliado, el bloque[9] comunista. España, tradicionalmente anticomunista, autoriza el establecimiento de bases militares norteamericanas en suelo español. El gobierno norteamericano incluye a España en el plan de ayuda a los países del mundo libre. Apoyada por los Estados Unidos, España ingresa[10] en 1955 como miembro en las Organización de las Naciones Unidas (ONU).

Los obligaciones que representan los nuevos tratados con los países libres, el ingreso[11] en organismos internacionales, la presencia en el país de nuevas industrias y negocios multinacionales, y el considerable aumento[12] del turismo, —en muy poco tiempo la industria turística se convierte en una de las más importantes fuentes de riqueza de España—, hacen que la censura y la represión del gobierno tengan que moderarse. Ahora los escritores tienen la oportunidad de expresar sus ideas con mucha más libertad que en los años anteriores.

La novela de Martín Santos *Tiempo de silencio* (1962), señala el cambio de la novela «realista–objetiva». Ya no es suficiente que el autor describa objetivamente la realidad

---

9. **bloque** *block*
10. **ingresar** *to enter, join; to become a member of*
11. **ingreso** *entry*
12. **aumento** *increase*

social que le rodea, ahora es necesario que la interprete y juzgue. El tema de esta nueva novela de protesta seguirá siendo la injusticia social, y estando fuertemente influida por los autores del «boom» de la novela hispanoamericana de esos años, no solo su ideología será de fuerte orientación marxista, sino que usará las nuevas técnicas literarias que llegan de América: el fluir de la conciencia,[13] la multiplicidad de planos en conflicto, la incorporación de sueños, digresiones, elementos simbólicos, claves,[14] etc. Por tener como finalidad el demostrar la falsedad de la justicia social en la España de su tiempo. Martín Santos bautiza esta tendencia con el nombre de «realismo–social–dialéctico».

Además de *Tiempo de silencio,* se consideran dentro de esta tendencia, *Dos días de septiembre* (1962) de J. M. Caballero Bonald, *Últimas tardes con Teresa* (1965) de Juan Marsé y *Tiempo de destrucción*, obra póstuma de Martín Santos, de un original incompleto que organizó y editó J. C. Mainer en 1975.

Junto a quienes cultivan este tipo de realismo, estarán vigentes durante esa década otros escritores. En España Gonzalo Torrente Ballester *Donde da vuelta el aire* (1960) y *La pascua triste* (1962); Juan Goytisolo *Señas de identidad* (1966), que iniciará el ciclo de la novela «experimental», de la que trataremos a continuación; Ignacio Aldecoa *Parte de una historia* (1967); Juan Benet *Volverás a Región* (1968), novela experimental, y Daniel Sueiro *Corte de corteza* (1968), novela también de carácter experimental. Y en el exilio estarán Ramón Sender *Crónica del alba* (1966) y *La vida de Morell* (1969); y Max Aub *Juego de cartas* (1964).

LOS AÑOS SETENTA Y OCHENTA

Franco muere en 1975 e inmediatamente toma el poder el rey Juan Carlos. Desde el primer momento el nuevo rey

---

13. **fluir de la conciencia** *stream of consciousness*

14. **clave** *clue, key (as an aid to interpretation or identification)*

hace claras sus intenciones de gobernar democráticamente. Se celebran elecciones generales y poco después es aprobada una constitución que establece una monarquía constitucional parlamentaria, semejante a la inglesa. Actualmente España tiene un gobierno socialista, es miembro de la ONU, de la UNESCO,[15] del Mercado Común Europeo y de la Comunidad Económica Europea.

Sin razón de existir por la libertad y las garantías que hay en el país, la novela de protesta desaparece, al mismo tiempo que se va desarrollando la tendencia «experimentalista». Obra clave del experimentalismo es *Señas de identidad* de Juan Goytisolo. En esta novela, llena de innovaciones técnicas y lingüísticas, se presenta el profundo desgarramiento del protagonista–autor, al verse obligado a negar los vínculos que lo unen a su propia patria y a su historia.

Autores ya establecidos como Cela y Delibes y otros nuevos como Guelbenzu y Benet también responden a las nuevas condiciones en que se encuentra España, al *nouveau roman*[16] francés y al «boom» de la novela hispanoamericana, con diferentes experimentos literarios que por un tiempo los sitúan dentro del «experimentalismo», en el que todo cabe. Algunos como Gonzalo Torrente Ballester en *Fragmentos de Apocalípsis* (1977), Luis Goytisolo en *Los verdes de mayo hasta el mar* (1977), y Germán Sánchez Espeso en *Narciso* (1978), experimentan con la estructura de la obra, tomando como tema la creación y elaboración de la novela misma; otros como Miguel Delibes en *Parábola*[17] *del naufrago* (1969), Camilo José Cela en *Rol de cornudo*[18] (1977), y Juan Benet en *Saúl ante Samuel* (1980), experimentan con el lenguage, haciendo que el «yo», el «tú», y el «él» de la obra se refieran al mismo personaje; y hay quienes como Gonzalo Torrente Ballester en *La saga–fuga de J. B.* (1972) y *Cuadernos de un vate*[19] *vago* (1982), Luis Goytisolo en *Recuento*[20]

---

15. **UNESCO** *United Nations Economic, Scientific, and Cultural Organization*
16. **nouveau roman** *new novel*
17. **parábola** *parable*

18. **cornudo** *cuckold, husband of an unfaithful wife*
19. **vate** *poet, bard, seer*
20. **recuento** *recount*

(1973), Juan Goytisolo en *Makbara* (1980), y José María Guelbenzu en *El río de la luna* (1981), experimentan con los
procedimientos técnicos formales, jugando con el tiempo,
y el espacio, usando los sueños, el monólogo interior, el
correr de la conciencia, el espejo, etc.

A partir de fines de la década de los 70, el público se ha
cansado de un tipo de literatura que no entiende y que no
le dice nada y va buscando la verosimilitud[21] que le ofrecen
los autores que no son experimentalistas puros. Ante el éxito
de estos, muchos de los autores experimentalistas, se mueven
hacia una novela más tradicional, limitando bastante sus experimentos literarios. Es durante estos años que comienza
a publicar un grupo de jóvenes escritoras, que rápidamente,
por la calidad de sus obras, llegan a alcanzar un lugar destacadísimo[22] en la narrativa española contemporánea. Entre
ellas pueden ser citadas Lourdes Ortiz con *La luz de la
memoria* (1976), Esther Tusquets con la trilogía *El mismo
mar de todos los veranos* (1978), *El amor es un juego solitario* (1979) y *Varada tras el último naufragio*[23] (1980),
Carmen Riera con *Te deix, amor, la mar com a penyora*
(1975), *Jo pos per testimoni les gavines* (1977), *Una primavera per a Doménico Guarini* (1980), *Epitelis tendríssims*
(1981) y *Cuestión de amor propio* (1988), Rosa Montero con
Crónica del desamor (1979), *La función delta* (1981), *Te
trataré como a una reina* (1984), *Amado amo* (1987) y
Temblor (1990) —esta autora gana en 1978 el Premio Mundo
de entrevistas y en 1980 el Premio Nacional de Periodismo—
y Soledad Puértolas con *El bandido doblemente armado*
(1979), la colección de relatos *Una enfermedad moral* (1981),
Burdeos (1986), *Todos mienten* (1988); y *Queda la noche*
(1989), que ganó el Premio Planeta de 1989. También ha
escrito esta autora dos libros para niños, *La sombra de una
noche* y *El recorrido de los animales*.

---

21. **verosimilitud** *verisimilitude*   23. **Varada... naufragio** *Marooned*
22. **destacadísimo** *most outstanding*   *after the last shipwreck*

Ramón Sender (1902–1981)

Decir que alguien es aragonés es significar su convicción firme, su independencia y su conducta individualista. Nacido en el Alto Aragón, Ramón Sender se educó con tutores en su hogar, pasando después a hacer estudios secundarios en el Instituto de Zaragoza y en la Universidad de Madrid, donde recibió el grado de Licenciado en 1922. Su distinguida carrera de periodista y de excelente y prolífero autor, comienza con su regreso a Madrid en 1924. Narrador realista casi tradicional, pero humano y contradictorio muchas veces. Sender hace poco uso de innovaciones técnicas y sus obras, de fuerte compromiso social, se desenvuelven dentro de un marco histórico ambientador. Para muchos es el más valioso representante de la novelística social de la preguerra española. Su primera novela será *Imán* (1930) y luego seguirán *O. P.* (1931), *Siete domingos rojos* (1932), *Mr. Witt en el Cantón* (1931) y *Contraataque* (1937). Lucha en la Guerra Civil junto a las fuerzas del gobierno y al ser éstas derrotadas, marcha al exilio, donde publica *Epitalamio del prieto Trinidad* (1942), *El rey y la reina* (1947), *Requiem por un campesino español* (1953), *Los cinco libros de Ariadna* (1957), la trilogía titulada *Crónica del alba* (1942–1966), *La tesis de Nancy* (1962), *La aventura equinoccial de Lope de Aguirre* (1964), *La vida de Ignacio Morell* (1969), *El superviviente* y *La mirada inmóvil*, ambas de 1978.

Las novelas de Sender han sido traducidas a varios idiomas, siendo su obra aclamada en muchos países, habiendo ganado multitud de premios literarios. Revisando *Requiem por un campesino español*, el suplemento literario del *London*

Ramon Sender

Times calificó a Sender como el más importante novelista de lengua española de su tiempo.

Crónica del alba, la primera obra de la trilogía del mismo nombre, es un delicado recuerdo autobiográfico de las actividades y sentimientos de un chico de 10 años, narrados con una sensibilidad exquisita. Aunque se sitúa la obra en Aragón, sus implicaciones son universales. Con el generoso permiso de su autor, reproducimos un fragmento de dicha novela.

De CRÓNICA DEL ALBA

Mi padre no me encontró en mi cuarto. Me buscó en vano por toda la casa. Por fin me descubrieron en el tejado. «Para la astronomía es bueno poder consultar al cielo,» decía yo. «Pero ese texto no es obligatorio, según dice el profesor.» Yo no podía decirle que por eso mismo me interesaba tanto. Mi padre se marchó y le oí decir: 5

—Hay que tomar una determinación.

Al día siguiente supe bien mis lecciones. En vista de eso, el profesor me llevó al cuarto de al lado y me enseñó unos pedruscos con espinas de peces grabadas.[1] 10

—Éstos son fósiles —me dijo.

Aquello revelaba que la tarde anterior había hecho una excursión. Estuvo explicándome pero se dio cuenta de que eran para mí curiosidades prematuras y lo dejó, diciendo: «Tengo ganas de que estudiemos historia natural» Mosén Joaquín[2] era amigo mío 15 y me trataba de igual a igual. Cuando averigüé por indicios que ponía una especie de orgullo personal en el hecho de que yo obtuviera buenas calificaciones[3] me di cuenta de que él necesitaba de mí y tomé una actitud casi protectora. Ese fue el secreto de que desde entonces supiera más o menos mis lecciones y no 20 fuera a clase sin haberlas leído por lo menos.

Cuando las relaciones con mi padre mejoraban, toda la familia parecía sentir un gran alivio. Mi madre, mis hermanos, la tía Ignacia.[4] Mis hermanos charlaban por los codos[5] en la mesa y si me ponía a hablar yo, se callaban. La única que parecía terrible- 25 mente ofendida con mi nueva situación era Maruja,[6] que no podía tolerar que mi padre se dirigiera a mi sonriendo.

1. **pedruscos... grabadas** *stones with fish backbones etched on them*
2. **Mosén Joaquín**, un clérigo, fue el maestro de Pepe. Mosén es un título que se aplicaba antes a los nobles y ahora a los clérigos, en el antiguo reino de Aragón.
3. *grades, marks*
4. **La tía Ignacia** era algo así como una criada, casi como un miembro de la familia
5. **Mis... codos** *My brothers and sisters were talking a blue streak*
6. **Maruja** era la hermana del pequeño héroe

Valentina[7] venía a menudo. Yo no podía ir a su casa con la
misma frecuencia porque si su madre me quería su padre en cambio me tenía una gran antipatía. Sabía que yo había dicho algo   30
contra él en mi casa y que todos habían reído. Yo no podía perdo-
narle a Don Arturo que fuera el padre de Valentina. Lo zahería[8]
terriblemente. Había publicado un libro titulado: «El Amor, Ensayo para un análisis psicológico.» Era su tesis de doctorado y
había enviado a mi padre dos ejemplares,[9] uno dedicado: «A Don   35
José García este libro de rancias[10] ideas con un abrazo del Autor.».
Mi padre decía que era un libro muy bueno pero cuando mi madre
le preguntaba si lo había leído contestaba con vaguedades e insistía
en que el libro era muy bueno. Yo estaba un día en el segundo
corral donde la tía Ignacia se entretenía a veces con los conejos y   40
las cabras[11] (teníamos tres de raza murciana)[12] y trataba en vano
de penetrar algunos conceptos de Don Arturo abriendo las páginas
aquí y allá. En un descuido[13] las cabras lo despedazaron[14] y se
lo comieron. Afortunadamente no era el ejemplar dedicado. Días
después cuando mi padre dijo en la mesa que era un libro franca-   45
mente bueno yo lo afirmé también y mi madre me miró, extra-
ñada. Ya se alegraba Maruja del aire de reprimenda que iba tomando el asunto cuando yo dije muy serio: «Por lo menos para
las cabras.» Conté lo sucedido y mi padre dudaba entre la risa
y la indignación. Yo se lo dije a Valentina, ella se lo contó a su   50
madre y la noticia llegó a Don Arturo. Trataron de tomarlo a
broma, pero Don Arturo no me perdonaba.

Mis amores con Valentina seguían su curso. Yo le di uno por
uno los poemas que volví a copiar de Bécquer.[15] Ella no tenía
poetas amorosos en su casa, pero al sacar las hojas de los calen-   55
darios, a veces había detrás frases de hombres célebres. O peque-
ñitos poemas de autores conocidos o anónimos, a veces muy
eróticos:

7. **Valentina** fue el amor infantil de
Pepe, una chicuela que vivía en el mismo barrio.
8. *found fault with*
9. *copies*
10. *old-fashioned*
11. **conejos... cabras** *rabbits and
nanny goats*

12. *Murcian*   relativo a la provincia de
Murcia, en el sur de España
13. *moment of carelessness*
14. *tore it to pieces*
15. El poeta romántico **Bécquer**, cuyas
selecciones poéticas hemos incluído
atrás (véase pp. 243–247)

> Entre tus brazos, dulces cadenas,
> el amor canta su himno letal.[16]

60

Siempre que Valentina encontraba la palabra «amor» copiaba cuidadosamente el poema y lo metía en el bolsillo de su vestido para dármelo. Otro día era de un poeta[17] moderno que decía poco más o menos: «Cuando te conocí y te amé sentí una espina en el corazón. El dolor de esa espina no me dejaba vivir ni me acababa de matar.[18] Un día arranqué la espina. Pero ahora —¡ay!— ya no siento el corazón. Ojalá pudiera sentirlo otra vez aunque tuviera la espina clavada.»[19] Y como es natural me emocionaba mucho y volvía al libro de Bécquer. Así transcurrían las semanas.

65

Mi padre, que me había prohibido volver a salir al tejado, en vista de que no estudiaba si no era sentado contra la chimenea, decidió autorizarme o por lo menos hacerse el desentendido.[20] Y ahora salía con unos gemelos de campo[21] que saqué de la biblioteca y con los cuales alcanzaba los tejados de la casa de Valentina. Cuando se lo dije a ella, decidió salir al tejado también a la misma hora que yo. Desde entonces yo la veía desde mi atalaya[22] y pocos días después me dijo que había descubierto los gemelos de su padre y que con ellos me podía ver a mí. Entonces acordé hacer un código de señales para hablar con ella en los días en que por alguna razón no podíamos estar juntos. Dibujé yo en una cartulina[23] todas las figuras posibles con piernas y brazos hasta obtener el alfabeto. Además había algunas actitudes que querían decir frases enteras. Los dos brazos en alto con las manos abiertas agitando los dedos quería decir: «He soñado contigo.» Los brazos en cruz y las piernas abiertas era: «Pilar es imbécil.»[24] Yo sabía que esa actitud se iba a repetir mucho. Un brazo doblado[25] con la mano en la cintura y el otro levantado sobre la cabeza era: «Iré a tu casa.» Hice una copia exacta para mí y añadí una actitud que ella no usaría y que quería decir: «Rediós.»[26] Eso me parecía indispensable en mi papel viril.

70

75

80

85

90

---

16. *lethal*
17. Es el poema XI de las *Soledades* de Antonio Machado
18. **me... matar** *did not completely slay me*
19. *driven in again*
20. **hacerse el desentendido** *pretend to be unaware*
21. **gemelos de campo** *field glasses*
22. *watch tower*
23. **dibujé... cartulina** *I drew on light cardboard*
24. **Pilar** era la hermana de Valentina. A ninguno de los dos «novios» les gustaba Pilar.
25. *folded*
26. *damn!* más enfático que **por Dios**

Nuestro primer diálogo determinó que yo llegara a clase con
hora y media de retraso. El profesor me advirtió que aquello no
podía repetirse. Al salir el sol el día siguiente, Valentina y yo
estábamos sobre el tejado. Ella me dio una noticia sensacional.
Había llegado su primo. Yo contesté con el gesto de «rediós» y   95
me puse muy elocuente mientras los gatos aguzaban sus orejas
mirándome sin saber si debían huir y las palomas describían anchos círculos con el sol irisado[27] en sus alas. Yo tenía que ver
inmediatamente al primo de Valentina, saber cómo era y cuánto
tiempo iba a estar. Tenía los mismos años que yo y vivía en un   100
pueblo próximo.

Mis lecciones fueron una verdadera catástrofe y aunque menos
que el día anterior, también llegué tarde. El calendario avanzaba
y se aproximaba la primavera y con ella los exámenes. El profesor
se dio cuenta de que algo extraordinario me sucedía y me dijo   105
que no quería mentir ni tampoco perjudicarme. Se abstuvo de
anotar nada en el cuaderno. Yo lo dejé como siempre en la mesa
y mi padre se confunció creyendo que mis calificaciones eran las
que benévolamente me había puesto el día anterior. Agradecido
a Mosén Joaquín estudié un poco y corrí después a encontrar al   110
primo de Valentina. Con objeto de hacerle impresión guardé en
mi cinto uno de los pistoletes. Valentina me esperaba por los
alrededores de su casa y llamó a su primo. Era un muchacho con
pantalones de golf y un chaleco elástico.[28] Llevaba unas gafas[29]
muy gruesas y era un poco más alto que yo. Su piel blanca parecía   115
azul en la sombra. Finalmente estaba muy bien peinado. Nos quedamos los dos mirándonos a distancia sin decirnos nada. Valentina me decía señalándolo: «Éste es mi primo.» Seguimos mirándonos en silencio y el primo balbuceó[30] por fin, señalándome
con el mentón.[31]   120
—Éste quiere reñir.

Valentina le aseguró que no. El chico seguía mirándome esca-
mado.[32] Yo le pregunté cómo se llamaba.
—Julián Azcona.
—¿Pariente del diputado?   125

27. *iridescent*   30. *stammered*
28. **chaleco elástico** *knitted waist-*   31. *chin*
coat   32. *fearful*
29. *spectacles*

Valentina contestó por él diciendo que sí. Su padre era un diputado liberal de quien hablaba muy mal mi madre. Yo le dije con palabras oídas en mi casa:

—Eres el hijo de un político nefasto.[33]

Repitió retrocediendo: 130

—Éste quiere reñir.

—Reconoce[34] que eres el hijo de un político nefasto.

El chico dio otro paso atrás y afirmó.[35] No sabía en realidad qué quería decir «nefasto.» Valentina lo tranquilizaba:

—Venía para que jugáramos los tres.   135

Por uno de los costados de la casa alzaba una colina.[36] Antes de ir hacia allí el primo dijo que iba a buscar su escopeta y volvió con una de salón[37] que era el sueño dorado de mi infancia. Sin dejármela tocar me dijo:

—Ésta es de pólvora[38] y dispara verdaderas balas. Ya sé que   140
la tuya es de aire comprimido. Me lo ha dicho Valentina.

Yo le dije que no era mía sino de mis hermanos pequeños y con una indolencia muy natural saqué el pistolete de la cintura. El primo disimuló su sorpresa.

—Si yo cargo esto con pólvora mato a un caballo.   145

El primo consultaba a Valentina que afirmaba muy segura:

Y un elefante.

Yo con la mirada puesta en su escopeta, añadí:

—Y hago retroceder a un ejército. O por lo menos —concedí—
lo detengo hasta que lleguen refuerzos.   150

El primo movía la cabeza, chasqueando[39] la lengua:

—No, eso no lo creo.

—¿Qué no? Me pongo en un puente muy estrecho donde no pueden pasar más que de uno en uno. Y dime tú qué es lo que sucede.   155

El primo miraba a Valentina que afirmaba muy seria con la cabeza.

—Y el puente ¿dónde está? Porque no lo hay siempre, un puente.

33. *nefarious*
34. *admit*
35. *agreed*
36. *hill*

37. *fine gun*   uno de esos que a uno le gustaría tener para exhibir
38. *powder*
39. *clicking*

Íbamos andando pero nos detuvimos. Se adelantó el primo a 160
hablar:

—Ésta —dijo con cierta satisfacción señalando a Valentina—
es mi prima.

Pisando su última palabra[40] contesté:

—Y mi novia. Más es una novia que una prima. 165

El primo la miró una vez más y una vez más ella dijo que sí.
Entonces sonrió beatíficamente el primo y dijo:

—¡Qué tontería!

Valentina me cogió de la mano. Pero todavía el primo tenía
una cierta prestancia[41] con aquella escopeta. 170

—¿Qué carga lleva? —le pregunté.

Cartuchos.[42]

Yo solté a reír y añadí acercándome de tal modo a su cara que
mi respiración le empañó las gafas:

—¡Quiero decir, qué calibre! 175

El primo se puso colorado. «Ni siquiera sabe lo que es el calibre,»
le dije a Valentina. Seguíamos andando. El primo parecía tan confuso y tan incapaz de cualquier reacción como yo había creído.
Transcurrido un largo espacio volvió a hablar de su escopeta. Se
le veía agarrarse[43] a aquella arma como al último reducto[44] de 180
su dignidad.

—Aunque a ti no te guste, la verdad es que esta escopeta lleva
pólvora y bala y si se le tira a una persona le entra en la carne
y la mata.

Otra vez me reí y Valentina me secundó aunque se veía que 185
no comprendía la razón de mis risas.

—¿Está cargada? —le pregunté al primo.

—Sí.

—A ver la bala.

El primo sacó una del bolsillo y me la enseñó en la mano. 190

—Esto no es bala. Esto se llama balín.[45]

—Con esto mataron —argumentó el primo— a un perro que
tenía sarna.[46]

---

40. **pisando... palabras** *treading on*
his last words es decir, siguiendo de inmediato lo que se ha dicho antes
41. *prestige*
42. *cartridges*

43. *clutch, cling to*
44. *refuge*
45. *small shot*
46. *mange*

Eché mano a su escopeta, pero él la atenazó,[47] dispuesto a resistir furiosamente.   195
—No llores —le dije— que no te la voy a quitar. Sólo quiero que veas como me río de tu escopeta.
Con el pulgar de mi mano izquierda tapé el cañón.
—Anda, tira.
El primo, con los ojos redondos miraba a Valentina y a mí sin   200
comprender.
—No tiro, porque si tirara te volaría el dedo.[48]

Llevé tranquilamente mi mano derecha al disparador[49] y apreté el gatillo.[50] Sonó el disparo y yo sentí en la mano un fuerte empujón[51] hacia arriba y la mostré abierta al primo. No había el   205
menor signo de lesión. Valentina estaba con la mano cerrada en sus labios tratando de morderse el dedo índice. Mi amigo miraba mi mano sin comprender. Pero inesperadamente la piel del pulpejo del dedo pulgar[52] se abrió en una especie de estrella y comenzó a sangrar. Eran gruesas gotas que resbalaban[53] por un   210
costado y caían una tras otra, a tierra.
Yo frotaba[54] mi índice con el pulgar, sonriendo.
—¿Ves? Una picadura de mosquito. ¿Me ha volado la mano, Valentina?
El propietario de la escopeta estaba asustado y quería volver   215
a casa.
—Ya has visto tú que no he sido yo —dijo a Valentina.
El balín debió haberse alojado contra el hueso de la falange[55] porque no había orificio de salida. Comenzaba a sentir un dolor sordo, que no estaba localizado en la herida sino que abarcaba   220
toda la mano. Pero la carita morena de Valentina, indecisa entre la risa y el llanto, me hacía olvidarlo todo.
Pensaba andando en dirección a la casa: «Ahora, después de lo sucedido ya no me importaría que Valentina supiera lo de los azotes.»[56] Llevaba el dedo doblado hacia la palma de la mano y   225

47. *clutched it hard*
48. **te... dedo**   *it would blow off your finger*
49. *firing mechanism*
50. *trigger*
51. *push, thrust*
52. **pulpejo... pulgar**   *the soft flesh of*
my thumb
53. *flowed*
54. *rubbed*
55. *finger bone*
56. Pepe había sido azotado por su padre y estaba avergonzado.

ésta cerrada para protegerlo. Sentía a veces correr entre los dedos
la gota de sangre que al enfriarse[57] se hacía mas perceptible. El
primo no había vuelto a desplegar[58] los labios. Cuando llegamos
frente a la casa dijo que tenía que hacer algo y se marchó no sin
que yo le advirtiera antes que si decía lo que había sucedido le   230
acusaría a él de haberme herido con su escopeta y le encerrarían
en la cárcel. Juró guardar el secreto y después de aceptar otra vez
que era el hijo de un político nefasto, desapareció por la puerta
de cochera.

—¿A los primos se les besa? —pregunté yo.   235
—Sólo cuando vienen y cuando se marchan.

Me molestaba la idea de que aquel chico viviera dos días en
su casa. Valentina me preguntó:

—¿Te duele la mano?

Yo la mostré, ensangrentada desde la muñeca hasta la punta   240
de los dedos. Valentina se espantó pero viéndome sonreír a mí,
sonreía también.

Al llegar a mi casa fuimos al cuarto de baño. La tía Ignacia
vigilaba que no hubiera nunca juntos en el baño un niño y una
niña, pero esta vez no dijo nada. Valentina encontró algodón y   245
comenzó a lavarme la mano. Yo dije que había un frasco de agua
de colonia y que era mejor. Valentina no vaciló en aplicar un
algodón a la herida y yo sentí de pronto que aquello me abra-
saba.[59] Me mordía el labio pero mi frente se cubría de sudor y
la punta de mi dedo pulgar ardía como una antorcha. Valentina   250
acababa de lavarme la mano.

—¿Te duele mucho?

—Sí —dije apretando los dientes— pero no importa porque es
por ti.

Valentina no comprendía ni yo estaba seguro de comprender   255
mejor, pero ella no dudaba de que lo que yo decía fuera cierto.

—Ahora ya está.

Yo me levanté —me había sentado en el borde de la pila de
baño[60]— y advertí: «No lo digas a nadie.» Valentina comprendía
que los resultados de las travesuras,[61] aunque fueran sangrientos,   260
había que conservarlos en secreto para ahorrarse molestias. Ella

---

57. *upon clotting*
58. *opened*
59. *burned*

60. **borde... baño**   *edge of the bathtub*
61. *pranks*

no sabía qué hacer. Se ponía las manitas a la espalda, las cruzaba delante, se apoyaba en un pie y en otro sin dejar de mirarme a los ojos como si quisiera decir muchas cosas y no supiera por dónde comenzar.   265

—¿Sufres por mí? —dijo al fin.

Y recordando una expresión religiosa le dije que el sufrimiento nos hacía dignos de alcanzar la gloria y otras muchas cosas. Valentina la oía todo embelesada.[62] Ni ella ni yo hablamos ya del primo. El dolor de mi herida —el balín yo lo notaba contra el   270 hueso de mi falange a medida que se enfriaba— nos llevaba a otro plano. Yo saqué mi pañuelo de bolsillo, muy sucio y arrastrado.[63] Ella buscó el suyo que estaba más limpio. Y me lo puso arrollado al dedo. Yo mismo lo sostenía con la mano entreabierta. Ella me preguntaba si estaba mejor.   275

—Sí, mucho —dije yo gravemente y añadí— pero además me queda libre todavía la mano derecha que es la importante.

La mostraba en el aire, ilesa.[64] Tomaba con ella el pistolete y explicaba como si venía el enemigo por la derecha apuntaba así o de otra forma si llegaba por la izquierda de modo que la herida   280 de la otra mano no me invalidaba[65] en absoluto. Luego salimos.

Preguntas

1. ¿Por qué quería el héroe estudiar en el tejado?
2. ¿Por qué llevó el profesor al héroe a ver los pedruscos?
3. ¿Quién era Mosén Joaquín?
4. ¿Qué quiere decir «Mosén»?
5. ¿Por qué tomó Pepe una actitud casi protectora?
6. ¿Por qué desde entonces nunca fue el héroe a la clase sin leer sus lecciones?
7. ¿Qué dio un gran alivio a la familia?
8. ¿Quién es Valentina?
9. ¿Por qué no podía ir Pepe a la casa de ella con mucha frecuencia?
10. ¿Qué clase de libro había escrito el padre de Valentina?
11. ¿Había leído este libro el padre de Pepe?
12. ¿Qué hacía Pepe en el corral?

62. *fascinated*   64. *unharmed, intact*
63. *bedraggled*   65. *incapacitated*

13. ¿Qué hicieron las cabras durante un descuido?
14. ¿Quién contó lo del libro y lo de las cabras al padre de Valentina?
15. ¿Qué hizo Don Arturo?
16. ¿Qué poemas copiaba el héroe?
17. ¿Por qué decidió el padre autorizar a Pepe a que estudiase en el tejado?
18. ¿Con qué podía alcanzar Pepe los tejados de la casa de Valentina?
19. Cuando ella obtuvo gemelos también, ¿qué hicieron los dos niños?
20. ¿Qué noticia sensacional dio Valentina a Pepe?
21. ¿Cuántos años tenía el primo? ¿Cómo se llamaba?
22. ¿Por qué le dijo Pepe: «Tú eres hijo de un político nefasto»?
23. ¿Qué sintió Pepe cuando apretó el gatillo?
24. ¿Qué apareció entonces en su dedo pulgar?
25. ¿Qué hizo Valentina para curar el pulgar de Pepe?

Temas

1. La familia del Pepe.
2. La simpatía que existía entre él y Mosén Joaquín.
3. La amistad entre Pepe y Valentina.
4. El episodio de las cabras y la discusión que siguió.
5. El episodio de la escopeta del primo.
6. La ayuda que proporcionó Valentina a Pepe.
7. El carácter de Pepe.
8. Cuente algunas travesuras que Vd. ha hecho de niño.

Camilo José Cela (1916–   )

Nacido en Galicia, Camilo José Cela puede ser considerado, sin duda alguna, como uno de los mejores y más polifacéticos autores dentro de la narrativa española. Su primera novela *La familia de Pascual Duarte* (1942), es la autobiografía–defensa de un hombre que está esperando ser ejecutado por los horribles crimenes que ha cometido. En esta obra, Cela, usando nuevas formas de expresión que se apartan del realismo convencional, arribará a un realismo crudo, a veces brutal, que será bautizado con el nombre de «tremendismo.» A pesar de los muchos trabajos que pasó el joven autor para publicar su novela, una vez publicada, la misma obtuvo desde un principio un éxito unánime, tanto entre la crítica como entre los lectores.

En 1943 publica Cela *Pabellón de reposo* y en 1946 presenta a la censura *La colmena*, que es rechazada por la misma y no será publicada hasta 1951 en la Argentina, desde donde llegará clandestinamente a España. Aunque en esta obra el autor ofrece una visión verdaderamente deprimente de la vida en el Madrid de la posguerra, el tono será mas atenuado que en las anteriores, apareciendo sus numerosos personajes, agudamente dibujados, lo que hace que muchos críticos consideren *La colmena* como precedente de la novela de compromiso social, que con el nombre de realismo objetivo, identificará la década de los 50 de la novela española.

En 1955 publica *La catira*, obra ambientada en Venezuela, y en 1973 ve la luz *Oficio de tinieblas, 5* obra en la que Cela usa un lenguage hermético, cuidado, algunas veces poético, otras frío y exacto. En *Rol de cornudos* (1977) usará abundan-

Retrato reciente de Camilo José Cela,
recipiente del Premio Nobel (Madrid, 1989)
REUTERS/BETTMANN ARCHIVE

temente el fluir de la conciencia, lo que repetirá en *Mazurca para dos* (1983). En 1989 se le otorga a Cela el Premio Novel de Literatura.

Entre sus libros de viaje y narrativa corta pueden citarse *Nuevas andanzas y desventuras de Lazarillo de Tormes* (1944); *Esas nubes que pasan* (1945); *Viaje a la Alcarria* (1948); y *Apuntes carpetovetónicos*.

El siguiente cuento pertenece a la colección *Esas nubes que pasan*, que de acuerdo con el propio Cela, fue el tercer cuento que escribió. Es un ejemplo excelente de su humor sarcástico y estilo conversacional y en el aparecen muchas de las técnicas que identifican el «tremendismo.»

MARCELO BRITO

Durante muchos meses no se habló de otra cosa por el pueblo.
Marcelo Brito, el mulato portugués, cantor de fados y analfabeto,[1] sentimental y soplador de vidrio,[2] con su terno[3] color
café con leche, su sempiterna y amarga sonrisa y su mirar cansino
de bestia familiar y entrañable,[4] había salido de presidio. Tenía   5
por entonces alrededor de cuarenta años, y allá —como él decía—
se habían quedado sus diez anteriores, mustios, monótonos, re-
ducidos a una reproducción de la carabela *Santa María*,[5] metida
inverosímilmente dentro de una botella de vidrio verde, que había
regalado —sabrá Dios por qué—, con una dedicatoria cadenciosa[6]   10
que tardó once meses en copiar de la muestra[7] que le hiciera
vaya usted a saber qué ignorado calígrafo presidiario,[8] a Don
Alejandro, su abogado, el mismo que no consiguió convencer al
juez de su inocencia. Porque Marcelo Brito, para que usted lo sepa,
era inocente; no fue él quien le pegó con el hacha en mitad de   15
la cabeza a Marta, su mujer; no fue él, que fue la señora Justina,
su suegra, la madre de Marta; pero como parecía que había sido
él, y como —después de todo— al juez le era lo mismo que hubiera sido como que no, lo mandaron a presidio, y allá lo tuvieron
casi diez años, metiendo las largas pinzas[9] —con las jarcias y los   20
obenques, y los foques[10] de la *Santa María*— por el cuello de
la botella. Sobre el camastro[11] tenía una fotografía de Marta, su
difunta mujer, de traje negro y con un ramo de azahar[12] en la
mano, y según me contó José Martínez Cavet —su compañero

---

1. **cantor... analfabeto** *singer of sad songs and illiterate* **Fados** son los «blues» característicos de Portugal.
2. *glassblower*
3. *suit*
4. **su... entrañable** *his work-weary look, like that of an affectionate family animal*
5. La **Santa María** fue una de las tres carabelas de Colón.
6. *rhythmical*
7. *sample*
8. *prison penman*
9. *tweezers*
10. **jarcias... foques** *rigging, shrouds, and jibs*
11. *miserable bed*
12. *orange blossoms*

de celda, a quien hube de conocer andando el tiempo en Betanzos,   25
en la romería *Dos caneiros*[13]—, algunas veces su exaltación al
verla llegaba a tal extremo, que había que esconderle la botella,
con su carabelita dentro, porque no echase a perder toda su labor
estragando[14] lo que —cuando no le daba por pensar— era lo
único que le entretenía. Después volvía el retrato de su mujer de   30
cara a la pared, y así lo tenía tres o cuatro días, hasta que se le
pasaba el arrechucho[15] y lo volvía a poner del derecho. Cuando
esto hacía, la cubría materialmente de besos con tal frenesí que
acababa derrumbándose sobre el jergón,[16] boca abajo, postura en
la que quedaba a lo mejor hasta tres o cuatro horas seguidas,   35
llorando como un niño. Una vez fueron por la penitenciaría, en
viaje de estudios, unos abogadetes recién salidos de la Facultad,
sentenciosos y presumidillos[17] como seminaristas del último año
de la carrera, que hablaban enfáticamente de la *Patología Crimi-*
nal y que no encontraban una cosa a derechas; quiso la Divina   40
Providencia que fueran testigos de una de las crisis de Marcelo, y
como si se hubieran puesto de acuerdo, tuvieron a bien[18] opinar
—sin que nadie les preguntase nada— sobre lo que ellos llamaban
«caracteres específicos del criminal nato,» sentando como incontrastable la teoría de que esos arrebatos del mulato no eran sino   45
expresión del arrepentimiento que experimentaba por haber
segado en flor[19] —la frase es de uno de los letrados visitantes—
la vida de la mujer a quien en otro tiempo había amado. Los
abogadetes se marcharon con su sonrisa satisfecha y su aire triun-
fal, y yo muchas veces me he preguntado qué habrán dicho si   50
es que llegaron a enterarse de lo que más tarde hemos sabido
todos: que la pobre Marta se fue para el Purgatorio con la cabeza
atada con unos cordeles, puestos para enmendar lo que su marido
ni hizo ni probablemente se le ocurrió jamás hacer.
      La interpretación de los sentimientos es complicada porque no   55
queremos hacerla sencilla. Sin su complicación mucha gente a
quien saludamos con orgullo —y con un poco de envidia y otro

---

13. **romería... caneiros**   *religious ex-*
peditions of the Fish Canals   **Betanzos**
está en la nativa Galicia de Cela.
14. *spoiling*
15. *fit of anger*
16. **derrumbándose... jergón**   *throw-*
ing himself headlong on the straw bed

17. **abogadetes... presumidillos**   *half-*
baked little lawyer just out of school,
sententious and conceited
18. **tuvieron a bien**   *deemed it fitting*
19. **segado en flor**   *killed in the prime*
of life

poco de temor también— y a quien dejamos respetuosamente la
derecha cuando nos cruzamos con ella por la calle, no tendría
con qué comprar automóviles, ni radios, ni pendientes para sus   60
mujeres, y nosotros, los que somos sencillos y no tenemos automóvil, ni radio, ni pendientes que regalar, ni —en última instan-
cia— mujer a quien regalárselos, ¿para qué queremos complicar
las cosas si en cuanto dejan de ser sencillas ya no las entendemos?
Usted se preguntará por qué sonrío cuando digo esto. Usted se   65
pregunta eso porque no interpreta los sentimientos del prójimo
—los míos en este caso— con sencillez. Usted piensa que yo sonrío para hacerme enigmático, para llevar a su alma una sombra
de duda sobre mi sencillez; pero yo le podría jurar por lo que
quisiera que si sonrío no es más que porque me asusta el con-   70
vencerme de que no entiendo las cosas en cuanto han dado más
de dos vueltas por mi cabeza. Mi sonrisa no es ni más ni menos
de lo que creería un niño que me viese sonreír y entendiese lo
que digo; mi sonrisa no es sino el escudo de mi impotencia, de
esta impotencia que amo, por mía y por sencilla, y que me hace   75
llorar y rabiar sin avergonzarme de ello, aunque los abogados
crean que si lloro y rabio es porque he dejado de ser sencillo,
porque he matado —¿quién sabe si de un hachazo en la cabeza!—
mi sencillez y mi candor recobrados, ahora que ya soy viejo, como
un primer tesoro...   80

Lo que sí puedo asegurarles es que el llanto del desgraciado
portugués no estaba provocado por arrepentimiento de ninguna
clase, porque de ninguna clase podía ser un arrepentimiento producido por una cosa de la que uno no puede arrepentirse porque
no la hizo: el llanto de Marcelo no era ni más ni menos —¡y qué   85
sencillo es!— que por haber perdido lo que no quiso nunca perder
y lo que quería más en el mundo: más que a su madre, más que
a Portugal, más que a los fados, más que a la varilla de soplar[20]
que le había traído Don Wolf la vez que fue a Jena[21] de viaje...
El llanto de Marcelo era por Marta, por no poder tenerla, por no   90
poder hablarla y besarla como antes, por no poder cantar con ella
—parsimoniosamente,[22] a dos voces y a la guitarra— aquellas
tristes canciones que cantara años atrás...

20. **varilla de soplar** *glass-blowing*   Alemania.
rod   22. *soberly*
21. **Jena** es una pequeña ciudad en

¡Voy muy desordenado, Don Camilo José, y usted me lo perdonará! Pero cuando hablo de todas estas cosas es como cuando   95
miro jugar a los niños, ¡que no importa a dónde van a parar, como
no importa mirar si es más hondo o menos hondo el agujero[23]
que hacen las criaturas en la arena de la playa!...

Habíamos quedado en que no fuera él, sino la señora Justina,
su suegra, la que diera fin a los veintitrés años de Marta; el caso   100
es que tardó en averiguarse la verdad tanto como la vieja tardó
en morir, porque la muy bruja[24] —que debía de tener miedo a
la muerte— tuvo buen cuidado de callar siempre, aun cuando más
comprometido veía al yerno, y menos mal[25] que cuando se la
llevó Satanás tuvo la ocurrencia de dejar una carta escrita diciendo   105
la verdad, que si no a estas alturas[26] el pobre Marcelo seguía aña-
diéndole detallitos a la *Santa María*... Tal maldad tenía la vieja,
que para mí que no dijo la verdad, ni aun en trance[27] de muerte,
al confesor ni a nadie, porque, aunque, según cuentan, pedía confesión a gritos, me cuesta trabajo creer que no fuese hereje. El   110
caso es que, como digo, dejó una carta escrita diciendo lo que
había[28] y al inocente lo sacaron de la cárcel —con tanto, por lo
menos, papel de oficio[29] como cuando lo metieron— y como era
buen soplador y Don Wolf lo estimaba, volvió a colocarse en la
fábrica —que por entonces tenía dos pabellones[30] más— y a tra-   115
bajar, si no feliz, por lo menos descansado.

Transcurrieron dos años sin que ocurriera novedad, y al cabo
de ese tiempo nos vimos sorprendidos con la noticia de que Marcelo Brito, temeroso de la soledad, se casaba de nuevo.

La soledad, con Marcelo tan al margen, tan a la parte de fuera[31]   120
de lo que le rodeaba, como tiempos atrás lo estuviera de su compañero José Martínez Calvet, era dura y desabrida[32] y tan pesada
y tan difícil de llevar que Marcelo Brito —quizás un poco por
miedo y otro poco por egoísmo, aunque él es posible que no se
diese mucha cuenta de este segundo supuesto y que incluso lo   125

23. *hole*
24. *the old witch*
25. *it was a good thing*
26. **que si... alturas** *for if not even
now*
27. **para mí... trance** *it is my opinion that she did not tell the truth even
at the critical moment*

28. **lo que había** *what really happened, the truth of the matter*
29. **papel de oficio** *legal documents,
red tape*
30. *wings, units*
31. *so left out*
32. *disagreeable*

rechazara[33] si llegase a percatarse de[34] su verdad— se decidió a
dar el paso, a arreglar una vez más sus papeles (aumentados ahora
con el certificado de defunción de Marta) y a *erigir un nuevo
hogar*,[35] como Don Raimundo, el cura, hubo de decir con mo-
tivo de la boda.   130

Esta vez fue Dolores, la hija del guarda del paso a nivel,[36] la
escogida; Marcelo lo pensó mucho antes de decidirse, y su previsión,[37] para que la triste historia no se repitiese, la llevó hasta
tal extremo, que, según cuentan, sometió durante meses a su
nueva suegra a las más extrañas y difíciles pruebas; la señora   135
Jacinta, la madre de Dolores, era tonta e incauta[38] como una
oveja, y fueron precisamente su tontería y su falta de cautela las
que le hicieron salir victoriosa —la inocencia, al cabo, siempre
triunfa de las zancadillas y los baches[39] que por probarla, no por
mala intención, le preparaba su yerno.   140

Dolores era joven y guapa, aunque viuda ya de un marinero
a quien la mar quiso tragarse,[40] y el único hijo que había tenido
—de unos cuatro años por entonces— había sido muerto, diez
u once meses atrás, por un mercancías[41] que pasó sin avisar...
Los trenes —no sé si usted sabrá—, cuando van a ser seguidos de   145
otro cuyo paso[42] no ha sido comunicado a los guardabarreras,[43]
llevan colgado del vagón de cola[44] un farolillo verde para avisar.
El mixto[45] de Santiago, que era el que precedió al mercancías,
no llevaba farol, y si lo llevaba, iría apagado, porque nadie lo vio.
El caso es que Dolores no tomó cuidado del chiquillo y que el   150
mercancías —con treinta y dos unidades— le pasó por encima
y le dejó la cabecita como una hoja de bacalao[46]... Al principio
hubo el consiguiente revuelo;[47] pero después —como desgraciadamente siempre ocurre— no pasó más sino que a la víctima le
hicieron la autopsia, lo metieron en una cajita blanca, que, eso   155
sí, regaló la Compañía, y lo enterraron.

33. *he would reject it*
34. *consider, realize*
35. **erigir...hogar**   *to establish a new home*
36. **paso a nivel**   *grade crossing*
37. *foresight*
38. *heedless*
39. **zancadillas... baches**   *tricks and traps*

40. *had swallowed up*
41. *freight train*
42. *whose passing*
43. *gatekeepers*
44. **vagón de cola**   *last car*
45. *mixed (passenger and freight) train*
46. **hoja de bacalao**   *slice of codfish*
47. *uproar*

El gerente[48] le echó la culpa al jefe de Servicios; el jefe de Servicios, al jefe de la estación de la Esclavitud; el jefe de la estación de la Esclavitud, al jefe de tren; el jefe de tren, al viento. El viento —permítame que me ría— es irresponsable.   160

La boda se celebró, y aunque los dos eran viudos, no hubo cencerrada,[49] porque el pueblo, ya sabe usted, es cariñoso y afectivo como los niños, y tanto Marcelo como Dolores eran más dignos de afecto y cariño —por todo lo que habían pasado— que de otra cosa. Transcurrieron los meses, y al año y pico[50] de casarse   165 tuvieron un niño, a quien llamaron Marcelo, y que daba gozo verlo de sano y colorado[51] como era. Marcelo, padre, estaba radiante de alegría; cuando vino el verano y ya el chiquillo tenía unos meses, iba todos los días, después del vidrio,[52] al río con la mujer y con el hijo; al niño lo ponían sobre una manta, y Marcelo   170 y la mujer, por entretenerse, jugaban a la brisca.[53] Los domingos llevaban además chorizo[54] y vino para merendar, y la guitarra (mejor dicho otra guitarra, porque la otra se desfondó[55] una mañana que la señora Justina se sentó encima de ella) para cantar fados.   175

La vida en el matrimonio era feliz. No andaban boyantes,[56] pero tampoco apurados,[57] y como al jornal[58] de Marcelo hubo de unirse el de Dolores, que empezó a trabajar en una serrería[59] que estaba por Bastabales, llegaron a reunir entre los dos la cantidad bastante para no tener que sentir agobios[60] de dinero. El   180 niño crecía poquito a poco, como crecen los niños, pero sano y seguro, como si quisiera darse prisa para apurar[61] la poca vida que había de restarle.

Primero echó un diente; después rompió a dar carreritas[62] de dos o tres pasos; después empezó a hablar... A los cinco años,   185 Marcelo, hijo, era un rapaz moreno y plantado, con los labios rojos y un poco abultados, las piernas, rectas y duras... No había

---

48. *manager*
49. *charivari, tinpan serenade* generalmente tiene lugar cuando una persona viuda se vuelve a casar
50. **al... pico** *a little more than a year*
51. *ruddy*
52. *glass factory*
53. *a card game*
54. *sausage*

55. *broke*
56. *prosperous*
57. *pressed*
58. *daily wage*
59. *sawmill*
60. *hardships*
61. *consume*
62. **rompió... carreritas** *he began to make little runs*

pasado el sarampión,[63] no había tenido la tos ferina;[64] no había
sufrido lo más mínimo para echar la dentadura...

Los padres seguían yendo con él —y con el chorizo, el vino   190
y la guitarra— a sentarse en la yerbita[65] del río los domingos por
la tarde. Cuando se cansaban de cantar, sacaban las cartas y se
ponían a jugar —como cinco años atrás— a la brisca. Marcelo
seguía gastándole[66] a su mujer la broma de siempre —dejarse
ganar—, y Dolores seguía correspondiendo al marido con la serie-   195
dad de siempre; una seriedad un poco cómica que a Marcelo —un
sentimental en el fondo[67]— le resultaba encantadora.

Al niño le quitaban las alpargatas[68] y correteaba sobre el verde
o bajaba hasta la arena de la orilla, o metía los pies en el agua,
remangándose los pantaloncillos de pana[69] hasta por encima de   200
las rodillas...

Hasta que un día —la fatalidad se ensañaba con[70] el desgraciado
Brito— sucedió lo que todo el mundo (después de que sucedió,
que antes nadie lo dijo) salió diciendo con que tenía que suceder:
el niño —nadie, sino Dios, que está en lo Alto, supo nunca exacta-   205
mente cómo fue— debió caerse, o resbalar, o perder pie, o marearse;[71] el caso es que se lo llevó la corriente y se ahogó.[72]

¡Sabe Dios lo que habrá sufrido el angelito! Don Anselmo, que
conocía bien los horrores de verse rodeado de agua por completo, que sabía bien el pobre —tres naufragios,[73] uno de ellos   210
gravísimo, hubo de soportar— de los miedos que se han de pasar
al luchar, impotentes, contra el elemento, comentaba siempre con
escalofrío[74] la desgracia de Marcelo, hijo.

No se oyó ni un grito ni un quejido; si la criaturita[75] gritó, bien
sabe Dios que por nadie fue oído... Le habrían oído sólo los peces,   215
los helechos[76] de la orilla, las moléculas del agua..., ¡lo que no
podía salvarle! Le habrían sólo oído Dios y sus santos, los ángeles,
niños a lo mejor como él, y quién sabe si por la voluntad divina,

63. *measles*
64. *whooping cough*
65. *grassy bank*
66. *playing on*
67. **un... fondo** *a sentimentalist at heart*
68. *sandals*
69. **remangándose... pana** *tucking up his little corduroy trousers*
70. **la fatalidad... con** *bad luck pursued*
71. *become dizzy*
72. *be drowned*
73. *shipwrecks*
74. *shudder*
75. *little fellow*
76. *ferns*

parados en sus cinco años inocentes, aunque en sus alas hubieran
soplado ya vendavales[77] de tantos siglos...   220

El cadáver fue a aparecer preso en la reja[78] del molino, al lado
de una gallina muerta que llevaría allí vaya usted a saber los días,[79]
y a quien nadie hubiera encontrado jamás, si no se hubiera ahogado el niño del portugués; la gallina se hubiera ido medio consumiendo, medio disolviendo, lentamente, y a la dueña siempre   225
le habría quedado la sospecha de que se la había robado cualquier
vecina, o aquel caminante de la barba y el morral[80] que se llevaba la culpa de todo...

Si el molino no hubiera tenido reja, al niño no lo habría encontrado nadie. ¡Quién sabe si se hubiera molido,[81] poquito a   230
poco; si se hubiera convertido en polvo fino como si fuese maíz,
y nos lo hubiéramos comido entre todos! El juez se daría por
vencido,[82] y doña Julia —que tenía un paladar muy delicado—
quizá hubiera dicho:

—¡Qué raro sabe[83] este pan!   235

Pero nadie le hubiera hecho caso, porque todos habríamos
creído que eran rarezas[84] de doña Julia...

Preguntas

1. Describa a Marcelo Brito.
2. ¿Qué ocupación tenía?
3. ¿Por qué se le había encerrado en el presidio?
4. ¿Cómo pasó Marcelo sus días?
5. ¿Quién dio muerte a Marta?
6. De vez en cuando, ¿qué clase de arrechuchos tenía Marcelo?
7. ¿Qué dijeron los abogados de Madrid?
8. Según el autor, ¿por qué es complicada la interpretación de los
   sentimientos?
9. ¿Qué provocaba el llanto del desgraciado portugués?
10. ¿Cuántos años tenía Marta al morir?
11. ¿Cómo se supo la verdad de la muerte de Marta?

77. *strong winds*
78. **preso... reja** *held on the grating*
79. **vaya... días** *who knows how many days*
80. **caminante... morral** *traveler with*
the beard and the knapsack
81. *had been ground up*
82. *would have given up*
83. *tastes*
84. *peculiarities*

12. ¿Dónde trabajó Marcelo al salir de la cárcel?
13. Después de dos años, ¿qué decidió hacer Marcelo?
14. ¿Qué llevó a Marcelo a tal decisión?
15. ¿Cómo se llamaba el cura?
16. ¿Con quién quería Marcelo casarse?
17. ¿Qué previsión hizo Marcelo con su nueva suegra?
18. ¿Cómo era la señora Jacinta?
19. Cuente Vd. algo de la vida de Dolores antes de casarse con Marcelo.
20. ¿Cómo era el niño Marcelo?
21. ¿Adónde iba la pequeña familia todos los domingos?
22. ¿Había tenido el niño muchas enfermedades durante sus cinco años?
23. ¿Qué broma le gastaba Marcelo a su mujer al jugar a la brisca?
24. ¿Qué le sucedió al niño un día fatal?
25. ¿Por qué conocía bien Don Anselmo los horrores de verse rodeado de agua?
26. ¿Quién había podido oír los gritos de Marcelo niño?
27. ¿Dónde se encontró el cadáver?

Temas

1. Los errores de la justicia y su resultado. ¿Sabe Vd. de otros errores como éste?
2. El carácter de Marcelo Brito.
3. El carácter de la primera suegra de Brito.
4. Cómo trató la suerte a Marcelo.
5. Su opinión del final del cuento.
6. Describa la manera en que Cela relata su historia.

Ana María Matute (1926–   )

Ana María Matute

Nacida en Barcelona ha viajado extensamente por Europa y los Estados Unidos. Publica su primera novela *Los Abel* en 1948. En 1954 publica *Pequeño teatro*, que fue escrita con various años de anterioridad y gana el premio Café Gijón del año 54. *Fiestas del noroeste* (1953), novela cuya trama se desarrolla en un valle mítico del norte de España, gana el premio Planeta de 1954. Siguen *Los hijos muertos* (1958), que gana el premio de la crítica en 1958 y el Nacional de la Literatura en 1959, *Primera memoria* (1960), *Los soldados lloran de noche* y *La trampa*, ambas en 1968 y por último *La torre vigía* (1971), que se desarrolla en la Edad Media, muy bien escrita y llena de sugerencias mágicas. En *Los hijos muertos*, la autora combina algo de las delicadas preocupaciones de Azorín en relación con el paso del tiempo y la repetición de los acontecimientos de la vida, con rasgos de la angustia de Unamuno por encontrar una respuesta a la continuación de la vida del hombre confrontado con la eternidad.

Gran parte de la acción de *Los hijos muertos*, gira alrededor de Daniel Corvo, último de una familia de hombres de acción que habiendo acumulado riquezas en América, al regresar a España las van perdiendo por la decadencia en que cae la familia. La historia se narra en forma retrospectiva usando los recuerdos de varios personajes. El escenario se sitúa en las montañas del norte de España, adonde Daniel Corvo regresa intentando olvidar, en la soledad de sus bosques, los horrores de la guerra civil.

De LOS HIJOS MUERTOS

[Daniel Corvo, de regreso a la hacienda de su tío después de varios años de ausencia, acepta el puesto de guardabosques de Hegroz. Su amargo pasado le ha convertido en una criatura de aparentemente pocos sentimientos; un bebedor solitario que rehusa redimirse de su pasado. Accidentalmente Daniel descubre que parte de la historia de su vida está para repetirse de nuevo: su prima menor, Mónica, se ha enamorado de un fugitivo y piensa escaparse con él. Sorprendido por su hallazgo, Daniel, quien previamente había prometido ayuda a Miguel, el prisionero, para que escapara a través de las montañas, ahora se da cuenta de que no puede cambiar su destino y devuelve el prisionero al bosque de donde había salido. Cuando un grupo sale en busca de Miguel, Daniel va al bosque para cazar lobos. Por una amarga ironía del destino en el momento en que Daniel da muerte a un lobo, Miguel es encontrado y matado. Mónica se da cuenta de que tiene que enfrentarse sola con la vida y Daniel vuelve a la soledad de su barraca de guardabosques.]

Se levantó. Le dolían los dedos del frío, agarrotados,[1] sujetando el rifle. Pasó la palma abierta por la culata[2] y resiguió el cañón[3] con los dedos. Sentía la saliva espesa y la garganta irritada. Le picaba en el rostro la barba crecida, el insomnio, el sudor. «Cada día más sucio,» se dijo. El piar de los pájaros se hacía ensordecedor,[4] irritante, allá afuera, en la enramada.[5] Aquella gota[6] volvía, volvía. Quizá no había cesado, pero ahora la oía otra vez. Otra vez. «Sonará, la condenada. Sonará horas y horas...» Sentía hambre, un hambre espantosa, pero no quedaba en la alacena[7] más que un pedazo de queso, duro como piedra, de olor rancio. La claridad del día avanzaba. Se había levantado un viento frío que agitaba las ramas de las hayas.[8]

Daniel Corvo fue hacia la puerta. Iba con la cabeza gacha,[9] pensativo. «Es día de lobos, hoy. Por allá arriba, día de lobos.»

---

1. *cramped*
2. *butt*
3. **resiguió el cañón**   *felt the barrel*
4. *deafening*
5. *thick foliage*

6. *rain-dropping*
7. *cupboard*
8. *beech trees*
9. *bent downward*

Salió. La hierba estaba inundada[10] y la tierra parecía hundirse, 15
a trechos,[11] bajo los pies. Relucían en la penumbra del bosque
los helechos,[12] con un fulgor fosforescente, azulado. El viento
le daba de lleno en la cara. Le dolían los ojos.

«Otra vez este camino. Siempre este camino.» Lo recorría en
sueños y despierto: siempre el senderillo[13] empinado, entre los 20
árboles, abrupto y delgado. «Camino para pezuñas delgadas,»[14]
se dijo. Trepaba,[15] por su vertiente.[16] Al otro lado del barranco,[17]
la mole negruzca de Oz[18] aparecía poco a poco, se alzaba como
una enorme joroba,[19] entre la bruma[20] de las primeras luces. De
cuando en cuando, miraba hacia la otra vertiente. Primero con 25
cierta timidez, luego con ansia. Con un ansia insostenible,[21] que
no se quería confesar. «Oz —se decía—. Ésa es la vertiente de Oz.»
Delante de él, la espesura negra, continuada, obsesiva, de los
troncos y las malezas.[22] («Esos corros de árboles, con su espacio
redondo y la humedad de las hojas, por donde el sol entra apenas, 30
como hilos de oro. El oro y verde de las hojas, en la sombra del
corro, el suelo de hierba suave y húmeda, el verano ancho, creciendo en el cielo sin nubes...») No quería pensar. No quería pensar. Él estaba en el bosque para morirse, bella, apaciblemente, sin
rencor, sin recuerdos. Para eso estaba él en el bosque: para acabar 35
sin sueños, sin deseos, sin esperanzas. La respiración se le agolpaba,[23] dolorosa, fatigante. «El pulmón,[24] poco, a poco se vuelve
mineral. El cuerpo y los ojos, mineral.» Se detuvo, jadeante.[25]
Algo le oprimía la gargant, le apretaba, como una argolla,[26] el
pecho, el cuello. «El lobo, allá arriba. El lobo. Hay que acabar con 40
él. Aún es temprano, para lobos... Pero aquí tienen hambre. Bajan
en octubre, incluso en septiembre, alguna vez, hasta las puertas
de Hegroz. Sí: hay que matar al lobo, para no oírlo. Para que no

---

10. *sopping wet*
11. *here and there*
12. *ferns*
13. *small path*
14. **pezuñas delgadas** *slender cloven
hoofs*
15. *he climbed*
16. *slope*
17. *ravine*
18. **mole... Oz** *blackish mass of Oz*

El **Oz** y el **Nava** son las dos montañas
más importantes de la región.
19. *hump*
20. *mist*
21. *unbearable*
22. *thickets*
23. *became rapid*
24. *lung*
25. *panting*
26. *collar*

atormente con sus aullidos,[27] con su hambre. *Es muy Corvo, eso*,[28]
dije yo, una vez. Gerardo Corvo, Elías Corvo, Daniel Corvo...   45
Son nombres de la tierra. Hombres de esta tierra, los Corvo.
Gustan de morir junto a los árboles.» Echó de nuevo a andar.
Estaba temblando. Temblaba como un perro. «No tendré la suerte
de encontrarlo. No. Aún es temprano para lobos.»
   El día avanzaba inexorable, como siempre. «Nada puede alterar   50
el día. Tampoco el hombre.»
   No tuvo que llegar a «Los Nacimientos» siquiera. No esperaba
sorprenderlo, ni tan sólo llegar a rastrearlo.[29] Realmente no esperaba nada, nada más que sus fantasías de cazador. Pero antes,
mucho antes de llegar a las grutas,[30] lo presintió. Su olfato,[31] su   55
oído, aún antes que su conciencia. Algo había en el aire, algo
estremecía[32] su piel, de pronto: las matas,[33] el temblor de las
gotas en las últimas hojas encendidas, transparentes, quizá. Iba
pisando[34] hojas muertas, resbalaba en algo viscoso. En un instante sintió en la nuca[35] un soplo leve, conocido. Apretó los   60
dientes y avanzó con sigilo.[36] Por allá iba, por el margen de las
matas altas, pasando por entre las encinas[37] jóvenes, moviendo
los helechos. Allí iba. Allí estaba su rastro, su olor, su presencia.
Bordeo[38] hacia el barranco, bajando algo, para salirle al encuentro. Iría a beber. Estaba seguro que iría a beber. De pronto lo vio.   65
Allí estaba, a sus ojos: la cabeza alta, la boca entreabierta, brillando
la baba[39] a la luz cenicienta[40] del amanecer. Negro y grande,
quieto y hermoso, los ojos lucientes. Quieto, sólo un instante.
Un instante, no más. Se echó el rifle a la cara.
   ¡Qué extraño! Algo había pasado. Algo que le estremecía, con   70
un temblor incontenible.[41] Dejó caer los brazos. El cañón, aún
caliente, humeaba.[42] Algo raro había ocurrido: no había disparado[43] él. Es decir: no sólo había disparado él. No. Algo había, en
el eco, que repetía su disparo, de montaña a montaña, turbio[44]

27. *bowls*
28. **Es... eso**   *That is characteristic of
the Corvos (to kill wolves)*
29. *track it down*
30. *caverns*
31. *sense of smell*
32. *pricked*
33. *bushes*
34. *stepping on*
35. *nape of his neck*
36. *with caution*
37. *oaks*
38. *be edged*
39. *saliva*
40. *ashen*
41. *uncontrollable*
42. *was smoking*
43. *fired a shot*
44. *indistinct*

y triste. Había como otro fuego, como otro bala, quizás, atrave- 75
sando al silencio, repitiéndose de piedra a piedra, roncamente.[45]
Y estaba solo, solo. Las sienes[46] llenas de sudor, los ojos acerán-
dose[47] en la luz de la primera mañana, el corazón golpeando:
pero solo, absolutamente. Y el eco de su disparo, repetido, repitiéndose aún, hasta perderse en la lejanía. 80
Fue despacio. Llegó. Allí estaba el lobo con un balazo cierto,[48]
genial,[49] entre los ojos. Un balazo que podía llenarle de orgullo.
Un tiro maestro.[50] No era ninguna cría:[51] era un macho,[52] oscuro,
con los dientes ensalivados y aún vivos, parecía; aún a punto de
morder,[53] en la mañana que iba creciendo, allá arriba, más allá 85
de los árboles. Le dio con la culata.[54]
Estuvo un rato allí, sentado en el suelo, con el rifle entre las
piernas, mirando al lobo. (Los lobos atemorizaban a los niños.
Siempre los lobos, aunque no les hubieran visto jamás. También
los niños de las ciudades tenían miedo de los lobos. La palabra 90
lobo atemorizaba a todos los niños del mundo, en todas las lenguas del mundo: «Sin haber visto jamás.») Todo estaba quieto, allá
arriba. Oía el rumor del agua, a su izquierda. Al otro lado del
barranco. Oz se despertaba en sus colores siena, gris, verde bronceado. Los troncos de Oz, en la mañana, iban dibujándose, negros 95
y apretados, empapados[55] en silencio. «Oz, la otra vertiente. Ésa
es Oz, la otra vertiente.»
De pronto, parecía que hubiera llegado una gran calma a la
tierra. El sol, que ya había salido, empezaba a brillar entre las
ramas, y se sentia ya su peso, aún leve. Sacó del zurrón[56] unos 100
cordeles. «Siempre hay que llevar estas cosas. Me tranquiliza llevar
cosas así,» se dijo. Le ató las patas traseras. La boca del animal
estaba roja, y su sangre manchaba la hierba. Con los dientes en-
sangrentados, parecía que acabara de comer. («Como le hincó el
diente,[57] el chico,[58] a la carne...») Apartó la idea. La apartó con 105
asco,[59] con rabia. Quizá con terror.

45. *hoarsely*
46. *temples*
47. *seeing more clearly*
48. **balazo cierto** *accurate shot*
49. *inspired*
50. *masterful*
51. *suckling wolf, cub*
52. *robust male*
53. *biting*
54. **Le... culata** *he struck him with*

the gun butt
55. *drenched*
56. *game bag*
57. *bit, sank a tooth into*
58. **el chico** se refiere al prisionero
escapado, Miguel. Daniel se acuerda
como cuidó y alimentó al chico cuando
le escondió en su cabaña.
59. *loathing*

Tenía prisa. De repente, algo le empujaba, algo le llamaba. «Buena pieza.[60] Pieza buena, y bala maestra...» Cuando lo tuvo bien atado lo empezó a arrastrar. Mientras caminaba oía el crisparse de las hojas secas, bajo el cuerpo de la bestia.   110

Bajó despacio, con cuidado. Escogía con tiento[61] el camino, por el gran peso que arrastraba. «La muerte, cómo pesa,» se dijo.

Se acercó al camino bajo, el que iba junto al barranco. Así no perdía la vista de la otra vertiente. «Si me alejo, los árboles la taparán.» No quería dejar de mirar a Oz. Quería caminar así, junto   115 a Oz, sólo separado por el río, por el barranco. Iba mirando a la vertiente, la veía. El lobo parecía pesar más, cada vez.

Cuando llegó abajo, lucía el sol de pleno. El Valle de las Piedras se abría, poco, a sus ojos. El sol reverberaba[62] sobre el río, sobre las latas de las chabolas,[63] al otro lado.   120

Como por última vez, miró hacia la base de la vertiente de Oz. Para hacerlo, se detuvo y se puso la mano sobre las cejas. En el cielo ya libre, ya ancho, se dibujaban unas pardas nubecillas.

Por la vertiente de Oz, hacia el Valle, bordeando el camino de las chabolas, vinieron ellos. Primero vio al cabo[64] Peláez. Luego   125 a los otros. Los uniformes verdes se despegaban[65] del verde de la montaña. Y los tricornios negros, opacos, como hollín.[66] Detrás, entre los dos números, lo[67] traían. Le habían hecho, con ramas, una especie de parihuela.[68] Olerían a recién cortadas, las ramas. Olerían a savia[69] verde. A él no le veía. Le habían tapado con un   130 capote.[70]

Bajaban despacio, les pesaba el cuerpo del chico. «Porque la muerte pesa.»

---

60. **buena pieza** *fine quarry*
61. *care*
62. *gleamed*
63. **latas... chabolas** *tin roofs of the huts*
64. *corporal* **Peláez** *was the chief of the guards who were hunting down the prisoner.*
65. *detached themselves*
66. **los... hollín** *the black three-cornered hats, like soot*
67. **lo** se refiere a Miguel, el chico
68. *stretcher*
69. *sap*
70. *cloak*

Preguntas

1. ¿Por qué le dolían los dedos a Daniel Corvo?
2. ¿Cómo tenía la barba Daniel?
3. ¿Qué quedaba en la alacena para comer?
4. Al salir Daniel, ¿cómo encontró la tierra?
5. ¿Era grande y ancho el camino?
6. ¿De qué colores son las hojas, según Daniel?
7. ¿Por qué estaba Daniel en el bosque?
8. ¿Por qué bajan al pueblo los lobos?
9. ¿Para qué hay que matar al lobo?
10. ¿Qué presintió Daniel mucho antes de llegar a las grutas?
11. ¿Qué sintió Daniel en la nuca? ¿Por qué?
12. ¿Adónde iba el lobo?
13. ¿Cómo era el lobo?
14. ¿Qué cosa rara ocurrió cuando disparó Daniel?
15. ¿Qué se repetía en la lejanía?
16. ¿Qué clase de tiro había disparado Daniel?
17. ¿Cómo parecían los dientes del lobo?
18. ¿A quién atemorizan los lobos?
19. ¿Qué sacó Daniel del zurrón y qué hizo con ellos?
20. ¿Cómo estaba la boca del lobo?
21. ¿Por qué bajo Daniel despacio?
22. ¿Qué lugar quería mirar, al bajar el camino?
23. ¿Qué vio Daniel al fin por la vertiente de Oz?
24. ¿Cómo vestían los guardias?
25. ¿Qué traían los hombres?

Temas

1. Comente el estilo de Ana María Matute.
2. Contraste la descripción en Pereda y en Ana María Matute.
3. El carácter de Daniel Corvo visto a través de sus pensamientos o de sus acciones.
4. Las ideas de Vd. sobre la caza en general.
5. Descripción de los Guardias Civiles.

Miguel Delibes (1920–   )

Delibes es completamente español, aunque su abuelo, ingeniero de ferrocarriles, fuera sobrino del compositor francés León Delibes. Miguel nació y todavía vive en Valladolid, con su numerosa familia. Fue director por muchos años de *El Norte*, viejo periódico muy respetado. Como Don Quijote, Delibes es «gran madrugador y amigo de la caza.» Conoce a fondo la región severa y fría de esa parte de Castilla la Vieja y a sus habitantes. Alejado de los ambientes literarios madrileños, Delibes lleva una vida tranquila, siempre trabajando y ganando los más importantes premios literarios. Pertenece a la Real Academia Española de la Lengua desde 1974.

Con *La sombra del ciprés es alargada* (1948) su primera novela, Delibes gana el premio Nadal de 1948. Ya en esta novela, como en la que le sigue *Aún es de día* (1949) da muestras del hondo sentido ético que vibrará siempre en su obra, aunque se le ha criticado que en éstas dos usa un lenguage muy retórico, el que no se observará a partir de *El camino* (1950). En esta obra, deliciosamente viva, el autor nos describe el despertar de tres niños al conocimiento de los misterios de la vida y del mundo que les rodea, y lo hace sin crudezas ni angustias, como un proceso natural y simple, ayudándose para ello del escenario en que se desarrolla su obra, un mundo que no es hostil, sino sano, pueblerino, formado por gente sencilla en verdadero contacto con la naturaleza. Este precisamente es el mundo predilecto del autor, de temas rurales y personajes simples, tal vez porque el campo parece encarnar para él los valores tradicionales que están desapareciendo, destruidos por el progreso y la civilización.

Miguel Delibes
PHOTO BY RAUL CANCIO

A *El camino* sigue *Mi idolatrado hijo Sisí* (1953), obra en la que el autor se separa de la temática usada en la anterior, pero a la que volverá de nuevo, desarrollándola en *Diario de un cazador* (1955) y en *Diario de un inmigrante* (1958). Después vienen *La hoja roja* (1959), *Las ratas* (1962), *Viejas historias de Castilla la Vieja* (1965). En *Cinco horas con Mario* (1967) y *Parábola del náufrago* (1969), usa nuevas técnicas narrativas, llegando en la segunda de ellas a un acentuado experimentalismo. *Con la escopeta al hombro* (1971) es un elogio de la caza, y *El disputado voto del Señor Cayo* (1979), es una sátira en la que unos jóvenes revolucionarios de la ciudad son incapaces de comprender la desconfianza con que se enfrentan en un ambiente rural tradicional. En su última obra *Los santos inocentes* (1981), Delibes continúa experimentando, especialmente con los signos de puntuación, buscando un ritmo poético, diferente al del relato.

De EL CAMINO

[En *El camino*, Daniel el Mochuelo recuerda sus aventuras juveniles en la aldea. Mañana, al salir del campo, dejará su niñez para entrar en un mundo que nada tiene que ver con el que conoce ahora. Hay un contraste implícito entre las tradiciones y el progreso, la mente infantil y la adulta, el campo y la ciudad. El autor mismo atribuye el gran éxito del libro al hecho de que todos piensan con nostalgia en la edad de la inocencia, sobre todo hoy día, en este mundo en que la vida es cada vez más complicada.]

CAPÍTULO XIX

Germán, el Tiñoso,[1] levantó un dedo, ladeó un poco la cabeza para facilitar la escucha, y dijo:

—Eso que canta en ese bardal[2] es un rendajo.[3]

El Mochuelo[4] dijo:

—No. Es un jilguero.[5]   5

Germán, el Tiñoso, le explicó que los rendajos tenían unas condiciones canoras[6] tan particulares, que podían imitar los gorjeos y silbidos de toda clase de pájaros y los imitaban para atraerlos y devorarlos luego. Los rendajos eran pájaros muy poco recomendables, tan hipócritas y malvados.   10

El Mochuelo insistió:

—No. Es un jilguero.

Encontraba un placer en la contradicción aquella mañana. Sabía que había una fuerza en su oposición, aunque ésta fuese infundada. Y hallaba una satisfacción morbosa y obscura en llevar la   15
contraria.[7]

Roque, el Moñigo,[8] se incorporó de un salto y dijo:

—Mirad; un tonto de agua.[9]

1. *Mangy* (apodo)
2. *mud wall covered with straw*
3. *mockingbird, jay*
4. *Little Owl, Owlie* (apodo)
5. *linnet*

6. *musical, singing*
7. *disagreeing*
8. *Coxcomb* (apodo)
9. locución familiar de culebra de agua

Señalaba a la derecha de la Poza, tres metros más allá de donde desaguaba El Chorro. En el pueblo llamaban tontos a las culebras 20 de agua. Ignoraban el motivo, pero ellos no husmeaban[10] jamás en las razones que inspiraban el vocabulario del valle. Lo aceptaban, simplemente, y sabían por eso que aquella culebra que ganaba la orilla a coletazos[11] espasmódicos era un tonto de agua. El tonto llevaba un pececito atravesado en la boca. Los tres se pusieron 25 en pie y apilaron unas piedras.

Germán, el Tiñoso, advirtió:

—No dejarle subir.[12] Los tontos en las cuestas se hacen un aro[13] y ruedan[14] más de prisa que corre una liebre. Y atacan, además. 30

Roque, el Moñigo, y Daniel, el Mochuelo, miraron atemorizados al animal. Germán, el Tiñoso, saltó de roca en roca para aproximarse con un pedrusco en la mano. Fue una mala pisada[15] o un resbalón[16] en el légamo[17] que recubría las piedras, o un fallo de su pierna coja. El caso es que Germán, el Tiñoso, cayó aparatosa- 35 mente contra las rocas, recibió un golpe en la cabeza, y de allí se deslizó,[18] como un fardo[19] sin vida, hasta la Poza. El Moñigo y el Mochuelo se arrojaron al agua tras él, sin titubeos.[20] Braceando desesperadamente lograron extraer a la orilla el cuerpo de su amigo. El Tiñoso tenía una herida enorme en la nuca y había 40 perdido el conocimiento. Roque y Daniel estaban aturdidos. El Moñigo se echó al hombro el cuerpo inanimado del Tiñoso y lo subió hasta la carretera. Ya en casa de Quino, la Guindilla[21] le puso unas compresas de alcohol en la cabeza. Al pocó tiempo pasó por allí Esteban, el panadero, y lo transportó al pueblo en 45 su tartana.[22]

Rita, la Tonta, prorrumpió en gritos y ayes al ver llegar a su hijo en aquel estado. Fueron unos instantes de confusión. Cinco minutos después, el pueblo en masa se apiñaba[23] a la puerta del zapatero. Apenas dejaban paso a Don Ricardo, el médico; tal era 50

10. *pried into*	17. *slime*
11. *wriggling its tail*	18. *he slid*
12. *don't let it come up*	19. *bundle*
13. *hoop*	20. *hesitation*
14. *they roll*	21. *Pepper* (apodo)
15. *misstep*	22. *two-wheeled cart*
16. *slipped*	23. *crowded together*

su anhelante impaciencia. Cuando éste salió, todos los ojos le miraban, pendientes de sus palabras:

—Tiene fracturada la base del cráneo. Está muy grave. Pidan una ambulancia a la ciudad —dijo el médico.

De repente, el valle se había tornado gris y opaco a los ojos de Daniel, el Mochuelo. Y la luz del día se hizo pálida y macilenta.[24] Y temblaba en el aire una fuerza aún mayor que la de Paco, el herrero.[25] Pancho, el Sindiós,[26] dijo de aquella fuerza que era el Destino, pero la Guindilla dijo que era la voluntad del Señor. Como no se ponían de acuerdo, Daniel se escabulló[27] y entró en el cuarto del herido. Germán el Tiñoso estaba muy blanco y sus labios encerraban una suave y diluida sonrisa.

El Tiñoso sirvió de campo de batalla, durante ocho horas, entre la vida y la muerte. Llegó la ambulancia de la ciudad con Tomás, el hermano del Tiñoso, que estaba empleado en una empresa de autobuses. El hermano entró en la casa como loco y en el pasillo se encontró con Rita, la Tonta, que salía despavorida[28] de la habitación del enfermo. Se abrazaron madre e hijo de una manera casi eléctrica. La exclamación de la Tonta fue como un chispazo fulminante.[29]

—Tomás, llegas tarde. Tu hermano acaba de morir —dijo.

Y a Tomás se le salteron las lágrimas y juró entre dientes como si se rebelara contra Dios por su impotencia. Y a la puerta de la vivienda las mujeres empezaron a hipar y llorar a gritos, y Andrés, «el hombre que de perfil no se le ve», salió también de la habitación, todo encorvado, como si quisiera ver las pantorrillas de la enana más enana[30] del mundo. Y Daniel, el Mochuelo, sintió que quería llorar y no se atrevió a hacerlo porque Roque, el Moñigo, vigilaba sus reacciones sin pestañear,[31] con una rigidez despótica. Pero le extrañó advertir que ahora todos querían al Tiñoso. Por los hipos[32] y gemidos se diría que Germán, el Tiñoso, era hijo de cada una de las mujeres del pueblo. Mas a Daniel, el Mochuelo, le consoló, en cierta manera, este síntoma de solidaridad.

---

24. *wan*
25. *blacksmith*
26. *the Atheist* (apodo)
27. *slipped away*
28. *terror-stricken*
29. *sudden spark*
30. **pantorrilas... enana** *calves of the smallest dwarf*
31. *blinking*
32. *gasps, spasmodic coughs*

Mientras amortajaban a su amigo, el Moñigo y el Mochuelo
fueron a la fragua.[33]   85
—El Tiñoso ha muerto, padre —dijo el Moñigo. Y Paco, el
herrero, hubo de sentarse a pesar de lo grande y fuerte[34] que
era, porque la impresión lo anonadaba.[35] Dijo, luego, como si
luchase contra algo que le enervara:
—Los hombres se hacen; las montañas están hechas ya.   90
El Moñigo dijo:
—¿Qué quieres decir, padre?
—¡Que bebáis! —dijo Paco, el herrero, casi furioso, y le extendió la bota de vino.
Las montañas tenían un cariz entenebrecido y luctuoso[36] aquella   95
tarde y los prados y las callejas y las casas del pueblo y los pájaros
y sus acentos. Entonces, Paco, el herrero, dijo que ellos debían
encargar una corona fúnebre a la ciudad como homenaje al amigo
perdido y fueron a casa de las Lepóridas[37] y la encargaron por
teléfono. La Camila estaba llorando también, y aunque la con-   100
ferencia fue larga no se la quiso cobrar. Luego volvieron a casa
de Germán, el Tiñoso. Rita, la Tonta, se abrazó al cuello del
Mochuelo y le decía atropelladamente[38] que la perdonase, pero
que era como si pudiese abrazar aún a su hijo, porque él era el
mejor amigo de su hijo. Y el Mochuelo se puso más triste todavía 105
pensando que cuatro semanas después él se iría a la ciudad a empezar a progresar y la Rita, que no eran tan tonta como decían,
habría de quedarse sin el Tiñoso y sin él para enjugar sus pobres
afectos truncados.[39] También el zapatero les pasó la mano por
los hombros y les dijo que les estaba agradecido porque ellos   110
habían salvado a su hijo en el río, pero que la muerte se em-
peñó[40] en llevárselo y contra ella, si se ponía terca, no se conocía remedio.
Las mujeres seguían llorando junto al cadáver y, de vez en
cuando, alguna tenía algún arranque y besaba y estrujaba el cuer- 115
pecito débil y frío del Tiñoso, en tanto sus lágrimas y alaridos
se incrementaban.

---

33. *forge*
34. **lo... fuerte** *how large and strong*
35. *overwhelmed*
36. de aspecto obscuro y lóbrego
37. *Rabbits* (apodo)

38. *tumultuously*
39. **enjugar... truncados** *to soothe
her poor affection which had been cut
off*
40. *insisted*

Los hermanos de Germán anudaron una toalla a su cráneo para que no se vieran las calvas[41] y Daniel, el Mochuelo, experimentó más pena porque, de esta guisa, su amigo parecía un niño moro, un infiel. El Mochuelo esperaba que a Don José, el cura, le hiciese el mismo efecto y mandase quitar la toalla. Pero Don José llegó, abrazó al zapatero y administró al Tiñoso la Santa Unción sin reparar en la toalla.

Los grandes raramente se percatan del dolor acerbo y sutil de los pequeños. Su mismo padre, el quesero, al verle, por primera vez, después del accidente, en vez de consolarle, se limitó a decir:

—Daniel, para que veas en lo que acaban todas las diabluras. Lo mismo que le ha ocurrido al hijo del zapatero podría haberte sucedido a ti. Espero que esto te sirva de escarmiento.[42]

Daniel, el Mochuelo, no quiso hablar pues barruntaba que de hacerlo terminaría llorando. Su padre no quería darse cuenta de que cuando sobrevino el accidente no intentaban diablura alguna, sino, simplemente, matar un tonto de agua. Ni advertía tampoco que lo mismo que él le metió la perdigonada[43] en el carrillo la mañana que mataron el milano[44] con el Gran Duque, podría habérsela metido en la sien y haberle mandado al otro barrio.[45] Los mayores atribuían las desgracias a las imprudencias de los niños, olvidando que estas cosas son siempre designios de Dios y que los grandes también cometen, a veces, imprudencias.

Daniel, el Mochuelo, pasó la noche en vela, junto al muerto. Sentía que algo grande se velaba dentro de él y que en adelante nada sería como había sido. Él pensaba que Roque, el Moñigo, y Germán, el Tiñoso, se sentirían muy solos cuando él se fuera a la ciudad a progresar, y ahora resultaba que el que se sentía solo, espantosamente solo, era él, y sólo él. Algo se marchitó de repente muy dentro de su ser: quizá la fe en la perennidad de la infancia. Advirtió que todos acabarían muriendo, los viejos y los niños. Él nunca se paró a pensarlo y al hacerlo ahora, una sensación punzante y angustiosa casi le asfixiaba. Vivir de esta manera era algo brillante, y a la vez, terriblemente tétrico y desolado. Vivir era ir muriendo día a día, poquito a poco, inexorablemente. A la larga, todos acabarían muriendo: él, y Don José, y su padre,

---

41. *bald spots*
42. *warning*
43. **le metió... carrillo** *that he shot*

him with birdshot in the cheek
44. *kite (a bird)*
45. *to the other world*

el quesero, y su madre, y las Guindillas, y Quino, y las cinco
Lepóridas, y Antonio, el Buche, y la Mica, y la Mariuca-uca,[46] y   155
Don Antonino, el marqués, y hasta Paco, el herrero. Todos eran
efímeros y transitorios y a la vuelta de cien años no quedaría rastro
de ellos sobre las piedras del pueblo. Como ahora no quedara
rastro de los que les habían precedido en una centena de años.
Y la mutación se produciría de una manera lenta e imperceptible.   160
Llegarían a desparecer del mundo todos, absolutamente todos los
que ahora poblaban su costra y el mundo no advirtiría el cambio.
La muerte era lacónica, misteriosa y terrible.

Con el alba, Daniel, el Mochuelo, abandonó la compañía del
muerto y se dirigió a su casa a desayunar. No tenía hambre, pero   165
juzgaba una medida prudente llenar el estómago ante las emociones que se avecinaban. El pueblo asumía a aquella hora una
quietud demasiado estática, como si todo él se sintiera recorrido
y agarrotado por el tremendo frío de la muerte. Y los árboles
estaban como acorchados. Y el quiquiriquí[47] de los gallos resul-   170
taba fúnebre, como si cantasen con sordina[48] o no se atreviesen
a mancillar el ambiente de duelo y recogimiento que pesaba sobre
el valle. Y las montañas enlutaban, bajo un cielo plomizo, sus
formas colosales. Y hasta en las vacas que pastaban en los prados
se acentuaba el aire cansino y soñoliento que en ellas era habitual.   175

Daniel, el Mochuelo, apenas desayunó regresó al pueblo. Al
pasar frente a la tapia del boticario divisó un tordo[49] picoteando
un cerezo silvestre[50] junto a la carretera. Se reavivó en él el sentimiento del Tiñoso, el amigo perdido para siempre. Buscó el tirachinas[51] en el bolsillo y colocó una piedra en la badana. Luego   180
apuntó al animal cuidadosamente y estiró las gomas con fuerza.
La piedra, al golpear el pecho del tordo, produjo un ruido seco
de huesos quebrantados. El Mochuelo corrió hacia el animal abatido y las manos le temblaban al recogerlo. Después reanudó el
camino con el tordo en el bolsillo.   185

Germán, el Tiñoso, ya estaba dentro de la caja cuando llegó.
Era una caja blanca, barnizada, que el zapatero había encargado a
una funeraria de la ciudad. También había llegado la corona en-

46. *The Belly, The Monkey, Molly-Olly*
(apodos)
47. *cock-a-doodle-doo*
48. *with muted note*
49. *thrush*
50. *wild cherry*
51. *slingshot*

cargada por ellos con la leyenda que dispuso el Moñigo: «Tiñoso, tus amigos Mochuelo y Moñigo no te olvidarán jamás.» Rita, la 190 Tonta, volvió a abrazarle con énfasis, diciéndole, en voz baja, que era muy bueno. Pero Tomás, el hermano colocado en una empresa de autobuses, se enfadó al ver la leyenda y cortó el trozo donde decía «Tiñoso», dejando sólo: «tus amigos Mochuelo y Moñigo no te olvidarán jamás». 195

Mientras Tomás cortaba la cinta y los demás le contemplaban, Daniel, el Mochuelo, depositó con disimulo el tordo en el féretro,[52] junto al cadáver de su amigo. Había pensado que su amigo, que era tan aficionado a los pájaros, le agradecería, sin duda, desde el otro mundo, este detalle. Mas Tomás, al volver a colocar la 200 corona fúnebre a los pies del cadáver, reparó en el ave, incomprensiblemente muerta junto a su hermano. Acercó mucho los ojos para cerciorarse[53] de que era un tordo lo que veía, pero después de comprobado no se atrevió a tocarlo. Tomás se sintió recorrido por una corriente supersticiosa. 205

—¿Qué... quién... cómo demonios está aquí esto? —dijo.

Daniel, el Mochuelo, después del enfado de Tomás por lo de la corona, no se atrevió a declarar su parte de culpa en esta nueva peripecia. El asombro de Tomás se contagió pronto a todos presentes que se acercaban a contemplar el pájaro. Ninguno, empero, 210 osaba tocarlo.

—¿Cómo hay un tordo ahí dentro?

Rita, la Tonta, buscaba una explicación razonable en el rostro de cada uno de sus vecinos. Pero en todos leía un identico estupor.

—Mochuelo, ¿sabes tú...? 215

—Yo no sé nada. No había visto el tordo hasta que lo dijo Tomás.

Andrés, «el hombre que de perfil no se le ve», entró en aquel momento. Al ver el pájaro se le ablandaron los ojos y comenzó a llorar silenciosamente. 220

—Él quería mucho a los pájaros; los pájaros han venido a morir con él —dijo.

El llanto se contagió a todos y a la sorpresa inicial sucedió pronto la creencia general en una intervención ultraterrena. Fue Andrés, «el hombre que de perfil no se le ve», quien primero lo 225 insinuó con voz temblorosa.

52. *coffin*   53. *ascertain*

—Esto... es un milagro.

Los presentes no deseaban otra cosa sino que alguien expresase en alta voz su pensamiento para estallar.[54] Al oír la sugerencia del zapatero se oyó un grito unánime y desgarrado, mezclado con 230 ayes y sollozos:

—¡Un milagro!

Varias mujeres, amedrentadas, salieron corriendo en busca de Don José. Otras fueron a avisar a sus maridos y familiares para que fueran testigos del prodigio. Se organizó un revuelo caótico 235 e irrefrenable.[55]

Daniel, el Mochuelo, tragaba saliva[56] incesantemente en un rincón de la estancia. Aún después de muerto el Tiñoso, los entes perversos que flotaban en el aire seguían enredándole los más inocentes y bien intencionados asuntos. El Mochuelo pensó que 240 tal como se habían puesto las cosas, lo mejor era callar. De otro modo, Tomás, en su excitación, sería muy capaz de matarlo.

Entró apresurdamente Don José, el cura.

—Mire, mire, Don José —dijo el zapatero.

Don José se acercó con recelo al borde del férerto y vio el tordo 245 junto a la yerta mano del Tiñoso.

—¿És un milagro o no es un milagro? —dijo la Rita, toda exaltada, al ver la cara de estupefacción del sacerdote.

Se oyó un prolongado murmullo en torno. Don José movió la cabeza de un lado a otro mientras observaba los rostros que le 250 rodeaban.

Su mirada se detuvo un instante en la carita asustada del Mochuelo. Luego dijo:

—Sí que es raro todo esto. ¿Nadie ha puesto ahí ese pájaro?

—¡Nadie, nadie! —gritaron todos.   255

Daniel, el Mochuelo, bajó los ojos. La Rita volvió a gritar, entre carcajadas histéricas, mientras miraba con ojos desafiadores a Don José:

—¡Qué! ¿Es un milagro o no es un milagro, señor cura?

Don José intentó apaciguar los ánimos, cada vez más excitados.

—Yo no puede pronunciarme ante una cosa así. En realidad 260 es muy posible, hijos míos, que alguien, por broma o con buena intención, haya depositado el tordo en el ataúd y no se atreva

---

54. *which was ready to burst*   *and uncontrollable uproar*
55. **revuelo... irrefrenable** *chaotic*   56. *was suffering in silence*

a declararlo ahora por temor a vuestras iras. —Volvio a mirar insistentemente a Daniel, el Mochuelo, con sus ojillos hirientes como puntas de alfileres. El Mochuelo, asustado, dio media vuelta y escapó a la calle. El cura prosiguió: —De todas formas yo daré traslado al Ordinario[57] de lo que aquí ha sucedido y de cómo ha sucedido. Pero os repito que no os hagáis ilusiones. En realidad, hay muchos hechos de apariencia milagrosa que no tienen de milagro más que eso: la apariencia. —De repente cortó, seco: —A las cinco volveré para el entierro.

En la puerta de la calle, Don José, el cura, que era un gran santo, se tropezó con Daniel, el Mochuelo, que le observaba a hurtadillas,[58] tímidamente. El párroco oteó las proximidades[59] y como no viera a nadie en derredor, sonrió al niño, le propinó unos golpecitos paternales en el cogote, y le dijo en un susurro:

—Buena la has hecho,[60] hijo; buena la has hecho.

Luego le dio a besar su mano y se alejó, apoyándose en la cachaba,[61] a pasitos muy lentos.

Preguntas

1. ¿Sobre qué pájaros disputan el Tiñoso y el Mochuelo?
2. ¿Qué artes poseen los rendajos?
3. ¿Qué quería hacer el Tiñoso con el pedrusco en la mano?
4. ¿Qué le pasó al perseguir a la culebra?
5. ¿Qué hicieron el Moñigo y el Mochuelo?
6. ¿Qué tenía el Tiñoso en la nuca?
7. ¿Qué le puso la Guindilla?
8. ¿Qué hizo Rita, la Tonta, al ver llegar a su hijo?
9. ¿Qué tenía el Tiñoso?
10. ¿Cuánto duró su vida?
11. ¿Qué hacían las mujeres junto al cadáver?
12. ¿Qué hizo el cura al llegar?
13. En general, ¿en qué meditó el Mochuelo?
14. ¿Qué hizo el Mochuelo al regresar al pueblo?
15. Al fin, ¿dónde depositó el Mochuelo el tordo?
16. ¿Cuál fue la actitud de Don José al ver el tordo?

57. *I will notify the Bishop*   60. *Now you've really done it*
58. *stealthily*   61. *staff*
59. *surveyed the surroundings*

17. ¿Cómo supo el cura quién había puesto el tordo en féretro?
18. ¿Qué le hizo al Mochuelo?

Temas

1. La acción del episodio presentado. ¿Verosímil? ¿Rápido? ¿Lento? ¿Convincente?
2. Caracterización de los personajes.
3. El efecto de la muerte del Tiñoso sobre el pueblo.
4. La figura del cura Don José.
5. Las emociones del Mochuelo.
6. El final del episodio. ¿Satisfactorio o no? ¿Por qué?
7. El uso de apodos (*nicknames*) en los Estados Unidos.
8. A juzgar por esta selección, ¿cómo juzgaría Vd. el valor literario de Delibes?

Comparación

En cada una de las tres últimas selecciones ha ocurrido una muerte. ¿Qué hay de común entre ellas y que las diferencia?

Rafael Sánchez Ferlosio
(1929–   )

Nacido en Roma de madre italiana y padre español, Sánchez Ferlosio, a pesar de su reducida producción narrativa, es considerado como uno de los iniciadores de la nueva novela española. En 1951 se da a conocer con la novela *Industrias y andanzas de Alfanhui*, obra de gran riqueza de lenguage, en que se narra en forma poética y fantástica, la vida y aventuras de un niño llamado Alfanhui. En 1956 ve la luz *El Jarama*, obra en la que Sánchez Ferlosio da un viraje de trescientos sesenta grados a su novelística, pues a la fantasía imaginativa de su novela anterior, ahora opone un realismo modelo de objetividad y precisión —sin que ello obste para que hayan en *El Jarama* descripciones que parezcan haber sido tomadas de un lienzo surrealista.[1]

Considerada en conjunto, la novela de Sánchez Ferlosio es de gran simplicidad, con un tiempo de desarrollo de la trama de unas quince horas aproximadamente. Durante ese tiempo el autor introducirá al lector dos grupos de personajes, que representan dos generaciones distintas, la de los mayores, que vivieron los horrores de la guerra civil y la de los jóvenes que no conocieron esa tragedia. Pero a pesar de esta diferencia tan importante, no deja de existir un elemento común a ambas generaciones, la apatía[2] que sienten ambos grupos ante la impotencia en que se encuentran, por las circunstancias políticas en que viven, de poder lograr algún cambio en sus vidas.

1. *surrealistic painting*   2. *apathy*

Rafael Sánchez Ferlosio
PHOTO BY RAUL CANCIO

Para los mayores todos los sacrificios pasados han sido inútiles, pues nada ha cambiado, y para los jóvenes, oprimidos[3] por la dura mano del régimen que parece gobernar hasta sus más íntimos actos, «nunca pasa nada». La Guardia Civil, —el gobierno— arrebatará de manos de los ciudadanos toda iniciativa[4] que puedan tener.

La trama de *El Jarama* es muy simple, un grupo de jóvenes madrileños van a pasar un domingo de verano junto al río Jarama. Cerca hay un merendero[5] y bar operado por un matrimonio y su hija. Mientras en el merendero se van reuniendo los habituales al mismo, casi todos de edad mediana, los jóvenes, después de bañarse por la mañana en las turbias[6] aguas del río, pasan la tarde almorzando y hablando. Ya tarde, la mayoría de los jóvenes va a reunirse en el merendero con un grupo de amigos que vienen de Madrid, pero cinco de ellos deciden quedarse un rato más junto al río, y una de las chicas se ahoga. La tragedia desgarra[7] a sus

3. *oppressed*   6. *muddy*
4. *initiative*   7. *devastates*
5. *lunch room*

compañeros y conmueve profundamente a todos los habituales al merendero.

Esta obra de Sánchez Ferlosio ha sido considerada como una de las más, o posiblemente la más representativa del realismo social objetivo en la novela española, tendencia que se desarrollará durante la década de los años 50. En el realismo objetivo la finalidad de la obra es denunciar la situación socio-político-económica que existe en el país, presentando ese realidad desde una perspectiva totalmente impersonal, con la mayor objetividad posible. Esta narrativa comprometida de protesta social, así como sus variantes futuras, será de gran influencia en la narrativa española a partir de la década de los 50.

Sánchez Ferlosio no vuelve a publicar hasta 1974, año en que ve la luz *Las semanas del jardín*, obra compuesta de algunos ensayos,[8] que aunque escritos en una prosa extraordinaria, nunca alcanzarán el impacto de *El Jarama*. En la selección que aparece a continuación, pueden observarse algunas de las características del realismo social objetivo.

De EL JARAMA

Hubo un silencio. Luego el chófer:

—Eche la despedida, señor Mauricio. Va siendo ya la hora de poner en marcha.

Mauricio cogió la frasca y llenaba los vasos:

—Apure... —miró hacia la puerta.   5

Entraba Daniel; preguntó:

—¿Están ahí dentro?

Todos miraron hacia él.

—Dígame, ¿están ahí todavía?

—Sí, sí que están —contestaba Mauricio—. ¿Sucede algo?   10

8. *essays*

—Una desgracia.

Cruzó muy aprisa entre los otros y enfilaba el pasillo.

—¡Mira tú quién se ve! —le dijo Lucas, al verlo aparecer en el jardín.

—¡Ya era hora! —gritaba Fernando—. ¿Venís ya todos?   15

—A punto de irnos.

¡Miguel! —dijo el Dani—. Sal un momento, Miguel.

Se inquietaron.

—¿Qué pasa, tú?

—Quiero hablar con Miguel.   20

Ya salía de la mesa. Daniel lo cogía por un brazo y lo apartaba hacia el centro del jardín.

—¿Pues qué pasará? —dijo Alicia—. Tanto misterio.[1]

Ganas de intrigarnos.

—No. Yo sé que algo pasa. ¡Algo ha pasado! ¡Se le nota a   25
Daniel!...

Callaron todos; estaban pendientes de los otros dos, que hablaban bajo la luz de la bombilla, en mitad del jardín. Daniel estaba de espaldas. En seguida veían violentarse la cara de Miguel, mientras sus manos agarraban al otro por los hombros; le hablaba a   30
sacudidas. «Alicia, venir, venir todos», les gritó, «ha pasado una cosa terrible». Acudían sobresaltados[2] y ya les formaban corro en derredor; Miguel miraba hacia el suelo; se hizo un silencio esperando sus palabras:

—Díselo tú...   35

Mely se puso a gritar y sacudía por los brazos a uno y a otro, que hablase, que lo dijese de una vez lo que fuera. Daniel bajaba la cara; «se ha ahogado[3] Lucita en el río». Se estremecieron. Se encaraban con Daniel; «pero cómo; pero cómo, por Dios; cómo ha sido posible...»; le clavaban las uñas en la camiseta: «¡Daniel...!» 40
Mely se había cogido la cabeza entre las manos: «¡Lo sabía, lo sabía que había sido Lucita! ¡Lo sabía que había sido Lucita!...»

—Hace un rato. En la presa.[4] Se estaban bañando.

—Tenemos que bajar —dijo Miguel.

—¿Alguna chica que venía con vosotros? —andaba pregun   45
tando, detrás, el de Atocha.

---

1. **misterio** *mystery*   3. **ahogado** *suffocated or drowned*
2. **sobresalto** *sudden dread or fear*   4. **presa** *dam*

—¡Déjame ya...! —dijo Fernando—. Vamos, Daniel vámonos ahora mismo adonde sea...

Se dirigían hacia la puerta; Mely quiso seguirlos.

—Tú no vayas —la detuvo Zacarías—. Mejor que no vayas. Te vas a impresionar.[5]

—¡Pero qué...! —dijo ella, mirándolo a la cara—. ¡Cómo no voy a bajar! ¡Qué estás diciendo! ¡Cómo quieres que no la vea, Zacarías...! ¡Pero si no hace más que...! —rompía a llorar—. ¡Un rato, Dios mío, si no hace más que un rato que estaba con nosotros...! ¡Pues cómo no voy a ir, Zacarías... cómo no voy a ir... cómo no voy a ir...!

Los de Legazpi se habían apartado y recogían sus cosas.

—Nosotros no bajamos —dijo Lucas—; ¿para qué?...

—Mejor será que nos marchemos, sí. Al tren todavía llegamos a tiempo. Ve recogiendo la gramola,[6] anda.

Mariyayo se había acercado a Zacarías:

—Vete con ella, Zacarías —le dijo—. Por mí no te preocupes; tú acompáñala a ella, marcharos. Yo me voy con Samuel y con éstos. De veras...

Él la miró:

—Te lo agradezco, Mariyayo.

—Es lo más natural... —dijo ella, y se volvía hacia los otros.

Zacarías y Mely se marcharon en pos de Miguel. Fernando y Alicia, ya habían salido con Daniel, camino del río. Los demás se quedaban, junto con los de la pandilla[7] de Legazpi, para irse hacia el tren; terminaban de recoger todas sus cosas y ya iban pasando despacio hacia el pasillo. Los primeros habían cruzado el local sin detenerse, y ahora Mauricio se informaba con los de la estación:

—¿Qué ha pasado, muchachos?

—Pues una chica, que se ha ahogado en el río —contestaba el de Atocha.

—¡Joroba, eso ya es peor! —exclamó el alcarreño, torciendo la cabeza.

—¿Y qué chiquita ha sido?

—Yo no le puedo decir, no la conocía. Venía con esos otros. Aquí éstos a lo mejor la conocen —indicaba a Samuel y Marialuisa.

---

5. **impresionar**   *to affect, to be moved*   7. **pandilla**   *gang*
6. **gramola**   *phonograph*

—¿No será la que vino con la moto?[8]

—¿Eh?, ¿con la moto? —dijo Samuel—. No, esa se llama Paulina;   85
ésa era otra más menuda, de pelo castaño...

—¿De azul?

—Ay, yo no sé cómo vendría vestida; yo no la he visto hoy.
La llamaban Luci...

—La de azul era Carmen —intervenía Marialuisa—. Tampoco   90
es ella.

—Ésta era una, ya le digo, finita,[9] con una cara, pues, así un
poco..., vaya, no sé qué señas le daría...

—Oiga, ¿qué le debemos? —preguntaba Federico.

Se volvía Mauricio hacia él: 95

—¿Qué es lo que pagan?

El pastor meneaba la cabeza:

—¡Vaya por Dios! —decía—. ¡Que no se puede dar nunca una
fiesta completa! Siempre tiene que producirse algún suceso que
la oscurezca y la fastidie. Mira por dónde tenía que...   100

Zacarías y Mely habían alcanzado a Daniel y a los otros; ya pasaban las viñas. Caminaban aprisa y en silencio; corrían casi. Miguel
hizo intención de dirigirse hacia la escalerilla[10] de tierra, por la
que habían subido a media tarde, pero Daniel lo contuvo:

—Por ahí no, Miguel. Por este otro lado.   105

Bajaron hacia los merenderos y el puentecillo de madera; sus
pasos se hicieron ruidosos en las tablas; llegaban al puntal. Se
recortaban las sombras de los otros; los primeros los guardias
civiles; Mely reconoció sus rostros a la luna, en una rápida mirada.
Les salía Paulina al encuentro.   110

—¡Alicia, Alicia!... —venía gritando, y lloraba otra vez al
abrazarla.

Los otros alcanzaban el bulto de Lucita.

—No se acerquen ahí —dijo el guardia más viejo.

Pero ya Mely se había agachado junto al cuerpo y le descubría   115
la cara. Sebas se vino al lado de Miguel y se cogía a su brazo fuertemente, sin decir nada; oprimía la frente contra el hombro del otro,
que miraba el cadáver.[11] Los guardias acudieron hacia Mely; la
levantaron por un brazo:

—Retírese, señorita, ¿no me ha oído?, no se puede tocar.   120

---

8. **moto** *motorcycle*   10. **escalerilla** *small stairs*
9. **finita** *thin, slim, delicate*   11. **cadáver** *corpse, cadaver*

Se revolvió con furia, desasiéndose:

—¡Suélteme! ¡No me toque! ¡Déjeme quieta!...

Estaban todos en torno del cadáver, mirándola la cara descubierta, casi tapada por el pelo. Tan sólo Tito no se había movido, de codos en la arena. Mely volvió a inclinarse hacia el rostro de 125
Luci.

—¡Haga el favor de obedecerme, señorita, y quitarse de ahí! —de nuevo la agarraba por el brazo—. Contrariamente...

—¡Déjeme, bárbaro,[12] animal...! —le gritaba llorando y se debatía, golpeando la mano que la tenía atenazada. 130

—¡Señorita no insulte! ¡Repórtese ahora mismo! ¡No nos obligue a tomar una medida!

Se aproximaron Zacarías y los otros.

—¡Gentuza,[13] eso es...! —gritaba Mely, ya suelta—. ¡Gentuza!... ¿Ves cómo son, Zacarías, ves cómo son... ? 135

Se replegaba llorando hacia el hombro de él. Pasaba el tren; el blanco faro, la banda de ventanillas encendidas, por lo alto del puente.

—Además, va usted a darme su nombre ahora mismo, señorita —decía el guardia Gumersindo, sacándose una libreta del bolsillo 140
superior—. Así sabrá lo que es el faltarle a la Autoridad.

El otro guardia se inclinaba sobre el cadáver, para taparlo nuevamente. Los estudiantes se habían acercado:

—Oiga, dispénseme que le diga un momento —intervenía el de Medicina—; dirá usted que a mí quién me manda meterme... 145
Pero es que la chica está sobresaltada, como es natural, por un choque tan fuerte...

—Sí, sí, de acuerdo; si ya se comprende que está exaltada y lo que sea. Pero eso no es excusado para insultarle a las personas. Y menos a nosotros, que representamos lo que representamos. 150

—Si ya lo sé, si le doy la razón enteramente —le replicaba el otro con voz conciliatoria—; si yo lo único que digo es que es una cosa también muy normal y disculpable el que se pierda el control en estos casos, y más una chica; se tienen los nervios deshechos... 155

—Pero es que nosotros, como usted comprenderá también muy bien, no estamos aquí más que cumplimentando unas órdenes,

12. **bárbaro, -a** *rude, barbarian*   *small fry*
13. **gentuza** *people of no account,*

las instrucciones adecuadas a lo que está dispuesto con arreglo
a este caso que ha surgido, y ya es bastante la responsabilidad
que llevamos encima, sin que tengamos además necesidad de que 160
nos vengan a faltarnos de la manera que lo ha efectuado esta
señorita.

—Nada, si estamos conformes, ¿qué me va usted a decir?; no
era más que pedirles un poquito de benevolencia,[14] que se hagan
ustedes cargo de la impresión que ha recibido, y que no se halla 165
en condiciones de medir lo que dice. De eso se trata nada más,
de que por una vez podían ustedes disculparla y no tomárselo
en cuenta.

—Sí, si claro que nos hacemos el cargo, a ver; pero es que todo
esto, mire usted, todo esto son cosas muy serias, como usted muy 170
bien sabe, que la gente no se da cuenta la mayoría de las veces
lo serias que son, y de que uno está aquí cumpliendo unas funciones; y cuando a uno lo han puesto, pues será por algo, ¿o no?
Así es que luego vienen aquí creyéndose que esto es algún juego,
¿no es verdad? y claro, no saben que lo que están cometiendo 175
es un Delito;[15] un Delito penado por el Código, ni más ni menos,
eso es. Conque dígame usted si podemos nosotros andar con
tonterías...

Ya volvía a guardarse la libreta:

—Que pase por esta vez. Y para otra ya lo sabe. Hay que medir 180
un poco más las palabras que se profieren por la boca. Que el
simple motivo del acaloramiento[16] tampoco es disculpa para poder decir una persona lo que quiera. Así que ya están informados.

—Hale ya —intervenía el otro guardia—; ahora retírense de aquí
todo el mundo y tengamos la fiesta en paz. Andando.   185

—Regresen a sus puestos cada uno —dijo el primero—, tengan
la bondad. Y mantengan la debida compostura, de aquí en adelante, y el respeto que está mandado guardar a los restos mortales,
asimismo como a las personas que representan a la Autoridad.[17]
Que el señor Juez ya no puede tardar mucho rato en personarse. 190

Se retiraron y formaban un corrillo cerca de Tito. Ya Mely se
había calmado.

---

14. **benevolencia** *benevolence, kind-*
ness
15. **delito** *crime, transgression of a*

law
16. **acaloramiento** *ardor, excitement*
17. **Autoridad** *authority*

—Son los que se tiraron a por ella —explicaba en voz baja Sebastián—. Hicieron lo que podían, pero ya era tarde.

Daniel se había sentado junto a Tito, en la arena. De nuevo sonaron pasos en las tablas; volvía Josemari.

—Nos habíamos metido por la cosa de enjuagarnos —continuaba Sebas—, quitarnos la tierra que teníamos encima; nada, entrar y salir; fue ella misma en quejarse y que estaba a disgusto con tanta tierra encima —se cogía la frente con las manos crispadas—; ¡y tuve que ser yo la mala sombra de ocurrírseme la idea! Es que es para renegarse,[18] Miguel, cada vez que lo pienso... Te digo que dan ganas de pegarse uno mismo con una piedra en la cabeza, te lo juro... —hizo una pausa y después concluía en un tono apagado—. En fin, a ver si viene ya ese Juez.

Todos callaban en el corro, mirando hacia el agua, hacia las luces lejanas y dispersas. Ya Josemari había llegado hasta los suyos, de vuelta del teléfono:

—Ya está arreglado —les dijo—. Sencillamente que volvemos tarde, yo no he querido decir nada, que se nos ha escapado el último tren. No he querido meterme en dibujos de andarles contando nada de esto, no siendo que se alarmen tontamente.

—Bien hecho. Ya sabes cómo son en las familias; basta con mencionarles la palabra «ahogado», que en seguida se ponen a pensar y a hacer conjeturas[19] estúpidas, y ya no hay quien les quite los temores, hasta verte la cara. Mañana se les cuenta.

—¿Y todos esos?

—Acaban de venir; otros amigos de la chica, por lo visto.

Ya.

Los guardias paseaban nuevamente.

—Cerca han andado de armarla otra vez, cuando estabas llamando.

—¿Pues?

Nada, que se les insolentó una de las chicas a los beneméritos;[20] porque no la dejaban destapar la muerta, para verle la cara. Se les ocurre agarrarla por un brazo, y, ¡chico!, que se les revolvió como una pantera; unos insultos, oye, que ya los guardias tiran

---

18. **renegar**   *to detest, abhor oneself*   20. **benemérito**   *meritorious, worthy*
19. **conjetura**   *conjecture, guess*

de libreta, empeñados en tomarla el nombre, si éste no llega a
intervenir y los convence a pura diplomacia.

—Demasiado a rajatabla quieren llevarlo. También hay que   230
darse cuenta de que la gente no puede ser de piedra, como ellos
pretenden.

—Hombre, pues no es ningún plato de gusto, tampoco, el que
a ellos les cae —decía el de la armónica—. Ellos son los primeros
que les toca fastidiarse por narices. Comprenderás que menuda   235
papeleta tener que montarle la guardia a un cadáver, aquí aguan-
tando mecha hasta el final, y con el sueldo que ganan. Vosotros
diréis.

—Sí, eso también es cierto, claro. Oye, ¿os quedan pitillos?

Los otros se habían sentado casi todos. Sólo Miguel y Fernando   240
quedaban en pie. Zacarías, al lado de Mely, miraba las sombras
a la luz de la luna; sus manos enredaban con la arena.

—¡Me parece mentira! —decía Fernando—; es que son cosas
que uno no acierta a persuadirse de que hayan sucedido. Y lo
tengo ahí delante, lo veo, sé que sí, pero no me percato, no me   245
parece lo que es; no me acaba de entrar en la cabeza.

Miguel no dijo nada. Zacarías levantaba la mano y dejaba escurrirse la arena entre sus dedos. Veía la luz de una cerilla en el grupo
de los cinco estudiantes; se la iban pasando uno a otro, encen-
diendo los pitillos.   250

Preguntas

1. ¿Quién entraba?
2. ¿Qué sucede?
3. ¿Con quién quiere hablar Daniel?
4. ¿Qué hizo Mely?
5. ¿Qué ha pasado en el río?
6. ¿A quién detuvo Zacarías? ¿Por qué?
7. ¿Quiénes se marcharon camino del río?
8. ¿Cómo se llamaba la chica que se ahogó?
9. ¿Cómo era la chica que se había ahogado?
10. ¿Qué hizo Mely cuando llegó junto al cuerpo de la ahogada?
11. ¿Qué hicieron los guardias civiles a Mely?
12. ¿Qué sucedió entre los guardias civiles y Mely?
13. ¿Qué trataba de hacer el estudiante de medicina?

14. Según Sebas, ¿por qué se habían metido en el río?
15. ¿Qué dijo Josemari por teléfono? ¿Por qué?
16. ¿Qué dicen los del grupo que hizo la chica cuando los guardias la agarraron por el brazo?
17. ¿Quiénes eran los beneméritos?

Temas

1. Hable del estilo de Rafael Sánchez Ferlosio.
2. Explique que importancia tiene *El Jarama* en la literatura contemporánea española.
3. Describa el carácter de Mely según Ud. la ve en sus acciones y palabras.
4. ¿Cuál es la actitud de los guardias civiles en la narración?

Luis Martín Santos (1924–1964)

Nacido en Marruecos, se doctoró[1] en medicina en la universidad de Madrid en 1947, pasando en 1951 a dirigir el Sanatorio Siquiátrico de San Sebastián. En 1964, a los 40 años de edad, muere en un accidente automovilístico en Vitoria. Autor de los ensayos médicos *Dithey, Jaspers y la comprensión del enfermo mental* (1955) y *Libertad, temporalidad[2] y transferencia en el psicoanálisis existencial* (1964), la obra literaria de Martín Santos comenzará con la novela *Tiempo de silencio*[3] (1962) y terminará con *Tiempo de destrucción* (1975), novela póstuma[4] inacabada.[5] No obstante lo corto de su producción, la influencia de la obra de Martín Santos es muy importante en la novelística española contemporánea.

Ya para fines de la década de los 50 se empieza a observar un cambio tanto de orientación como de forma en el realismo social objetivo que había dominado esa década; pero no será hasta la publicación de *Tiempo de silencio* que se dará el golpe de gracia[6] a esa tendencia. Con esa novela Luis Martín Santos abrirá nuevos campos a la novelística española. La impersonalidad objetiva de la novela anterior sustituida por la subjetividad crítica. Alejándose del simple testimonio del hecho inmediato, el autor se lanzará críticamente al estudio socio-político-económico de la situación española. El propio Luis Martín dio el nombre de «realismo-dialéctico» a esta tendencia. Utilizando sus conocimientos de siquiatría, Martín Santos se adentra en los distintos estratos[7] de la sociedad

1. *to receive the doctorate*
2. *temporality*
3. ***Tiempo de silencio*** *Period of silence*
4. *published after the author's death*
5. *unfinished*
6. **golpe de gracia** *will terminate*
7. *layers*

Luís Martín Santos

española, creando una excelente perspectiva desde la cual analiza y ataca fuertemente las distintas actitudes y vivencias que en ellos existen. No se trata solamente de un deseo de reivindicación social, sino de mucho más, de un análisis más profundo de los problemas españoles, entre ellos, y no el de menor importancia, la incapacidad para aceptar todo lo que sea nuevo, especialmente en el campo de la ciencia, lo que hizo que un crítico se refiriera a la obra como «una cura siquiátrica de España».

En la obra un joven investigador médico, tratando de ayudar a un conocido y de salvar una vida, se ve, siendo inocente, envuelto en un aborto[8] que cuesta la vida a una chica. Es llevado a la cárcel y aunque después se le deja en libertad al probarse que no ha participado en los hechos, como consecuencia de los prejuicios[9] y egoismo de la sociedad que le rodea,[10] tanto su carrera de investigador como su vida privada quedan deshechas injustamente.

A continuación ofrecemos unas páginas de *Tiempo de silencio*.

8. *abortion*   10. **rodear**   *to surround*
9. *prejudice*

De TIEMPO DE SILENCIO

—Bueno, ya está todo arreglado —le dijo el sonriente policía de ojos verdedorados.

—¿Cómo?

—Sí. Todo aclarado. Gracias a la vieja. Puede darle las gracias.

—¿Todo? 5

—Sí. Ahora le devolveremos sus cosas y queda usted en libertad. Y ante la mirada atónita e incrédula:

—Sí. En libertad, en libertad... Mire lo que hago con su confesión —y desgarró ante sus ojos en dos mitades largas el papel que había firmado unas horas antes—. ¡Se acabó! 10

Luego se echó a reír.

—Ustedes, los inteligentes, son siempre los más torpes. Nunca puedo explicarme por qué precisamente ustedes, los hombres que tienen una cultura y una educación, han de ser los que más se dejan enredar. Se defiende mucho mejor un ratero[1] cualquiera, 15 un pobre hombre, un imbécil, el más mínimo chorizo que no ustedes. Si no es por esa mujer, lo iba usted a haber pasado mal, se lo digo yo.

—Entonces...

—Sí. Todo está aclarado. 20

—Es lo que yo le había dicho: que a mí me habían llamado cuando ya estaba hecho el mal. No hubo nada que hacer.

—Sí. Ésa es la historia. ¿Pero quién iba a creérsela con la cantidad de tonterías que hizo usted luego? ¿A quién se le ocurre no dar parte? ¿Y sobre todo, a quién se le ocurre esconderse? ¿Y 25 dónde? ¿Dónde fue usted a esconderse? ¿No se le ocurrió otro sitio?

—Estaba asustado.

—Sí. Pero eso no le disculpa. No pudo ser más torpe. No comprendo por qué. No llego a comprenderlo. Cuanto más inteligen- 30 tes son ustedes más niñerías hacen. No hay quien lo entienda.

1. **ratero** *pickpocket*

—Entonces, ¿puedo irme?

—¿No lo cree todavía, verdad? —dijo el policía echándose a reír de nuevo—. Se debe pasar muy mal ahí abajo. Salen ustedes destrozados. Mucho peor que los chorizos. No tienen aguante. 35

—Me voy, entonces...

—Espere. Ahí llegan sus cosas.

De un gran sobre de papel estraza comenzó a sacar papeles, dinero, cartas, fotografías..., varios objetos que Pedro llevaba encima y otros que habían debido coger en su domicilio. 40

—Ahí está todo. Firme el recibo.

Pedro fue metiendo en sus bolsillos los papeles. Con movimientos torpes y mirada extraviada de miope. Se pasó las manos por la cara. Los cañones de la barba le rasparon. Imaginó un baño y un barbero. Luego se le ocurrió: 45

—¿Y tienen al que lo hizo?

—Ahí abajo está. Con el papá de la criatura,[2] que tampoco es mal pájaro. A ésos se les ha caído el pelo.[3] Pero usted, por favor, no vuelva a asistir a urgencias de ese tipo. No haga más tonterías, a trabajar, a divertirse. Deje usted tranquilos a los de las chabo- 50
las[4] que ellos ya se las arreglan solitos.

Pedro se levantó y fue a salir. Por la puerta del despacho a lo largo del estrecho pasillo, pasaban una serie de jóvenes con aspecto de enfermos. Las escasas barbas crecidas les daban un inequívoco aspecto. 55

Ya se iba hacia la puerta del extremo del pasillo, por donde su instinto le indicaba que debía ser la calle, cuando lo llamó otra vez:

—Y conste, que si hubiera querido, lo empaqueto. Hay un delito de encubrimiento, que casi puede decirse que es complicidad..., 60
pero le creo: Me ha caído usted simpático.[5]

—Gracias, muchas gracias —se vio obligado a decir Pedro.

—De nada, hombre, de nada. Y, por cierto, me olvidaba. Ahí mismo le esperan. En la habitación de al lado —le guiñó un ojo, al tiempo que le alargaba[6] la mano—. Es muy guapa. Enhora- 65
buena.[7] —Y volviendo a reír otra vez, se perdió por el pasillo en dirección opuesta.

2. **criatura** _baby_
3. **pelo** _hair_
4. **chabola** _miserable hut_

5. **simpático** _nice_
6. **alargar** _to extend_
7. **Enhorabuena** _congratulation_

En una estrechísima sala de espera, donde sólo cabía un banco
y sobre él tres personas, le esperaba Dorita con Matías. La belleza
de Dorita le sorprendió como si la viera por primera vez. No había   70
pensado en ella desde el momento en que Similiano le hizo oír
su voz. Los grandes ojos de Dorita, parpadeaban[8] ciegos de lágrimas. Sus labios se encontraron con fuerza. Se sintió poseído por
la violencia de este amor olvidado: «Te quiero», «Te quiero», decía
Dorita con voz ronca cuando sus labios se despegaban.[9] Matías,   75
confuso, miraba por la ventana hacia la estrecha calleja. «Amor
mío», le cogía la nuca con sus manos, apoyaba todo su cuerpo
contra él. Pedro, no podía —tan pronto— reconocer como mujer
lo que tenía en sus brazos. «¿Cómo estás?», «¿Has sufrido mucho»?.
No podía devolverle las caricias. En los labios, al besar, sólo sentía   80
la dureza de los dientes que podían hacerle hasta sangre, pero
no darle voluptuosidad. La voluptuosidad no tenía importancia.
«Te quiero». Ella se estremecía, temblaba, oscilaba[10] con todo el
cuerpo a su alrededor, se le apretaba otra vez, lloraba, reía. «Me
quiere», pensó Pedro. «No cabe duda que me quiere».   85
    —Bueno, bueno. Ya está todo arreglado —explicó Matías—.
Todo arreglado—. Parecía haber hablado él también con el policía. —Se acabaron las tonterías. ¡Qué ratos nos has hecho pasar!
¿Sabes? Ya te tenía buscado un abogado, un abogado estupendo,
un amigo mío... pero, chico, era pesimista. Has hecho tantas ton-   90
terías. Al fin, sin que hiciéramos nada, todo se arregló.
    Abrazó a Matías también. Tras la explosión, Dorita había que-
dado en silencio, tranquila, cogida de su brazo.
    —¡Vámonos! ¡Vámonos de aquí! —le entró el ansia[11] de re-
pente. Eran sus primeras palabras.   95
    Riendo, de prisa, dando saltos, bajaron las escaleras. Al llegar
a la calle el sol le deslumbró.[12] Pasaban autos y autos y autos.
Sonaban bocinas,[13] cláxones, timbres de bicicleta, escapes de
motos. Pasaba gente, gente, gente con un rostro indiferente como
si nunca hubieran llegado a sentir la enorme ventaja de tener sobre   100
sus cabezas aquel cielo con pequeñas nubes blancas, inmóviles
en apariencia pero que se desplazan,[14] se deforman[15] lentamente,

---

8. **parpadear** *to blink, wink*   12. **deslumbrar** *to dazzle*
9. **despegaban** *to speak*   13. **bocina** *born*
10. **oscilar** *to oscillate*   14. **desplazar** *to displace*
11. **ansia** *anxiety*   15. **deformar** *to change shape*

marchan hacia lo lejos, vienen de lo lejos. Un limpiabotas[16] pasó con su caja negra en la mano y la visión de este personaje cotidiano, que se encaminaba sin prisa hacia su problemática clientela, 105 le humedeció los ojos. «¡Limpia!», gritó el hombrecillo que había advertido su mirada fija, pero Dorita y Matías lo arrastraron hacia un taxi que pasaba y se lo llevaron a la pensión,[17] donde la madre y la abuela le esperaban con un gesto entre alegre y reprobatorio. Matías lo dejó entregado a las abluciones, al baño purifi- 110 cador, a la buena cama, a las sábanas limpias, a las caricias apenas encubiertas de Dorita.

—Vendré a buscarte mañana. Estás invitado a cenar conmigo.

Que la ciencia más que ninguna de las otras actividades de la humanidad ha modificado la vida del hombre sobre la tierra es 115 tenido por verdad indubitable. Que la ciencia es una palanca[18] liberadora de las infinitas alienaciones que le impiden adecuar su existencia concreta a su esencia libre, tampoco es dudado por nadie. Que los gloriosos protagonistas[19] de la carrera innumerable han de ser tenidos por ciudadanos de primera o al menos 120 por sujetos no despreciables ni baladíes, todo lo más ligeramente cursis,[20] pero siempre dignos y cabales, es algo que debe considerarse perfectamente establecido.

A partir de estas sencillas premisas[21] puede deducirse la necesidad de establecer en cada hormiguero humano[22] un a modo de 125 reloj en movimiento incesante o de mecanismo indefinidamente perfectible dentro de cuyos engranajes, el esfuerzo de cada uno de aquellas varones meritorios vaya encasillado de modo armonioso para que —como consecuencia de todos deseada— se logre un máximum de rendimiento y de disfrute: de poder sobre los 130 entes naturales, de conocimiento de las causas de las cosas.

Preguntas

1. ¿Dónde y de qué se doctoró Luis Martín Santos?
2. ¿Qué cambios se empiezan a observar en el realismo objetivo a fines de la década de los 50?

16. **limpiabotas** *bootblack*
17. **pensión** *boarding-house*
18. **palanca** *crowbar*
19. **protagonista** *hero*

20. **cursis** *in bad taste*
21. **premisa** *indication*
22. **hormiguero humano** *swarm of people*

3. ¿Qué obra da el golpe de gracia al realismo social objetivo?
4. ¿Cómo se sustituye la impersonalidad del realismo social objetivo?
5. ¿A qué se lanzará el autor?
6. ¿Cómo muere Martín Santos?
7. ¿Mas que de un deseo de reivindicación social, de qué trata la nueva tendencia?
8. ¿Cuál es la trama de *Tiempo de silencio*?
9. ¿Cómo quedan la carrera y la vida privada del joven médico a pesar de demostrarse su inocencia? ¿Por qué?
10. ¿Qué dijo el policía de los ojos verdedorados?
11. ¿Gracias a quién estaba todo aclarado?
12. ¿Qué hizo el policía con la confesión?
13. ¿Por qué Pedro se había escondido?
14. ¿Qué comenzó a sacar de un gran sobre de papel el policía?
15. ¿Tienen ya al que cometió el delito?
16. ¿Quiénes esperaban a Pedro en la sala de espera?
17. ¿Qué la decía Dorita a su prometido?
18. ¿Cómo lo esperaban en la pensión la madre y la abuela?
19. ¿Qué le dijo Martín al partir?

Temas

1. Diga la diferencia que existe entre la novela de los años 50 y la de los años 60.
2. Explique como Luis Martín Santos usa sus conocimientos de siquiatría en su obra.
3. En opinión del autor, como demuestra el español su incapacidad para aceptar cambios.

Juan Goytisolo (1931–   )

Nació Juan Goytisolo en Barcelona. En 1956 se marchó voluntariamente al exilio[1] en París, a causa de su oposición al gobierno de Franco.[2].

Sin lugar a dudas uno de los más importantes escritores contemporáneos españoles, la producción de Juan Goytisolo ha sido extremadamente fecunda,[3] abarcando la misma distintos géneros literarios. Publica su primera novela *Juegos de manos* en 1954, a la edad de 23 años, siguiendo a continuación *Duelo en el paraíso* (1955), la trilogía titulada *El mañana efímero*[4] compuesta por *Fiestas* (1957), *El circo* (1957) y *La resaca* (1958). Después de la trilogía continúa con *La isla* (1961), *Señas de identidad* (1966), *Reivindicación*[5] *del Conde Julián* (1970), *Juan sin tierra* (1975), *Makbara* (1980), *Paisajes*[6] *después de la batalla* (1982), *Coto vedado*[7] (1985), —obra en la que el autor, a través del protagonista narra la primera etapa de su vida—. Y por último *En los reinos de taifa*[8] (1986). Ha escrito Goytisolo también los libros de relatos *Para vivir aquí* (1960) y *Fin de fiesta* (1962); las obras de testimonio documental *Campos de Níjar* (1959) y *La Chanca* (1962); las colecciones de ensayos *El furgón de cola* (1967), *Disidencias* (1977), *Libertad, libertad, libertad* (1978) y *Crónicas sarracenas* (1982); y ha editado y escrito el prólogo de *Obra inglesa* (1972) del escritor Blanco White. En 1985 un jurado internacional otor-

1. **exilar(se)**   *to be exiled*
2. *Franco's government*
3. *fertile*
4. *short-lived*
5. *vindication*

6. *landscape*
7. **coto vedado**   *enclosed pasture where hunting is forbidden*
8. *faction*

Juan Goytisolo
PHOTO BY NÉSTOR ALMENDRO

gó a Juan Goytisolo el prestigioso premio Europalia por el conjunto de su obra.

Según algunos críticos, en la obra de Goytisolo pueden observarse distintos períodos, el primero que pudiera abarcar *Juegos de manos* y *Duelo en el paraíso* en que la narración aparece fuertemente impregnada de una visión poética subjetiva. El segundo formado por la trilogía *El mañana efímero*, de contenido político en que las obras están escritas dentro de un realismo tradicional, pero con autor omnisciente.[9] Esa novela política dejará el paso en *La isla* y *Fin de fiestas* a novelas comprometidas[10] de protesta social, cayendo dentro de la tendencia del realismo social objetivo, aunque hay que aclarar que en Goytisolo siempre se manifestará un fuerte subjetivismo, aún en la narrativa de esa época. Por último, y en ello están de acuerdo todos los críticos, aparecerá un nuevo período a partir de *Señas de identidad*. En esta obra el autor hace un reajuste[11] de su actitud, a consecuencia de haber hecho una revalorización[12] de la efectividad del

9. *all knowing, omniscient*   11. *readjustment*
10. **comprometer** *to bind oneself*   12. *reevaluation*

realismo social, al que tanto él como otros escritores coetáneos[13] pertenecían, llegando a decir Goytisolo: «Supedi-
tando[14] el arte a la política rendíamos un flaco servicio a
ambas: políticamente ineficaces, nuestras obras eran, para
colmo, literariamente mediocres; creyendo hacer literatura
política no hacíamos ni una cosa ni otra».

Alejándose del realismo social, la narrativa de Juan Goytisolo se enriquecerá con el uso de nuevas técnicas de novelar,
recibiendo muchas de ellas desde América, a través del
«boom» de la novela hispanoamericana. En *Señas de identidad* y en sus obras posteriores, Goytisolo usará frecuentemente el fluir de la conciencia,[15] monólogos interiores, «flash
backs», distintos planos temporales y espaciales,[16] no se
hace uso de la signos de puntuación, un personaje usa las
tres personas gramaticales, «yo», «tú», «él», para designarse
a si mismo,[17] etc. La narrativa de Goytisolo evolucionará
hasta una forma extrema experimental que traslucirá[18] el
deseo del autor de destruir todo lo tradicional y conservador
de España, «la España sagrada», de la que se siente totalmente
enajenado.[19]

En *Señas de identidad* Alvaro Mendiola, convaleciente de
un grave ataque cardiaco, regresa a España después de 10
años de exilio voluntario. Usando cartas, fotos y entrevistas
recuerda los acontecimientos ocurridos en España, desde
antes de la guerra civil, cuando era un niño, hasta el año 1963
en que comienza la trama de la novela, y la forma negativa
en que dichos acontecimientos afectaron su vida y las vidas
de las personas que le rodeaban.

El siguiente fragmento pertenece a *Señas de identidad*.

---

13. *contemporary*
14. **supeditar**   *to subjugate*
15. **fluir de la conciencia**   *stream-of-
consciousness   a narrative technique
that mixes all levels of awareness—
sensations, thoughts, memories, asso-
ciations, reflections—into one flow.*
16. **distintos… espaciales**   *the action*
*takes place simultaneously in different
times and places.*
17. *Possibly the best example of this
technique is found in the novel **La
muerte de Artemio Cruz** by Mexican
author Carlos Fuentes.*
18. *to be evident*
19. *alien*

De SEÑAS DE IDENTIDAD

(¿A quién diablos se le ocurre leer en esa estepa?)[1]
El edificio tiene dos pisos, con un balcón circular sostenido por
ménsulas de piedra labrada. Las persianas corridas. El portal
cerrado. Inútilmente golpeas con el picaporte.[2]
—No hay nadie —dice un vecino.   5
—¿A qué hora abren?
—No hay hora fija.
El hombre escudriña las encías[3] con un palillo y te contempla
de pies a cabeza con moderada curiosidad.
—¿Es usté el nuevo maestro?   10
—No, señor.
—Como lo esperábamos la semana entrante...
—Andaba de paso y al ver el letrero[4] creí que estaba abierta.
—Casi nunca abren —dice el hombre—. Pero, si le interesa
visitarla, yo sé quién tiene la llave.   15
—No quisiera molestar.
—No molesta. Es una parienta mía. Vive a dos pasos de aquí.
Varios chiquillos os observan hilando baba. El vecino se encara
con ellos y pone una mano sobre la cabeza del más alto.
—¿Sabes dónde vive la Julia?   20
—¿Qué Julia?
—La que tiene la tienda de alpargatas en el portillo.
—Sí, señor.
—Anda, ve corriendo y dile que te dé la llave de la biblioteca,
que un señor la quiere visitar.   25
El niño sale disparado.[5] Tú agradeces al vecino con una son-
risa.
—La hija de la Julia se encarga de la limpieza, de quitar el polvo,
de abrir las ventanas...

---

1. **estepa** *barren plain*   4. **letrero** *placard, poster*
2. **picaporte** *door knocker*   5. **disparar** *to go off, rush*
3. **encía** *gum (of the mouth)*

—¿Todos los días?   30

—Ca, en navidad y en verano... Cuando viene el inspector provincial.

—Entre tanto, ¿no abren?

—No, señor. A menos que no se presente algún forastero[6] como usté. —El vecino parece reflexionar—: El año pasado vino   35 un estudiante de Madrid.

Ocho o diez chiquillos os rodean ahora, atentos a la conversación. Algunos cuchichean entre sí y van a informar a los clientes del bar. El niño del recado regresa al cabo de unos instantes.

—La Julia se ha ido.   40

—¿Dónde?

—Se fue a Granada y no vuelve hasta el martes.

—¿Y la hija?

—Tampoco está.

—¿Con quién hablaste?   45

—Con el Perico.

El vecino se cruza de brazos. Algunos curiosos se han arrimado a oír y asisten a la escena en silencio.

—La hija de la Julia está con su cuñada —dice uno—. Las vi juntas hace media hora.   50

—¿En qué sitio?

—En el almacén de granos.

—Anda, ve a buscarla —dice el vecino al niño—. Dile que te entregue la llave.

—No merece la pena —protestas tú.   55

—Que no, hombre, que no es molestia. El chico va en seguidita.[7]

Cuando el niño se ausenta el número de curiosos aumenta aún. Pronto son veinte, veinticinco, treinta. Los chiquillos dicen «es un franchute», los adultos te observan como si aguardaran de ti un discurso. Un cura de sotana mugrienta atraviesa la plaza y te   60 examina de reojo.[8] Antes de desaparecer de tu campo visual le ves echar un párrafo[9] con uno de los niños y por la dirección de sus miradas, adivinas que hablan de ti.

—¿De dónde es usté si no es mucha pregunta? —dice el vecino.

—De Barcelona.   65

---

6. **forastero** *stranger*   8. **reojo** *to look askance*
7. **en seguidita** *immediately*   9. **párrafo** *paragraph*

—El coche ése, ¿es francés?

—Sí.

—Como veía la «F» en la matrícula...

Los hombres estrechan lentamente su cerco. La palabra Francia corre de boca en boca. Algunos preguntan si los patronos de allá 70 dan trabajo. (Es la historia de siempre y, pese a la costumbre, los colores te suben a la cara.)

El niño vuelve otra vez jadeando.

—Dice que la llave la tiene su madre.

—¿No me dijiste que se fue a Granada? 75

—Sí.

—¿Y la llave?

—Se la llevó con ella.

Hay un silencio. Los curiosos permanecen a la expectativa,[10] al acecho[11] de tu reacción. Son cuarenta ahora, quizá cincuenta. 80 Los recién llegados preguntan qué ocurre y oyes en sordina[12] «Barcelona», «biblioteca», «Francia».

—Vamos a ver. ¿Qué pasa?

La voz es categórica y el concurso[13] se desgaja[14] para abrir camino a un número de la guardia civil: bigote, gafas oscuras, 85 tricornio, guerrera sucia, pantalón remendado.[15]

—Nada —dice el vecino—. Este señor quería ver la biblioteca y, como la Julia no está, envié al chaval por la llave.

—¿Quién quiere ver la biblioteca?, ¿usté?

—Sí, señor. 90

—Su carné de identidad, por favor.

El público parece haber suspendido la respiración, pendiente únicamente de tus gestos. El sol cae a plomo sobre vosotros.

—No tengo carné, tengo pasaporte.

—¿Es usté extranjero? 95

—No, señor.

—Entonces, ¿por qué no tiene carné?

—Porque vivo fuera.

—Y, ¿por qué vive fuera?

—Por razones personales. 100

—A ver. Su pasaporte.

---

10. **expectativa** *expectation*
11. **acecho** *in waiting*
12. **sordina** *quietly*

13. **concurso** *confluence of persons*
14. **desgajar** *to be separated*
15. **remendado** *mended, patched*

El guardia lo examina receloso y pasa las páginas una a una con cauta morosidad.

—El sello éste, ¿de dónde es?

—Alemán.   105

—¿Y este otro?

—Holandés.

—¿En qué trabaja usté?

—Soy fotógrafo.

—¿Desde cuándo para en España?   110

—Mire acá... Comisaría de Policía de La Junquera... Dos de agosto.

—Ah, ya... ¿Tiene usté familia por esta parte?

—No, señor.

—¿Turismo?   115

—Sí, turismo.

—¿Y dice que quería ver la biblioteca?

—Simple curiosidad.

—Está cerrada.

—Ya me han dicho.   120

El guardia te devuelve el pasaporte. Sus rasgos toscos se contraen hasta forzar una sonrisa.

—Son preguntas de trámite,[16] ¿comprende usté?

Los hombres siguen al acecho de tus labios. Tu silencio los defrauda[17] sin duda.   125

—Hay que ir con mucho ojo, ¿me explico? Nosotros no sabemos qué clase de gente nos viene de fuera ni qué propósito se traen entre manos... —Su expresión es ahora cordial—: En fin, usté comprende... Ande, vaya usté con Dios.

—Muchas gracias.   130

—Que tenga usté buen viaje.

Cuando el guardia se va el concurso se dispersa poco a poco. Los niños prosiguen sus juegos. Los hombres se refugian en el bar.

Cruzas la plaza y te diriges al coche. El sol luce todavía robusto sobre las casas encaladas del pueblo. Una golondrina rasga ágil- 135
mente el espacio y, con indolencia esbelta, se esconde en el alero del tejado de la biblioteca municipal.

(La biblioteca seguía probablemente cerrada y las encuestas sociológicas dormían en tu carpeta como consecuencia del rodaje

16. **trámite**   *step, proceeding*   17. **defraudar**   *to rob of, defraud*

interrumpido del documental y la confiscación de la película por 140
las autoridades de Yeste. Enrique vivía el fervor y drama de la
Revolución en Cuba y, como en el pasado, soñabas ocioso en el
difuso atardecer del jardín, tumbado en una gandula, a la sombra
propicia de los árboles.)

Y así sucesivamente hasta que en 1950 nos marchamos de 145
Tarrasa y así sucesivamente pasamos algunas calamidades
hasta llegar a Gerona y el niño que había hacido en Tarrasa
nos hizo compañía hasta Gerona adonde sacamos los pasa-
portes para marchamos a Francia y en llegando a Figueras
el pobre cayó enfermo con visita de médico y nos dijo que 150
aquello no era nada así por la mañana siguiente cogimos el
autobús y fuimos a la primera capital francesa que tiene el
nombre de Perpiñán y fuimos derecho al depot de migración
y este niño fue visitado por un médico francés muy bueno y
muy simpático y muy inteligente y al visitarle este médico 155
dijo que no tenía cura
y entonces fuimos al Cónsolo español y el secretario dijo yo
pagaré el viaje y lo lleváis a España pero la compañía no nos
quiso dar billete porque este niño no está en condiciones y
de la estación fuimos otra vez al depot de migración 160
y entonces me presenté otra vez en el Cónsolo español y el
secretario viendo de la forma que padecía este niño dijo que no
podía hacer nada pero en aquellos momentos salió el Cónsolo
general que había venido de Norte América y en seguida dijo
este niño rápidamente que se le hagan los papeles para entrar 165
en el hospital y que no vuelva a ocurrir más esta injusticia
porque yo soy español y llevo 20 años de Cónsolo en América
y que rápidamente este niño que se le haga una taza de caldo
pero en llegando al hospital en seguida se me puso negro
y una hora más tarde el pobre niño murió nosotros fuimos otra 170
vez al Cónsolo y dijimos su padre y su madre con el disgusto
que cogimos el único hijo que era de Tarrasa lo tenemos que
dejar en Perpiñán y el Cónsolo dijo paciencia por su hijo que
este Cónsolo sabe cumplir con los hijos de la Patria
y le hizo un entierro de lo mejor que había y jamás olvidaré 175
Perpiñán porque ni la gente de armas ni la de las autoridades
francesas nos faltó en nada y con aquel respeto y aquel cariño

que nos hacen bien nos fuimos dando un fuerte abrazo a Perpiñán y a todos sus vecinos.

Preguntas

1. ¿Por qué y dónde se exilió Juan Goytisolo?
2. Nombre algunas de las novelas publicadas por Goytisolo.
3. ¿Qué premio se le otorgó a Goytisolo por el conjunto de su obra?
4. A partir de *Señas de identidad*, ¿qué nuevas técnicas de novelar usará el autor?
5. Al evolucionar su narrativa hasta una forma experimental extrema, ¿qué deseo del autor se traslucirá?
6. ¿Cómo es el paisaje que se ofrece al lector en el fragmento leído?
7. ¿Dónde está el viajero?
8. ¿Cómo es Andalucía y cómo son las casas del pueblo?
9. ¿Para qué recorre el viajero el país?
10. ¿Qué hostiga y atormenta al viajero?
11. ¿Qué atrae la atención del viajero en la calle mayor?
12. ¿Cómo es el edificio?
13. ¿Cuándo abren la biblioteca?
14. ¿A quién esperan en el pueblo la semana entrante?
15. ¿Quién tenía la llave de la biblioteca y dónde estaba?
16. Diga quién hace y cuándo se hace la limpieza de la biblioteca.
17. ¿Cómo supo el vecino que el coche era francés?
18. ¿Qué dice el guardia civil al llegar al grupo, y que hacen los vecinos?
19. ¿Qué le pide el guardia civil al viajero?
20. ¿Por qué ha vivido el viajero fuera de España?

Temas

1. Explique en que consiste el reajuste de la actitud del autor a partir de *Señas de identidad*.
2. De acuerdo con lo leído, diría Ud. que la actitud del guardia civil hacia los vecinos y de estos hacia él demuestra temor, amistad, alegría, odio, o indiferencia, y por qué cree Ud. eso.
3. Según Goytisolo, ¿qué pasó con la «literatura política»?
4. Explique lo que Ud. ha sentido al leer el fragmento de *Señas de identidad*, y por qué ha sentido así.

José María Guelbenzu (1944–   )

Nacido en Madrid, José María Guelbenzu es considerado uno de los mejores escritores de la última promoción española. Inicia su carrera de escritor con la novela *El Mercurio*[1] (1968), que termina finalista en el Premio Biblioteca Breve, ganado ese año por el autor mexicano Carlos Fuentes. A continuación Guelbenzu publicará *Antifaz*[2] (1970), *El pasajero de ultramar*[3] (1976), *La noche en casa* (1977), *El río de la luna* (1981), que gana el Premio de Crítica, y *El esperado* (1984). En *El río de la luna* el experimentalismo de las obras iniciales de Guelbenzu aparece más atenuado,[4] habiendo evolucionado tanto el lenguage como los procedimientos[5] técnicos que usa, pero los temas serán siempre recurrentes: la confusión entre sueño y realidad, lo real y lo imaginado,[6], el laberinto,[7] la crueldad, el egoísmo humano, la soledad y sobre todo la búsqueda inútil de la propia identidad.

La obra, formada por cinco partes que a primera vista parecen desconectadas unas de las otras, resultará un maravilloso rompecabezas,[8] en que a cada pieza corresponderá un lugar exacto.

La trama se desarrolla en un lapsus de tiempo de poco más de veinticuatro horas. Pero dentro de ese tiempo cíclico,[9] el día, la noche, el día, el autor introduce al lector en un tiempo existencial. Con el uso de flash backs y memorias,

1. **Mercurio** *Mercury*
2. *mask*
3. *country overseas*
4. *diluted*
5. *procedure*
6. **lo real y lo imaginado** *the real and the unreal*
7. *labyrinth, maze*
8. *puzzle*
9. *cyclical*

449

José María Guelbenzu
COURTESY OF EDITORIAL SEIX-BARRAL

el protagonista, comenzando desde su niñez, volverá a vivir intensamente los episodios y a recordar a los personajes, especialmente a las mujeres, que han afectado los últimos 30 años de su vida. El desenlace es totalmente inesperado.

Al principio todo esto puede crear confusión en el lector, sobre todo teniendo en cuenta la aparente incongruencia[10] que presentan los cinco capítulos en que está dividida la novela. Pero esta confusión pronto desaparecerá, como dijimos anteriormente, al manifestarse el ajuste perfecto de la trama, de acuerdo con el diseño[11] creado por el autor.

Un aspecto que no debe pasarse por alto es el lenguage, controlado y de gran belleza poética.

10. *incongruence*   11. *outline*

De EL RÍO DE LA LUNA

Teresa se detuvo un momento en el apartamento vecino para
recoger las llaves del coche de Elena, una amiga que veraneaba
con ellos. Eran un matrimonio de Oviedo con tres niños —y el
añadido,[1] esa noche, de la hija de Teresa— propietarios de ambos apartamentos, viejos conocidos al cabo de muchos veranos,   5
lejanamente emparentados[2] ambos maridos. Saludó a todos y
salió corriendo escaleras abajo, pensando peinarse por el camino:
el tiempo había pasado volando mientras hacía el amor con Hugo
y apenas si tuvo tiempo de vestirse precipitadamente, llenar de
besos el rostro huraño de Hugo y comprobar sofocada que ya eran   10
las diez menos diez de la mañana.
   Pensó en su marido mientras enfilaba[3] la carretera, ya en las
afueras del pueblo. Pensó en él aún excitada y casi molesta por
tener que arrancarse tan aprisa de sus brazos. Pensó, ya en camino,
algo más relajada,[4] en los últimos días, los previos a su cita con   15
Fidel. Hugo había estado sumamente irritable y cada vez que
Teresa trataba de disolver sus celos surgía indefectiblemente la
misma pregunta: —¿Y por qué tienes que ir a ver a ese tipo?—
Sonrió para sí como sonreía siempre cada vez que él decía eso.
—Es una historia que ya se acabó hace mucho tiempo, mi amor—,   20
contestaba también invariablemente melosa, paciente y, en el
fondo, halagada. Era efectivamente —pensó ahora— una historia
acabada, pero en la que no podía dejar de pensar con mucho
cariño, como esos objetos que uno nunca deja de colocar en el
aparador de su casa. Teresa pensó que, en realidad, Hugo no temía   25
en absoluto que ella reverdeciera[5] sus amores con Fidel. No. Su
miedo se establecía mucho más cerca: temía, sencillamente, que
se acostara con Fidel.
   Y esto, hasta cierto punto, le irritaba también a ella; en forma
benigna y dulce, pero le irritaba. Teresa había decidido muy clara-   30

1. **añadido** *added*
2. **emparentado**   *related by marriage*
3. **enfilar**   *to direct the course*
4. **relajar**   *to become relaxed*
5. **reverdecer**   *to acquire new freshness and vigor*

mente la fidelidad a Hugo cuando se casaron; era una exigencia de él y la aceptó sin vacilar, sabiendo que Hugo se lo exigiría siempre. Teresa lo deseaba así, por más que tanto le diera ser fiel o infiel; lo deseaba por el mero hecho de querer vivir junto a Hugo toda la vida, si fuera posible. A él no le importaron en absoluto   35
sus antiguos amores; también los había tenido. —Pero —argumentaba vehemente— yo ahora no me estaría a solas un día entero con ninguno de ellos—. A esto, Teresa respondía siempre con una sonrisa pícara.

Por eso le molestaba tanto que él hubiera montado el número   40
en los últimos días. Le molestaba tanto —penso— que merecería una lección. Y de pronto una idea ensombreció sus ojos: —Ojalá que Hugo no acabe haciendo una de las suyas. Decididamente,[6] no le gustó el aspecto de su rostro al despedirla.

A la hora del almuerzo le telefonearía; eso iba a tranquilizarle.   45
Le conocía muy bien.

—¿Qué habrá sido de Fidel? —se preguntó entonces.

Después del almuerzo volvieron a la carretera para buscar un cobijo[7] grato, lejos de la gente. El calor apretaba de firme y les llevo un buen rato encontrar el lugar, una breve extensión de   50
hierba lindando con el agua y protegida a modo de semicírculo por una pequeña formación de eucaliptus, en la margen derecha de la ría. Tuvieron que abandonar el coche bastante más arriba y caminar un buen trecho bajo el sol.

Teresa se había casado cuatro años atrás, justo al cumplir los   55
treinta, dijo, porque de pronto se dio cuenta de que debía hacerlo y aquel hombre, un ingeniero, costarricense como ella, que estudió en los Estados Unidos, era ese hombre con el que una mujer que desea tener un hijo debe casarse. Curiosamente, a Fidel no le sorprendió esa afirmación de Teresa, porque a lo largo de su   60
vida había meditado mucho sobre ella y siempre estuvo seguro de que, en un momento determinado, cuando el ciclo del nomadismo finalizara, contraería matrimonio con un hombre que suponía ni especialmente vivo, ni especialmente joven, ni especialmente imaginativo... y en el que la suma de sus no especialidades   65
crearía un carácter tan poco aventurero como eficazmente[8] activo e impregnado de esa suerte de cariño más ancho que largo,

---

6. **decididamente** *decidedly*   8. **eficazmente** *effectively*
7. **cobijo** *shelter*

más quieto que enamorado, más firme que feliz, que la necesidad de sosiego y la expectativa de un hogar consideran como el modelo óptimo de sociedad familiar. 70

Fidel trataba de imaginar cómo sería la vida de ellos dos. Porque, en cualquier caso, sólo le interesaba en razón a Teresa y, verdaderamente, la mujer que ahora charlaba con él, sentados ambos sobre la hierba fresca a la sombra de los árboles, no le respondía en modo alguno al tipo necesario de mujer casada para 75 una vida como la que su matrimonio prometía. Por eso en Fidel anidaba la sensación de que todo aquello no era sino una ficción,[9] una ficción *vivida*, sin duda, mas definitivamente ajena al ser de Teresa. Y ella, así, se le representaba desdoblada, haciendo una vida que sólo una suma de coincidencias le permitía hacerla, pero 80 sin haber dejado de ser la Teresa que él conoció y que en el encuentro que ahora les reunía mostraba tantos destellos de aquella y tan libremente expuestos. ¿Cómo podía ser con tanta naturalidad aquellas dos personas? Prefirió sospechar que el nexo de unión entre ambas era única y poderosamente su admirable 85 sentido de la ternura.[10] Inesperadamente, a él, el abandonado, se le aparecía ahora Teresa como la viva imagen de la lealtad y, en su confundida certeza, alcanzaba también a ver que esa lealtad, esa fidelidad esencial, no había sido ajena en modo alguno a su antigua relación con él; que incluso en la despedida, aquella 90 despedida tan torturantemente recordada a lo largo de tantos años, fue tal lealtad la que estuvo dramáticamente presente, cierta y tremenda como la propia fuerza de la Naturaleza. Y la intensidad de esta idea le acosó de tal modo que ella detuvo su relato para preguntarle si prefería abandonar aquella conversación. No quiso 95 Fidel, pero a su negativa contribuyó también, como un dolor, la mezcla de inquietud, ansiedad y —muy leve— decepción[11] que intuyó en la mirada de Teresa.

Le mostró la fotografía de su hija, una niñita deliciosa de dos años (—Es ya tan coqueta como tú —contestó él, y ella le miró 100 con cautivadora belleza). La visión de la niña alejó aquel amago de tensión dentro suyo, acarició su buen humor y volvieron a la charla, felices como los pájaros que revoloteaban por la ría. El gesto con que ella buscó la cartera en el bolso, la abrió y extrajo

---

9. **ficción** *invention, tale*
10. **ternura** *tenderness*

11. **decepción** *disappointment, disillusionment*

la fotografía, tuvo la virtud de devolverle por enésima vez a la 105
muchacha morena con la que tanto paseó las calles de la villa en
aquel prodigioso verano de amor.

Por encima de todo, sin embargo, el desasosiego[12] le impedía
acercarse verdaderamente a ella. No podía definirlo como temor,
aunque de algún modo se aproximaba a este sentimiento; tampoco 110
era inquietud ni desconcierto... Ella —Fidel estaba seguro— advertía sin duda, su envaramiento y, hasta cierto punto, Fidel creía
percibirlo en Teresa, si bien como un rebote[13] del suyo. A la
efusión de los primeros momentos iba sobreponiéndose poco a
poco esta casi imperceptible, pero suficiente, sombra de distan- 115
cia que la sensibilidad de ambos, exacerbada especialmente por
el acontecimiento, detectaba con la precisión de un radar elec-
trónico. Y llegaría a ser más fuerte a medida que transcurriera
el tiempo si no le ponía remedio.

Es inseguridad —se dijo de improviso. 120

Estaba preguntándose, justo en ese momento, qué era exactamente lo que buscaba en Teresa, lo que deseaba saber de ella.
Antes de haberla visto sabía que deberían recorrer conjuntamente
con la memoria los días de aquel verano y sabía, sin lugar a dudas,
lo que iba a preguntarle. Ahora, a las pocas horas de estar frente 125
a ella, todo aquel tinglado[14] de preguntas y respuestas posibles
no tenía sentido alguno para él, ni siquiera acudían a su mente
y, al mismo tiempo, tampoco se sentía tan encandilado como para
haberlo olvidado porque estuviera —que no era así— entrando
en comunión con ella, viviendo de nuevo, de otro modo, la 130
fascinación de aquella mujer, el deseo amoroso reinstaurado. Y
por último, empezaba a constatar con creciente aprensión que
el recuerdo de su amor no se agolpaba en torno a ella, pero ella
seguía poseyendo los encantos y la manera de ser que llegaron
a colmarle tan entregada y absolutamente. En aquella convoca- 135
toria estaba faltando el ardor que hasta entonces le había venido
consumiendo, y no sabía, no encontraba modo alguno de invo-
carlo; algo estaba funcionando rematadamente mal y fuera por
completo de su alcance y de sus posibilidades de reacción. Sen-
tíase como una persona con la mente en blanco y la sola presencia 140
de Teresa acuciaba[15] esta actitud hasta la desesperación. Porque

---

12. **desasosiego** *uneasiness*   14. **tinglado** *shed roof*
13. **rebote** *indirectly, rebounding*   15. **acuciar** *to urge, hasten, to covet*

en Teresa, la ternura y el cariño se venían transparentando como gotas de agua.

Era la inseguridad, sí. El poderoso Fidel Euba en quien tanto creía, su muy querido yo, desconocía el terreno que pisaba. Este 145 era el único y auténtico punto de unión con el pasado y con Teresa; el primero que, por fin, afloraba en el encuentro.

Fidel sonrió para sí mismo; reconocer un terreno, aunque fuera tan resbaladizo para él, significaba un momento de reposo, un algo de sí mismo por fin localizado. Tomó cuidadosamente con 150 su mano la mejilla y luego el cuello de Teresa y le confesó que se sentía muy pequeño. Ella le besó. Fidel contestó largamente el beso. Ella le dijo: —No te estás enterando de nada de lo que te digo—; Fidel buscó los cigarrillos y negó con la cabeza. Dijo, con una lenta sonrisa: —Claro que me estoy enterando; lo que 155 sucede es que, además, tengo una estampida[16] de bisontes salvajes recorriéndome la cabeza.

El sol había vuelto a alcanzarles y se vieron obligados a retroceder hacia un extremo del semicírculo. A lo largo de la ría bogaban varios piragüistas haciendo caso omiso del calor reinante, 160 probablemente entrenándose para las regatas de K–4 que se avecinaban. También podían observar desde allí a algunos pescadores aislados, pacientes como los árboles de la orilla. Fidel se tendió de espaldas, en silencio, escuchando los rumores de la tierra y el agua, el canto de las aves y algún grito infantil aislado que, en 165 la distancia, casi sonaba como ellas. Teresa, acompañándole en su silencio, sentada en el suelo con las piernas entrelazadas, se ocupaba en desgranar[17] yerbecillas sobre la falda, el rostro bajo y atento; cuando Fidel la observó, de perfil y a contraluz, vio exactamente a la muchacha de entonces; y permaneció observán- 170 dola tranquila y cuidadosamente hasta que ella, sin volver la cabeza ni alterar su postura, ni dar señal de haberse percatado de su observación, tomó un puñado de briznas del hueco de la falda y se lo arrojó a la cara.

Fidel se incorporó de un solo impulso, giró sobre sí mismo y 175 se situó frente al perfil de Teresa. Encendió otro cigarrillo con la colilla del anterior, aplastó ésta cuidadosamente contra el suelo y dejó que transcurrieran algunos segundos. Luego, volviendo a fumar y como cubriéndose la boca para hablar, dijo:

16. **estampida** *stampede*   17. **desgranar** *to scatter about, thrash*

—Teresa..., cuéntame por qué me dejaste. 180

Las manos de ella se detuvieron sobre la falda. No hizo otro movimiento durante un par de minutos. Comenzó a hablar, aún inclinado el rostro sobre su propio regazo.

—El mismo año en que te conocí a ti, conocí a otro hombre antes que a ti. Yo aún vivía con mi compañero, aunque él se había 185 quedado aquel año en Minnesota y las cosas iban mal. Bueno, conocí a este hombre que te digo aquí, en Madrid; tenía una cicatriz[18] en forma de media luna en la cara. Le amé mucho, pero tuve que dejarle para ir a romper definitivamente con mi compañero. Luego volví, pero más tarde, sabiendo que la historia 190 con aquel hombre también se había terminado, que ya no podía volver a verle. Volví para encontrarme contigo... yo ya lo sabía sin conocerte, no me preguntes cómo. Sencillamente olvidé a aquel hombre, olvidé a mi compañero... y con el tiempo también te dejé a ti. Ya sé que no lo entenderás, pero continuar sin ti era 195 continuar conmigo... de otro modo, sin ti, sin ellos, sin nadie que me esperase de inmediato. —Hizo una pausa antes de continuar—. Era... bueno, una manera de ser.

Preguntas

1. ¿Qué pidió Fidel?
2. ¿Dónde estaban Fidel y Teresa?
3. ¿Cómo era la mañana?
4. ¿Qué le dijo Fidel a Teresa?
5. ¿Qué le contestó ella?
6. ¿Qué hora era cuando Teresa salió de su apartamento?
7. ¿Cómo estaba el rostro de Hugo?
8. ¿Por qué Hugo había estado irritable en los últimos días?
9. ¿Qué temía Hugo que Teresa hiciera?
10. ¿Qué idea ensombreció los ojos de Teresa?
11. ¿Adónde fueron después del almuerzo?
12. ¿Cuántos años antes y por qué Teresa se había casado?
13. ¿Se sorprendió Fidel de la afirmación de Teresa? ¿Por qué?
14. ¿Qué representaba para Fidel el matrimonio de Teresa?
15. ¿Cómo había sido para Fidel durante largos años la despedida de Teresa?

18. **cicatriz** *scar*

16. ¿Qué le devolvió a Fidel el gesto con que ella buscó la cartera para enseñarle el retrato de su hijita?
17. ¿Qué iba sobreponiéndose a la efusión de los primeros momentos?
18. ¿Qué estaba faltando en aquella convocatoria?
19. ¿Cómo se sentía Fidel?
20. ¿A quién vio Fidel cuando observó a Teresa de perfil a contra luz? ¿Qué le pidió que le contara?
21. ¿Qué significaba para Teresa continuar sin nadie que la esperase?

Temas

1. Hable de los temas recurrentes en la obra de José María Guelbenzu.
2. Diga en que parte de esta selección aparece la idea de la propia identidad.
3. ¿Qué conceptos del tiempo usa el autor en su novela y por qué los usa?
4. Explique que técnicas narrativas está usando el autor en este fragmento y por qué cree Ud. que lo hace.
5. Diga la razón de la inseguridad de Fidel Euba.
6. Puede Ud. señalar alguna otra obra en que se usen las técnicas narrativas que se usan en ésta.

Debate

¿Qué efecto tienen en el lector las técnicas literarias que usa Guelbenzu en *El río de la luna*?

Carmen Riera (1949–   )

Entre los últimos productos de la literatura española, uno
de los más distinguidos es Carmen Riera. Nacida en Mallorca,
vive en Barcelona y lo mismo escribe en catalán[1] que en
castellano. La obra que la dió a conocer fue un libro de relatos
Te deix, amor, la mar com a penyora (1975) a la que siguieron
Jo pos per testimoni les gavines (1977), *Una primavera per
a Dómenico Guarini* (1980), y *Epitelis tendríssims* (1980),
obras que por su calidad han sido traducidas[2] a varios idiomas. En 1980 publica, entre otros ensayos en castellano,
La escuela de Barcelona con el que obtiene al Premio Anagrama[3] de Ensayo y en 1988 publica la versión en castellano
de *Cuestión de amor propio*,[4] que había publicado en catalán en 1987.

El tema de *Cuestión de amor propio* es muy sencillo. Tras
un año de silencio, Angela, una conocida novelista escribe
una larga carta a su amiga y confidente,[5] explicándole la
razón de su proceder.[6] Ha vivido una triste historia de amor
enamorándose[7] profundamente de Miguel, un escritor que
la engañó, representando sentir por ella algo falso, para
después de lograr que llevada por el intenso sentimiento que
sentía por él se le entregara,[8] rechazarla brutalmente hirién-
dola en lo más profundo de su sensibilidad de mujer ena-

---

1. **catalán** *Catalan, language of Catalonia*
2. **traducidas** *translated*
3. **Anagrama** *anagram, a word or
phrase formed by transposing the letters of another word or phrase*
4. **Cuestión... propio** *A matter of*

self-esteem
5. **amiga y confidente** *friend and
confidant*
6. **proceder** *to behave, to conduct
oneself*
7. **enamorándose** *to fall in love with*
8. **entregarse** *to succumb*

Carmen Riera
PHOTO BY ARTURO PATTEN

morada y de artista. El final de la obra es completamente
inesperado, resolviéndose todo como una cuestión de amor
propio.

De CUESTIÓN DE AMOR PROPIO

Vallvidrera, 23 de octubre de 1986

Querida Ingrid: Tienes razón. Acepto tu rabioso ultimátum.[1]
Nunca más querrás saber nada de mí si no te contesto de inmediato y te explico, con todo detalle, los motivos que me llevaron
a tenerte sin noticias durante tanto tiempo. Ya ves que te escribo   5
enseguida —tu, carta me llegó anteayer— y empiezo por pedirte
que me perdones. Un año, lo sé, es un intervalo demasiado largo
para ampararse[2] en el derecho de asilo del silencio cuando tú no
me has dado motivo alguno. Todo lo contrario. Sin embargo, y
créeme, por favor, a menudo he releído tus cartas y muchas veces   10
te he contestado mentalmente desde los lugares más impensados,
a ratos, con la esperanza de que, pese a los miles de kilómetros
que nos separan, tú, que tan bien me conoces, te dieras cuenta
de que mi monólogo, obsesivo y casi siempre redundante,[3] se
dirigía a ti en exclusiva para darte fe de vida y, especialmente,   15
fe de cariño.
    Hace poco más de una semana estuve a punto de tomar un avión
simplemente para pasar unas horas contigo, descargar mi conciencia y, tras pedirte consejo, volver, egoístamente reconfortada.
La luz otoñal de un fugaz atardecer,[4] la penumbra opalina[5] de las   20
cuatro de la tarde que tanto detestas hubieran propiciado el inicio
de las confidencias mejor que este intermediario convencional
del que ahora me sirvo y en el que (por más que me ayude la pluma
que tú me regalaste) no confío en exceso, siendo como es mucho
menos cómplice que la voz, puesto que escamotea[6] todos los   25
matices[7] que quisiera conjugar con las palabras. Pero el teléfono
me resulta todavía más incómodo: me obligaría a ser breve, a

---

1. **rabioso ultimátum** *furious ulti-
matum*
2. **ampararse** *to protect yourself*
3. **y... redundante** *and almost al-
ways useless*

4. **fugaz atardecer** *brief sunset*
5. **penumbra opalina** *opalescent
penumbra*
6. **escamotea** *rob*
7. **matices** *shades*

resumirte atropelladamente[8] y en pocos minutos lo que estoy
segura me llevará horas, con el agravante[9] de que podría sonar
en un momento inoportuno y resultar contraproducente.[10]   30
   Te prometo que intentaré esforzarme en hacer la letra clara.
Acostumbrada como estoy a escribir para mí o para mi mecanógrafa,[11] que la conoce bien, no creas que me resulta fácil. Además, el pudor,[12] inevitable —ya sabes de mi timidez infinita—,
tal vez se valga de una garabatosa estratagema[13] para organizar   35
una imaginaria línea de protección. Suelo enmascararme[14] a menudo tras mi pésima letra. Así obligo a las pocas personas con
quienes me carteo,[15] las pocas que de verdad me importan, a que
me dediquen algo más de tiempo tratando de descifrar mis mensa-
jes. Pero contigo siempre me ha sucedido al revés y he pretendido   40
en todo momento ser directa y explícita,[16] incluso en la caligrafía,[17] de modo que si ahora algunos rasgos[18] de mi escritura
te resultan difíciles de entender no lo achaques[19] a esa confesada
debilidad que nunca manifesté ante ti, sino a las inconscientes
barreras que mi carácter cerrado se forja, esforzándose en demo-   45
rar a fuerza de borrones[20] las confidencias que de todos modos
quiero hacerte, o dejando que fluyan con apremio,[21] como la
tinta de esta vieja pluma[22] que tanto me gusta emplear.

Preguntas

1. ¿Dónde nació Carmen Riera y dónde vive actualmente?
2. ¿En cuales idiomas escribe Carmen Riera sus obras?
3. ¿Con qué libro se dió a conocer Carmen Riera?
4. ¿Cuándo publica la autora *Cuestión de amor propio* en castellano
   y en qué idioma la había publicado con anterioridad?

8. **atropelladamente** *disorderly, in a hurry*
9. **con... agravante** *with the inconvenience*
10. **contraproducente** *counter-productive*
11. **mecanógrafa** *typist*
12. **pudor** *modesty*
13. **garabatosa estratagema** *charming trick*
14. **enmascararme** *to disguise myself*
15. **con... carteo** *with whom I exchange letters*
16. **directa y explícita** *direct and explicit*
17. **caligrafía** *calligraphy*
18. **rasgos** *characteristics*
19. **no lo achaques** *don't blame*
20. **borrones** *spots*
21. **fluyan con apremio** *flow rapidly*
22. **esta... pluma** *this old pen*

5. ¿Cuál es el tema de *Cuestión de amor propio*?
6. ¿A quién le escribe y para qué le escribe Angela?
7. ¿De qué trata la carta?
8. ¿Quién era Miguel y qué le hizo a Angela?
9. ¿Cómo se resuelve todo al final?
10. En el fragmento leído, ¿a quién se dirigía Angela?
11. ¿Si no le contesta de inmediato a su amiga, que hará esta?
12. ¿Para qué es un año un intervalo demasiado largo?
13. ¿Cómo le ha contestado a la amiga y desde dónde lo ha hecho?
14. ¿Qué estuvo a punto de hacer hace poco más de una semana Angela y para qué lo quería hacer?
15. ¿Cómo le resulta el teléfono a Angela? ¿A qué la obligaría?
16. ¿Para quién está acostumbrada a escribir?
17. ¿A qué obliga a las pocas personas con quienes se cartea? ¿Por qué?
18. ¿Qué le ha pasado siempre con la amiga?
19. Si ahora algunos rasgos de la escritura le resultan difíciles de entender, ¿a qué no debe achacárselo?
20. ¿Cuáles son las inconscientes barreras que el carácter cerrado de Angela se forja?

Rosa Montero (1951–   )

Nace en Madrid y estudia en la Escuela Oficial de Periodismo[1] y en la Facultad[2] de Psicología de la Universidad de Madrid. Siendo muy joven comienza a colaborar[3] en distintos órganos de comunicación, *Pueblo, Arriba, Fotogramas, Hermano Lobo.* Y más recientemente en el diario madrileño *El País*, en el cual publica múltiples artículos y entrevistas, ganando en 1978 el Premio Mundo de entrevistas y en 1980 el Premio Nacional de Periodismo de Reportajes[4] y Artículos Literarios. En 1979 publica una recopilación de las entrevistas que ha hecho y un año después aparece su primera novela *Crónica del desamor*, que recibe inmediata aceptación. A partir de esta obra, la escritora continuará estableciendo una sólida reputación con *La función Delta* (1981), *Te trataré como una reina* (1984) y *Amado amo* (1987) hasta publicar en 1990 su última novela, *Temblor*, que recibe una acogida extraordinaria causando verdadero furor[5] tanto entre el publico como entre la crítica.

En *La función Delta* la autora se había adentra en los más íntimos rincones de la mente,[6] ofreciendo en toda su grandeza y miseria[7] los fantasmas que habitan en el interior humano. Reflexionando en torno al sentido de la vida y de la muerte, siempre con un gran sentido del humor, aún en

---

1. **Escuela... Periodismo** *Official School of Journalism*
2. **Facultad** *School*
3. **colaborar** *collaborate*
4. **reportaje** *reporting*
5. **furor** *enthusiasm, excitement*
6. **rincones de la mente** *remote cor-*
ners *of the mind*
7. **en toda... y miseria** *in all its greatness and wretchedness*
8. **gama** *spectrum, range*
9. **vivencias humanas** *human emotions*

Rosa Montero
COURTESY OF MERCEDES CASANOVAS

las escenas más trágicas de la obra, la autora recorre una
amplia gama[8] de vivencias humanas:[9] ternura, odio, amor,
desgarro, melancolía y sensualidad. Siguiendo una doble
trama, vemos como la acción se va desarrollando en dos distintos niveles temporales separados por treinta años, permi-
tiendo así a los personajes vivir simultáneamente los mismos
hechos desde la doble perspectiva de la juventud y de la
madurez.[10] El resultado es una obra viva, palpitante, intensamente humana, que hace que el lector, con las lágrimas[11]
en los ojos, sienta la sonrisa en los labios.

Ya en las últimas páginas de la *La función Delta*, junto
a la decadencia[12] de los personajes, va apareciendo la del
medio que los rodea, al situarse la acción en un Madrid casi
deshabitado,[13] con las calles cubiertas de pedazos de edi-

10. **madurez** *maturity*   13. **deshabitado** *uninhabited, de-*
11. **lágrimas** *tears*   *serted*
12. **decadencia** *decay, deterioration*

ficios que se van desmoronando.[14] Ahora en *Temblor* el escenario donde se va desarrollando la acción es un mundo desolado, decrépito,[15] en el que todo está muriendo. Junto a los seres vivos, las ciudades, las montañas, los ríos, todo va desapareciendo en la nada. Este mundo tenebroso está regido por una teocracia[16] absoluta. Valiéndose de leyes atávicas e inescrutables,[17] la casta sacerdotal, con su Gran Sacerdotisa como autoridad suprema, ejerce un control absoluto sobre los actos y los pensamientos de la población, castigando brutalmente las más insignificantes expresiones de duda o deseos de cambio. Y es en este ambiente[18] donde se tiene que desenvolver la joven protagonista Agua Fría. Habiendo sido iniciada como sacerdotisa, lo que en su inocencia consideró en un principio como el más alto honor que podía recibir, al ir avanzando su aprendizaje[19] se va transformando en abierta rebeldía al ser testigo y víctima de las injusticias que se cometen. Escapa del lugar donde la tenían recluida y a partir de ese momento se dedica incansablemente[20] a buscar la verdad que le ha sido negada, teniendo la seguridad que de esa verdad depende la salvación, no solo de ella, sino del mundo en que vive, que ahora rápidamente se va desintegrando,[21] Luchando contra lo imposible, mantenida solamente por su deseo de vivir y por su tenaz voluntad, llega al final de su busca en una forma inesperada y altamente dramática.

Obra de gran originalidad, escrita dentro de las lineas más modernas de la narrativa de ficción, posee, junto a descripciones de un bellísimo lirismo, detalles concretos y fuertes de un mundo desconocido siempre lleno de sorpresas, y del

14. **desmoronando** *destroying little by little*
15. **un mundo desolado, decrépito** *a desolate, decrepit world*
16. **teocracia** *theocracy (government by a priesthood claiming divine authority)*
17. **inescrutables** *unconfirmable*
18. **ambiente** *environment*
19. **aprendizaje** *apprenticeship*
20. **incansablemente** *tirelessly*
21. **rápidamente... desintegrando** *rapidly is disintegrating*

desarrollo paralelo de los sentimientos y emociones de una niña, que en su incansable búsqueda, se va convirtiendo en mujer.

De TEMBLOR

Llevaban largo rato sin hacer nada y Agua Fría empezaba a ponerse nerviosa. Estaban en una de las aulas,[1] una habitación de dimensiones regulares con media docena de bancos corridos. La luz lechosa de la mañana se colaba por las ventanas[2] y, desde esta distancia, a la muchacha le era imposible discernir[3] si fuera   5
hacía sol o era un día nublado. Bajó de nuevo la cabeza, intentando comportarse modosamente.[4] Sus compañeros permanecían quietos como estatuas, con los ojos fijos en el suelo. Frente a ellos, sentado en un sillón de desgastado terciopelo rojo,[5] Humo de Leña parecía absorto[6] en sus meditaciones, con los brazos   10
cruzados y la barbilla hundida en el pecho. El aire del Talapot olía a rancio y en el silencio parecía escucharse el latido[7] de los segundos. Qué aburrimiento.[8] Con el rabillo del ojo,[9] Agua Fría curioseó[10] a los demás alumnos. Junto a ella estaba Tuma, esto es, Pedernal, y más allá una chica de cara redonda como una luna.   15
En el banco de delante se sentaba un muchacho flaco y alto que parecía mayor que los demás; a su derecha estaba una criatura de espaldas anchas, mandíbula robusta y aspecto embrutecido que Agua Fría había tomado en un primer momento por un chico, pero que luego había resultado ser una muchacha; y en el ex-   20
tremo, por último, estaba Opio, una jovencita de rostro amarillento y enfermizo que también había sido compañera suya en la escuela y que llevaba un cuervo[11] encaramado al hombro, regalo

1. **aulas** *classrooms*
2. **La luz... ventanas** *The soft light of the morning was coming through the windows*
3. **discernir** *to perceive*
4. **modosamente** *properly*
5. **desgastado... rojo** *deteriorated red velvet*
6. **absorto** *absorbed*
7. **latido** *beating*
8. **Qué aburrimiento** *What a bore*
9. **Con... ojo** *with the corner of her eye*
10. **curioseó** *looked curiously*
11. **cuervo** *raven, crow*

de su Anterior. Agua Fría se volvió con disimulo: allí, obediente-
mente, sentada junto a la puerta, se encontraba la despeluchada   25
y jadeante[12] *Bruna*, con las orejas tiesas y toda su atención con-
centrada en su ama.

   —Está bien, Agua Fría. Parece que te encuentras algo inquieta
esta mañana —dijo suavemente Humo de Leña.

   Agua Fría dio un respingo[13] y se enderezó inmediatamente.   30

   —Por lo tanto creo que debemos empezar por ti. Ven aquí.

   La muchacha salió de la fila y se acercó al maestro. Humo de
Leña hundió la mano en el interior de su amplia túnica y sacó
un puñado[14] de varillas de madera.

   —Ahora escúchame con atención, Agua Fría, y fíjate bien en   35
todas mis palabras, porque nada de lo que digo es gratuito.[15]
Voy a escoger dos de estas varillas...

   Rebuscó el sacerdote[16] unos instantes y luego extendió el
brazo mostrando tres palitroques.[17]

   —¿Cuántas varillas[18] hay aquí, Agua Fría?   40

   —Tres, señor.

   Humo de Leña volvió el rostro hacia las ventanas y permaneció
así unos instantes, aparentemente embebido,[19] apacible y sereno,
en la contemplación de la luz aguada y triste. La aburrida Agua
Fría basculó el peso de su cuerpo de un pie a otro,[20] pensando   45
distraídamente si faltaría aún mucho tiempo para la hora de la
comida. Y en ese momento el maestro se enderezó con la celeri-
dad de un resorte tensado y golpeó la cabeza de la muchacha con
el puño de bronce de su vara. Agua Fría gritó y cayó de rodillas,
aturdida. El mundo giraba y zumbaba en torno a ella y, cuando   50
abrió los ojos, vio que sobre las nubladas baldosas goteaba parsimoniosamente[21] una sustancia roja. Se echó la mano a la frente
y la retiró llena de sangre: tenía la ceja rota. Gimió.

   —Veamos, Opio, dile a Agua Fría cuántos palos tengo en la
mano... —dijo Humo de Leña, blandiendo las tres varillas.   55

---

12. **despeluchada y jadeante** *bris-*
tling with fear and panting
13. **respingo** *jump*
14. **puñado** *handful*
15. **gratuito** *gratuitous*
16. **Rebuscó el sacerdote** *The priest*
searched carefully

17. **palitroques** *rough little sticks*
18. **varillas** *rods*
19. **embebido** *absorbed in thought*
20. **basculó... otro** *shifted her weight*
from one foot to the other
21. **parsimoniosamente** *a little at a*
time

—Dos, maestro —contestó la chica poniéndose en pie, más amarilla que nunca.

—Eso es, dos. Agua Fría, querida, ¿cuántos son?

Aún de rodillas, la muchacha contestó con un hilo de voz:[22]

—Dos..., señor.⁣ 60

—¿Estás segura?

—Ssssí, señor...

—¿Y si yo te dijera que son tres?

—Entonces son tres, señor.

—¿Pero no ves que son dos?⁣ 65

—¡Sí! Dos, dos...

—¡¿Por qué mientes?! —tronó Humo de Leña—. Estás viendo claramente que son tres... ¡Míralo! Son tres, ¿no es así?

—¡Oh, señor...! —Agua Fría se echó a llorar—. Son tres, señor, sí, veo tres.⁣ 70

—Pero yo te digo que son dos. ¿Cuántos hay, Agua Fría?

La muchacha calló, hipando desconsoladamente.[23]

—¡¿Cuántos hay?!

—¡Dos!

—¿Estás segura?⁣ 75

—¡Sí! ¡No!... No sé...

—¿Cuántos hay, Agua Fría?

—¡Tres! ¡Dos! Oh, maestro, por favor, no lo sé... Los que vos digáis...

La muchacha se arrojó a los pies del sacerdote y durante unos⁣ 80 momentos en la habitación sólo se escucharon sus sollozos.

—Está bien, Agua Fría —dijo Humo de Leña con suavidad—. Levántate.

La muchacha se puso en pie. El sacerdote le acarició levemente la cabeza, pasando un dedo por el perfil de su ceja tumefacta.⁣ 85

—Ve al Hermano Intendente para que te cure esa herida. Y recuerda —añadió el sacerdote, levantando una mano en la que sólo había ahora dos varillas—. Son dos. ¿Lo ves? Y siempre han sido dos, desde el comienzo de los tiempos.

22. **hilo... voz** *very low voice*   *sobbing disconsolately*
23. **hipando desconsoladamente**

Preguntas

1. ¿En qué órganos de comunicación ha colaborado Rosa Montero?
2. ¿Qué premio ganó la escritora en 1978, y por qué lo ganó?
3. ¿Cuál fue la primera novela de Rosa Montero y cómo fue recibida por el público y por la prensa?
4. ¿Dónde se adentra la autora en su novela *La función Delta* y qué ofrece?
5. ¿En torno a qué reflexiona la autora y cómo lo hace siempre?
6. ¿Qué recorre Rosa Montero en *La función Delta*?
7. ¿Cómo se va desarrollando la acción de la novela?
8. ¿Cuál es el resultado que obtiene?
9. ¿Qué aparece ya en las últimas páginas de *La función Delta*?
10. ¿Cuál es el escenario de *Temblor*?
11. ¿Qué está pasando a los seres vivos y a las cosas?
12. ¿Cómo es el mundo de la obra y quién lo dirige?
13. ¿Sobre qué ejerce control absoluto el gobierno y de qué se vale para hacerlo?
14. ¿Quién es Agua Fría?
15. ¿Qué consideró como un alto honor al principio y qué le pasó después? ¿Por qué?
16. ¿Qué hace la chica y a qué se dedica incansablemente?
17. ¿Contra qué lucha Agua Fría y qué la mantienen en la lucha?
18. ¿Cómo es el final de la lucha?
19. ¿Cómo está escrita la obra y qué posee?
20. En el fragmento leído, ¿por qué la chica empezaba a ponerse nerviosa?
21. ¿Quién estaba sentado frente a ellos y qué hacía?
22. ¿Cómo permanecían los compañeros de la chica?
23. ¿Por qué el sacerdote y maestro Humo de Leña supo que la chica estaba inquieta esa mañana?
24. ¿Cuántas varillas le dijo que iba a escoger y cuántas le mostró?
25. ¿Cuántas varillas dijo la chica que tenía el sacerdote?
26. ¿Cómo permaneció por unos instantes el sacerdote y qué hizo de pronto?
27. ¿Cuántas varillas tenía el sacerdote en la mano cuando le preguntó a la otra chica, y cuántas le dijo la chica que tenía?
28. ¿Pudo decir por fin Agua Fría cuantas varillas tenía en la mano el sacerdote o decidió aceptar ciegamente lo que él decía aunque no fuera la verdad?

Tema

Después de leer cuidadosamente las páginas de *Temblor* que se acompañan, diga por qué cree Ud. que el sacerdote actúa como lo hace, y por qué al final Agua Fría acepta lo que Humo de Leña dice, aún sabiendo ella que no es la verdad.

Debate

Con vista al contenido del fragmento leído de *Temblor*, se debatirá el derecho de toda persona a tener su opinión propia y al mismo tiempo se debatirá por qué Agua Fría actuó como lo hizo y si debió de actuar así.

Apéndice 1

PERÍODOS Y MOVIMIENTOS DE LA HISTORIA LITERARIA ESPAÑOLA

Es muy difícil señalar los límites cronológicos de los distintos períodos en que se divide una literatura, pues los mismos se interfieren entre sí.[1] Cada uno lleva elementos del anterior y da los suyos o parte de ellos al que le sigue. Pero, como es imprescindible[2] hacer esa división, hemos usado la que tradicionalmente es aceptada en la literatura española, de siete grandes períodos: Edad Media, Renacimiento,[3] Barroco,[4] Neoclásico, Romántico, Realista y Naturalista, y de la Época Contemporánea.

Edad Media: En general se considera que la Edad Media comienza en el siglo V de la era cristiana, con la caída del Imperio Romano de Occidente[5] en 476 y se extiende hasta la toma de Constantinopla por los turcos en 1453, (mediados del siglo XV), fecha que se considera el comienzo de la Edad Moderna. En España la Edad Media se extiende unos años más, hasta fines del siglo XV, cuando después del matrimonio de Isabel y Fernando en 1489, comienzan a llegar a España las tendencias renacentistas[6] italianas. Es precisamente durante la Edad Media cuando surge la primera manifestación literaria propiamente española, los *Cantares de gesta*, poemas épicos que nacidos en Castilla, narran hechos heroicos y exaltan a los héroes nacionales. Aunque el único de los cantares de gesta que ha llegado hasta nosotros es el *Poema de Mío Cid*, escrito en el siglo XII, se conoce la existencia de otros anteriores.

Renacimiento: Desde mediados del siglo XV se van produciendo una serie de factores y circunstancias que fomentan[7] e impulsan[8] el Rena-

1. **interfieren... sí** *effect one another*
2. **imprescindible** *indispensable*
3. **Renacimiento** *Renaissance*
4. **Barroco** *Baroque*
5. **Occidente** *the west (west of the*
   Orient)
6. **renacentista** *pertaining to the Renaissance*
7. **fomentar** *to foment, to encourage*
8. **impulsan** *to move forward*

cimiento: en 1453 al tomar los turcos Constantinopla, muchos de sus
habitantes, en su mayoría griegos huyen a Europa, especialmente a
Roma, llevando con ellos la cultura clásica griego-romana, casi olvidada
en la Europa de la Edad Media; en 1455 el inventor alemán Johannes
Gutenberg descubre la imprenta,[9] haciendo posible la difusión de las
nuevas ideas, muchas de ellas llegadas de Constantinopla; en 1492 los
Reyes Católicos Fernando e Isabel, conquistan Granada, el último reino
árabe que quedaba en España; en ese mismo año Cristóbal Colón, enviado por la reina Isabel, descubre América. Y también en 1492, Antonio
de Nebrija (Antonio Martínez de Cala, 1444–1522), publica *Gramática
Castellana*, la primera gramática publicada de cualquiera lengua moderna europea. En España, el Renacimiento se extiende desde la última
parte del siglo XV hasta fines del XVII. (El siglo XVII, conocido también
como del Barroco o Siglo de Oro, fue parte del Renacimiento español
y tan renacentistas son los autores del mismo como los del siglo XVI).
El Renacimiento llega a España procedente de Italia. En la poesía la
influencia italiana desplaza a la francesa; y los temas heroicos y mila-
grosos de la Edad Media son sustituidos por los temas alegóricos. En
la prosa, los temas orientales y latino-eclesiásticos son sustituidos por
temas griegos y romanos. En el mundo renacentista el ser humano se
convierte en centro de sí mismo, en contraste con el ser del mundo
medieval para el que Dios era el centro de todo. A la teología suceden
la filosofía y las ciencias experimentales, surgiendo un espíritu crítico
nuevo. El *Humanismo*, producto neto del Renacimiento, es el estudio
de los clásicos, buscándose en sus obras el trasfondo[10] humano, la
belleza imperecedera y las normas de vida y de acción contenidas en
las mismas. El humanista es a un tiempo artista y erudito, poeta y
filósofo.

Barroco: Conocido como el Siglo de Oro de la literatura española, se
considera como la segunda parte del Renacimiento y se extiende desde
la aparición del *Quijote* (1605) hasta la muerte de Pedro Calderón de
la Barca (1681). El barroco significa el triunfo de la complejidad.[11] La
trama de la obra, que en el Renacimiento había sido clara y definida,
queda en el Barroco recubierta[12] por los elementos normalmente acce-
sorios.[13] Se le da unidad a cada elemento decorativo convirtiéndolo,
dentro de la obra marco,[14] en una minúscula obra, terminada y completa, lo que hace que la obra principal sea difícil de comprender y
aburrida. A partir de la muerte de Calderón, el último gran escritor

9. **imprenta**   *printing press*   13. **accesorio**   *secondary*
10. **trasfondo**   *background*   14. **obra marco**   *principal story of a*
11. **complejidad**   *complexity, intricacy*   *novel or play*
12. **recubierto**   *covered*

del Siglo de Oro, el Barroco entra en un proceso de agotamiento[15] y decadencia.

Neoclásico: Es una reacción contra los excesos del Barroco, que llega a España por vía de Francia. Comienza en 1737, fecha en que aparecen la *Poética* de Ignacio de Luzán, y la *Defensa de la lengua española* de Gregorio Mayans, —obras que marcan nuevos gustos e inquietudes[16] literarias—; y terminará en 1835 con el estreno[17] de la obra romántica *Don Alvaro o la fuerza del sino*[18] del Duque de Rivas (Angel de Saavedra, 1791–1865). Durante este período la literatura española pasa a una rigidez formal que impide[19] todo desarrollo verdadero. El mundo del Renacimiento enriquece su propia cultura con los conocimientos y modelos que le ofrece la cultura greco-romana, tratando de armonizar[20] la tradición cristiana y la cultura clásica pagana; el mundo Neoclásico trata de sustituir su propia cultura por la del clásico. Su producto son obras deshumanizadas y frías sometidas a las unidades de acción, tiempo y lugar: una sola acción, en un día y en el mismo lugar. Esas obras se caracterizan por el predominio de la razón sobre el sentimiento, la finalidad ético-docente,[21] las influencias extranjeras y la ausencia casi total de lo poético.

Romántico: Nace de la rebeldía contra la rigidez y las reglas impuestas por el período neoclásico. Frente al imperio de la razón de éste, se impone el de la imaginación; extremadamente individualista, el escritor romántico sitúa al <u>yo</u> como centro de la creación; no acepta normas o preceptos tenidos por clásicos, rechaza las tres unidades de acción tiempo y lugar; impone la libertad de temas, lenguage y exposición. El mundo romántico vuelve la mirada hacia la Edad Media, e imita el espíritu y gusto de la civilización cristiana, en contraste con el Neoclásico, que imitaba el espíritu y gusto de las literaturas griega y romana de la antigüedad pagana. El Romántico, más que un período literario, debe considerarse como una concepción íntegra de la vida. La fecha inicial del período romántico español se fija en 1835 con la aparición de la obra *Don Alvaro o la fuerza del sino*, del Duque de Rivas; su final ocurrirá hacia 1850, con la aparición del período Realista. Habiendo durado escasamente veinte años, la influencia del período Romántico se hará sentir por muchos años en la cultura española.

Realista y Naturalista: El período Realista surge como una reacción al subjetivismo romántico. Los escritores realistas persiguen la objetividad,

---

15. **agotamiento** *exhaustion*
16. **inquietud** *restlessness, disquietude*
17. **estreno** *début, first performance*
18. **sino** *fate, destiny*

19. **impedir** *to impede, hinder, prevent*
20. **armonizar** *harmonize*
21. **la finalidad ético-docente** *i.e., morally instructive plot resolutions.*

aspiran a captar la vida tal y como es, suprimiendo el <u>yo</u> de todo lo que se describe. Son características del realismo: ambiente local, descripción de costumbres y sucesos contemporáneos, afición al detalle, espíritu de imitación «fotográfica», y reproducción de lenguage coloquial o familiar y de giros[22] regionales. El más importante de los escritores realistas españoles es Benito Pérez Galdós (1843–1920), siendo muy importantes también Pedro Antonio de Alarcón, José María de Pereda y Juan Valera.

La tendencia extrema del realismo, el *Naturalismo*, surge hacia la mitad del siglo XIX en Francia. El escritor naturalista francés eleva a dogma la ley de la herencia, imita la Naturaleza con arte de minuciosidad[23] descriptiva realista, da extremo valor a lo patológico y morboso,[24] usa lenguage popular y estilo descuidado, considera de suma importancia el instinto y quita toda importancia a los principios religiosos, morales y sociales, todo ello dentro de un carácter doctrinario. Llega el Naturalismo a España en 1883, traído, muy modificado, por la escritora Emilia Pardo Bazán (1851–1921), en su trabajo titulado *La cuestión palpitante.*[25] Además de la Pardo Bazán, entre los naturalistas españoles se cuentan Leopoldo Alas (Clarín), Gonzalo Picón y Vicente Blasco Ibáñez. Pero tanto en la Pardo Bazán como en estos otros autores la tendencia naturalista se ofrece en formas derivadas y atenuadas[26] que eluden o mitigan la irreligiosidad y el ciego determinismo característicos de los naturalistas franceses. El Naturalismo desaparece a principios del siglo XX.

Período contemporáneo: El período contemporáneo de la literatura española abarca un período de tiempo que va aproximadamente desde 1890 hasta nuestros días. A los efectos de facilitar su estudio lo dividiremos en tres partes: primera, Modernismo y generación del 98; segunda, movimientos de Vanguardia y generación del 27; y tercera, literatura española desde la guerra civil hasta nuestros días, (que bajo este título está estudiada en esta obra, páginas 367–74). *Modernismo:* Es una reacción, principalmente poética, contra el realismo y el naturalismo, en la que influyen las más importantes escuelas literarias del momento, en especial las francesas *parnasianismo* (por la búsqueda de la precisión plástica de la palabra), y *simbolismo* (por perseguir la melodía de la palabra). Se caracterizan los escritores modernistas por su temática exótica; exquisito cuidado de la forma en busca de bellos efectos musicales; refinamiento del lenguage y de las sensaciones, esteticismo,

---

22. **giro**   *trend, tendency*
23. **minuciosidad**   *minuteness*
24. **morboso**   *morbid*

25. Ver la introducción a Emilia Pardo Bazán en esta obra (pp. 289–92).
26. **atenudado**   *attenuated, weakened*

afectación y voluptuosidad.[27] Vuelven a lo romántico con sus inspiraciones en la Edad Media, buscan temas orientales, crean un mundo de ensueños[28] y lejanías, en busca de lo antiguo y nostálgico. Nace el Modernismo en Hispanoamérica con la publicación en 1888 del libro *Azul* de Rubén Darío, (Félix Rubén García 1867–1916, «Darío» era un apodo familiar), y se cierra en 1905, después de la publicación de *Cantos de vida y esperanza*, también de Darío. Por primera vez en la historia hispánica, una corriente literaria sale de Hispanoamérica y llega a España.

Generación del 98: Se designa con este término a un grupo de autores, aproximadamente de la misma edad, unidos por el sentimiento que deja en ellos la derrota de España a manos de los Estados Unidos en la guerra de 1898.[29] Las seis figuras más representativas de la generación del 98 son Ramón María del Valle-Inclán (1860–1936), Miguel de Unamuno (1864–1936), José Martínez Ruiz «Azorín» (1873–1967), Pío Baroja (1872–1956), Antonio Machado (1875–1939), y Ramiro de Maeztu (1875–1936). Entre los fines que alcanzó la generación del 98, uno de los más importantes fue la modernización del idioma, que abrió nuevos cauces a la expresión literaria. Los escritores del 98, separándose, seguirán escribiendo hasta bien adelantado el siglo XX.

Algunas veces se confunden el *modernismo* y la *generación del 98*, por haber existido los dos al mismo tiempo, pero eso es un error: el Modernismo llega a España de fuera, inspirado particularmente, como se dijo antes, por el parnasianismo y el simbolismo francés, el 98 es un producto totalmente español; el Modernismo es un movimiento estético y exclusivamente literario, el 98 tiene alcance[30] universal, extendiéndose a lo social, lo político, lo económico y lo religioso; el Modernismo introduce nuevos elementos, pero no desecha los vigentes, el 98, sobre todo en sus comienzos, rechaza[31] todo lo vigente; el Modernismo se orienta al exterior del ser humano, al mundo sensorial, el 98 se orienta al interior del ser humano, a sus sentimientos.

Vanguardia: Durante los últimos años del siglo pasado y principios de éste, surgen en Europa una serie de tendencias y movimientos literarios como reacción contra el romanticismo, el realismo y el naturalismo. Entre los que dejan una huella en la literatura española pueden citarse: *parnasiano* y *simbolismo* que nacen en Francia y que llegan a España como parte del *modernismo*; el *impresionismo*, tendencia conceptual y abstracta. Para 1918 surge en España el *ultraísmo*, —captura de la

---

27. **voluptuosidad** *voluptuousness*
28. **ensueño** *daydream, illusion*
29. Germán Bleiberg y Julián Marías, *Diccionario de Literatura Española,*
4th ed. (Madrid: Revista de Occidente, 1972) 382.
30. **alcance** *significance*
31. **rechazar** *to reject, rebuff*

imagen y de la metáfora y rechazo de todo lo demás. Como movimiento literario fracasa,[32] pero entre los que se forman en esta tendencia se destacan poetas tales como Gerardo Diego, Pedro Salinas, Jorge Guillén, y Vicente Huidobro, este último creador del *creacionismo* (afán de renovar el léxico,[33] y de enriquecer la lírica con exuberancia de imágenes y metáforas). Aunque estas tendencias de *Vanguardia* duran muy poco, en alguna forma, sus huellas se sienten en la literatura española hasta bien avanzado el siglo XX.

Generación del 27: La celebración del tricentenario de la muerte del poeta Luis de Góngora y Argote, en 1927, une al grupo de jóvenes poetas que se conoce como la «generación del 27». Ligados[34] por la amistad intentan crear una «nueva poesía española». Y para ello tratan de lograr un equilibrio perfecto entre la Vanguardia y la tradición, entre lo nuevo y lo antiguo. Representan el último grupo que aparece antes de la guerra civil.

---

32. **fracasar**   *to fail*
33. **léxico**   *lexicon, vocabulary*

34. **ligado**   *bound, tied*

Apéndice 2

TÉRMINOS LITERARIOS ÚTILES AL ESTUDIANTE

Acción: Los sucesos arreglados en sucesión temporal y enlazados entre si de manera que vengan a formar un solo conjunto. Ver *Trama.*

Alegoría: Expresión simbólica de ideas abstractas por medio de figuras sensibles: Un esqueleto con una guadaña en la mano es una alegoría de la muerte.

Aliteración: Unión de palabras conteniendo la misma letra: El ruido con que rueda la ronca tempestad.

Alusión: Referencia a alguien o algo conocido: Juan es un Midas.

Ambiente: Circunstancias que rodean a las personas o cosas en una obra. *Atmósfera.*

Antítesis: Se hace resaltar la idea principal contraponiendo ideas o palabras: gotean sus manos sangre inocente y las alza al Señor como limpias.

Apóstrofe: Se dirige la palabra a seres ausentes, o muertos, o inanimados: Tierra de mi patria, te llamo en mi dolor.

Climax: Momento culminante cuando los conflictos llegan a su máxima intensidad, haciéndose inminente el resultado de la lucha entre fuerzas opuestas.

Concatenación: Cada frase empieza con la última palabra de la precedente: El gato al rato, el rato a la cuerda, la cuerda al palo.

Desenlace: El conflicto ha terminado, se ha llegado a la terminación de la trama, restableciéndose la armonía. El enredo de una obra ha sido desatado.

Diálogo: Conversación entre dos o más personas, que alternativamente manifiestan sus ideas y afectos.

Épica: ver *Poesía épica.*

Escenario: Las circunstancias físicas y algunas veces espirituales que rodean la acción cuando tiene lugar, el tiempo, y la forma de vivir y condiciones físicas y mentales de los personajes.

Estilo subjetivo: Carácter especial que, en cuanto al modo de expresar los conceptos, da un autor a su obra, y que es el sello de su personalidad literaria.

Estilo objetivo: El autor solamente describe lo que sucede, sin analizar los acontecimiento ni dar opinión.

Exposición: Conjunto de la información contenida en la obra de los antecedentes o causas de la acción.

Expresionismo: Tendencia literaria e ideológica nacida en Alemania alrededor de 1910. Presenta los objetos y acontecimientos del mundo exterior no como son, sino como los percibe el autor o el personaje, de acuerdo con sus emociones y estado mental. También exagera y rompe el orden de sucesión del tiempo.

Fluir de la conciencia: Es el libre fluir de los pensamientos, percepciones, juicios, sentimientos, asociaciones y recuerdos, como vienen a la mente en un momento determinado, sin ser expresados en frases gramaticales, ni en forma lógica ni en orden narrativo. Uno de los mejores ejemplos es la obra *Ulysses* (1914–1921) del escritor irlandés James Joyce (1882–1941). Ver *Monólogo interior*.

Hipérbole: Exageración o disminución de una verdad para hacer que la misma resalte: El hombre parece un castillo.

Imprecación: Desear males a otros: ¡Ojalá Dios te castigue!

Impresionismo: Presente la realidad como es percibida, atendiendo más a la impresión que produce que a su verdadera naturaleza.

Ironía: Se da a entender lo contrario de lo que se dice: Con todo afecto le das una buena paliza.

Leitmotiv: Motivo central, dominante en una obra. También puede ser el tema o temas favoritos de un escritor.

Metáfora: Se traslada el significado verdadero de una palabra en otro significado figurado en virtud de una comparación: La palabra zorro aplicada a un hombre astuto.

Metonimia: Se designa una cosa con el nombre de otra con la que guarda relación de causa a efecto o viceversa: No tener corazón por ser cruel, el laurel por la victoria.

Mímesis: Representación, imitación de una persona generalmente con el objeto de burlarse de la misma.

Monólogo interior: Una de las técnicas literarias usadas para presentar el fluir de la conciencia de un personaje o del autor.

Narrador/a: El ente ficticio, creado por el autor o la autora, que narra una obra. Quien habla en el texto no es el escritor, sino el narrador.

Narrador/a en tercera persona: Este narrador no es personaje en la narración, pero cuenta desde dentro de la misma utilizando la tercera persona.

Narrador/a protagonista: El escritor narra con un yo, el del narrador y éste habla de lo ocurrido, contando lo que le ha pasado, lo que siente, piensa, hace, lo que observa y a quien observa. Si es objetivo, solo dice sus acciones y observaciones; si es subjetivo dejará traslucir sus pensamientos y sentimientos. La acción será la actividad del narrador protagonista, pero a veces parece que ni ve ni entiende lo que está pasando. Otras veces usará el monólogo interior o el fluir de la conciencia.

Narrador/a testigo: Situado dentro de la trama, solo sabe lo que oye y lo que ve. Usa la primera persona. Cuenta como testigo las aventuras de otros personajes más importantes que él en la narración.

Narrador/a-cuasi omnisciente: Solo sabe lo que cualquier ser humano podría observar, pero puede seguir a los personajes a todas partes, aún a las más inaccesibles. Observa reacciones y confrontamientos, elige lo que debe verse y oirse y usa la tercera persona.

Narrador/a-omnisciente: Como un dios, lo sabe todo, hasta los más recónditos pensamientos y secretos de los personajes.

Nudo: Enlace o trabazón de los sucesos que precede la catástrofe o el desenlace en la obra literaria.

Onomatopeya: Emplear palabras para imitar el sonido de las cosas que expresan: El repiquetear de las amatralladoras.

Paradoja: Emplear expresiones o frases que envuelven contradicción para dar más énfasis al pensamiento: Muero porque no muero; Mira al avaro, en sus riquezas, pobre.

Personaje: Cada uno de los seres humanos, sobrenaturales o simbólicos, ideados por el autor y que como dotados de vida propia toman parte en la acción de la obra literaria. Puede ser principal, que cumple funciones decisivas en el desenvolvimiento de la acción, y que frecuentemente cambia en su estado de ánimo y en su personalidad; o puede ser secundario, que no cambia, y cumple funciones subordinadas.

Personaje dinámico: Se manifiesta a través de sus acciones. Lo vemos desarrollarse.

Personaje estático: No cambia, el narrador nos informa de él.

Personaje chato *(flat)*: Que no tiene ningún aspecto dominante.

Personaje redondo *(round)*: Posee facetas dominantes.

Personificación: Dar a animales y cosas atributos humanos; persona determinada que representa un suceso, sistema, opinión. En el drama *La Numancia* Cervantes personifica España como una mujer; Lutero personifica la Reforma. En retórica *Prosopopeya.*

Poesía épica: Épica viene de la palabra griega *epos* que significa palabra, narración. Poesía épica es una narración poética, generalmente extensa, de acción grande y pública y de interés para todo un pueblo. En ella toman parte personajes heroicos, e interviene lo sobrenatural o maravilloso.

Poesía lírica: Expresa los sentimientos que agitan el alma del poeta.

Retruécano: Se repite una frase invirtiendo el orden de algunas palabras: Un hombre feliz es un feliz hombre.

Romance: Canción épico-lírica de fondo heroico. Su composición métrica, por lo general consiste de un número indeterminado de estrofas con el mismo número de sílabas (versos parisílabos). Los hay de ocho sílabas que son los propiamente llamados *romances*, los de menos de ocho se llaman *romancillos* y los de once llevan el nombre de *heroicos* porque no suelen emplearse sino en la Épica. El romance es la composición más usada en la métrica española.

Sinécdoque: Se designa un todo con el nombre de una parte o viceversa: el pan por los alimentos; las ruedas por el automóvil.

Soneto: Composición métrica que consta de catorce versos de once sílabas (endecasílabos).

Tema: Tesis o doctrina de una obra didáctica. En general, el tópico que se desarrolla o discute en una obra. En *Don Quijote* el tema es el de la realidad-fantasía.

Tono: Carácter o modo particular de la expresión y del estilo de una obra literaria según el asunto que trata o el estado de ánimo que pretende reflejar. El tono puede ser alegre o triste, formal o íntimo, serio o irónico, etc. *Atmósfera.*

Trama: Es la marcha de la acción desde el principio hasta el fin, conectando los sucesos y ordenándolos en relación de causa a efecto.

Tropo: Empleo de las palabras en sentido figurado.

Vanguardia: Diversas tendencias que aspiran, en los últimos veinte años del siglo XIX, a romper con el pasado romántico, realista y naturalista.

Vulgarismo: Palabra o frase usada por las clases bajas sin educación.

Vocabulary

This vocabulary is intended to supplement the rather copious notes which accompany the Spanish selections. Words of high frequency and easily recognizable cognates have been omitted. The gender of nouns has not been indicated for masculines ending in **o** and feminines in **a**. The following abbreviations appear:

> *adj.* adjective
> *dim.* diminutive
> *f.* feminine
> *inf.* infinitive
> *m.* masculine
> *math.* mathematics
> *n.* noun
> *pl.* plural
> *pres. ind.* present indicative

abad *m.* abbot
abajo below, downward
abalanzarse to balance oneself, rush
abanicar to fan
abanico fan
abarcar to include, hold, sweep
abarcarse to be contained
abastar to provide
abatido, -a humbled, depressed, difficult, tiring
abatir to shoot down, knock down
abecé *m.* alphabet

aberración *f.* mistake
abierto, -a open
abismo abyss, depth, end of everything
ablandar to soften
ablución *f.* bathing
abogadete "fresh" (*half-baked, new*) lawyer, protector
abogado lawyer
abono security, support
aborrecer to detest, hate
aborto *m.* abortion
abrasar to burn
abrazado, -a embracing

abrazar to hug
abrazo embrace, hug
ábrego southwest wind
abrigar to harbor, shelter
abrigo shelter, support,
protection
abrir to open
absolución *f.* forgiveness of sins
absolver (ue) to absolve, forgive
a sin
absorto, -a absorbed, rapt
abstener to abstain
abuela grandmother
abuelo grandfather
abultado, -a thick
abundar to abound
aburrir to bore
acá here
acabar to finish, end; — de +
inf. to have just
acabarse to run out of
acacia acacia
acaecer to occur, happen
acallar to stifle
acaloramiento *m.* becoming
angry
acampar to pitch camp, to camp
acariciar to caress
acarrear to carry, cause
acaso perhaps
accidentado chance happening
acechar to spy on, seek out, lie
in ambush for
acedia flounder
aceituna olive
acemilero muleteer
aceña water mill
acentuado, -a outstanding
acera sidewalk
acerar to become clear, see
clearly
acerbo, -a sharp, bitter
acercarse to approach, draw
near

acero steel
acertado, -a safe, sure
acertar (ie) to happen, succeed
in, find (*something*)
acicalarse to dress oneself up
achecar to accuse
achatado, -a flattened, squat
aclamado, -a acclaimed, praised
aclarar to clarify
acobardado, -a terrified,
intimidated
acocear to kick
acogerse to take shelter
acogida reception
acometer to commit, attack,
to carry out
acomodado, -a comfortable
acomodarse to be carried out
acompañar to accompany
aconsejado, -a advised
aconsejar to advise, urge
acontecer to happen
acontecido, -a happened, victim
of events
acontecimiento happening
acorchar to dry up, wither, be
numb
acordado, -a harmonious
acordar (ue) to agree, decide,
to tune, remember
acorrer to aid, help
acortarse to shorten, become
short
acosado, -a harassed,
perturbed
acosar to harass
acostado, -a in bed
acostar (ue) to lie down
acostarse to go to bed, retire
acrecenter (ie) to increase
acribillado, -a riddled
actitud *f.* attitude, posture
actual present
actuar to act

acudir   to hasten to, go to, apply to, appeal, come
acusar   accuse, to confess
adalid *m.*   leader
adarga   shield
adecuado, -a   adequate
adecuer   to adapt
adelantar   to advance, hurry on
adelante   forward, ahead; **de aquí —**   from now on
adelfa   oleander, rosebay
ademán *m.*   gesture
además   besides
adentrarse   to penetrate
adherir (ie)   to stand by, stick to
adiestrar   to guide
adiva   jackal
adivinar   to guess, imagine
admirado, -a   surprised
admirar   to admire
admirarse   to be surprised, marvel
adónde   where; **para — camina?**   where are you going?
adorar   to adore
adormecer   to (*cause to*) doze, slumber
adquirir   to acquire
adrede   purposely
aduana   custom house
adunia   much, abundantly
adversario *m.*   foe, opponent
advertido, -a   advised
advertimiento *m.*   wariness
advertir (ie)   to notice, warn, announce, be aware
advertirse   to note
afán *m.*   zeal, enthusiasm
afanar   to toil
afanarse   to make an effort
afear   to condemn
afectación   affectation
afectivo, -a   affectionate
afecto   affection

afeitado, -a   powdered and painted
afianzado, -a   sustained, reinforced, guaranteed
afición *f.*   devotion, fondness
aficionado, -a   amateur, fan, fond of
afilado, -a   sharp
afincado, -a   situated
afirmación *f.*   affirmative statement
afirmar   to press, affirm, state
afirmarse   to settle, get set
aflicción *f.*   trouble, affliction
afligirse   to grieve
aflorar   to blossom
afrenta   suffering, affront
afrentar   to insult
afrentoso -a   insulting
afueras *f. pl.*   outskirts
agacharse   to crouch, to kneel
agallas : tener —   to have the guts
agarrar   to seize, grasp, to clutch
agarrarse   to clutch
agarrotado, -a   cramped
agigantar   to make a giant of
agitado, -a   agitated
agitar   to move, stir
agobio   hardship
agolparse   to crowd together
agonía   agony
agonizante   dying
agonizar   to agonize, die
agora = ahora
agotar   to exhaust
agradable   agreeable
agradar   to please, entertain
agradecer   to delight, please, thank, be grateful
agradecido, -a   grateful
agradecimiento   gratefulness
agraviado, -a   aggravated, injured

agravio grievance, offense
agregarse to resort to, come up to
agresor aggressor
agreste bitter
agrio, -a bitter, sharp
agrupación *f.* grouping
agrupado, -a grouped
agua water; — de colonia cologne
aguafuerte *m.* etching
aguantar to hold
aguante *m.* patience
aguardar to wait
agudamente sharply
agudo, -a sharp
aguijar to spur
aguijón *m.* spur, goad
águila eagle
aguileño, -a aquiline
agujero hole
agustiniano Augustinian monk
aguzar to prick up
ahí there
ahijado, -a protégé, adopted child
ahogado, -a stifled
ahogar to drown, choke
ahogarse to be drowned
ahora now
ahorcar to hang on a gallows
ahorrar to save, spare, avoid
aína quickly
airado, -a angry
airoso, -a gallant, graceful
aires airs, airs of a bully
aislado, -a isolated
ajar to wither, dry up
ajedrez *m.* chess
ajeno, -a foreign, strange, of someone else
ajuar *m.* trousseau
ajuste *m.* arrangement, outcome

ala wing
alabar to praise
alacena cupboard
alacrán *m.* scorpion
álamo poplar tree
alarde ostentation
alargado, -a lengthy, long
alargar to stretch out; — **el paso** to walk faster
alargarse a to hand over
alarido shout, howl
alba dawn
albahaca sweet basil
albayalde *m.* white lead (*used to whiten the skin*)
albedrío free will
albergar to lodge
albo, -a pure white
alborada dawn
alborotarse to become alarmed
alboroto uproar
alborozar to rejoice, happily excite
albufera reservoir, lake
albur *m.* dace (*river fish*)
albura whiteness
alcabala sales tax, tribute
alcahuete *m.* go-between
alcalde *m.* mayor
alcaller *m.* potter
alcance *m.* reach; **dar —** to obtain
alcanzar to reach, succeed, man, overtake, gain, attain
alcaparrón *m.* caper
alcarraza unglazed jug
alcázar *m.* citadel, palace
aldaba knocker
aldabilla door knocker, latch, iron hook
aldea village
aldeano villager
alegórico, -a allegorical

alegrar   to rejoice
alegrarse de   to be glad (*of*)
alegre   merry, happy
alegría   happiness
alejado, -a   removed from, retreat
alejar   to distance
alejarse   to go away
alentar (ie)   to inspire, encourage
alero *m.*   eave
aleteo   fluttering
alevoso   traitor
alfaquí   one who expounds the Koran, scholar
alfar *m.*   pottery-making place
alfiler *m.*   pin
alfombra   carpet
alforja   saddlebag
algo   money (*slang*), something
algodón *m.*   cotton, cotton bandage
alguacil *m.*   constable
alguno, -a   some; **alguna vez** at times, now and then
alhajas *f. pl.*   furnishings
aliado   ally
alienación *f.*   alienation, aversion
alienar   to alienate
alimentar   to sustain, feed
alinde *m.*   quicksilver
alisar   to smooth
aliviado, -a   relieved, better
alivio   relief
aljibe *m.*   cistern, water tank
aljimifrado, -a   neat, stylish in dress
alma   soul, heart, courage
almacén *m.*   storehouse, store
almeja *f.*   clam
almena   merlon (*of a castle*), battlement
almendro   almond tree
almidonado, -a   spruced up, starched

almírez *m.*   metal mortar
almo, -a   sacred, beneficent
almofía   washbowl
almohada   pillow
almojarifazgo *m.*   custom house; fee for admittance to a city
almuerzo   lunch
alnado   stepson
alojar   to lodge
alpargata *f.*   sandal
alpargates *m. pl.*   canvas shoes
alquilar   to rent
alquimia   alchemy
alquítara   still (*for distilling alcohol*)
alrededor   around; — **de**   about
alrededores   neighborhood
altanero, -a   arrogant
alteración *f.*   disturbance
alterar   to change, alter
alterarse   to be disturbed
alterno, -a   alternate
alteza   height, nobility
altivez *f.*   haughtiness
altivo, -a   proud, haughty, lofty
alto, -a   high, deep; **de — abajo** from top to bottom
altura   height; **a estas —s** even now, at the present time
alumbrar   to enlighten, show the way
alzar   to raise; — **la obra**   to set to work
alzarse   to lift up
allá   there; **más — de**   beyond
allanar   to overcome
allegado   partisan
allegar   to arrive
allende   beyond, besides
allí   there; **de — a poco**   a short time after
ama *f.*   housekeeper, nurse; — **de llaves**   housekeeper

amabilidad *f.* amiability
amable friendly, kindly
amado loved-one, beloved
amador *m.* lover
amagar to threaten
amainar to subside
amanecer *m.* dawn
amante lover
amar to love
amargar to make bitter
amargo, -a bitter
amarillento, -a yellowish
amarillez *f.* yellowness
amarillo, -a yellow
amatado, -a extinguished
amazonas amazon, in mythology a warrior woman
ámbar *m.* amber, yellow
ambición *f.* ambition
ambicionado, -a coveted
ambientado, -a located
ambientador, -a localizer
ambiente *m.* atmosphere, ambient
ambicioso, -a ambitious
ambos, -as both
amedrentar to frighten
amenaza threat
amenazador, -a threatening
ameno, -a pleasant
amiga friend, mistress
amistad *f.* friendship
amistoso, -a friendly
amo master
amohinarse to be irritated
amor *m.* love; — **propio** self-love
amortajar to lay out, shroud
amortecido, -a muffled
amortiguar to deaden, to soften
amparo protection
amplio, -a ample, wide
ampuloso, -a pompous, bombastic, turgid

amujerado womanish
amurallado, -a walled
analfabeto, -a illiterate
anascote *m.* woolen cloth
ancho, -a wide
ancianía old age
andaboba *m.* one who gets by in life; another name for the card game **parar**
andaluz, -a Andalusian
andante wandering, errant
andanza travel, trip
andar to come, go
andar *m.* going
anegarse to submerge, drown, fail
angelito little angel
angosto, -a narrow
ángulo corner, angle
angustia *f.* anguish, pain
angustiado, -a anguished, worried
angustioso, -a full of anguish
anhelante eager
anhelar to long for
anhelo longing, eagerness
anidar to dwell
anillo ring
animado, -a animated, lively
ánimo courage
anómalamente anomalously
anonadar to overwhelm
anónimo, -a anonymous (*letter*)
anotar to write down
anquilosado stiff, not working easily
ansia anxiety, anguish, torture
ansiedad *f.* anxiety
ansioso, -a anxious
antecedente *m.* antecedent, predecessor
antecesor, -ora ancestor, predecessor
antecogido, -a gathered

antena yard arm
antepasado ancestor, anterior, before, previous
anterioridad *f.* priority; **con —** previous to
antes beforehand; **— de** before
anticipo anticipation
antifaz *m.* mask, veil
antigüedad *f.* antiquity, antique
antiguo, -a old, former
antipara legging
antista *m.* radical
antojarse to esteem, desire
antorcha torch
anudar to tie, knot
anulación *f.* abrogation, annulment
anular to annul, make void
anular ring finger
añadidura addition, **por —** in addition
añadir to add
añafil *m.* Moorish pipe, trumpet
añil *m.* indigo blue
añoramiento isolation
añoranza nostalgia, loneliness
apaciblemente peacefully
apaciguar to pacify
apagado, -a extinguished, muffled
apagarse to grow dim, go out
apalear to beat, whip
aparador *m.* sideboard, dresser
aparatoso, -a showy
aparecer to appear
aparejar to prepare, apparel
aparejo harness, equipment, means
aparición *f.* appearance
apartado, -a set apart, private, secluded, isolated
apartar to put aside, separate
apartarse to depart from
apasionado, -a impassioned

apatía *f.* apathy
apear to dismount
apelar to appeal
apenas scarcely
apercibido, -a perceived
apercibimiento legal examination
apersonado, -a seemly
apetecer to crave
apetencia desire, hunger
apilar to pile up
apiñarse to crowd together
apiolar to kill
aplastar to flatten, to extinguish (*a cigarette*)
aplauso applause
aplicar to apply, put
Apocalipsis *m.* Apocalypse
apoderado *m.* person in possession of
apoderarse to take possession
apodo nickname
apogeo peak
apolillado, -a moth-eaten, worm-eaten
apólogo apologue, moral tale
aporrear to whip, beat
aposento room, chamber, bedroom
apóstol *m.* apostle
apoyarse to lean, hold together, rest upon, support
apreciación *f.* appreciation
apremio squeeze, tightness
aprender to learn
aprendizaje *m.* apprenticeship, learning
aprensión *f.* apprehension
aprestar to make ready, to prepare
apresurarse to hasten
apretado, -a pressing, close together
apretar (ie) to press, squeeze

apretón *m.* pressure, squeeze; — **de manos** handshake

apriesa = **aprisa**

aprieto pressure, stress

aprisa quickly

aprisionado, -a imprisoned

aprisionar to imprison

aprobación *f.* approval

aprovechamiento *m.* exploitation, taking advantage of

aprovechar to take advantage of, to be of advantage, avail

aproximadamente approximately

aproximarse to approach

apuesta bet, wager; — **de a onza** one doubloon wager

apuesto, -a fixed up, bedecked, handsome

apuntar to aim, grow, sprout, point; point out, hit the mark

apurado, -a pressed, worried

apurar to consume, use up, exhaust, reduce, to drink up

apuro suffering, difficulty

aquello that

aquesto, -a this

aquilón *m.* north wind

arabesco arabesque, curlicue, Arabic characters

aragonés, -a Aragonese

arancel *m.* tariff

arañar to scratch

arbitrio opinion, judgment

arcabuz *m.* harquebus, a type of hand gun

arcabuzazo shot from a harquebus

árcade Arcadian

arcaico archaic

arcilla clay

arco iris rainbow

arder to burn

ardite *m.* coin of small denomination

arena sand

arenal *m.* sandy area

argolla collar, ring

argumentar to argue

árido, -a arid, dry

arma -s weapon(s)

armada fleet

armadura armor

armar to assemble; to arm, to lift, to set (*as a trap*)

armario clothespress, wardrobe

armónica *f.* harmonica

aro hoop

arpa harp

arzobispo archbishop

arrabal *m.* suburb, outskirts

arrancar to pull, jerk, start, pull out, snatch

arranque *m.* outburst

arras *f. pl.* dowry

arrastrado, -a pulled on, drawn

arrastrar to muss, bedraggle, drag

arrayán myrtle

arrebatar to snatch away from

arrebato attack, wild outburst

arrechucho fit of anger

arreglar to arrange, fix up

arreglo *m.* matter

arremangarse to busy oneself

arremeter to rush forth, run forward, charge

arremolinarse to swirl, mill around

arrepentimiento repentance

arrepentir (ie) to repent

arrepentirse to regret

arriate *m.* flower bed, trellis

arriba upward, upstairs

arribar to beach, land, arrive

arriero muleteer

arrimarse to lean against, depend on

arrinconado, -a set apart, forgotten; in a corner

arroba liquid measure weighing around 25 pounds

arrodillarse to kneel

arrogante arrogant, haughty

arrojar to throw, fix, cast out of

arrojarse to throw oneself into, go into

arrojo fearlessness, dash

arrollado, -a wounded

arrostrar to face

arroyo stream

arroz *m.* rice

arrugar to wrinkle, crumple

arruinado, -a ruined

arrullar to lull (*to sleep*)

arrullos cooing, lullaby

as *m.* ace (*cards*)

asador *m.* spit

asaltar to assault, attack

asar to roast

ascendente ascendant, developing

asco nausea, loathing

asaeteado, -a bombarded, shot with arrows

asedio siege

asegurar to assure, promise

asentado, -a established

asentar (ie) to set down, become, fit

asequible accessible

asero = acero (Andalusian pronunciation)

asfixiado, -a stifled

asfixiar to smother

así thus

asiento seat, location, resting place, lodging

asilo asylum, shelter

asimilar to absorb

asimismo likewise

asir to seize, clutch, fix

asistir to be present, to help

asno donkey

asnucho little donkey

asoleado, -a sunny

asomar to appear, stand out

asombrador *m.* astonishing

asombro astonishment

asomo feeling, indication

asonante assonant (*resemblance of vowel sounds used as a substitute for rhyme*)

aspe wing or sail of a windmill

aspillera loophole, aperture

astilla splinter, shaving

astillazo blow from a flying chip

astillero rack

astro star

astronomía astronomy

astroso, -a deteriorated, run down

astucia cunning, astuteness

asturianillo, -a young Asturian

asturiano, -a Asturian, native of Asturias in Northern Spain

astuto, -a clever

asunto matter, topic, event

asustar to frighten

atacar to attack

atado, -a tied

atalaya watchtower

atapar to cover

atar to tie

atardecer *m.* twilight

atascado, -a stuck

ataúd *m.* coffin, casket

atavío finery

atemorizar to terrify, scare

atenazado, -a grasped

atenazar to hold fast

atender (ie) to wait for, heed, consider
atenerse a to abide by, rely on
atenido, -a dependent
atentamente attentively
atenuado, -a simpler, less complex, diluted
aterido, -a chilled, chilly
aterrar to cast down
atesorar to treasure, evaluate
atestar to attest, fill
atirantar to tighten, give tension
atolladero mudhole
atolondramiento giddiness, confusion
átomo atom, infinitesimal part
atónito, -a astonished
atormentar to torment
atrapar to seize
atrás behind, backward
atrasado, -a held back, slow
atravesar (ie) to cross, run across, go across
atrayente attractive
atrevido, -a daring
atrevimiento boldness
atrio atrium
atrocidad atrocity
atrofiarse to atrophy
atropellado, -a precipitate, hasty, brusque
atropellar to trample upon, to violate
atropello abuse
aturdido, -a stunned
augurio augury, the practice of divination
augusto, -a august, serious
aullido howl
aumentado, -a increased
aumentar to increase
aumentarse to increase in size
aumento increase

aún even, yet
aura gentle breeze
áureo, -a golden
aurora dawn
ausentarse to leave
auto one-act play
autoridad *f.* authority
autorizar to authorize, permit
auxilio aid, help
avampiés *m. pl.* patched shoes
avanzado, -a advanced; **lo —** the lateness
avanzar to advance
avariento, -a avaricious
ave *f.* bird
avecinar to approach, take up residence
avemaría Hail Mary (*a prayer*)
aventajar to advance, set ahead of
avergonzarse (ue) to be ashamed
averiguación inquiry
averiguar to find out, ascertain, verify
avezado, -a accustomed
avisar to take note, warn, inform
aviso advice, lesson
avivar to brighten, wake up, come alive
avizorar to keep watch
ay ouch, alas
ayuda help
ayudar to help
ayuno fast
azabache *m.* jet
azahar *m.* orange (*lemon*) blossom
azófar *m.* brass
azor *m.* hawk
azorado, -a flickering, excited
azotar to beat, whip
azote *m.* lash of a whip

azotea flat roof
azúcar *m.* sugar
azucena white lily
azul blue
azulado, -a bluish
azumbre *m.* liquid measure of about 2 litres
azuzar to spur on, sic on

baba saliva, drivel
babear *m.* slobber
bacalao codfish
bache *m.* trap
bachiller *m.* bachelor (*of arts, etc.*)
badana piece of leather
bailar to dance
baile *m.* dance
bajamanero apprentice, thief
bajar to go down, descend, lower
bajarse to dismount, fall
bajel *m.* ship, vessel
bajeza vileness
bajo, -a low, lowly, base, short
bajón *m.* bassoon, sudden drop
bala bullet
balada ballad
baladí trivial
baladronada boast
balazo bullet blow
balbucear to stammer
balbucir to stammer
balcón *m.* balcony, window
balde bucket; **en —** in vain
balín *m.* buckshot
balsa pool
bálsamo balsam
baluarte *m.* bulwark
balumbo, -a showy, bulky
ballesta crossbow
banco bench

banda gang, band; side (*of a ship*); sash
bandera banner
bandolera bandoleer, shoulder belt
banquete *m.* banquet
banquillo bench
baranda railing
barandal *m.* balustrade
barandilla balustrade, railing
barba beard, chin
barbacana barbican, fortified wall
bárbaro, -a barbarian, barbarous
barbilla chin
barbinegro a black-bearded man
barca barque, boat
bardal *m.* thatched wall, fence
barnizar to varnish, polish
barón *m.* baron
baroncita baroness
barraca cabin (*in Valencian region*)
barranco ravine
barrer to sweep
barrera parapet, barrier
barriga belly
barrigota big belly
barrio district; **de —** in the warmer part of the district
barro clay; mud
barroco, -a baroque
barruntar to guess
barrunto guess, sign, doubt
base *f.* base
basilisco basilisk, mythical monster
basquin skirt
basta enough
bastante enough, sufficient
bastar to suffice
bastón *m.* cane, stick
batalla battle

batallar   to do battle
batán *m.*   fulling mill (*used in manufacturing cloth*)
batir   to beat, flap
bautizar   to baptize
bayeta   coarse cloth
beatíficamente   beatifically
beduino, -a   Bedouin; a nomad, wanderer
beldad *f.*   beauty
bella   belle, sweetheart
bellaco   rascal
bellacón *m.*   ruffian
belleza   beauty
bello, -a   fair; beautiful
bellota   acorn
bendición *f.*   blessing, benediction
benditera   holy-water font
bendito, -a   blessed
beneficio   benefit, satisfaction
benemérito *m.*   authorities, police
benévolamente   benevolently
benevolencia *f.*   politeness
benigno, -a   benign, kind
bergante *m.*   rascal
bergantín *m.*   brig, brigantine
bermejo, -a   reddish
bernardinas *f. pl.*   meaningless remarks, hocus-pocus
berza   cabbage
beso   kiss
bestia   animal, horse
bicicleta *f.*   bicycle
bien   well; *m. pl.* possessions, wealth; **— como**   just as
bienandanza   happiness
bienaventurado, -a   blessed
bienhadado, -a   fortunate
bienhechor *m.*   benefactor
bienquisto, -a   well thought of, esteemed

bifurcado, -a   forked
bigote *m.*   mustache
biología   biology
bisabuelo   ancestor, great-grandfather
bisón *m.*   bison, buffalo
bizantino   Byzantine
bizarro, -a   handsome
blanca   farthing (*a coin*)
blanco, -a   innocent; *n. m.* target, white
blancura   whiteness
blando, -a   bland, soft, gentle, reasonable
blasón *m.*   coat of arms, blazon
blasonarse   to boast
bobo, -a   stupid; *n. m.* fool
boca   mouth; **a — de sorna**   in the dark of night
boceto   sketch
bocina *f.*   auto horn
boda   wedding
bodegón *m.*   wine cellar
bodegonero   wine-cellar keeper
bogar   to row, to sail
bolsa   purse
bolsilla   purse
bombardeo   bombardment
bombilla *f.*   light bulb
bonachón, -ona   kindly
bondad *f.*   goodness
bondadoso, -a   kindly, generous
boquete *m.*   gap, narrow entrance
borbotón *m.*   burst
borde *m.*   edge
bordear   to edge, skirt
borona   cornbread
borrar   to erase; **eso se borre**   cancel that out
borrasca   whirlwind
borrón   blemish
boscaje *m.*   grove

bosque *m.* forest, woodland
bosquecillo thicket
bostezar to yawn
bota wineskin
botella bottle
boticario druggist
boyante prosperous
bozo down on the upper lip
bracear to struggle, swim
bracero : de — arm in arm
bramido bellow, roar
brasa live coal
bravata bravado
braveza fierceness
bravío, -a fierce, wild
bravo, -a fierce, wild
bravura fierceness
brazo arm
brevario breviary, brief treatise
breve brief
brevedad *f.* brevity
brida bridle
brillar to shine
brincar to leap
brinco leap
brindar to toast
brindis *m.* toast
brioso, -a high spirited
brisa breeze
brisca a card game
brizna *f.* quaking grass
broma joke
bronce *m.* bronze
bronceado, -a bronzed
broquel *m.* shield, codpiece (*a protection for the loins*)
brotar to sprout, produce, bring out
broza underbrush, brushwood
bruces *m. pl.* lips; **de —** face down
bruja witch
bruma mist

brumar to pound, beat
bruñido, -a burnished, polished
brusquedad *f.* brusqueness, suddenness
bruto beast, bully
bucles ringlets, curls
bucólico, -a bucolic, pastoral
buche *m.* craw, belly
bueno, -a good; **buena la has hecho** now you've really done it
bufete *m.* writing desk, lawyer's office
bufido snort, snap, roar
bula papal bull; **echar las —s** to issue papal bulls
buldero seller of papal bulls
bulero = buldero
bulto *m.* lump, bulge, bulk, body
bullanguero, -a noisy, boisterous
bullente boiling, ebullient
burla joke, trick
burlar to joke, trick, make fun of
burlarse to deceive oneself
burro burro, donkey
busca search
buscar to search, look for
búsqueda *f.* search

ca for, because, no indeed!
cabal perfect
cabalgadura mount, steed
cabalgar to ride
caballería cavalry, chivalry, knighthood
caballero knight, gentleman; **— andante** knight-errant
caballerosidad *f.* chivalry
cabaña cabin
cabe near
cabecita little head

cabellera tress
cabello hair
caber to be contained, to fit;
— **duda** to be in doubt
cabeza head
cable *m.* cable
cabo end; **al — de** at the end
of, finally, in the long run
cabo cape (*geographical*)
cabra *f.* she-goat
cabrón *m.* he-goat
cachaba staff
cacharro pot
cachas *f. pl.* the two sides of a
knife handle
cada each
cadáver *m.* corpse, body
cadena chain
cadencia cadence
cadencioso, -a rhythmical
cadera thigh joint, hip; **sillon-
cito de —** a small chair
cadete *m.* cadet
caduco, -a transitory, feeble
caer to fall, drop, fail; — **en**
to catch on
caída fall, end
cairelado, -a jagged, fringed
caja box, drum
cajita little box
cajonería drawers
cal *f.* lime, whitewash
cala act of testing size or
thickness
calabaza pumpkin
calabazada blow to the head
calandria calendar lark (*bird*)
calavera skull
calcetero shoemaker
cálculo calculation, conjecture
calentar to warm
calibre *m.* caliber
calidad *f.* quality, nature

cálido, -a warm
calificación *f.* grade, mark (*in
school*)
calificar to describe
calígrafo scribe, caligrapher
cáliz *m.* calyx
calizo, -a limestone
calladamente silently
calleja small street, alley
callejón *m.* lane, alley
calma calm, quiet
calumnia calumny, insult
caluroso, -a warm, heated
calva bald spot
calzado, -a shod
calzas *f. pl.* stockings; **medias —**
socks
calzones *m. pl.* breeches
cama bed; — **de matrimonio**
double bed
cámara chamber
camarada *m.* comrade
camarilla little room
camarón *m.* shrimp
camastro bunk, miserable
bed
cambiar to change, exchange
cambio change, exchange
(*money*)
caminante *m.* traveler
caminar to travel, go
camisa shirt, blouse
campanudo, -a bell-shaped
campear to show, display
campechano, -a countrified,
free and easy
campesino, -a rustic, sylvan;
m. country person
campo field, battlefield; **de —
y plaza** of all work
camuza chamois
can *m.* dog (*archaic Spanish*)
cana gray, gray hair

canal *m.* or *f.*   canal; **la —
  maestra**   the gullet
canasta   basket; **— de color**
  laundry basket
canasto   basket
canción *f.*   song
candado   padlock
candela   lantern
candelica   small candle
cándido, -a   innocent, simple,
  guileless
candil *m.*   lamp
candor *m.*   innocence, candor
cangrejo   crab
cano, -a   white-haired
canónigo   canon
canoro, -a   musical
cansar   to tire
cansarse   to grow tired
cansino, -a   work-weary, tired
cantar   to sing
cantarillo   basket
cántaro   pitcher, jug
cantidad *f.*   quantity, amount
canto   song, poem, canto;
  stone, pebble
cantón *m.*   region, corner
cantor *m.*   singer
cantueso   lavender; **flores de
  — viejas**   wilted lavender
caña   cane, reed
cañada   gulch
cañar   cane field
cañón *m.*   gun barrel, cannon,
  stiff hair
cañonazo   cannon shot
cañuto   length of hollow cane,
  grape wine
caos *m.*   chaos
capa   cape, cloak
capacidad *f.*   capacity
capaz   capable
capellanía   chaplaincy

capelo *m.*   cap
capilla   chapel, hood
capote *m.*   cape, hood
capricho   whim
captarse   to captivate, attract
capucha   hood, hooded cloak
capullo   cocoon, flower bud
cara   face
carabela   caravel, sailing ship
carabelita   little sailing ship
caracol *m.*   snail
carámbano   icicle
carasol *m.*   sun gallery
carcajada   burst of laughter
carcamal *m.*   old wreck, hulk
cárcel *f.*   prison, jail
carcomido, -a   worm-eaten
cardenal *m.*   cardinal, welt
cardíaco, -a   cardiac
carecer   to lack
carencia   need
carga   load, burden
cargado, -a   burdened
cargar   to load, rest
cargazón *m.*   loading
cargo   profession, load; **tener
  a —**   to be in charge of
caricia *f.*   caress
caridad *f.*   charity
cariño *m.*   affection
cariñoso, -a   affectionate
carita   little face
caritativo, -a   charitable
cariz *m.*   appearance
carmelita   Carmelite (*order of
  nuns*)
carmín *m.*   carmine, red, scarlet
carné   certificate
carne *f.*   flesh, meat
carnicería   butcher shop
carnoso, -a   fleshy, full
caro, -a   dear, expensive;
  hacer — os   to praise

carpeta *f.* cover
carta card, letter
cartelón *m.* chart
cartera portfolio, wallet
cartucho cartridge
cartulina light cardboard
carrasca oak
carrejo passage, corridor
carrera course, road, way
carrerita hesitating motion, uneasy step
carreta cart
carretera road(way)
carretero cart driver
carretilla little cart
carrillo *m.* cheek
carro cart
casado, -a married
casar to wed, give in marriage
casarse (con) to get married
cascabel *m.* bell
cascabeleo jangling of bells
casco helmet, skull
caserío hamlet, group of homes
casilla small house
caso fact, matter, case, event
caso *m.* matter; — **omiso** careless thing
caspa scale
castaña chestnut
castaño, -a chestnut-colored
castigar to punish
castigo punishment
castillo castle
casualidad *f.* chance, accident
cata examination by taste to evaluate flavor
catadura appearance
catalán, -ana Catalonian
catalán *m.* Catalan, the spoken language of Catalonia whose center is Barcelona
catástrofe *f.* catastrophe

catedrático principal professor in a department
cauce *m.* stream, channel
caudal *m.* wealth, capital, great amount
causa cause
cautela caution, cunning
cautivador, -a captivating
cautiverio captivity
cautivo, -a captive, wretched
cauto, -a prudent, cautious
cava ditch, moat
caza hunting
cazador *m.* hunter
cazar to hunt
cazatorpederos *m.* torpedo-boat chaser
cazuela stew pan
ceder to yield, cede
cedro cedar
cegar (ie) to blind
ceja eyebrow
cejijunto beetle-browed, with eyebrows meeting
celada helmet, hunter's blind, ambush
celado, -a watchful
celda cell; **compañero de —** cellmate
celebrarse to take place
célebre celebrated
celeste sky-blue
celo distrust, envy; *m. pl.* jealousy
celosía jealousy, Venetian blind
celoso, -a jealous
celta Celt
cena supper
cencerrada charicari or tin-pan wedding serenade
cencerreo jangling of a bell
cendal *m.* feather barb, gauze, flounce, decoration

ceniciento, -a ashen
ceniza ash
centauro centaur (*mythical beast, half-man, half-horse*)
centena hundred
centenar a hundred
centeno barley
centro center
ceñidamente closely confined, reduced
ceñido belted
ceñir (i) encircle, gird (*a sword*)
ceño frown
cepo pillory, stocks, charity box (*for money*)
cera wax
cerca near; de — close, hedge
cercano, -a near, close
cercar to surround
cercenar to clip, trim the ends of
cerciorarse to ascertain
cerco siege
cerebro brain
cerezo silvestre *m.* Spanish dogwood
cernada leached ashes used for bleaching clothes
cernir (ie) to sift
cerradura lock
cerrar (ie) to close, close in, close with, embrace
cerro peak, hill
cerrojo bolt
certeza certainty
certidumbre *f.* certainty, conviction
certificar to certify, to prove
cervantino, -a pertaining to Cervantes
cesar to stop
césped *m.* turf, grass
cesto basket
cesura pause, break (*in poetry*)

cetro sceptre
cica purse (*slang*)
cicatriz *f.* scar
cíclico, -a cyclical
ciego, -a blind
cielo heaven, sky
ciencia science, knowledge
cierto, -a true, certain
ciervo stag
cierzo north wind
cifra figure, cipher
cigarro cigarette, cigar
cimera crest on a helmet, plume
cinchado, -a surrounded with a girth
cintillo hatband
cinto belt, ribbon
cintura waist, throat
ciprés *m.* cypress tree
circo *n.* circus
circón *m.* zircon
circundar to surround
circunstancia circumstance, state, condition
cirujano surgeon
cisne *m.* swan
cita *f.* date
citar to cite, to mention
ciudadano *n.* citizen
civil police
clandestinamente clandestinely, secretly
claridad *f.* brightness, clarity
clarín *m.* bugle
claro *m.* clear space, window
claro, -a light, clear; de —
  en — from dusk to dawn
clase *f.* kind, classroom
clasicismo classicism
clásicos the classics in literature
clavar to fix, nail, pierce
clavazón *m.* nailing, affixing
clave *f.* key, code word

clavete *m.* stud, tack
clavicordio clavichord
clavija peg (*musical*)
clavo nail
clemencia clemency
clérigo cleric
clientela *f.* customer
coartar to limit
cobarde *m.* coward
cobdiciaduero desirable
  (*archaic*)
cobertizo arcade, covered
  passageway
cobijar to shelter
cobijo *m.* shelter
cobrar to collect, get, gain,
  win, acquire, recover
cocer (ue) to cook
cochera coach house
cochino pig
cocina kitchen
cocinero cook
codicioso, -a greedy, eager
código *m.* code, law code
codo elbow
coetáneamente contempora-
  neous
coetáneo, -a contemporary
cofrade *m.* brother
cofradía brotherhood
cofre *m.* chest, trunk
coger to pick up, pick out,
  gather
cogote *m.* back of neck
coincidir to coincide
cojín *m.* cushion, pillow
cojo cripple
cola end, tail; **vagón de —**
  end car of a train
colada bleached clothing; **salir
  en la —** to come to light
colarse to pass into, slip in
colectividad *f.* collectivity

colegir (i) to deduce
coleóptero hard-shelled beetle
cólera anger
coletazo : a —s wiggling its tail
colgar (ue) to hang
colilla *f.* butt of a cigarette
colina hill
colmar to overwhelm, to
  overflow
colmena beehive; **corcho de —**
  coarse earthenware pot
colmillo puncture; *pl.* marked
  cards
colmo height
colocar to place
colonizador, -a colonizing
coloquio conversation, speech
color *m.* color (*m.* or *f. in
  medieval Spanish*), complexion
color rouge
colorado, -a ruddy; **ponerse —**
  to blush
colorido, -a colored
comarca district
combatido, -a fought
combatir to combat
comedia play, drama
comedido, -a courteous; carefully considered
comedor *m.* dining room
comendador *m.* knight-
  commander
comenzar (ie) to begin
comercio trading
cometer to commit
cómico, -a comic, funny
comida dinner, food
comisaría *f.* police station
comitiva company, train,
  retinue
cómoda chest of drawers
comodidad *f.* comfort,
  convenience

compadecido, -a pitied, sympathized with
compadre *m.* friend, "pal"
compaña company, countryside
comparación *f.* comparison
comparar to weigh against
compartido, -a divided
compás *m.* compass; **hacer —** to measure
compendiar to summarize, condense
complacerse en to take pleasure in
cómplice *m.* accomplice
componer to compose, mend
compositor *m.* composer
compostura *f.* calmness, composure
comprar to buy
comprender to understand
comprensión *f.* comprehension
compresa compress (*medicinal*)
comprimir to compress
comprobación proof
comprobar to verify
comprometido, -a compromised, involved
compromiso affair, engagement
compuesto, -a composed
común commonplace
comunicado, -a connected with, in touch with
comunidad *f.* commonness, uniformity
concebir (i) to conceive
conceder to concede, grant
concepto concept, conceit
conceptuar to conceive
concha shell
conciencia conscience, consciousness, scruples
concienzudo, -a conscientious
concierto agreement

conciliar to conciliate, reconcile
conciliatorio, -a conciliatory
concluir to end, conclude
concorde harmonious
concreto, -a final, concrete, firm
concurrir to go, attend, concur
concurso *m.* group
condado county
conde *m.* count
condenado, -a condemned, blocked off
condenar to condemn
condensar to condense
condesa *f.* countess
condestable *m.* constable
condición *f.* condition
conducente conducive, leading to
conducir to lead to
conducta conduct, action
conejo rabbit
conferencia meeting, telephone call
confesar (ie) to confess
confesionario confessional
confiado, -a haughty
confianza confidence
confiar to trust
confidente confident
confín *m.* confine, end, limit
confinar to border (*on*)
confirmar to confirm
confiscar to confiscate
conforme in conformity
confortar to comfort, please
confraternidad *f.* brotherhood, fraternity
confundido, -a mixed
confundir to mingle, fuse
confundirse to become confused
congelarse to congeal

congoja anguish
congojoso, -a anguished
conjetura *f.* conjecture,
supposition
conjuntamente conjointly
conjunto *m.* entirety; **en —**
inclusively
conjurar to conspire
conmovedor moving
conmoverse (ue) to be moved,
to become emotional
conocer to know, recognize
conocerse to become
acquainted
conocimiento knowledge,
consciousness
conque so, therefore
conquista conquest
consagración *f.* consecration
consagrar to consecrate, dedicate, devote
conseguir (i) to succeed, bring
about, accomplish
consejero advisor
consejo advice
consentir (ie) to consent, agree
to, accept
conservador conservative
conservar to save, preserve
consiguiente consequent, ex-
pected; **por —** consequently
consolación *f.* consolation
consolador, -a consoling
consolalla = consolarla
consonante *m.* consonant,
similar in sound
constar to consist, be evident
constatar to prove, to state
constitución *f.* condition
consuelo consolation
consumidor, -a consuming
consumir to consume, use up
contadero, -a countable

contador *m.* desk, paymaster,
cashier
contagiar to infect
contagiarse to become con-
taminated, catch (*disease*)
contar (ue) to tell about, relate,
count; *see* **jornadas**
contemplación *f.* contempla-
tion
contemplar to contemplate
contemporáneo, -a contem-
poraneous
contener to stop, to hold back
contenerse to contain oneself
contenido, -a content, contents
contentarse to be content
contestar to answer
contienda struggle
continente *m.* countenance
contingencia contingency
contino = continuo; de —
continually
continuación *f.* continuation;
a — immediately, afterwards
contraataque *m.* counter-
attack
contradecir to contradict
contraer to contract
contraerse to shrink
contraluz *f.* against the light
contraminar countermine
contraponer to contrast
contrapunto counterpoint
contrario, -a adverse,
contraryj
contraste *m.* contrast; **poner
en —** to contrast
contray *m.* a fine cloth
contrayentes *m. pl.* contract-
ing parties
conturbar to perturb, trouble
convaleciente convalescent
convencer to convince

convenible fitting
conveniencia propriety
convenio covenant
convenir (ie) to be suitable
convento convent, monastery
convertir (ie) to convert, turn
  into, become
convivencia living together
convivir to live with
convocatoria *f.* meeting
coordenada co-ordinate (*math*)
copa space, treetop, crown of
  hat
copioso, -a copious
copla popular song, poem
coquetería coquetry, flirtation
coraje *m.* anger, courage
corcel *m.* horse, steed
corchete *m.* constable
corcho *m.* cork
corcovado, -a hunchbacked
cordel *m.* rope, string
cordobés, -esa Cordovan
cordón *m.* lacing, cordon, girdle
cordura good sense, wisdom
corma trouble, uneasiness,
  shackles
cornada butt, blow, thrust with
  the horns
corneja raven
cornudo *m.* cuckold; a man
  deceived by his wife
coro choir; **de —** by heart
corona crown, tonsure
coronación coronation, peak
corporal bodily
corral *m.* barnyard
corredor, -a swift-running
corregidor *m.* mayor
correr to run, traverse, overrun
correspondido, -a favored
corretear to run, frolic
corrida run, bullfight

corrido, -a chased, pursued,
  current, abashed, confused; **de
  lo —** of the current gain
corriente current, modern,
  ordinary, common, usual
corrillo *m.* small group
corro group
corromper to corrupt
corsillo fawn (*young deer*)
cortar to cut, cut short
corte *f.* (*royal*) court
corte *m.* cutting
cortés polite, courteous
cortesano, -a courtly, of the
  court
cortesía courtesy
corteza *f.* bark of a tree, shell,
  rind
cortijo farmhouse; **alborotar
  el —** stir up
cortina curtain
corzo deer
cosa thing
cosaco Cossack
cosecha crop
coser to sew, nail
costado side, slope
costal *m.* sack
costar (ue) to cost; **me cuesta
  trabajo** it is difficult for me
costarricense *m.* Costarican
costilla rib, side
costra crust
costumbre *f.* habit, custom;
  de — usual, customary
costura seam
cotidiano *f.* everyday
coto *m.* boundary, limit
coyuntura contract, juncture,
  occasion; **en —** at the right
cráneo cranium, skull
creación creation
crear to create

crecer to increase, wax, grow, swell

crecido, -a abundant, thick, highly developed

creciente increasing

credo creed, belief

creer to believe

cresta summit

cría (*wolf*) cub

criada maidservant

crianza upbringing

criar to bring up

criatura child, creature

crisis *f.* crisis, decisive moment

crispado, -a clasped

crisparse to clench; *n. m.* crackling

cristal *m.* glass pane, crystal

crónica chronicle

crucecita small cross

crudeza *f.* crudeness

crudo, -a wild, uncut

crujir to creak, groan

cruz *f.* cross

cruzar to cross

cuaderna vía medieval verse form (*rhymed quatrains in lines of fourteen syllables*)

cuaderno notebook

cuadra large hall, stable

cuadrar to suit, fit

cuadro painting, picture

cuajado, -a filled, stiff, curdled

cualquier (a) any, any at all, whatever, some

cuán how

cuando when; **de — en —** from time to time

cuanto, -a as much as, all that; **— más que** especially since; **en —** as soon as

cuartanario, -a person suffering from quartan fever

cuarterón *m.* raised panel; **puertecilla de —es** Dutch door

cuarteto quatrain

cuartilla sheet (*fold*) of paper

cuarto room, quarter, coin

cuasiloco, -a half-crazy

cuatrero thief of horses, cattle, or sheep

cubierta cover, protection

cubrir to cover

cuchichear to whisper

cuchillada knife slash

cuchillo knife; **— vaquero** knife for killing cattle

cuello neck, collar

cuenca basin, valley

cuenta account, responsibility; **darse — de** to realize

cuentas beads

cuentista storyteller

cuerda cord, chord (*musical*)

cuerdo, -a prudent

cuero leather

cuesta hill; **en —** sloping

cuestión question

cuidado concern, care, trouble

cuidar to care for, look after, plan, think

cuita sorrow, trouble

cuitado, -a pitiful

culata gun butt

culebra snake

culpa blame; **echar la —** to put the blame on

culpable guilty

culpar to blame

cultivar to cultivate, develop

culto, -a learned, cultured

culto cult

cumbre *f.* peak

cumplidísimo, -a most complete, full

cumplido, -a complete
cumplimentar to carry out, fulfill
cumplimiento *m.* fulfillment
cumplir to carry out, to fulfill, be fitting
cúmulo heap, pile
cuna cradle
cundir to spread
cuñada *f.* sister-in-law
cura *m.* priest
curar to care; — **de** to care about
curiosear to browse around, be a busybody
curiosidad *f.* curiosity
cursado, -a well-trained
cursar to study, be experienced, know about
cursi cheap
curtir to tan (*as with leather*)
cutis *m.* skin

chabola *f.* shack, hut
chaleco vest
chambrana doorframe
chancero, -a jocose, playful
chantre *m.* cantor, loud-voiced singer
chanza joke
chapado, -a encrusted with jewels
chapín *m.* cork-soled sandal
chapuzón *m.* plunging, diving
charlar to chat
chasco : llevar — to be disillusioned
chasquear click
chaval *m.* lad
chef *m.* chief, head
chiar = chillar *m.* chirping
chico, -a small
chimenea chimney

chiquillo, -a (*little*) child, boy, girl
chiquitín, -a little one
chirrido squeaking
chispazo flying spark
chispeante sparkling
chiste *m.* joke, sparkle
chopo black poplar
choque *m.* shock
chorizo sausage, pickpocket
chorrear to drip, spout forth
chorro stream
chupar to suck

daca thence, away; **en — las pajas** immediately
dádiva gift
dadivoso, -a generous
daga dagger
dalles = darles
danzar *m.* dancing
daño harm, damage
dañoso, -a harmful
dar to give, hit, strike, cause; **— a** to lead to, open onto hit; **— a entender** to make one realize, understand; **— a luz** to give birth to; **— en** to persist in, acquire the habit of; **— de lleno en** to hit the mark; **— más de dos vueltas** to turn about more than twice; **— voces** to shout; **— vuelta a** to turn
darse — a to give oneself up to; **— cata** to realize; **— cuenta de** to realize; **— por vencido** to give up; **— prisa** to hurry; **— de ver** to notice, observe; **— vuelta** to return
datar de to date from
datos *m.* data, antecedent

de hasta... años to be more than . . . years old
de contado cash
deán *m.* dean
debajo below; **por — de** beneath
debatir to struggle
deber *m.* duty, debt
debido, -a due, merited
débil weak
década *f.* decade
decadencia decadence, decline
decadente decadent
decena a dozen
decenio *m.* decade
decepción *f.* disappointment
decidirse to decide
decilla = decirla
décima ten-line stanza
decir to say; descend (*archaic*); *n. m.* **decir** (*poetic form*)
declive *m.* slope
decoro decorum
dedicado, -a autographed
dedicar to dedicate
dedicatoria dedication
dedo finger
deducir to deduce, guess
definir to define
deformarse to become deformed, to change shape
defraudar to cheat
defunción *f.* death, demise
degollar to behead
deidad *f.* deity
dejar to leave; **— de** to fail to, stop
delante in front
delantera front, forward part
deleitable delightful
deleitar to enjoy, take delight
deleite *m.* delight, pleasure
delfín *m.* dolphin, constellation

delgado, -a thin
delicadamente lightly
delicado, -a delicate
deliciosamente delightfully
delirio delirium
delito *m.* crime
della = de ella
demandar to request
demás *m.* rest
demasía insolence
demasiado too, too much
demediar to give half
demencia madness
demérito unworthiness
demonio devil
denegrido, -a bruised, black and blue
denostar (ue) to mock
densidad *f.* density
denso, -a heavy, dense, solid
dentadura teeth
dentro de inside of, within
denuedo, -a daring
depender to depend
deporte *m.* sport
depositorio storehouse, treasury
deprender = aprender to learn
depresivo, -a depressing
deprimente depressive, depression
deprimido, -a depressed
depuración *f.* purification
derecha right (*politically*); **a —s** in proper order
derecho right, law, fee
derramar to shed
derredor : en — around
derrengado, -a destroyed, ruined
derretir (i) to melt
derribar to demolish

derrocar to hurl down
derrota defeat
derrotada *f.* defeat
derruído, -a ruined, tumbled down
derrumbar to collapse
derrumbarse to throw oneself headlong, sink
desa = de esa
desabrido, -a disagreeable
desabrochar to unbutton
desacreditar to discredit, disgrace
desafiador, -a defiant
desafiar to challenge
desafío challenge
desaforado, -a huge, monstrous
desagradecido, -a unappreciative, ungrateful
desaguar to drain
desaguisado, -a unreasonable
desairado, -a unfitting, embarrassing
desalentado, -a discouraged, out of breath
desaliñar to disarrange
desalmado, -a inhuman
desamorado, -a unaffectionate, unloving
desamparar to abandon, leave unprotected
desanimar to discourage, get discouraged
desaparecer to disappear
desarraigar to uproot
desarrollar to uncoil, develop
desarticulación *f.* disarticulation
desasirse to let oneself loose, to free oneself from
desasosiego *m.* uneasiness
desastrado, -a ill-fated, star-crossed

desastre *m.* misfortune
desatar to untie, disperse
desatentadamente inconsiderately
desatinar to bewilder, stun
desatino folly
desaventura misfortune
desayunarse to eat breakfast
desbaratar to destroy, thwart
desbocado, -a without a mouth, runaway
descabalgar to dismount
descabellado, -a absurd, dishevelled
descansado, -a relieved, restful, easy
descansar to rest, remain
descantar to distill
descargar to discharge
descender (ie) to descend
desceñir to remove a sword from its sheath
descerrar to fire (*a gun*)
descolgar (ue) to take down
descolorido, -a discolored, faded, pale
descompuesto, -a decomposed, broken, unsettled, out of temper
descomunal unusual, unequal in size, gigantic
descomunión *f.* excommunication
desconcierto *m.* disrepair, disorder
desconfianza *f.* distrust
desconfiar to mistrust, suffer anxiety
desconocer to disown, overlook
descoser to unsew, unravel
descreído heathen, unbelieving
describir to describe
descubrir to reveal

descuento discount, rebate
descuidado, -a heedless, careless
descuidarse to be diverted, cease to worry, fail to pay
descuido carelessness, neglect
desdecir to differ, be out of harmony with
desdén disdain
desdichado, -a unlucky
desdoblado, -a opened, unfolded
dese = de ese
desechar to lay aside
desecho, -a shattered
desembanastar to take out of a basket
desembanasterse to break loose
desenfado ease
desengañar to undeceive, free from illusion or mistake
desenlace *m.* outcome
desentendido, -a unaware
desenvainar to unsheath, unleash, turn loose
desenvolver (ue) to unfold
deseoso, -a desirous
desesperación *f.* desperation
desesperado, -a desperate
desfallecer to weaken, diminish
desfondar to break
desgajar to detach, tear off, wrench
desgarramiento *m.* tearing apart, disintegration
desgarrar to tear (*asunder*), shatter
desgracia misfortune
desgraciado, -a unfortunate
desgranar to pick seeds or grapes
desgranarse to come apart, drop from the bunch

desgreñado, -a dishevelled
deshacer to dissolve, destroy, undo, redress, shatter
deshacerse to grind up
deshecho, -a shattered
desheredado, -a disinherited
desheredar to abandon
deshilachado, -a raveled, tattered
deshilado, -a threadbare, frayed
deshora : a — untimely
designio purpose, intention, plan, design
desigual unequal
desistir to desist
desligado, -a free, unbound
deslizar to glide, slide
deslumbrante dazzling
deslumbrar to stop shining
desmayo swoon, faint
desmedido, -a measureless
desmejorar to spoil
desmelener to be dishevelled
desmembrar to break up
desmoronar to decline
desnivel *m.* unevenness
desnudo, -a bare, naked
deso = de eso
desobediencia disobedience
desolación *f.* desolation
desollar to flay, skin
desordenado, -a disorganized
despachar to dispatch, eat
despacio slowly
despacioso, -a slow-moving, leisurely
despaldado disjointed, broken-down
despavorido, -a terror-stricken
despecharse to grow discouraged
despecho spite; a — de in spite of
despedazar to tear to pieces

despedir (i) to take leave of, say goodbye to, repel, shoot
despegar to detach
despegarse to open
despejado, -a clean, smooth
despellejado, -a skinned, plucked
despeluznado, -a bristling
despeñadero steep slope, precipice
despensa pantry
desperezarse to stretch
despertar (ie) to awaken
despertarse to wake up
despidiente leave-taking, farewell
despierto, -a awake
desplazarse to move
desplegar (ie) to open
despliegue *m.* unfolding
desplomado, -a tumbled-down
despojo plunder, spoils
despolvorear to get the dust out
desposado bridegroom
desposar to marry to
desposorio marriage
despreciable worthless, despicable, contemptible
despreciar to scorn
desprecio disdain
desprenderse to detach, extricate oneself
desprendimiento alienation, disinterestedness
desprovisto, -a devoid, deprived
despuntar to break
desque as soon as, after (*archaic*)
desquiciado, -a disordered, unhinged
désta = de ésta
destacado, -a outstanding

destacamento *m.* detachment
destacar to stand out
destapar to uncover
deste = de este
destello *m.* flash of insight
desterrado, -a exiled
desterrar (ie) to exile
destiento, -a probing
destierro exile
destilar to trickle
destinado, -a destined
destitución *f.* impoverishment
destituido, -a removed (*from*)
destorcionado, -a untwisted, unraveled, straightened
destreza skill
destronar to dethrone
destrozado, -a beaten
destruir to destroy
desuellacaras *m.* shameless
desuncir to unhitch
desvalorización *f.* devaluation, lack of emphasis
desvanecer to disappear, dispel
desvariado, -a crazy
desvarío *m.* extravagant action or speech, delirium, caprice
desvelar to keep awake
desvelo anxiety
desventura *f.* misfortune
desvergüenza shamelessness
desviar to stand back, move, leave, get out of
desvío turning away, aversion
detalle *m.* detail
detallito little detail
detener to check, stop
detenerse to stop
detenido, -a arrested
determinación *f.* determination
determinarse to decide
determinista determinist
detrás behind
deudo relative

deudor *m.* debtor
devaneo illusion
devocianario prayer book
devolver (ue) to restore
diablura mischief
dialéctico, -a dialectic, argumentation
diariamente daily
dibujado, -a depicted
dibujar to sketch, outline
dibujarse to stand in profile
dibujo *m.* sketch; **meterse en —s** to attend to one's own business
dicha happiness, good fortune
dicho, -a aforementioned
dichoso, -a happy
dictadura dictatorship
diente *m.* tooth; **entre —s** under one's breath
diestra *f.* right, right hand
diestro, -a skillful, adept
dificultado one afflicted with difficulty, man in trouble
difunto, -a deceased, deed
difuso, -a diffuse
dignidad dignity
digno, -a worthy
dilatado, -a vast
dilatar to spread, scatter, extend, swell
diligencia precaution, diligence, zeal, task
diluir to dilute
diosa goddess
diputado deputy
dirigirse to go, head for, address
disciplina discipline
discípulo pupil, disciple
discretamente discreetly
disculpa excuse
disculpable pardonable

disculpar to excuse, exonerate
discurrir to roam
discurso discourse, passage, reasoning, speech
discutir to discuss
diseñar to sketch
diseño *m.* outline
disforme deformed, misshapen
disfrazar to disguise
disfrute *m.* benefit
disgusto *m.* displeasure
disidencia *f.* dissent
disimulación *f.* cunning
disimular to hide
disimulo dissimulation, concealment, pretense
disminución *f.* lessening
disminuir to diminish
disolver (ue) to dissolve
disparador *m.* trigger
disparar to shoot, hurt
disparate *m.* foolishness
disparo shot
dispensar to excuse
disperso, -a scattered
disponer to dispose
dispuesto, -a arranged, ready, disposed
disputado, -a disputed, challenged
distinguir to distinguish, to see
distinto, -a different
distraído, -a distracted
disuelto, -a dissolved, melted
diván *m.* divan
diverso, -a diverse, different
divertido, -a amusing
divinal divine
divinidad *f.* divinity
divino, -a divine
divisar to spy
dó where (*archaic*); from which, from where

doblar to bend, turn
doblez *f.* fold
doblón *m.* doubloon (*Spanish coin, originally worth over $16.00*)
docena dozen
docto, -a skilled
doctor *m.* doctor, doctor of theology
doctorado doctorate
doctorarse to be given the doctorate
doctrinario, -a doctrinarian, dogmatic, legalist, one who follows doctrine
dogma dogma, law
doler (ue) to hurt, pain, grieve
doliente sick, pained, grievous
dolor *m.* sorrow, pain
dolorido, -a sorrowful
doloroso, -a sorrowful, painful
domar to tame, control
domicilio *m.* room
dominar to rule, dominate, rise above
domingo Sunday
dompedro four o'clock, morning-glory
donación *f.* gift, support
donaire *m.* wit, cleverness, witticism
doncel *m.* pageboy, young nobleman
doncella maiden
dondequiera wherever
donoso, -a gifted, graceful, clever
doñeo courtship, flirtation
doquiera anywhere at all, wherever
dorado, -a golden, gilded
dormido, -a sleeping
dormitar to doze, nap

dormitorio bedroom
dote *m.* dowry, gift
dramático, -a dramatic
dramaturgo dramatist
dudar to hesitate, doubt
duelo duel, mourning, sadness
dueña woman, lady, proprietress
dueño owner, proprietor
dulce sweet, sweetly
dulcemente sweetly
dulcísimo, -a very sweet, sweetest
dulzor *m.* sweetness
dulzura sweetness
duque *m.* duke
duradero, -a lasting
durante during
durar to last, endure
durarse to continue
dureza hardness
duro, -a hard
duro *m.* five pesetas

écarté *m.* (*French*) card game for two to four people
echar to throw, put, pour, extend, bestow, cut (*a tooth*); **— a perder** to spoil, waste, ruin; **— (de) menos** to miss; **— de ver** to notice, observe; **— de majo** to put on the airs of a bully; **— al hombro** to raise onto one's shoulders
edad *f.* age, old age; **— media** Middle Ages
edificio building
efectivamente in effect, truthfully
efectuado, -a affected, disturbed
eficacia effectiveness
eficaz efficient
eficazmente efficiently

efímero, -a ephemeral, short-
lived
efluvio outpouring, effluvium
egoísmo egotism, selfishness
egoísta selfish
ejarcia rigging
ejecutar to be executed
ejecutor *m.* executor
ejecutoria seizure of property,
patent of nobility
ejemplar *m.* copy; *adj.*
exemplary
ejemplo example, story, moral
tale
ejercer to exercise
ejercicio job, profession
ejercitarse to practice, exercise, manipulate
elección *f.* election, choice
elemento element, nature
elevado, -a lofty
elevar to raise, elevate
elegir (i) to choose, elect
elogio *m.* eulogy, praise
embajada embassy
embajador *m.* ambassador
embalsamar to perfume
embebido, -a absorbed
embelesado, -a charmed,
fascinated
embelesamiento charm, spell
embestir (i) (con) to attack
emboscado, -a in ambush
embozado, -a muffled
embrazar to hold, embrace
embrión *m.* embryo, germ
embrollar to embroil
embutido inlaid work,
marquetry
emigrante *m.* immigrant
emocionar to move, stir
emocionarse to be moved,
become emotional

empalizada palisade, stockade
empañar to fog
empapar to wet, soak, steep
empaquetar to block
emparedar to wall up
emparentado, -a related
empedernido, -a everlasting,
hard-hearted, enduring
empedrado, -a paved with
stone
empeñado, -a hard-fought,
persisting, pawned, pledged,
obliged
empeñarse to strive, insist
emperador *m.* emperor
empero however, but
empezar (ie) to begin
empinado, -a steep, high
emplear to employ, use
empotrado, -a fixed, fastened
empresa enterprise, project,
undertaking, company
empujar to push
empuje *m.* push
empujón *m.* push
emsombrecer to darken, to
sadden
en tanto meanwhile
enaguas *f. pl.* petticoat
enajenación derangement
enajenado, -a alien
enamorarse to fall in love
enano, -a dwarfish; *n.* dwarf
encajar to push, thrust, join
encaje lace
encalado, -a whitewashed
encaminar to travel, put on
the road, cause to approach
encandilado, -a bewildered
encanijado, -a sickened
encantador, -ora charming
encantador *m.* enchanter
encantamiento enchantment

encantar to enchant
encanto *m.* enchantment, charm
encaramar to raise, extoll
encararse to be face-to-face with, to look at
encarcelación *f.* incarceration
encarcelado, -a incarcerated
encargar to order
encarnado, -a red-faced, flushed, florid
encarnar to incarnate, to embody
encasillado, -a pigeonholed
encautizar to weaken
enceguecerse to be blinded
encenagar to muddy
encender (ie) to light (*up*), kindle, heighten, inflame
encerado, -a wax-colored, hard, thick
encerrar (ie) to contain, lock up, include
enchancletado, -a provided with support
encías *f. pl.* gums
encima above, on top
encina oak tree
encoger to shrink; — **los hombros** to shrug the shoulders
encogido, -a shrunken, pulled in
encolerizarse to become angry
encomendar (ie) to command, commit, entrust, turn over
encontrar (ue) to find, encounter, meet
encorvado, -a bent over
encrucijada crossroad
encubrimiento *m.* concealment
encubrir to conceal
encuentro meeting, confrontation

endecasílabo hendecasyllable, eleven-syllable line
enderezar to strengthen, prick up (*ears*), to correct
enderezarse to go
endiablado, -a devilish
enea rush
enajenado, -a enraptured
enemigo, -a enemy, hostile
enemistad enmity, hatred
enervar to weaken
enfadarse to become angry
enfado annoyance
enfadoso, -a bothersome
enfermar to sicken
enfermedad *f.* illness
enfermizo, -a sickly
enfilar to guard, to fire upon
enfrascarse to give oneself up (*to*), become absorbed (*in*)
enfrentarse to confront
enfrente in front, facing, opposite
enfriarse to turn cold, chill, clot
enganchar to hitch
engañador, -ora deceptive; *n.* deceiver
engañar to deceive
engañarse to be mistaken, be deceived
engaño deceit, trick
engañoso, -a deceitful
engarzar to set
engendrar to engender, give birth to
engordar to fatten
engranaje *m.* timing gears
enhiesto, -a erect
enhorabuena surely
enjambre *m.* swarm, bunch
enjaulado, -a caged (*up* or *in*)
enjugar to dry

enjundia grease, substance, force
enjuto, -a dry (*shod*), thin, lean
enlutar to dress in mourning
enmendar (ie) to mend, amend, correct
enmohecer to grow moldy
enmudecer to grow mute, fall silent
enojar to annoy
enojarse to be vexed, annoyed
enojo annoyance, anger
enojoso, -a annoying
enorgullecerse to be proud
enramada branches
enredadero, -a climbing
enredar to tangle, stir
enrique coin (*minted in the reign of Henry IV of Spain*)
enriquecer to enrich, grow rich
ensalivado, -a wet with saliva
ensalzar to exalt
ensañarse to become enraged, grow angry
ensanchar to widen
ensancharse to assume an air of importance
ensangostarse to become narrow
ensangrentado, -a bloody
ensangrentar to cover with blood
ensayar to try, practice, rehearse
ensayo *m.* essay, attempt
enseñar to teach, show
ensillar to saddle
ensordecedor, -a deafening
ensuciar to soil, dirty
ente *m.* being
entena sail
entendedor, -ora understanding person
entender (ie) to make one realize, understand

entendido, -a understanding
entendimiento understanding
entenebrecer to darken
enterar to inform, advise, understand
enterarse de to take notice of
entereza completeness, integrity
enterrar (ie) to bury
entibiar to grow cool
entierro burial
entornado, -a half-closed, turned
entorno surrounding; **en su —** about them
entorpecimiento lethargy
entorreado, -a with high towers
entrada census
entrambos both
entrante coming, next
entrañable affectionate
entrañas *f. pl.* entrails
entreabierto, -a half open
entrechocar to clash
entregado, -a complete
entregar to give up, deliver, hand over
entrelace *m.* interrelationship
entrelazar to cross
entremés *m.* farce, interlude
entrenar to practice
entretanto meanwhile
entretejido, -a interwoven
entretener to entertain, amuse
entrevar to understand (*slang*)
entreverado, -a complicated, partial, occasional; **loco —** complicated madman, half-mad, half-sane
entrevista interview, meeting
entristecer to sadden
enturbiar to stir, muddy
enumerar to enumerate
envejecer to age

envesado, -a shameless, whipped
envidado, -a played, bet (*in cards*)
envidia envy
envidiar to envy
envuelto, -a wrapped, wrapped up, involved in
epitalamio *m.* wedding hymn
época epoch
epopeya epic poem
equinoccial equatorial
equivocación *f.* mistake
era field, era
erguido, -a erect, haughty
erguir (i) to raise; *pres. ind.* yergo
erguirse to rise
erigir to establish
erizarse to rise, stand on end
errante wandering, errant
errar (ie) to wander, go astray; make an error
esbelto, -a slender, graceful
escabroso, -a scabrous, rough
escabullirse to slip away, plunge
escacez *f.* scarcity
escala ladder
escalar to scale, climb
escalera stairway, ladder
escalería *f.* step
escalofrío chill, shiver, shudder
escama scale
escamado, -a frightened, fearful
escanciar to pour, empty
escaño stool
escarabajo scarab, beetle
escarcela *f.* large pouch or rack
escarcha hoarfrost
escarmiento caution, punishment
escarnecido, -a mocked

escarpa escarpment
escaso, -a scanty, scarce
escenario scene
esclarecido, -a ennobled, illuminated
esclavitud *f.* enslavement, slavery
esclavo slave
escobajo stem
escocés, -esa Scotch
escoger to choose, select
escolar *m.* scholar
esconder to hide
escondidas : a — in secret, on the sly
escondite hiding place
escopeta shotgun, musket
escribano notary
escritura writing
escucha listening
escuchar to listen
escudero squire
escudo coat of arms, crown, (*gold*) coin, shield
escudriñar to search through
escueto, -a solitary, uninhabited, disengaged
escupir to spit
escurrirse to cleanse
esecutor = ejecutor *m.* executor
esfera sphere, height
esforzado, -a strong
esforzarse (ue) to endeavor, strive
esfuerzo effort, vigor
esgrima fencing
esguizaro Swiss guard
eslo = lo es
esmerado, -a polished, careful
esópico, -a Aesopic, having to do with the fables of Aesop
espacial spatial

espada sword; **media —** short sword

espalda back, other side

espantable frightening

espantar to startle, frighten

espantarse to be astonished

espanto fear, fright

espantoso, -a terrifying

esparcir to scatter, dishevel

esparto grass

especia *f.* kind, sort

especialidad *f.* characteristic

especiería spice

espejo mirror

esperado, -a the awaited, the hoped-for

esperante *m.* or *f.* one who waits

esperanza hope

esperar to expect, hope, wait for

espesar to thicken

espeso, -a thick, dense

espesura thicket

espetera kitchen rack, spit

espía *m.* or *f.* spy; **— doble** double agent

espina thorn, fishbone

espino *m.* hawthorn, a thorny shrub

espolear to spur

esportilla small two-handled basket

esposas *f. pl.* handcuffs

espuela spur

espuerta basket

espuma foam

espurio, -a spurious, false

esquelita note

esquizaro ragamuffin

estable firm, stable

establecer to establish

estado state, estate

estallar to break forth, burst out, explode

estampida *f.* stampede

estampido crash, explosion

estampita *f.* small print or stamp

estancarse to check oneself, settle

estancia (*living*) room

estandarte *m.* standard, flag

estático, -a static, motionless

estatuita statuette

estatuto statute, law

estepa *f.* barren place

estera mat

esteticismo aestheticism

estilo *m.* style

estimar to esteem

estío summer

estirar to stretch, draw

estirpe *f.* lineage

estofado, -a adorned, gilded

estómago stomach

estoque sword

estorbo hindrance, impediment

estragar to spoil

estrato stratum, layer

estraza *f.* rag

estrechez narrowness

estrecho, -a narrow, tight, close

estrella star

estrellar to shatter

estremecerse to tremble, shudder

estremecimiento *m.* quivering, shuddering

estrenar to begin

estrépito din, noise

estribo stirrup

estrofa strophe, stanza

estructurado, -a constructed

estruendo uproar

estrujar to squeeze

estupendo, -a wonderful
estupor *m.* amazement
etapa *f.* stage, step
etéreo, -a ethereal
ética ethic
ético, -a ethical
Etna *m.* Mt. Etna in Sicily, a volcano
eucalipto *m.* eucalyptus tree
evanescerse to vanish, dissolve
evangélico, -a Evangelical
evangelio gospel, place from which priest reads the Gospel
Evangelio Holy Gospel
evitar to avoid, escape
evocado, -a evoked, called up
evocador, -ra evocative
evocar to call up, evoke
evolucionar to evolve
exacerbar to exacerbate
exaltación *f.* excitement
exaltado, -a excited
exaltar to exalt, excite
examinar to examine, to question
exánime unconscious
exceder to excel
excepción *f.* exception, favor
excretar to excrete
exemplum Latin for **ejemplo**
exigencia need, demand, requirement
exilarse to be exiled
exiliado *m.* exile (*political*)
exilio *m.* exile
existencial existential
éxito *m.* success
exitoso, -a successful
exótico, -a exotic
expectativa *f.* expectation
experimentalista *m.* experimentalist
experimentar to feel, experience

explanada esplanade, walkway
explicar to give an account of, explain
explosión *f.* outburst
exposición interpretation
exprimir to squeeze
expuesto, -a exposed
exquisito, -a exquisite
extender (ie) to extend
extraconyugal extramarital
extraer to extract
extrañado, -a surprised
extrañar to wonder at
extrañeza surprise
extranjero, -a foreign
extraño, -a strange, foreign, remarkable
extraviado *f.* wandering
extremada superlative

fablilla little fable, saying
fábrica factory
fabricado, -a well-made
fabricar to fabricate, build
fabricarse to make up, imagine
fabulista writer of fables
facción *f.* feature
fachada façade, front
facineroso, -a villainous
facultad *f.* school; — **de Derecho** Law School
fado plaintive Portuguese song
faja stomach band, sash
falange *f.* bone of the finger or toe
falda skirt, slope, brim (*of hat*)
faldriquera pocket
falla failing
fallo failure
falsear to distort
falta lack, fault
faltar to be lacking, be absent, fail
falto, -a lacking

famélico, -a famished, hungry
familiar familiar, household
fango mud
fantasma *m.* phantom
fardo burden, bundle
faro *m.* beacon
farol *m.* lantern
farolillo little lantern
fastidiar to annoy, to disappoint
fastidio boredom
fastuoso, -a resplendent,
  pompous
fatalidad *f.* fate, fatality
fatigante tiring
fatigoso, -a tired
fauces *f. pl.* jaws
favorecer to favor
faz *f.* face, surface
fe *f.* faith
febril feverish
fecha date
fecundo, -a fecund, productive
felicísimo, -a very happy
feliz happy, faithful worshipper
felpudo doormat
fenecer to die
feo, -a ugly
féretro *m.* coffin
feria *m.* fair
feroz fierce
férreo, -a iron
ferrocarril *m.* train, railroad
ferviente fervent
fervor *m.* enthusiasm
festín *m.* statue
fiado, -a confident
fiador *m.* lock
fianzas *f. pl.* pledges
fiar to trust
ficticio, -a fictitious
fidelidad *f.* faith
fiel faithful
fiera wild, animal, fierce girl

fierecilla fierce maiden, shrew
fiereza ferocity
fiero, -a fierce
figurar to represent
fijarse to be fixed or located
fijo, -a fixed
file line, row
Filipinas the Philippines
filósofo philosopher
filtrar to infiltrate, penetrate
fin *m.* end, intention; **por —**
  finally
final end, terminus
finalidad end, purpose
finalista *m.* finalist
finalizar to end
finar to die
fingido, -a false, pretended
fingir to pretend
finibusterrae at the end of the
  earth; (*slang*) gallows
finiquito settlement of account;
  traer — to close an account
finura delicacy, refinement
firme firm, hard
firmeza steadfastness
física physics
fisonomía face, physiognomy
flaco, -a lean, skinny, weak
flamante bright, dazzling
flamenco, -a Flamencan,
  Flemish
flaquear to weaken
flaqueza weakness
flecha dart, arrow
flema calm(ness)
flor flower
florecer to flourish
floreo cardsharp
florero vase
flores *f. pl.* cheating tricks of
  gamblers (*slang*)
florida, -a flower-decked

florón *m.* large flower
flotante floating
fluencia fluency, flowing
fluir to flow; *n.* flowing, fluency
flujo flow
fogoso, -a impetuous, fiery
fondo basis, base, background, bottom; **en el —** at heart
fondo *m.* **a — de** at the bottom
fonética phonetics, sound system
foque *m.* jib
forastero *m.* foreigner
forjado, -a forged
forma way
formal reliable
forro sheath, lining
fortaleza courage, fortress
forzado, -a forced
forzar to force, push
forzoso, -a necessary
forzudo, -a strong, powerful
fracaso failure, misfortune
fracturar to fracture
fragoso, -a rough
fragua forge
fraile *m.* friar
franchute *m.* a Frenchy
franja fringe
franqueza frankness, generosity
franquista *m.* supporter of Francisco Franco, who was fascist ruler of Spain from 1939 to 1975
fraque *m.* frock coat
frasca *f.* small branch or twig
frasco flask
frase *f.* sentence
frenético, -a mad, frenzied
frente *f.* forehead, front; **— a** facing, opposite
fresco, -a fresh, cool
frescura freshness, coolness

frisar to border (*on*), to be about (*in years*)
fritanga fried food, fritter
fronda foliage
frondoso, -a luxuriant, leafy
frontero, -a face to face, opposite
frotar to rub
fructífero, -a fruitful
fuente *f.* fountain, source
fuera out(side); **a la parte de —** on the outside, left out
fuerte strong, serious
fuerza force, strength; **a — de** by dint of, on account of
fuga flight
fugaz fleeting
fulano so-and-so
fulgir to shine, gleam
fulgor *m.* gleam, shine, sheen, light
fulminado, -a knocked down
fulminante sudden
funcionamiento performance, work
fundamentar to found, establish, to base
fundamento foundation
fundar to base, found
fúnebre funeral
funeraria funeral parlor
funesto, -a fatal, dreadful
furgón *f.* wagon, car (*of a train*)
furibundo, -a furious

gabán *m.* overcoat
gacha watery mass
gacho, -a bent downward
gafas glasses
gala celebration, embellishment
galán *m.* gallant, suitor, young man; *adj.* fine, gallant
galardón *m.* reward, award

galeote *m.* galley slave
galera galley, ship
galería gallery, back porch
galgo greyhound
galima repeated small theft, booty
galope *m.* gallop
gallardo, -a graceful, elegant
gallego, -a Galician
gallina hen
gallo rooster
gama doe (*deer*)
gamo buck deer
gana desire, inclination; **de buena —** gladly
ganadero herdsman
ganado flock of sheep, herd of cattle
ganancia gain
ganar to reach, gain
garbear to affect an air of dignity
garbo grace, carriage
garduña stone or beech marten (*a weasel-like carnivorous animal*)
garganta throat
gargantilla *f.* necklace
garra claw
garrota cane
gasa gauze
gastar to waste, spend, wear out; **— la broma** play a trick on
gasto expense
gatillo trigger, hammer
gato cat, money, kitty; large sack
gaudeamus praise
gemelos field glasses
gemido groan, wail
gemir (i) to groan
género gender, genre, type, class (*of literature*)

genial pleasant; endowed with genius
genio genius
gente *f.* people, retainers
gentil fine, graceful
gentilhombre *m.* gentleman
gerente *m.* manager
germanesco, -a belonging to the language of thieves
germanía thieves' language
germinador, -a inspiring
gesto gesture, facial expression
gigante *m.* giant
girar to turn, gyrate, revolve around
gironza *f.* jewel
gitano, -a gypsy
glosa gloss, explanation
gobernar to guide, command, govern
godo, -a Goth (*the Goths or Visigoths were a Germanic people*)
golilla gullet
golondrina swallow
goloso, -a gluttonous
golpe *m.* blow, knock, shot
golpear to beat, pound, knock
golpecillo blow
goma rubber band
gongorista Gongoristic, pertaining to Luís de Góngora y Argote (1561–1627), whose poems are characterized by excessively flowery style and unusual imagery
gorja throat
gorjeo warbling
gota drop, raindrops
gozar to enjoy
gozo joy, enjoyment
gozoso, -a joyful
grabado, -a etched, engraved

gracejo wit
gracia grace, mercy, wit
graciosísimo, -a most clever, very funny
gracioso, -a charming
grada step
grado degree; will, pleasure; **de —** gladly
grama *f.* phonograph
grande great; *n. m.* adult
grandeza grandeur, highflown words
granel *m.* heap; **a —** heaps, plenty
granjear to earn
grano *m.* grain
grasa grease
grato, -a pleasant, free
grave serious
gravemente gravely
graveza heaviness
gravísimo, -a very serious
gravitar to press down, gravitate
gregoriano, -a Gregorian
griego, -a Greek
grieta crevice
grillo shackle, fetter
grima horror, fear
gris grey
gritar to shout
grito shout; **a —s** shouting
groseza thickness
grueso, -a thick, heavy, fat, large
gruta cavern
gualdo, -a yellow
guapo, -a pretty, handsome
guarda guard
guardabarreras gatekeeper
guardabosque *m.* game warden
guardar to watch, guard, keep, protect, hold
guardarse to protect oneself

guardia *f.* guard
guarida lair, den, animal's hole
guarnamiento adornment
guarnecido, -a adorned
guauguau *m.* bowwow (*dog's barking noise*)
guelar = huela (oler); — de menoscabo smells like belittlement
guerrera *f.* military jacket
guerrero warrior
guerta = huerta garden, orchard
guía guide
guiar to guide
guindilla pepper
guiñar to wink
guirnalda garland
guisa way
guisar to cook; to taste, to enjoy
gura galley (*slang*)
gurapas *f. pl.* galley (*slang*)
guro constable (*slang*)
gurullada deputy (*slang*)
gustar to enjoy
gusto pleasure, taste
guzpátaro hole (*slang*)

haber *m.* possession, property
haber to be, to have (as auxiliary); **— de** to have to
hábil skillful
habilidad *f.* ability, skill, art
habitación *f.* room, residence
hábito habit, dress
habla speech, language
hablar to speak
hablilla rumor
hacer to do, make; **— caso de** to pay attention to; **— falta** to need; **hace tiempo** some time ago
hacerse to become

hacha axe
hachazo axe blow
hacia toward; **— atrás** backward
hacienda property, estate, possession, earnings
hada fairy
hadar to foretell
hado fate, destiny; **dar por —** to consider as destiny
halagado, -a flattered
halago flattery
halaguero, -a flattering
halcón *m.* hawk, falcon
halconería falconry
haldudo, -a full-skirted
hale get going, move (*command*)
hallar to find
hallarse to find oneself, to be
hallazgo act of finding, "a find," thing found, reward
hambre hunger
hambriento, -a hungry
hampa vagabond gang
hanega acre (*actually about one and a half acres*)
harto, -a quite enough, too
hasta until, even; **— que** until
hastío satiety, boredom
haya beech tree
haz *m.* bundle, surface, face
hazaña deed
he aquí here is (*are*)
hechizo charm, witchcraft, spell
hecho deed
hechura companion, make-up, constitution, image, action, deed
helar (ie) to freeze
helecho fern
hembra female
henchido, -a filled
henchir (i) to swell, increase; **— las medidas** to heap

hender (ie) to crack
heredad *f.* fief, country estate, heritage
heredero heir
hereje *m.* heretic
herencia inheritance
herida wound
herido, -a wounded
herir (ie) to wound, strike
hermandad *f.* fraternity
hermano brother
hermético, -a hermetic, impenetrable
hermoso, -a beautiful
hermosura beauty
héroe *m.* hero
heroico, -a heroic
herrero blacksmith
herrumbroso, -a rusty
hez *f.* dregs
hidalgo gentleman
hidalguía courtesy
hiel *f.* gall, bitterness
hierba grass, plant, poison
hierro iron; iron parts, handcraft, leg iron
hígado liver; **echar los —s** to be dead tired
higo fig
higuera fig tree
hijo son
hilacha thread, raveling
hilandera spinner of wool
hilar to drool
hilo thread
himno hymn
hincar to penetrate, bend, to kneel; **— el diente** to bite, to sink the teeth into
hinchar to swell
hipar to whine, hiccough, wheeze
hipo hiccough, gasp

hipocresía hypocrisy
hiriente piercing
hirviente boiling, molten, seething
hisopo hyssop (*used for sprinkling holy water*)
hispanohablante *m.* Spanish speaker
historia history
hito milestone; **de — en —** fixedly
hocico muzzle
hogar *m.* hearth, home, marriage, family life
hogaza large loaf of bread
hoja leaf, sheet, slice
hojalata tin
hojarasca rubbish
holanda holland (*fine cloth*)
holgar (ue) to take pleasure
holgarse to be glad, to be at ease
holgura merriment
hollar to walk around
hollín *m.* soot
hombrazo big man
hombredad *f.* manhood
hombro shoulder
homenaje *m.* homage, honor
homérico, -a Homeric (pertaining to the poet Homer)
hondo, -a deep
honesto, -a chaste
honroso, -a honorable
hormiga ant
hormiguero anthill
hormiguero humano swarm of people
horno oven
horquilla fork, gun rest
horro, -a free, tax-exempt; **— de pecho** enfranchised
hospedar to lodge
hoyo hollow, hole, pit

hoyuelo dimple
hueco hollow
huele : from **oler** to smell
huelgo breath
huella trace, sign
huérfano orphan
huerta garden, orchard, garden region
huesa grave
hueso bone
hueste *m.* host, army
huevo egg
huido one who has fled
huidor *m.* fugitive, one who runs away
huir to flee, run away
humanidad *f.* humanity
humanista humanist
humear to smoke
humedad *f.* dampness
humedecer to make tears come
húmedo, -a damp
humildad *f.* humility
humilde humble
humillar to humiliate
humillarse to humble oneself, bow down
humillo pig fever, pride; **—s** airs
hundido, -a fallen, sunken
hundir to plunge
hundirse to be submerged, swallowed up
huraño, -a unsociable, shy
hurón *m.* ferret
hurtadillas : a — stealthily
hurtador *m.* thief
hurtar to steal
hurto theft
husmear to pry into

ibérico, -a Iberian (*pertaining to the Iberian Peninsula*)

ida departure
idealizar to idealize
idem the same, ditto
idioma *m.* speech, language
idolatrado, -a idolized
idolatrar to idolize
idólatras worshippers of idols
iglesia church
ignorado, -a unlearned, unknown
ignorar to be ignorant
igual equal, alike
igualar to equal
igualdad *f.* equality
ijadear to pant
ileso, -a unharmed
iletrado, -a unlettered
iluso deluded person
imagen *f.* image, figure
imaginación wild idea, imagination
imaginar to think about
imán *m.* magnet; **piedra —** touchstone
imitador *m.* imitator
impacientar to make someone impatient; **—se** to become impatient (reflexive)
impedir (i) to impede, hinder, obstruct
imperecedero, -a imperishable
imperecedero, -a undying
imperio control
impertinencia impertinent remark, nonsense
impertinente impertinent, irrelevant, inappropriate, presumptuous
imponer to impose
importar to be important, matter
imposibilitado, -a incapable
impotencia impotence

impregnado, -a filled with
impresionar to be shocked
improviso unexpected; **de —** unexpectedly
impudor immodesty
impugnable impregnable
impugnar to assail
inacabable unending
inacabado, -a unfinished
inadvertido, -a unexpected
inanimado, -a inanimate
inaudito, -a unheard of
incapacidad inability
incapaz incapable
incauto, -a heedless
incierto, -a uncertain
inciter to incite, move
inclinado, -a bent
inclinar to bend, lean, drop, let fall
incluso even, included, including
incómodo, -a uncomfortable
inconfeso, -a unconfessed
incongruencia incongruity
incontenible uncontrollable
incontrastable incontestable, invincible
inconveniente *m.* harm, objection
incorporar to incorporate
incorporarse to get up, rise
incorpóreo, -a without bodily form
increíble incredible
incrementar to increase
increpar to rebuke
inculto, -a uneducated
incursión *f.* invasion, attack
indecible unspeakable
indeciso, -a undecided
indefectiblemente unfailingly
indefinidamente indefinable

índice *m.* index
indicio sign, evidence, indication
indiferenciado, -a disinterested
indigestión de muerte deadly mass
indignado, -a angry
indignar to make indignant, angry
indigno, -a unworthy
individuo, -a individual
índole *f.* nature
indolencia indolence
ineficaz ineffective
ineludible inescapable
inepcia ineptitude
inequívico, -a unmistakable
inesperadamente unexpectedly
inesperado, -a unexpected
inestabilidad *f.* instability
inexorable inexorable
inexperto, -a inexperienced
infalible infallible
infame infamous person
infamia infamy, shame, meanness; **hablar —s de** to slander
infancia childhood
infante *m.* prince
infantina princess, young girl
infecundo, -a sterile
infeliz unhappy
infernal hellish, infernal
infiel *m.* infidel
infierno hell
infinito, -a infinite
inflamado, -a fiery
inflamar to inflame
influir to influence
información *f.* investigation
informado, -a warned
informar to inform
informarse to become a part of
informe formless, undeveloped
informe *m.* information

infranqueable impassable
infundado, -a unfounded, baseless
infundido, -a infused
ingeniero engineer
ingenio cleverness, talent, genius, wit
ingrato, -a ungrateful
inicial initial
iniquidad *f.* iniquity, evil
injusticia injustice
inmediatamente immediately
inmediato, -a immediate, next
inmensidad *f.* immensity
inmersión *f.* immersion, submergence
inmóvil motionless
inmundicia refuse, trash, filth
inmutable unchanged, unchangeable
innegable undeniably
inocente innocent
inquietante restless
inquietarse to grow anxious
inquieto, -a uneasy
inquietud *f.* restlessness, uneasiness
inquirir to investigate
inquisición *f.* inquiry
insensible insensitive, imperceptible
insolación *f.* insolation, sunstroke
insolentarse to become insolent
insondable unfathomable
insospechable unsuspected
insostenible unbearable
instauración *f.* increase
instigar to instigate, arouse
instinto *m.* instinct
instruir to instruct
insultar to insult, to attack
intachable irreproachable

íntegro, -a complete
intemperie *f.* rough weather
intemporal timeless, everlasting
intencionado, -a intentioned
(*as in "bien intencionado"*)
intentar to try, attempt
intento plan, attempt
intercomunicable inter-
communicable
interés *m.* interest, involvement
interesar to interest
interiormente internally
interlocutor *m.* speaker
intermezclar intermingle
intérprete *m.* interpreter
intervenir to interrupt
intrigar to intrigue
intuir to intuit, to recognize
inundado, -a flooded
inútil useless
inútilmente uselessly, to no
avail
invalidar to invalidate,
incapacitate
invención *f.* trick, cleverness
inventar to invent
inverosímilmente improbably,
unrealistically
invertebración *f.* invertebration
invertebrado, -a invertebrate,
spineless
invierno winter
invocación *f.* invocation
invocar to invoke, summon,
call back, call upon
ir to go
ira ire, anger
iracundia wrath
irguieron : se — (*from* **erguirse**)
to rise
irisado, -a iridescent
irse to go away, leave; **se le**
fue it got away from him

irrazonado, -a unreasonable
irreal unreal
irrefragable unbreakable
irrefrenable uncontrollable
izquierdista leftist
izquierdo, -a left, left hand

jaca pony
jacal *m.* hut
jactancia boast
jadeante breathless, panting
jadear to pant
jadeo gasp, shortness of breath
jaez decorative trappings for a
horse; kind, quality
jaleo jamboree, shindig
jamás never, ever
jamelgo nag
Jarama name of a river
jarcia rigging
jarcha a form of early Spanish
poetry written in Arabic and
Hebrew letters
jarrazo a blow inflicted with a
jar or bottle
jarrillo jug
jarro jug
jaspe *m.* jasper (*a kind of*
quartz)
jaspear to spot
jaula cage
jauría pack (*of hounds*)
jazmín *m.* jasmine
jazminero jasmine
jerarquía hierarchy
jerez *m.* sherry wine
jergón *m.* straw bed
jerigonza thieves' cant or jargon
jesuita *m.* Jesuit
jilguero linnet (*a kind of bird*)
jinete *m.* rider, horseman
jornada journey
jornal *m.* daily wage

joroba hump
joya jewel
joyel small jewel, brooch
juanetudo, -a bunion-covered
jubileo public festivity, holiday
judío Jew
juego game, trick, jest
juez *m.* judge
jugar (ue) to play, play cards
juglar *m.* minstrel
juglaría minstrel poetry
jugoso, -a juicy, sappy
juguete *m.* plaything
juguetón playful
juicio senses, judgment
junco rush, bulrush
junta council
juntar to join, get together, unite, assemble
junto, -a beside
juntura juncture, seam
jurado, -a cursed
jurado *m.* jury
juramento oath
jurar to swear, vow
jurídico, -a juridical, legal
justa joust
justicia justice, law
justificar to justify
justo, -a exactly
juventud *f.* youth
juzgar to judge
juzgarse to be judged

kharja poem (*earliest Andalusian lyric, written in Hebrew or Arabic*)

laberinto *m.* labyrinth, maze
labio lip
labor *f.* needlework
labrado, -a carved

labrador, -ora working; as *n.* peasant farmer
labrar to develop, construct, carve
lacayo lackey
lacerar to be in trouble
laceria trouble, want, wretchedness
ladear to tilt
ladera slope
lado side; **al — de** beside
ladrar to bark
ladrido bark
ladrillado, -a paved with brick
ladrillo brick
ladrón *m.* thief
ladroncillo petty thief
lágrima tear
lama mud, slime, ooze
lamentar to lament, to console
lámpara lamp
lana wool
lance *m.* move or turn (*in a game*), predicament
lánguido, -a languid, sad
lanza lance; **— en el ristre** couching the lance
lanzada lance blow, grievous pain
lanzar to throw
lanzarse to throw oneself
lapidario, -a jewelled
lapsus *m.* lapse
largo, -a long; **a la —** in the long run
larguillo, -a lengthy, longish
lastimar to hurt
lastra flagstones
lata tin
latir to bark, yelp
lauro laurel
lazo trap, bond, tie
leal loyal

lealtad *f.* loyalty
lebrel *m.* whippet, greyhound
lección *f.* lesson
leche *f.* milk
lechón pig
lechoso, -a milky
lector *m.* reader
lectura reading
ledo, -a merry, joyous
leer to read
légamo slime
legitimar to make lawful
legua league
lejanamente distantly
lejanía distance, remoteness
lejano, -a far away
lejos far, afar; **a lo —** in the distance
lendroso, -a lousy
lengua tongue
lenguaje *m.* language
lentisco mastic tree (*evergreen in Mediterranean region*)
lento, -a slow
león *m.* lion
leonero lion keeper
Lepóridas rabbit family, The Rabbits (*nicknames*)
lesión *f.* lesion, wound
letal lethal, deadly
letrado, -a learned person
letras letters (*in the sense of literature*)
letrero *m.* sign
leva (*slang*) excuse, trick
levadizo, -a lifting; **puente —** drawbridge
levantarse to get up, arise
leve light
ley *f.* law, faith
leyenda legend, inscription
liar to roll
librería library, reading room

libreta *f.* notebook
librillo notebook
licencia license, abuse of freedom
licenciado law degree, one holding a law degree
lición *f.* **(lición = lección)** lesson
licor *m.* drink
lid *m.* battle
lider *m.* leader
liebre *f.* hare
lienzo cloth, canvas, linen
liga garter
ligar to bind, connect
ligeramente superficially
ligereza cleverness
ligero, -a agile, light, superficial, fast
lija sandpaper
limbo limbo, chaos
limosna alms
limosnero, -a charitable; *n. m.* beggar
limpiabota *m.* bootblack
limpiar to clean
limpidez *f.* clearness
limpieza purity, cleanness
limpio clean, pure, neat, honest; **naipe —** honest deck of cards
linaje *m.* lineage, race, class, condition, family
lindar to border
lindo, -a pretty
linea line; **de mucha —** very extensive
lineal linear
lino linen
líquido, -a liquid
lira lyre
lirio lily
lisonja flattery
lisonjero, -a flattering

litera litter, sedan-chair
literario, -a literary
litúrgico, -a liturgical, ritual
liviano, -a light, soft
loable praiseworthy
loar to praise
lobo wolf
localizado, -a localized
localizar to localize
loco, -a crazy, mad, wild, unseemly
locura madness, insanity
locutorio locutory, visiting room in a convent
logar = lugar place
lograr to obtain, succeed in, establish, accomplish
logro accomplishment
loma long, low hill
lomo loin, back (*of animal*)
lona canvas
longaniza sausage
loor *m.* praise
lopesco, -a Lopean (*pertaining to Lope de Vega*)
losa slab of stone, flagstone
lozano, -a haughty, proud
lucero star, daystar
luchar to fight, struggle
lucianesco, -a like the poet Lucian
luciente shining
luciérnaga firefly
lucir to shine
luctuoso, -a sad, gloomy
luego at once, immediately, right away
luengo, -a long
lugar *m.* place, opportunity
lujo elegance, luxury
lujoso, -a luxurious
lumbre *f.* fire
luna moon; **— de miel** honeymoon

luto mourning
luz *f.* light; **las primeras luces** dawn; **dar a luz** to give birth to

llama flame
llamada beating, call
llamar to call, attract, summon
llamarada sudden blaze, flame
llamarse to be named
llamativo noteworthy fact; *n. m. pl.* spicy foods
llanamente openly, plainly
llano plain
llano, -a simple, clear; **a lo —** a straightforward way; **de la casa llana** from the house of prostitution
llanto weeping, tears
llanura plain, flat expanse
llave *f.* key
llegar to arrive; **— a ser** to become
lleno, -a full, filled with
llevado, -a used
llevador *m.* bearer
llevar to take, carry, conduct, bring, bear; **— a cuestas** to carry on one's shoulder or back
llevarse to carry away
llorar to weep, cry
lloro weeping
lloroso, -a tearful, sad
llover (ue) to rain

macho robust male, male
macilento, -a wan
macizo bed (*of flowers*)
madera wood
madrastra stepmother
madre *f.* mother
madreselva honeysuckle
madrugador, -a early riser
madrugar to arise early

madurar to ripen
maestre *m.* grand master (*of a religious order*)
maestro, -a teacher
maestro, -a masterful
magate half; **a medio —** in an incomplete way, half-baked way
magia magic
magistral serious
magnanimidad *f.* magnanimity
mago Magian, magician, having to do with the Magi, ancient priests of Persia regarded as magicians
magullado, -a covered with contusions
maíz *m.* corn
majadero stupid man
majo flashy sport
mal *m.* evil
malbaratillo old clothes market
maldad *f.* evil
maldecir to curse
maldición *f.* curse
maldito, -a accursed
maleta suitcase
maleza thicket
malhumorado, -a ill-humored
malicia malice
maligno, -a evil, wicked
malino = maligno malign
malmascar to chew badly
malsín *m.* gossip, troublemaker
maltratado, -a mistreated, whipped, battered
maltratar to mistreat, damage
maltrecho, -a battered, badly off
malva mallow
malvado, -a wicked
malla mesh, meshwork
mancebo youth

mancha spot; plain; patch
manchar to spot, stain
mancillar to spoil, blemish
manco cripple, maimed person
mandar to command, rule, send
mandarín minister of state (*China*)
mandarino, -a mandarin
mandíbula jaw
manejar to develop, manipulate
manera manner; **de — que** so that
manga sleeve, loose sack
manifestar to publicize
manifiesto, -a obvious, plain; **poner de —** to show
manilla handle
maniqueismo Manicheanism, the dualistic theology of the Persian teacher, Manichaeus (third century A.D.)
manita small hand
manjar *m.* dish, food
mano *f.* hand
manso, -a tame
manta blanket
mantener to maintain, support
mantenerse to be supported
manto cloak
mantón *m.* great cape
maña skill, trick
mañana morning, tomorrow
mañero, -a handy, keen
mar *m.* or *f.* ocean, sea
maravedí a coin, farthing
maravilla marvel, wonder; **a —** marvelously
maravilloso, -a marvelous
marca make, brand; **mas de —** better than the usual make
marcado, -a marked
marcar to mark, cut; **— por suyo** to choose for oneself

marchar to go, walk, travel
marcharse to go away
marchitarse to wilt, wither
marcial martial
marco mark (*coin*), framework
marea *f.* tide
marearse to grow dizzy
marfil *m.* ivory
margen *m.* margin, bank of a
  stream
maricón sissy
marido husband
marinero sailor
mármol *m.* marble
marqués marquis
Marruecos Morocco
martín-pescador *m.* kingfisher
mártir *m.* martyr
martirio martyrdom
mas but
más more; **— allá de** beyond;
  — bien rather
masa mass; **en —** en masse
máscara mask
mástil *m.* mast
mata grove, thicket
matarife *m.* butcher
matar to kill
materialmente physically
matiz *m.* shade, nuance, hue,
  tint
matorral *m.* thicket
matraca obscene songs
matrícula *f.* license plate
matrimonio marriage; **cama
  de —** double bed
matrona matron
máximo, -a major
mayor larger, older
mayorazgo hereditary lord;
  family estate
mayoría majority
mazurka *f.* Polish dance

mecer to rock, sway, shake
media stocking
mediano, -a medium (*in size*);
  middle
mediante by means of, through
medida *f.* measure; **a — que**
  while, to measure
medio, -a *adj.* middle, average,
  half; *n. pl.* means
mediodía *m.* noonday
medioeval medieval
medir (i) to consider
meditar to ponder
medrar to prosper
medroso, -a fearful
médula brain, marrow
mejilla cheek
mejor better; **a lo —** quite
  possibly
mejorar to improve
melancolía melancholy
melindres prudery
mella damage, harm
meloso, -a sweetly
membrillo quince
memoria memory
mendigo beggar
menear to shake, move,
  manipulate
menester necessary, necessity
menguado, -a evil, wretched
menos less; **al —** at least
menoscabar to lessen, reduce
mensajero messenger
ménsula *f.* brace, support
mensulón *m.* large bracket
menta mint
mente *f.* mind
mentir (ie) to lie
mentira lie
mentón *m.* chin
menudamente in detail,
  minutely

menudo, -a small, minute
menudos *m. pl.* change (*money*);
  en — in small change
mercado market
mercancias merchandise, freight
mercar to sell
merced *f.* mercy, grace
mercurio *m.* mercury
merecer to deserve, merit
merecimiento merit
merendar (ie) to lunch
merendero-bar *m.* luncheon
  bar
meridional southern
mérito merit
mero, -a mere
mesnada troop
mesón *m.* inn
mester *m.* literacy, school or
  method
mesura calmness, moderation
mesurado, -a temperate,
  moderate
meter to put, place; **— en
  puntillas** to bring up details;
  — en teología to enter into
  long discussions; **metido con**
  excessively intimate with
meterse to set about
metralla (*fine*) shot
métrico, -a metrical, rhymed
metro meter (*poetic*)
mezcla mixture; **capa de —**
  cape of many colors
mezclarse to mingle, blend
mezquino, -a wretched; petty,
  stingy
mezquita mosque
miedo fear
miel *f.* honey
mientras while; **— que** while
miera resin
mies crops

migaja crumb
mil one thousand
milagro miracle
milagroso, -a miraculous
milano kite (*bird*)
militante militant
militar *m.* soldier
mimoso, -a spoiled, wheedling,
  petted
mínimo, -a minimum
ministro official
minoría minority
minuciosidad minute explanation
miope *m.* miopic, nearsighted
mirada glance, look
mirar *m.* expression, look,
  appearance
mirra myrrh
miseria pittance
misericordia mercy
mísero, -a miserable
mismo very, (him)self, same,
  own; **lo — que** just as
mitad *f.* half; **a la —** in the
  middle; **en — de** in the
  middle of
mito myth
mixto train carrying both freight
  and passengers
mocedad *f.* youth
mochuelo little owl
mocito lad
mocoso, -a child, brat
moda style, fashion
moderado, -a mild
moderar to moderate
modo way, manner; **a**
  in the fashion of
moguereño, -a of Moguer
mojado, -a wet
mojar to wet
mojarse to get wet

mojigatería sanctimoniousness

molde *m.* mold, pattern; **de —** so that

mole *f.* mass, bulk

molécula molecule

moler (ue) to mill, grind, whack, beat

molestar to bother

molestarse to disturb oneself

molestia bother, unpleasantness

molesto, -a annoyed

molinero miller

molino mill; **— de viento** windmill

monárquico monarchical

moneda money, coin

monitorio admonitory remarks

monje *m.* monk

monorrimo, -a monorhymed; for example, a poem in which all lines have the same rhyme

monstruo monster

montado, -a mounted, riding

montaña mountain

montar to assemble, ride

monte *m.* mountain, woods

montera roof; cap

montero huntsman

montiña mountain, forest, hunting

montón *m.* heap

montuno, -a highlander

montura saddle and harness

morada house, dwelling

morado, -a mulberry (*color*)

moraleja moral, lesson

morar to dwell, inhabit

morboso, -a morbid

morder (ue) to bite

moreno, -a dark, brunette, brown

morería Moorish lands or quarter

moribundo, -a dying

morir (ue, u) to die

morisco, -a Moorish

moro, -a Moorish, Moor

morosidad *f.* delay

moruno, -a Moorish

morral *m.* knapsack

mosca fly

moscatel muscatel, a sweet wine made from muscat grapes

mosquear to whip

mosqueo whipping

mosto unfermented grape juice

mostrar (ue) to show

mostrarse to show oneself, appear

motín riot, mutiny, uprising

mover (ue) to move, shrug, inspire

movimiento *m.* movement

moza girl, damsel

mozo young man, servant

muchedumbre *f.* multitude

mudanzas changes

mudar to change, move, alter

mudarse to be fickle, changing

mudéjar Moorish

mueble *m.* furniture

muerte *f.* death

muestra sample

mugriento, -a dirty

mujer *f.* wife, woman

mula mule

multitud *f.* crowd

mundanal worldly

mundillo intimate world

mundo world

muñeca wrist

muralla wall

murciano, -a Murcian, an inhabitant of the Spanish province of Murcia on the eastern coast

murciar to steal (*slang*)
murcio, -a Murcian
murmullo murmur
murmuración *f.* slander
muro wall
murta bayberry
música melody
músico musician
mustio, -a sad, languid, gloomy
musulmán Moslem
mutación *f.* mutation, change

nabo turnip
nácar *m.* mother-of-pearl
nacer to be born, grow
naciente nascent, new-born
nacimiento birth
nada nothingness, nothing
nadie nobody
naipe *m.* playing card
naranja orange
naranjal *m.* orange grove
nariz *m.* nose
nata cream, take (*slang* for part or share)
natalicio birthday
nativo native, natural
nato, -a born
natura nature, variety
natural *m.* native
naturaleza nature
naturalidad *f.* naturalness, reality
naufragio shipwreck
nave *f.* ship
navegar to sail
navío ship
nazareno, -a penitent
necedad *f.* stupidity
necesidad *f.* necessity
necesitar to need
necio, -a foolish, silly, unwise; *n.* fool

nefasto, -a nefarious
negar (ie) to deny, refuse
negarse a to refuse to
negativa *m.* denial
negocio business transaction
negruzco, -a blackish
neoclasicismo neoclassicism
netarse (ie) to make pure, purify oneself, appear innocent
neto, -a pure, clear
nevar (ie) to snow
nexo *m.* nexus, connection
nido nest
niebla mist
nieto, -a grandchild
nieve *f.* snow
nigromancia necromancy, magic
nigromante *m.* necromancer, magician
niñería childishness, foolishness
niñez *f.* childhood
nitidez *f.* resplendence, neatness
nítido, -a clean, gleaming
nivel *m.* level
níveo, -a snow white
nobleza nobility
nogal *m.* walnut
nomadismo *m.* nomadism, wandering
nombrado, -a renowned, famous
nopal *m.* prickly pear
norabuena = enhorabuena good time
norma norm, general usage, standard
notar to notice, note
notarial legal, before a notary
noticia information, notice, news
novato novice
novedad *f.* novelty

novelar to write short stories
noviazgo engagement
noviciado novitiate, learning
  period
novio, -a sweetheart
nube *f.* cloud
nublar to cloud
nuca nape of the neck
nuevo, -a new; de — again;
  las nuevas news
nuez *f.* walnut
nutrir to nourish

obedecer to obey
obenque *m.* shroud
obispo bishop
objetivamente objectively
objeto objective, object
obligar to oblige, force, obligate
obligarse to be obliged
obligatorio, -a obligatory,
  necessary
obra deed, work
obrar to do
obscuridad *f.* darkness
obsequias flattery
obsesivo, -a obsessive
obsidido, -a crystalized
obstante standing in the way
  of; no — in spite of
obstar to hinder
ocaso sunset, setting
ochavo coin
ocioso, -a idle, *n.* loafer, lazy
  person
ocurrir to occur
odiar to hate
odio hatred
ofender to offend
oficio position, job, office;
  de — officially
ofrenda offering, gift
oído ear

oír to hear
ojalá would that
ojo eye
ola wave
oleada wave, surging of waves
oler (ue) (*pres. ind.* **huelo**)
  to smell; to understand
olfato sense of smell
oliente smelling
olivar *m.* olive grove
olor *m.* odor, aroma, scent
olvidar to forget
olvido oblivion, forgetfulness
olla cooking pot
omiso, -a careless
omnisciente omniscient, all-
  knowing
onda wave
ondulación *f.* undulation, move
ondulante waving, undulating,
  flowing
onza gold coin
opaco, -a gloomy
opinar to think, judge, hold an
  opinion
oponer to oppose
oponerse a to oppose
oprimir to press, oppress
oprobio reproach
óptimo, -a best
opuesto, -a opposite
oración *f.* prayer
orador *m.* orator
orante praying
orar to pray
orba planet, earth
orcita (*dim. of* **orza**) crock
orden *m.* or *f.* order, arrangement; religious orders
ordenanza ordination, position,
  ordinance, rule
ordinario, -a ordinary; de —
  ordinarily

Ordinario Ordinary, Bishop
orear to aerate
oreja ear
orgullo pride
oriente east
orificio opening
orilla bank, shore
oriundo, -a native, coming from
orlar to border
oropéndola oriole
osamenta bone structure
osar to dare
oscilar to oscillate, flicker, to sway
oscurantismo *m.* darkness
oscurecer to cloud, to make obscure
oscuro, -a dark
ostentar to display
otear to watch, survey
otoñal middle-aged, autumnal
otoño autumn
otorgar to authorize, grant
otro, -a other, another
ova roe, egg
ovado, -a oval
oveja sheep
oyente *m.* witness

pabellón *m.* pavilion, flag, tent
pacer to graze
padecer to suffer
pagarse to be pleased
página page
pago payment
paisaje *m.* landscape
paisano peasant
paja *m.* straw
pajar *m.* straw loft, haystack
pájaro bird
pajizo, -a straw-colored
palabra word
palacio palace, manor house

paladar *m.* palate
palanca *f.* primary mover
palanganero washstand
palanquín *m.* public porter
pálido, -a pale
palillo *m.* toothpick
palma palm
palmatoria candle
palmo span, handbreadth, a palm's length
palo blow with a stick
paloma dove, pigeon, maid-servant (*slang*)
palpitante vibrating, throbbing, therefore vital
palpitar to tremble
pan *m.* bread; **ganar el —** make a living; **— pintado** cake, (*colored*) bread
pana corduroy
panadería bakery
pandereta tambourine
pandero tambourine; silly talker
pandilla *f.* group
panorama *m.* panorama, view
pantalla lamp shade
pantalón *m.* trousers; **—es colán y mi-colán** long and knee-length, tight-fitting trousers
pantaloncillo little trousers
pantano swamp, marsh
pantera *f.* panther
pantorrilla calf (*of leg*)
panzudo, -a big-bellied
pañizuelo handkerchief
paño garment, cloth, vestment
pañuelo handkerchief
Papa *m.* Pope
papa *f.* potato
papá *m.* daddy
papel *m.* paper; **— de oficio** legal paper, "red tape"
papeleta *f.* paperwork

papelillo bit of paper

par : de — en — wide; **a — de** beside

parábola *f.* fable, story, parable

parado, -a stopped

paraíso *m.* paradise

paraje *m.* place

paramento adornment

parar to stop

pararse to remain, stop; to treat badly, to live, earn a living

Parcas *f. pl.* Fates

parcial partial; *n.* follower

pardo, -a brown, drab

parecer *m.* opinion, appearance; **al —** apparently

parecer to appear

parecermehía = me parecería

parecido likeness

paredón *m.* thick wall

parias tribute

pariente/a relative

parihuela stretcher

parir to give birth

parpadear to blink

párpado eyelid

parsimoniosamente soberly

particularismo particularism (*the principle of allowing each state in a federation to have its own government*)

partida part, section, departure

partidario partisan

partido party, faction

partir to depart, set out

parto childbirth

parra grapevine

parral *m.* grape arbor

párroco parish priest

pasada passage; **de —** in passing

pasajero, -a traveler, passing, fleetway

pasar to spend, pass; **— de claro** to pass through, spend; **— de hasta... años** to be more than . . . years old

Pascua Easter

pasear to ride, stroll, walk

pasillo *m.* passageway, hall, corridor

pasión *f.* pain, agony, trouble; **Pasión** the Passion or agony of Jesus on the cross

pasito softly; *n.* small step

pasmarse to be stunned

paso step, pass; **— a nivel** grade crossing; **cortar el —** to head off

pastar to graze

pastelero pastry-cook

pastor *m.* shepherd, priest

pata foot, paw

patente evident

patológico, -a pathological

patrón *m.* patron, protector, boss

paulina censure, reproof, decree of excommunication

pausadamente slowly

pavor *m.* fear

payaso clown

paz *f.* peace

pazo manor house, castle

pecado sin

pecador *m.* sinner

pececito little fish

pecunia money

pechera shirt front

pechillo little breast

pecho breast, heart, chest; **dar — a** to yield, foster, face out

pedazo bit, piece

pedimiento request

pedir (i) to demand, ask for, beg

pedrusco boulder

pegar to hit, strike, paste, stick, fasten, pass (*a thing*) on
pegarse to strike
peinado, -a combed
peinado *m.* hair style
peinarse to comb one's hair
pelado, -a bald
pelafustanillo ragamuffin
pelar to pull, pluck, tear
peleante *m.* warrior, fighter
pelear to fight, make war
pelícano pelican
peligroso, -a dangerous
pelo hair
peloso, -a hairy
peludo, -a shaggy, hairy
pena grief
penado to punish
pendencia struggle, argument
pendiente dependent, on, hanging; *n. m.* earring
pendón *m.* banner
penetrar to enter, penetrate, grasp
peninsular pertaining to the Iberian peninsula
penitencia penance
penitenciaría prison
pensamiento thought
pensar (ie) to think
pensativo, -a thoughtful, thinking
pensión *f.* apartment
penumbra darkness, twilight
penumbroso, -a shadowy
peña rock, cliff
peñascal *m.* mountain, ridge
peñasco crag
peor worse
pequeñez *f.* trifle, gadget, smallness
pequeño, -a small
percatarse de to be aware of

perceptible perceptible
percibir (i) to perceive, to see
percha perch (*for a bird*), clothes rack
perder (ie) to lose, ruin; — **la vista** lose sight; **echar a —** to spoil, waste, ruin; — **(de) menos** to miss
perdido, -a ruinous
perdidoso, -a loser
perdigón *m.* partridge
perdigonada wound caused by bird shot, shot with bird shot
perdigones zorreros buckshot
perdiz *m.* partridge
perdón *m.* pardon
perdonar to pardon
perdurable everlasting
perecedero, -a perishable, fleeting
perecer to perish
peregrinaje *m.* pilgrimage
peregrino, -a strange, peculiar, unusual
perenne constant, perennial
perennidad *f.* continuance
perezoso, -a lazy; **a la —** lazily, idly
perfectible perfectible
perfil *m.* outline, profile, side view
perfilar to stand out
perfilarse to be silhouetted
periodista *m.* newspaper writer, journalist
peripecia episode
perjudicar to prejudice, damage
perjurar to profane
permanecer to remain
permeable permeable
permitir to permit
permuta exchange
pero but

perogrullada platitude
perrillo trigger
persecución *f.* persecution
perseguir (i) to pursue, chase
persianas *f. pl.* shutters
personado, -a personalized;
  n. pl. victims of "characters"
personaje *m.* character
personal *m.* presence, bearing
personificar to personify
perspectiva perspective,
  viewpoint
pertenecer to belong to
perteneciente belonging to
pertenencia territory
perulero, -a Peruvian rich guy
  (*slang*)
perverso, -a perverse, evil
pesado, -a weighty, heavy
pesadumbre *f.* sorrow, pain
pesar *m.* sorrow; **a — de** in
  spite of, to the regret of
pesar to weigh, grieve, sadden
pescadería fish store
pescador *m.* fisherman
pescuezo neck
pese a in spite of
peso weight
peso duro dollar (*coin*)
pestañear to blink
pétreo, -a stony
petrina bridle
petulante conceited
pez *m.* fish
pezuña cloven hoof
piadoso, -a pious
picacho peak
picado, -a scratched, punctured
picadura sting, bite
picante biting, satirical
picaporte *m.* door knocker
picar to prick, scratch, spur,
  pluck; **— la trotilla** to spur

pícaramente wretchedly
pícaro, -a rascal, roguish
picarse to spur on, try
pico tip, beak, little bit
picotear to peck
pictórico, -a pictorial
pie *m.* foot
piedad *f.* pity, charity, piety
piedra rock, stone
piel *f.* fur, skin
pierna leg
pieza game, quarry, play, piece,
  example, room
pila de baño bathtub faucet
pilar *m.* pillar
pimienta pepper
pimpollo rosebud
pincel *m.* brush
pinito first step
pintado, -a bright
pintar to paint, depict
pintiparado, -a close resemblance, "the very thing"
pintor *m.* painter
pintoresco, -a picturesque
pintura painting
pinza tweezers, pincers
piña pineapple, cluster, pine
pío, pío peep, peep (*sound of
  a bird or small chick*)
piporros bassoon
piragüesta *m.* oarsman
pisada step; **mala —** misstep
pisar to tread upon, step on,
  trample
piso floor
pista trail
pistolete *m.* pistol
pistón *m.* ramrod; **escopeta
  de —** muzzle-loader
pita bitter slice
pitillo *m.* cigarette
placentero, -a pleasant, pleasing

placer *m.* pleasure
plano *m.* level
planta sole of foot
plantado, -a set up, erect
plantar to set up, raise
plantarse to place oneself, stand
plata silver
plática talk, discussion
playa beach, shore, strand
plaza place
plazoleta small plaza
pleamar *m.* high tide
plebeyo, -a plebeian
plectro plectrum (*used to pluck a stringed instrument*)
pleito lawsuit
plenitud *f.* fullness
pleno : de — fully
plomizo, -a lead-colored
pluma feather
pluralidad plurality
población *f.* settled area, town, populated
poblar to populate
pobreza poverty
poco little
podadera pruning hook
podenco hound
poder *m.* power
poder to be able
poderosamente powerfully
poderoso, -a powerful
poema *m.* poem
poetizar to poetize
polainas *f. pl.* leggings, garters
polémica argument
polifacético, -a many-sided
polilla moth
pollo chicks
polvo dust
pólvora powder
ponderación *f.* description

poner to put, place; **—se** to become; **—se a** to begin to; **—se de acuerdo** to agree; **— en juego** to put into play, bring into play; **— del derecho** to put right; **—se en pie** to stand up
poniente *m.* sunset
popa poop, stern of ship, stern wind; **con la mayor —** with the greatest impetus
populachero, -a vulgar, rough
poquito, -a a little bit
por by, through, in exchange for; **— mía** on account of its being mine; **— ende** therefore; **— supuesto** of course
porción *m.* portion
porfía persistence, stubbornness; **a —** in competition with
porfiado, -a stubborn
porfiar to struggle, vie, insist
porque because
portador, -a bearer
portal *m.* gateway, arcade
portátil portable
portento portent, sign
portentoso, -a amazing
portero doorkeeper
portillo *m.* gate
portugués, -esa Portuguese
porvenir *m.* future
pos : en — de after, pursuing
posada lodging, inn
posar to rest, lodge
poseer to possess
poseído, -a possessed
posponer to belittle, think less of
posta slug, sentry
postguerra post-war
postigo postern gate
postizo, -a false, counterfeit

postrero, -a the last
postres *m. pl.* dessert
póstumo, -a posthumous (*published after an author's death*)
postura position, pact
potencia power
potente powerful
potestad *f.* potentate
prado meadow
preceder to precede, antedate
precedido, -a preceded
preciarse to boast, brag
precio price
precioso, -a fine, precious
precipitadamente very hastily
precipitar to throw down
precisamente precisely, exactly
preciso necessary
predicación *f.* preaching
predilección *f.* preference
predilecto, -a favorite
preferir (ie, i) to prefer
pregón proclamation
pregonar to proclaim, announce
pregonero, -a worthy of proclamation, vivid
preguerra pre-war
preguntar to ask
prejuicio *m.* prejudice
prelado prelate, dignitary of the church
premiado, -a rewarded
premio *m.* prize
premisa *f.* statement
prenda jewel, security, collateral
prendarse to become enamoured, to be taken with
prender to capture, take, seize, arrest
preñada pregnant
preocupado, -a preoccupied
preocuparse to worry about
preparar to prepare

prerrafaelista Pre-Raphaelite
presa prey, captive
presbiterio presbytery, sanctuary
presea valuable article, jewel
presenciar to witness
presentido, -a premonitory, foreseen
presentir (ie) to sense, feel
presidiario, -a pertaining to the prison
presidio prison
presidir to supervise, preside over
preso, -a caught, imprisoned, arrested
prestamista *m.* moneylender
prestancia excellence
prestar to lend
prestar *m.* worth
presteza quickness
prestigio prestige
presto quickly, soon
presumidillo, -a presumptuous, conceited
presumir to presume, boast;
— en ello to boast about it
presunción conceit, pretense, presumption
presunto, -a presumed
presuponer to presuppose
presurero, -a hasty, swift
pretender to try
pretina belt
prevención *f.* prohibition
prevenido, -a cautious
prevenir to prepare, make ready
previo *m.* previous
previsión *f.* foresight
priesa = prisa haste
prieto, -a black
primavera spring
primicia first fruit

primo, -a cousin; **— hermano** first cousin
primogénito, -a first-born
primordialmente originally
príncipe *m.* prince
principiante *m.* beginner
principio beginning, principle; **al —** at first
pringada dripping
pringar to drip grease
prior *m.* prior
prisa pressure, trouble, haste; **de —** fast
prisión *f.* prison, bond
prisionero prisoner
privado favorite (*of a king or queen*)
privilegio privilege
pro (*archaic*) high rank
probar (ue) to test, prove
problema *m.* problem
problemático problematic
proceder conduct, behavior
procedimiento *m.* procedure
proceso process, lawsuit
procurador *m.* attorney
procurar to try
prodigio prodigy
proferir (ie) to utter, to speak
profeta prophet
profundidad depth
profundo, -a deep
prohemio = proemio prologue
prohibir to prohibit
prójimo neighbor, fellow being
proliferar to multiply
prolífero, -a prolific
prolijo prolix, wordy, detailed
promedio : en — in the main, primarily
prometer to promise
promover (ue) to stir up
pronunciar to pronounce, pronounce judgment

propiamente exactly
propicio, -a auspicious
propiedad *f.* quality, property
propietario owner
propinar to give, treat
propio, -a fitting, own
proporcionar to furnish, provide
propósito object, aim, plan, proposition
propuesto, -a proposal
prorrumpir to burst out
proseguir (i) to continue, proceed
prosperado, -a prosperous
próspero, -a prosperous
protagonista *m.* hero
proteger to protect
provecho profit, advantage
provechoso, -a advantageous
proveer to provide, bestow, decree
proveniente originating
próximo, -a nearby
prueba proof, test
prurito longing
psiquiatría psychiatry
pubertad puberty
publicista *m.* publisher
público, -a public, usual
puchero pot
pudrir to rot (*under*)
pueblerino, -a of the people
pueblo people, village
puentecillo *m.* small bridge
puerta door
puertecilla small door
puesto position, job; **— que** since
pugilato boxing match
pulgada inch
pulgar *m.* thumb
pulidez *f.* polish
pulido, -a polished

pulir to polish
pulmón *m.* lung
pulpejo soft flesh of finger
púlpito pulpit
pundonor *m.* family honor
punta point, corner (*of a card*)
puntada period, end; **dar —** to write a period mark, bring to an end
puntilla narrow lace edging, small point
puntillo detail
punto period, moment, point; **— y coma** semicolon, slight pause; **de todo —** entirely; **a — de** at the point of, about to
puntuación *f.* punctuation
puntualmente exactly
punzante sharp
puñado *m.* fistful
puñal *m.* dagger, stab, shock, pain
pupila pupil (*of the eye*)
pupitre *m.* writing table, desk
purificador, -ora purifying
puta whore

quebradizo, -a brittle
quebrado, -a broken, dour, gloomy
quebrantar to break
quebrar (ie) to break, shatter
quedar to remain, to be left, be; **— en** to agree on
quedarse to remain
quedo, -a quiet, still
quejarse to complain
quejido complaint
quemado, -a burned, tanned
quemadura burn
quemar to burn
querella complaint
querer to love, wish, want

quesero cheesemaker
queso cheese
quicio doorway of a house
quiebra break, rapture, cleft, loss
quieto, -a still, alone
quietud *f.* stillness, calm
quijotil quixotic, the quality of being like Don Quixote; i.e., irrational
quimera chimera, monster
quinientos, -as five hundred
quínola four-of-a-kind (*in cards*); "fours" (*a card game*)
quinqué *m.* oil lamp
quiquiriquí *m.* cock-a-doodle-doo
quisiera I should like, he (*you*) should like
quitalles = quitarles
quitar to take off, take away, rob
quizá(s) perhaps

rábano radish
rabia anger, rage
rabiar to grow angry, rage, go mad
rabioso, -a mad, wild
rac-rac *m.* croaking
racimo bunch
ración *f.* dose, lot, portion
raíz *f.* root; *f. pl.* **raíces** possessions
rajatabla *f.* : **a —** violently
rama branch
ramillete bouquet, garland
ramo branch, cluster
rana frog
rancio, -a old-fashioned, rancid
randado, -a trimmed with lace
ranura slot
rapacejo border, trimming
rapadillo card trick

rapaz *m.*   youth
rareza   oddness, peculiarity
raro, -a   strange
rasero   standard
rasgado   wide open
rasgar   to cut through, fly
through
rasgo   trace
rasgos *m. pl.*   features
rasguñar   to scrape
raso   smooth, flat, satin
raspar   to scrape
rastrear   to track down, follow
a trail
rastrero, -a   base
rastro   trail, track
ratero *m.*   thief
rato   a while, short time
raudal *m.*   stream, running
crowd of people
raudo, -a   impetuous, swift
rayo   ray, lightning, thunder-
bolt; **echar —s por la boca**
to use the most violent language
raza   race, breed
razón *f.*   word, story, account,
reason, sense; **dar — de**   to
give an account of, explain
reajuste *m.*   readjustment
real *m.*   nickel, quarter of a
peseta
real   royal, regal
realismo   realism
realizar   to accomplish
realzar   to elevate, emphasize,
stress
reanudar   to resume
reavivar   to rekindle
rebanada   slice
rebelarse   to rebel
rebelde   rebellious; *m.* rebel
rebeldía   rebelliousness, defiance
rebosar   to overflow, bubble up
rebote *m.*   reflection

rebozado, -a   secret, muffled up
rebramar   to bellow, roar
rebullir   to stir, swirl
rebuznar   to bray
rebuzno   bray(ing)
recado   precaution, message,
inquiry
recalco   emphasis
recargado, -a   with raised
embroidery
recato   care
recaudo   bond, security, safe
place
recelar   to suspect
recelarse   to fear, distrust
recelo   misgiving, dread
receloso, -a   fearful, careful
rechazar   reject, repel
rechoncho, -a   domed, squat
recibir   to receive
recibo *m.*   receipt
recién   recently
recinto   enclosure
recio, -a   sturdy, hard
recobrar   to recover
recocijo   pleasure
recoger   to lift, hold up
recogido, -a   closely packed
recogimiento   suspension,
withdrawal
recompensa   recompense
reconciliar   to reconcile with
reconocer   to admit
recopilación *f.*   summary,
compilation, collection,
digest
recordar (ue)   to remember,
awaken, remind
recorrer   to travel, run through,
to run over
recortar   to become short,
grow short
recorte   cutting, clipping,
trimming

recostado, -a leaning on, reclining on
recrear to amuse
recto, -a straight, upright
recubrir to coat
recuento *m.* count, recount, analysis
recuerdo memory, souvenir, reminder
recurrente recurrent
recurso recourse, emergency, means
red *f.* net
redactar to write up, edit
redargüir to retort, impugn
redentor redeemer
redimirse to be redeemed, freed
rediós damn!
redoblar to redouble
redomazo attack with a container of acid or filth
redondo, -a round; **a la redonda** in a circle
reducido, -a reduced
reducto redoubt, shelter, refuge
referir (ie) to refer, relate
refinamiento refinement
reflejar to reflect
reflejo reflection
reflexionar to consider
reflorecer to rekindle, reflower
reflujo ebb
refracción *f.* refraction
refrán *m.* proverb
refrenar to check, rein in
refrescarse to rest, take refreshment
refuerzo reinforcement
refugiarse to take refuge
refunfuñar to growl
regalar to present, regale, please, treat, bestow upon
regalo gift, pleasure
regar (ie) to water, irrigate

regata *f.* regatta
regazo lap
regenerado, -a *m.* regenerated
régimen *m.* rule
regir to govern
registrar to check, search
registro registry, tax
regla rule
reglado, -a regulated
regresar to return
regreso *m.* return
rehusar to refuse
reina queen
reinado reign, kingdom
reinante prevailing
reinar to rule
reino *m.* realm, rule, kingdom
reinstaurado, -a reinstated
reír to laugh
reiterar to repeat
reivindicación *f.* vindication
reja iron grating
relación relation, connection, story
relajado, -a relaxed
relámpago (*flash of*) lightning
relato story
relente *m.* dampness
relicario holy relic
religiosidad *f.* religiosity
religioso priest
reliquia religious relic
reloj *m.* watch
relucir to shine, sparkle
remachado, -a chewed, broken
remangar to tuck up
remanso dammed-up water, pool
rematadamente totally
rematado, -a ruined, sold, totally lost
rematar to finish
remate *m.* haggling
remediar to remedy

remedio remedy, help; **sin —** without fail
remendado, -a mended
remiendo patch
remilgarse to be overnice
remolque : llevar a — to take in tow
remordimiento remorse
renacentista of the renaissance
renacer to be reborn
Renacimiento Renaissance
rencor *m.* rancor, hatred, anger
rendajo Spanish mockingbird
rendido, -a meek
rendimiento yielding
rendir to render, surrender
rendirse (i) to render, yield, surrender
renegado renegade (*one who has given up his religious faith to accept another*)
renegarse (ie) to deny
renombre *m.* surname
renovado, -a renewed
renovar (ue) to renew
renta rent, income
renunciar to renounce, reject
reñir (i) to quarrel, fight
reparar en to notice
reparo shelter; objection
repartido, -a divided, parceled out, scheduled
repartido, -a distributed
repartir to share
repente : de — suddenly
repentino, -a sudden
repicado, -a struck
replegar (ie) to twist
repleto, -a filled
replicar to reply
reponer to reply
reportarse to restrain oneself
reposado, -a calm

reposar to rest, sit
reposo *m.* repose, rest
representante *m.* representative
reprimenda reprimand
reprimir to repress
reprobatorio *m.* disapproval
repuesto, -a recovered
requerir (ie) to summon
requesón *m.* curd
requiebro compliment
réquiem *m.* Requiem (*a Mass for the soul*)
res *f.* beast, animal
resabio bad habit, wickedness
resaca undertow, surf
resaltar to be evident, rebound
resaltarse to distinguish oneself, be outstanding, excel
resbaladizo, -a slippery
resbalar to slip, flow
resbalón *m.* slip
rescatado, -a ransomed
rescoldo ember
reseguir (i) to follow again
resentimiento resentment
resentir (ie) to become weakened
reseña book review
reseñar to review, (*as of a book*), sketch
resistencia resistance
resolución *f.* resolution, firmness; **en —** in short
resolverse to clarify
resonante echoing
resonar (ue) to resound
respeto honor, reputation
respetuosamente respectfully
respiración *f.* breathing, breath
respirar to breath (*forth*), inspire

resplandor *m.* splendor, brightness
responder to reply
respuesta reply, response
resquicio slit
restar to take away
restaurar to restore
restitución *f.* restitution, return, gain
restituir to restore, revive, pay back
resto remains (*as of a dead body*)
restringir to restrain
resuelto, -a decided, determined, resolved
resultado result
resultar to turn out to be
resumir to conclude, to sum up
resurgir to come back, to reappear, to come back to life
retablo retable, altarpiece
retén *m.* rest, remainder
retener to retain, hold back
retirado, -a retired, unable to work
retirar to expel
retirarse to withdraw, retire
retorcer (ue) to wring, twist
retórico, -a rhetorical
retorno return
retozón, -ona playful
retraso delay
retrato portrait, picture
retroceder to back away, pull back
retrospectivo, -a retrospective, looking toward the past
reunión *f.* gathering
reunir to assemble
reunirse to gather, unite
revalorización *f.* reevaluation
reventar (ie) to burst

reverberar to reflect
reverdecer to revive
reverencia bow, to revere
reverso buttocks
revés *m.* back, reverse; **al —** backwards
revisar to review
revistar to review
revolar (ue) to turn in flight
revolcar (ue) to knock down, roll over
revolotear to flutter
revolver (ue) to revolve, turn about, turn against
revolverse (ue) to turn upon, to attack, turn around, scramble, become disturbed
revuelo uproar
revuelto, -a confused, wrapped up
rey *m.* king
reyerta dispute, quarrel
rezar to pray
rezumante dripping
rezumar to ooze, drip
ría *f.* estuary
ribera bank
riego watering, irrigation
rielar to gleam, sparkle
rienda rein; **a —** swiftly
rigidez *f.* rigidity
rigor *m.* hardness, severity; **en —** as a matter of fact
rincón *m.* corner
ringla row
riña quarrel
río river
riqueza wealth
risa laughter
risco peak
ristre *m.* socket, rest
risueño, -a smiling
ritmo rhythm

ritual ritual
riyéronse = **riéronse**
rizo *m.* cluster of grapes, curl, ripple
robar to steal
roble *m.* oak tree
robledal *m.* grove of oak trees
robusto, -a strong, healthy
roca rock
rocín *m.* nag, horse
rocío dew
rodaje *m.* film
rodar (ue) to roll, glide
rodear to surround
rodela shield
rodilla knee
rodillazo blow with the knee
rogar (ue) to beg, pray, request, ask
rojo, -a red
rol *m.* list, muster roll
romance *m.* ballad
romancillo short ballad (*composed of 6-syllable lines*)
romano, -a Roman
romería pilgrimage, festival
romero rosemary
rompecabeza *f.* puzzle
romper to break, break down, tear; — **a** to begin
ronco, -a hoarse
rondar to go around
ronquera *f.* hoarseness
roñoso, -a dirty
ropa garment, clothing
ropaje *m.* clothes, wrapping, vestment
rosa rose, pink
rosado, -a rose-colored
rosal *m.* rosebush
rostro face
roto, -a ragged, torn, unkempt, broken, worn, damaged

rotura break, tear
rozar to graze, be barely touching, brush
rozno small donkey
rubí *m.* ruby
rubio, -a blonde
rubor *m.* blush
rucio, -a dappled, whitish, light gray
rudo, -a crude, rough
rueda wheel
ruego plea, request
rufo, -a redhaired
rugir to roar
ruido noise
ruidoso, -a noisy
ruina ruin
ruindad *f.* viciousness
ruinoso, -a useless, ramshackle
ruiseñor *m.* nightingale
rumbo course, direction
rumor *m.* noise, sound, murmur
ruso, -a Russian
rústico, -a rustic, crude

sábana sheet, large napkin
saber to know, find out, taste
sabiamente wisely
sabidor *m.* sage, wise man
sabio, -a learned, sage
sabor *m.* flavor, taste
saborear to savor
sabroso, -a tasty
sacar to deduce, realize, take out, take away; **dejarse —** to allow, to be taken (*milked*)
sacerdote *m.* priest
saciar to satiate
sacre *m.* falcon, sharp-eyed rogue
sacrificar to sacrifice
sacristán *m.* sacristan (*an official in charge of sacred vessels in a church*)

sacro, -a sacred
sacudir to shake off, shake
saeta arrow
saga *f.* saga, legend; **saga-fuga** flight saga
sagacidad *f.* cleverness, sagacity
sagaz sagacious, wise
sagrado, -a sacred
sahumado, -a perfumed
sahumerio *m.* perfuming
sala room
salado, -a salty
salario salary
saledizo projection
salida exit
saliente outstanding, prominent
salir to come out, leave; **— al encuentro** to meet
salón *m.* parlor, room
saltar to jump, leap, spring; **— las lágrimas** the tears spring
salto leap, assault, theft
salud *f.* health
saludar to greet
salutación *f.* greeting
salva oath, salute, burst of sound; **hacer las —** to take oaths
salvación *f.* salvation
salvado bran
salvaje *m.* savage
salvar to save; to cross
salvo, -a safe; safety, well-being; **a —, en —** in safety
sambenito penitent's yellow shirt, sign of disgrace
samnita Samnite, native of ancient Samnium
sanar to cure
sanchesco, -a sanchesque, pertaining to Sancho Panza
sándalo sandalwood
sandío, -a simpleton

sangrar to bleed
sangre *f.* blood
sangría theft, bloodletting
sangriento, -a bloody
sano, -a healthy
santidad *f.* holiness, sanctity
santiguarse to cross oneself
santo, -a holy
santo saint
saña wrath
sapo toad
sarampión *m.* measles
sarna manage, itch
sarraceno, -a Saracen (*nomad of the Syrian and Arabic desert*); heathen, pagan
sastre *m.* tailor
satirizar to satirize
satisfecho, -a satisfied
savia sap, essence
sayal *m.* sackcloth
sazón *f.* season, seasoning, time
secarse to dry up
seco, -a dry, hard, lean; **a —s** simply
secta sect
secuencia sequence, section
secuestrado, -a hidden
secuestrar to kidnap
secundar to second, imitate
secutor = ejecutor *m.* executor
seda silk
sede *f.* headquarters, seat
sedosidad *f.* silkiness, smoothness
sefardí *m.* Sephardic Jew
segar (ie) to reap, cut, mow down; **— en flor** cut off in flower
seguidilla merry song and dance
seguido, -a successive, continued; **en seguida** immediately
seguimiento pursuit

seguir (i) to go on, continue, follow, succeed

según according to

segundo, -a second

selva forest

semblante *m.* semblance, countenance

semejante *m.* fellow man

semejante such a, similar

seminarista theological student

sempiterno, -a everlasting

sencido, -a aromatic

sencillez simplicity

sencillo, -a simple, plain

sencillamente simply

senda path

senderillo little path

sendos, -as one for each, various

senectud *f.* old age

seno bosom

sensación sensation

sentadillo, -a sidesaddle, seated with both legs stretched in one direction (*as when playing cards*)

sentar (ie) to set, suit, seat; — **a una persona** to agree with a person; **—se** to be seated, to be, be established in, sit down

sentencia sentence, condemnation

sentenciar to sentence

sentido sense, direction

sentimiento feeling, sentiment

sentir (ie) to feel, realize, suffer, regret; — **ganas** to feel a desire

seña sign

señal *f.* sign, signal

señaladísimo, -a special

señalar to point out

señor lord, ruler, master; **Señor** God

señora mistress

señoril seignorial, manorial

señorío lordship, dominion

sepulcros graves

sepultar to bury

ser *m.* being

ser to be; — **de** to become of; **lo que fuere** whatever it may be

seráfico, -a angelic

serenarse to grow calm

sereno, -a calm

servir (i) to serve, be of use to; — **de** to serve as

serrana a mountain maiden

serranilla mountain-girl song

serrería sawmill

serreta cavesson, noseband of a horse's bridle

seso sense, mind, brain

sestear to take a siesta

severidad *f.* severity

sevillano, -a Sevillian, of Seville

sidra *f.* cider

sien *f.* temple

siena sienna (*a red-brown color*)

sierpe *f.* serpent

sierra mountain range

siervo servant

sigilo caution

siglo century, period

signo *m.* mark; **signos de puntuación** punctuation marks

siguiente following

sílaba syllable

silbar to hiss, whistle

silbido whistle

silencio silence

silencioso, -a silent

sillón *m.* chair

silvestre forest, pertaining to the woods, sylvan
simiente *f.* seed, brood
simoníaco, -a trafficking in sacred things, corrupt
simpatía sympathy, interest, congeniality
simplemente innocently
simpleza innocence
simultaneidad *f.* simultaneity
sin tino without moderation
sindíos *m.* atheist
singular strange, special
sino but
síntoma *m.* symptom
siquiatría *f.* psychiatry
siquiera : ni — not even
sisar to filch, steal
sitiar to besiege
situarse to be situated
soberano ruler, sovereign
soberbia pride
soberbio, -a proud
sobrado, -a splendid, abundant
sobrar to have more than enough
sobre *m.* envelope
sobrecogido, -a seized
sobredicho, -a aforesaid
sobrellevar to undergo
sobrenatural supernatural
sobrenombre *m.* surname
sobrepasado, -a surpassed
sobreponerse to superimpose
sobresaliente outstanding
sobresalir to stand out, be prominent, project
sobresaltar to startle
sobresalto excitement, alarm, sudden attack
sobrevenir to follow, happen
sobriedad *f.* sobriety
sobrina niece

sobrino nephew
socaire *m.* lee side (*nautical, the side away from the wind*)
socarrar to scorch
socorrer to aid, help, succor
socorrida helper
sodomita *m.* sodomite
sojuzgado, -a subject to
sol *m.* sun
solana sun gallery
solariego, -a ancestral
solaz *f.* solace
soledad *f.* solitude, secrecy
solejar *m.* gallery
solemnidad *f.* solemnity
soler (ue) to be accustomed
solicitar to beg favor, to ask for
solícito, -a solicitous, diligent
solicitud *f.* request
soliloquio soliloquy
solimán face powder
solito, -a on one's own
sólito, -a usual, ordinary
sollozante sobbing
sollozar to weep, sob
sollozo sob
solómico sodomite (*slang*)
soltar (ue) to loosen, turn loose, utter
soltura agility
sombra shadow, shade, darkness
sombrío, -a dark, gloomy, somber
someter to submit
somnífero sleeping potion
son *m.* sound
sonable resonant
sonadoro, -a famous
sonámbulo, -a somnambular, sleep-walking
sonar (ue) to sound, make noise
sonoro, -a musical
sonoroso, -a loud

sonreír (i) to smile
sonrisa smile
sonrosado, -a rosy
soñar (ue) to dream; — **con** to dream about
soñoliento, -a drowsy
soplado, -a blown, wind-blown, solen (*slang, blown away*)
soplador *m.* blower; — **de vidrio** glass blower
soplar to blow, blow off, inflate, steal
soplo breath
soportar to undergo
sor = **señor**
sordina mute, silencer
sordo, -a dull, deaf
sorna night (*slang*)
sorprender to surprise
sorpresa surprise
sortija ring
sosegadamente easily, quietly
sosegado, -a quiet
sosegalle = **sosegarle**
sosegar (ie) to calm, soothe
sosiego *m.* serenity
sospecha suspicion
sospechar to suspect
sostener to hold up, sustain
sostenido, -a sustained
sotana *f.* cassock
soto thicket
sotomía skeleton
suave soft, bland
subdesarrollado, -a under-developed
subir to mount, go up, ascend, raise, lift, carry up
súbito, -a sudden
subjetivo, -a subjectively
sublime sublime
subrayado, -a underscored

subsistir to survive
suceder to happen, follow one another
sucedido happening; **lo —** what has happened
suceso happening, event; **buen —** success
sucio, -a dirty
sudar to sweat
sudor *m.* sweat
suegra mother-in-law
suegro father-in-law
suela sole (*of a shoe*)
sueldo *m.* salary
suelo ground, bottom, earth, floor
sueltamente spontaneously
suelto, -a loose, free
suelto *m.* loose change
sueño dream
suero *m.* whey
suerte *f.* luck, fortune, manner, kind, lot
sufrimiento suffering
sufrir to suffer, endure
sugerencia *f.* suggestion
sujetar to fasten, subject, subjugate, hold
sujeto, -a subject
sumamente extremely
sumar to amount to
sumir to sink
sumiso, -a submissive
suntuosidad *f.* sumptuousness
suntuoso, -a sumptuous
supeditar to subject
superar to surpass
superficialidad superficiality
superior superior
superponer to put above
supervaloración *f.* extreme emphasis
superviviente *m.* survivor

suplemento *m.* newspaper
súplica supplication
suplicar to beg
suponer to suppose
supuesto supposition
surgir to come forth, spring, appear
sus get up (*command to an animal*)
suscitar to originate, stir up, raise
suspenderse to be astounded
suspirar to sigh
suspiro sigh
sustentar to sustain
sustituir to substitute
susto fright, alarm, shock, start
susurro whisper, murmur
sutil subtle, fine
sutileza subtlety

taberna tavern
tabla board
tablero gaming table, board
tácito, -a noiseless
taco wad, wadding
tacha defect
tahalí *m.* shoulder belt
taifa *f.* faction, party
tajada chunk
tal such, such a; — **cual** such as
talado, -a cut down
talante *m.* will; **de buen —** with good will
talar to desolate, long (*clothing*)
talaverano, -a from Talavera (*a city in central Spain famous for pottery making*)
talego bag, sack, clumsy fellow
talento talent
talla carving; **estatuita de —** carved statuette

talle *m.* shape, figure, size
talud *m.* slope
tamaño, -a so great, sizable
también also
tamizado, -a sifted
tampoco neither, either
tanda turn, rotation, task, relay, gang
tantear to test, feel out, assess
tanto, -a so much, so far; **en — que** while; **por —** therefore, for that reason
tañer to play (*an instrument*), speak
tapa top
tapar to conceal, hide, cover, block
tapia wall, fence
tapiz *m.* tapestry
tapizar to hang with tapestry, to carpet
tardar to delay; **— en** to spend time
tarde *f.* afternoon; *adj.* late; **de — en —** from time to time
tardío, -a late
tarea task
tartana a two-wheeled carriage or cart
tata little sister
taza cup, bowl
tazón *m.* basin
techo roof
techumbre *f.* roof
tecla key (*of organ or piano*)
técnica technique
tejado roof, shed
tejer to weave
tejido web, tissue
tejoleta shard, fragment
tema *m.* theme
temática subject matter
temblar (ie) to tremble, flicker

temblor *m.* tremor, earthquake
tembloroso, -a tremulous
temer to fear
temeridad *f.* temerity, boldness
temeroso, -a fearful
temido, -a fearful
temor *m.* fear
templarse to modulate, calm down
temporada while, time
temporal temporal, passing, temporary
temporalidad *f.* temporality
tempranamente first, early
temprano, -a early
tendencia *f.* tendency
tender (ie) to stretch
tendido, -a broad, extended
tenebroso, -a shadowy
tenencia tenancy, occupancy
tener to have; — **a bien** to find it convenient; — **miedo** to be afraid; — **prisa** to be in a hurry; — **que** to have to
tensión *f.* tautness, potential, tension
tentación *f.* temptation
tentar to tempt, touch, to search
tentativa *f.* attempt, first examination
tenue delicate
teología theology
teoría theory
tercio third division of civil guard, card game; **a — de chanza** imaginary division
terciopelo velvet
terco, -a stubborn
terminar to finish, end, limit
término term, end, limit; **llevar a —** to carry out
ternero calf
terno ternary, three of a kind; clothes, three-piece suit

ternura emotion, tenderness
terrenal earthly
terreno *m.* terrain, field
terrón *m.* plot of land
tesis *f.* thesis
tesoro treasure
testero head of the bed, forward part
testigo witness
tetrástofo tetrastych (*stanza of four lines, as in the «cuaderna vía»*)
tétrico, -a gloomy
tez *f.* skin
tibieza warmth
tibio, -a tepid, gentle
tiempo time, weather
tienda tent, shop
tiendecilla little shop
tiento care, touch, groping; touch, try, search; **dar un tiento a una faldriquera** to make a try at picking a pocket
tiernamente tenderly
tierno, -a tender, affectionate
tierra land; — **de sembradura** arable land
tiesto flowerpot
tijera scissor; **sillas de —** camp chairs
tilde *m.* or *f.* jot, iota, tilde
timbre *m.* bell
timidez *f.* timidity
tímido, -a timid
tinaja large earthenware jar
tinglado *m.* trickery
tiniebla *f.* twilight
tino sight, wisdom, judgment
tintero inkwell
tiña ringworm
tiñoso, -a mangy
tío uncle
tipo type
tirachinas *m.* slingshot

tirano   tyrant
tirar   to pull, tend toward, shoot, cast off
tiro   shot
tirón *m.*   jerk, pull, swallow
tiroteo   shooting
titán *m.*   Titan (*mythological giant*)
titubeo   hesitation
tiznado, -a   sooty
toalla   towel
tobillo   ankle
toca   hat, bonnet
tocado   headdress
tocante   as regards
tocar   to touch, be one's turn, sound, blow, knock (*on door*), play; **el — de las campanas** the tolling of the bells; **tocar a** to be up to (some one)
todavía   still, yet
todo, -a   all; **de — en —** completely
tología = teología   theology, rigamarole
tolondrón *m.*   bruise
tomar   to take; **—se con** to take on, do battle with
tono   tone; **de mejor —** of the smartest set
tontería   foolishness, stupidity
tonto, -a   stupid, dull
tonto de agua   watersnake (*local expression*)
toparse   to meet
tope *m.*   butt
toque *m.*   touch
toquilla   bonnet, ribbon, shawl, kerchief
torbellino   whirlwind
torcer (ue)   to twist, turn
tordillo, -a   dappled, spotted
tordo   thrush
toreo   bullfight

torero   bullfighter
tormenta   storm, difficulty
tormento   torment, torture
tormentoso, -a   tormented, tortured
tornadizo   turncoat, traitor
tornar   to return; **— a +** *inf.* to — again; **—se** to turn, become
torneo   tourney, tournament
torno : en — a   about, around; **en —**   in turn
toro   bull
torpe   base, low, dull
torpeza   stupidity, clumsiness
torre *f.*   tower
torrezno   rasher, slice of bacon
torta   bread
tortilla   omelet
tortuga   tortoise
tortuosantemente   tortuously
tos *f.*   cough; **— ferina** whooping cough
tosco, -a   coarse, rough
totalidad *f.*   totality
trabajado, -a   toilsome
trabar   to unite
trabucazo   shot
trabuco   blunderbuss (*a short musket loaded with slugs or pebbles*)
tradición *f.*   tradition
traer   to carry, bring, wear
tragar   to swallow; **— saliva** to be speechless, suffer in silence
tragarse   to swallow up
trago   draught, dose, swallow
traguillo   swig of wine
traición *f.*   treason, treachery
traído, -a   worn out
traidor, -a   traitorous; *n. m.* traitor
trainel *m.*   greyhound, follower

traje *m.*   dress, suit
trama   woof, fabric, framework, plot
tramar   to plot
trámite *m.*   step
trampa *f.*   trap
trance *m.*   situation; **en — de** in the throes of
tranquilizar   to calm
transcurrido   elapsed
transcurrir   to pass, elapse
transformar   to transform
transjurídico   suprajuridical
transparentar   to become transparent
transvasación *f.*   decanting, transfer (*from one verse to another*)
trapo   rag, cloth; **a todo —** under full sail
tras   after, behind, beyond, across, over
trasañejo, -a   three years old
trasegar (ie)   to empty
trasero, -a   behind, back
trasfondo   deep recess, base, depth
trasgo   hobgoblin
trasladar   to move to, transfer, translate
traslado   translation, transcription, notification
traslúcido, -a   translucent
traslucir   to be evident
traspasar   to move beyond
trasponer   to transpose, transfer, disappear behind
trasporte *m.*   transport
trastajo   rubbish
traste *m.*   stop, fret (*musical*); **dar al — con**   to make off with

trastornado, -a   a disoriented person, one who is deranged, reversed
trastorno   disorder
trasudar   to sweat heavily
tratar   to treat, try
trato   deal, bargain, manner, friendly relationship, treaty
través : a — de   across
travesura   prank, mischief
traza   appearance, looks
trazado, -a   plotted
trazar   to write
trecho   stretch, while; **a —s** once in a while; at intervals
trémulo, -a   tremulous
tren *m.*   train
trena   jail (*slang*)
trenza   tresses
trepador, -ora   climbing, soaring
trepar   to climb
treta   game, trick, feint
tribuna   pulpit, rostrum
tributario   tributary
tricornio   three-cornered hat
trilogía *f.*   trilogy, any series of three related literary works
trimestralmente   quarterly
trinquete *m.*   wine drinker
tripada   stomachful, bellyful
triste   sad
triunfar   to conquer, win
trocado   change (*money*)
trocar (ue)   to change, exchange
trocha   trail, path
troje   granary
trompa   trunk (*of an elephant*), trumpet, bugle
trompeta   trumpet
tronco   tree trunk
tropa   troop, group
tropezarse (ie) con   to run into

trote *m.* trot
trotecillo little trot
trotón, -ona trotting
trovar *m.* writing of verses, songs
troyano, -a Trojan (*of Troy*)
trozo piece, bit, section, selection
trueco substitution
trueno thunderclap
truncar to cut off
tuáutem *m.* leading spirit, leader of a sect or lay group
túnica tunic
tupido, -a thick, lush
turbado, -a disturbed
turbio, -a indistinct, muddy; **de — en —** from dawn to dusk
turco, -a Turkish, Turk, the Grand Turk, ruler of Tartary, dampness
tutela tutelage
tutelar *m.* patron, tutelary
tuviésedes = tuvieseis

ubre *f.* udder
ufanarse to pride oneself
último, -a last
ultrajar to violate
ultramar country overseas
ultraterreno, -a supernatural
umbral threshold
unámime unanimous
unción *f.,* **Santa Unción** Holy Unction
uncir to hitch up
único, -a only, sole
unidad *f.* unit
unificador, -ora unifying
unir to unite
unirse to add

unto greasing
uña claw, fingernail; **las —s caireladas** long, black fingernails
urdir to plot
urgencia *f.* urgency
urgente urgent
usado, -a accustomed, customary
usalle = usarle
usanza usage
usar to dwell, frequent, use
usurpador *m.* usurper
útil useful
utilizar to utilize
uva grape

vaca cow
vacante vacant
vaciar to drain
vacilar to hesitate
vacío, -a empty
vagabundo vagabond; **alguacil de los —s** constable in charge of arresting vagabonds
vagar to wander, flit
vago, -a vague; **en vago** in vain
vagón *m.* car of a train; **— de cola** last car
vaguedad *f.* vagueness
vaguido = vahído dizziness
vaivén *m.* fluctuation
vajilla dish
valentía courage
valentón *m.* bully
valer to be worth, take care of, esteem; **— la pena** to be worthwhile, worth the effort
valeroso, -a brave, valiant
valía worth, value
valiente valiant

valija   valise, suitcase
valioso, -a   valuable
valón *m.*   walloon, Flemish;
   m. pl. bloomers
valona : cuello de —   Van Dyke
   collar, ruff
valor *m.*   worth, value
valladar *m.*   wall, obstacle
vallado   fence
valle *m.*   valley
vanidad *f.*   vanity
vaquera   cowgirl
vaquero   cowboy; **cuchillo —**
   knife for killing cattle
vaqueta   leather
vara   staff
variar   to vary
variedad *f.*   variety
varilla   rod, little stick; **— de**
   soplar   glass-blowing rod
varón *m.*   male, man
vasallaje *m.*   vassalage
vasallo   vessel
vasco, -a   Basque
vecino *m.*   neighbor
vedar   to forbid
vega   plain
vehemente   vehemently
veintiuna   twenty-one, a game
   of cards
vejete *m.*   old fellow
vejez *f.*   old age
vela   sail, wakefulness; **en —**
   awake
velador *m.*   night table
velar   to stay awake
velero, -a   swift-sailing
velo   veil
velocidad *f.*   speed
vello   body hair
velloncito   little fleece
vena   vein
venablo   javelin

vencedor   conqueror
vencer   to conquer
vencido, -a   overcome
vencimiento   conquest
vendaval *m.*   strong sea wind
vender   to sell
vendimiador *m.*   grape harvester
veneno   poison
venerado   revered
venerarse   to be venerated
vengado, -a   avenged
venganza   vengeance
venir   to come; **—a cuanto**
   to be appropriate
venta   inn
ventaja   advantage
ventana   window
ventanal *m.*   church window
ventanilla *f.*   small window
ventero, -a   innkeeper
ventiscar   to snow with blizzard-
   like wind
ventura   fortune, happiness,
   opportunity, chance, venture
ver   to notice, observe, see
veranear   to pass the summer
veranillo   short summer
verano   summer
verdoso, -a   greenish
verdugo   executioner
verdura   foliage, garland
vereda   path, direction
vergel *m.*   garden
vergüenza   shame, embarrass-
   ment
verja   bar, grill
vernos hemos = nos veremos
versado, -a   well-versed, edu-
   cated, familiar with
versificar   to versify
verso   verse
vertiente *f.*   slope
vertir (ie)   to pour

verrugueta hairline (*line used to mark cards in a deck*)
vestido dress, garment
vestidura garment
vestir (i) to dress
vestirse to clothe oneself, dress, wear; **—se de largo** to wear a long dress
vetusto, -a aged
vez *f.* time, instance, stead; **a la —** at the same time; **una — once; cada — más** more and more; **de — en cuando** from time to time
vía way, journey
vial *m.* lane, path
vianda food
vibrar to vibrate
vicio vice, crime, defect, luxury
vid *f.* vine
videncia clear-sightedness
vidriado pottery, earthenware
vidrio glass, glass factory
viento wind, air
vientre *m.* belly
vigente in force
vigía watch; **torre vigía** watchtower
vigilancia vigilance
vigilar to watch, be vigilant
vil vile
vilhanesco, -a Vilhanesque, from Vilhan, supposed inventor of playing cards
violar to violate, rape
villa city, town
villancico a poetic form
villanía villainy, baseness
villano peasant, villager
vinculado, -a related, connected, chained
vínculo bond, chain
viña vine, vineyard

viñador *m.* keeper of the vines
violencia violence
violentarse to become violent, excited
violeta violet
viraje *m.* change of direction
virar to veer, tack
virgencita young virgin
viril virile, male
virtud *f.* virtue, power
virtuoso, -a virtuous
visaje *m.* grimace
viscoso, -a slimy, slick
visera visor
visitante *m.* visitor
vislumbrar to glimpse
vista sight, look, view
vístola = la ha visto (*he*) has seen it
vistoso, -a showy, gaudy
vituperio vituperation, verbal abuse
viuda widow
vivaracho, -a smart
vivencia character, lifestyle
viveza liveliness
vivienda dwelling
vivir to live
vivo, -a living, keen, lively, alive; **al —** vividly
voacé = Vd.
voacedes = vuestras mercedes (*modern* **ustedes**)
vocablo word
vocería shouting, clamor
voga vogue, style
volado, -a projecting
volar (ue) to fly, fly away, disappear, blow off
volcán *m.* volcano
volteado, -a turned
volumen *m.* volume
voluntad *f.* will, volition

voluntariosamente obstinately
voluptiosidad *f.* licentious-
ness, voluptuousness
volver (ue) to return, come
back; — **a** + *inf.* to come
back, do again
vos you
voto vow; — **a** I swear; **a**
tal — upon my word
voz *f.* voice, cry; **dar voces**
to shout; **en alta** — aloud
vuelo flight, flare
vuelta turn, loop; **dar la** —
to turn away from
vuesa merced *f.* = **vuestra**
merced
vuestra merced your lordship,
your grace, sir
vulgar commonplace, ordinary
vulgo common herd, the masses

ya now, already, indeed
yacer to lie down
yedra ivy
yegua mare
yel *f.* (*alternate spelling of*
hiel) gall, bitterness
yelmo helmet
yerba grass
yerbecillas weeds
yerbita grassy place or bank

yergue (*from* **erguir**) pricks up
yerma desert, wasteland
yermo, -a deserted; *n.* desert
yerno son-in-law
yerto, -a stiff, rigid
yeso gypsum (*a common*
mineral)
yugo yoke

zafarse to dodge, to avoid
zagal youth
zagala maiden
zaguán *m.* vestibule, entrance
hall
zaherir (ie) to find fault with
zancadilla trick
zapatero shoemaker
zapato shoe
Zar Tsar (*ruler of Russia before*
communist revolution in 1919)
zaragozano, -a Saragossan
zaragüelles *m. pl.* breeches
zarza blackberry
zarzamora blackberry, bramble
zodíaco zodiac, range
Zola, Emilio (1840–1902)
naturalistic French novelist
zumbar to buzz
zurrón *m.* game bag (*used in*
hunting)

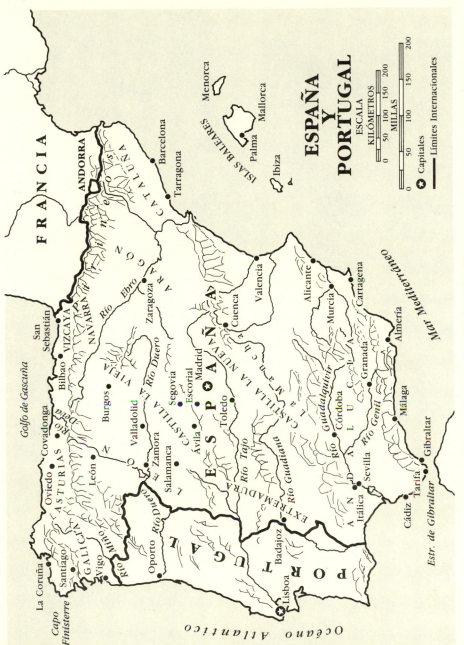

Mapa de España del siglo 20